集人文社科之思　刊专业学术之声

集刊名：中国经济史评论
主办单位：中国经济史学会
　　　　　河北师范大学历史文化学院
　　　　　《河北师范大学学报》编辑部

CHINA ECONOMIC HISTORY REVIEW

2024年第1辑（总第23辑）

集刊序列号：PIJ-2014-097

中国集刊网：www.jikan.com.cn/ 中国经济史评论

集刊投约稿平台：www.iedol.cn

中文社会科学引文索引（CSSCI）来源集刊

中国人文社会科学期刊综合评价（AMI）核心集刊

中国经济史学会会刊

中国经济史评论

2024年第1辑（总第23辑）

CHINA
ECONOMIC
HISTORY
REVIEW

主　　编／魏明孔　戴建兵

执行主编／隋福民

社会科学文献出版社
SOCIAL SCIENCES ACADEMIC PRESS (CHINA)

目　录

现代经济史研究

理论探讨

学术回顾与反思

书　评

似是而非：评古今人节引陆贽论租庸调奏议之不当[*]

陈明光^{**}

摘　要： 自宋代至今，有若干史学著作和教材节引唐人陆贽所说"有田则有租，有家则有调，有身则有庸"一句，作为对唐朝租庸调制的概括或解释，甚至引申出租庸调的课税对象是田、户、丁三项，因而是三个税种的观点。这其实是对陆贽奏疏断章取义的误解。本文辨析唐朝各种律令和税务史实，根据现代税收学的概念，阐述租庸调制以丁男为唯一的法定课税对象，下设租、调、庸三个税目，分别设定不同的税物品种和税率，是对人身课税的一个税种，具有人头税的性质。如果既承认租庸调制是"以人丁为本"的赋税制度，又说租庸调制的课税对象是田、户、丁三种，既缺乏史料支撑，亦不符合论证逻辑，应予纠正。

关键词： 唐朝　租庸调　陆贽　课税对象　人头税

一　问题的由来

唐德宗于建中元年（780）采纳宰相杨炎的建议，推行"户无主客，与居为簿；人无丁中，以资产为差"的"两税法"，归并了此前的"租庸调""地税""税钱"以及各种杂征。贞元十年（794），宰相陆贽主要针对"两税法"实施以来的弊端，上奏《均节赋税恤百姓六条》，成为自宋代至今评论"两税法"取代租庸调制这一重大赋役制度变革者必引的名篇。^①

　＊　本文为国家社会科学基金委托项目"中国税收通史"（22@ZH006）的阶段性成果。

　＊＊　陈明光，厦门大学历史学系教授、博士生导师，研究方向为汉唐史、中国古代财政经济史。

　①　参见陈明光《唐宋人论杨炎倡行两税法述评》，《中国史研究动态》2021年第1期。

陆贽奏书的第一条为《论两税之弊须有厘革》，开篇用约500字论述了租庸调制的内容及其特点。宋人多种史著节引其中的"有田则有租，有家则有调，有身则有庸"① 一句，作为对唐朝租庸调制的一种概括或解释。这始于司马光，他在《资治通鉴》卷二百二十六记述"两税法"取代租庸调制时写道："唐初，赋敛之法曰租庸调，有田则有租，有身则有庸，有户则有调。"② 显然这是本于陆贽之文，只是语序有所不同，且把"家"字改为"户"。此后不少宋人史著或取陆贽原文，或取司马光之文，用以概括或解释租庸调制。例如，郑樵在《通志·食货略》中写道："始者，则田租户调以为赋税。至唐祖开基，乃为定令，曰租，曰调，曰庸，有田则有租，有家则有调，有身则有庸。"③ 吕祖谦在《历代制度详说》中云："唐初，赋敛之法，曰租庸调，有田则有租，有身则有庸，有户则有调。"④ 章如愚在《群书考索后集》中称："方唐之初，其取于民者，有田则有租，有身则有庸，有家则有调。自贞观至开元未尝有所更变也。"⑤ 王应麟在《小学绀珠》中称："（唐）赋役三法：有田则有租（每丁岁入粟二石），有家则有调（随地所宜绫绢绵布），有身则有庸（岁役二旬，不役收其庸，日三尺）。"⑥

驯至当代，不少中国财政史、中国赋税史的教材和著作在评述唐朝租庸调制时，也节引"有田则有租，有家则有调，有身则有庸"一句概括或解释租庸调制，但在论证逻辑方面存在明显缺陷。例如，《中国赋税发展研究》一书写道：

> 唐初在实行均田制的基础上实行了租庸调制。其课税对象是田、户、丁，即"有田则有租，有家则有调，有身则有庸"。所以，称租庸调法。它是以"人丁为本"的课税制度。……租庸调法以人丁为本，不问资产，照顾了官僚地主的利益。⑦

---

① （唐）陆贽撰，王素点校《陆贽集》，中华书局，2006，第716～717页。

② 《资治通鉴》卷二百二十六"德宗建中元年正月"条，中华书局，1956，第7275页。

③ （宋）郑樵撰，王树民点校《通志二十略》，中华书局，1995，第1389页。

④ （宋）吕祖谦：《历代制度详说》卷三，影印文渊阁《四库全书》，台湾商务印书馆，1986，第923册，第925页。

⑤ （宋）章如愚：《群书考索后集》卷五十二"税赋"，影印文渊阁《四库全书》，第923册，第739页。

⑥ （宋）王应麟：《小学绀珠》卷九，影印文渊阁《四库全书》，第948册，第597页。

⑦ 陈光焱：《中国赋税发展研究》，中国财政经济出版社，1996，第94页。

这段文字的论证逻辑前后矛盾。因为，前文说租庸调制有三种课税对象，其中之一是田，如果这一说法是正确的，田地本是唐朝广大农户的最主要资产，后文怎么又说"租庸调法以人丁为本，不问资产"？

《中国赋税史》一书，在引用《唐六典》卷三《户部尚书》记载的"赋役之制"原文之后，解释说：

> 唐朝税制规定，每丁每年纳粟二石，是为"租"。"调"，随乡土所出，每丁每年纳绢（或绫、纯）二丈，绵三两。不产绢绵的地方，缴布二丈五尺和麻三斤。此后，每丁每年须为官府无偿服役二十天，闰年加二天，不愿服劳役的人，可缴绢或布等实物代役，一天折合绢三尺，谓之"庸"。……唐租庸调是"以丁身为本"的赋税制度，即"有田则有租，有家则有调，有身则有庸"。①

根据形式逻辑同一律，不难发现这段文字存在的逻辑缺陷。因为，前文解释租、调、役（庸）的课税对象都称"每丁"，最后提出的结论是："唐租庸调是'以丁身为本'的赋税制度，即'有田则有租，有家则有调，有身则有庸'"。可是，丁、田、家是三个不同的概念。"每丁"这一课税对象怎么会等同于"田"、等同于"家"？这显然是概念混淆。而且，该书在别处还写道：唐代是"计丁征租"；"对于广大无地、少地的农民来说，计丁征租是一项极为沉重的负担"。"以'资产为宗'的两税法取代了'以丁身为本'的租庸调制，计丁征赋制度从此退出历史舞台。"② 既然说租庸调是计丁征租、计丁征赋，怎么会是"有田则有租"？

作为普通高等教育"十一五"国家级规划教材出版的《中国财政史》一书，在引用《新唐书·食货志》关于租庸调制的记述之后，写道："按陆贽所说：'有田则有租，有家则有调，有身则有庸'。"③ 可是，所引《新唐书·食货志》原文（详下）关于租庸调课税对象的用语均为"丁"，

---

① 孙翊刚主编，陈光焱副主编《中国赋税史》，中国税务出版社，2003，第164页。按，作为普通高等学校税收精品教材出版的《中国赋税史》（孙翊刚主编，李炜光、叶青副主编，中国税务出版社，2007）第102页的表述文字完全相同。

② 孙翊刚主编，陈光焱副主编《中国赋税史》，第162~163页。

③ 孙翊刚、王文素主编《中国财政史》，中国社会科学出版社，2007，第156页。

各种身份性减免对象也都是人身，为什么会等同于田和家？这种论述同样不符合形式逻辑同一律的要求。

作为普通高等教育"十一五"国家级规划教材出版的《中国税收制度史》一书，在介绍"租庸调制的内容"时，先节引《唐会要》卷八十三和《旧唐书·食货志》关于租庸调"每丁"的税额，然后写道：

> 租庸调是建立在均田制基础上的，其课税对象是田、户、身，纳税形式是租、庸、调，恰如陆贽所说："有田则有租，有家则有调，有身则有庸"。

接着在介绍"租庸调的特点"时写道：

> 租庸调的税制项目分解，有田则有租，有家则有调，有身则有庸，人人受田，个个纳税，纳税的项目和应役范围清晰明了。①

虽然该书对租庸调课税对象的表述是统一的，即认为是田、户、身三种，但所引用的史料原文均为"每丁"，为什么按丁征收的租庸调的税制项目可以分解为"有田则有租，有家则有调，有身则有庸"？作者并没有做出解释和论证，这仍然不符合形式逻辑同一律的要求。

《中国财政制度变迁与思想演进》（第一卷·下）一书，在引用《通典》《唐六典》记载的租庸调令文之后，提出"唐朝的租庸调制是一种复合税制"；"唐朝的租庸调制包括租（有田则有租）、调（有户则有调）、庸（有身则有庸）和杂徭四项内容，但这四项内容是融为一体的"；"唐朝的租庸调制规定了租、庸、调各项的税率，即该税法中的各项税收，均为定额实物税，租，凡授田者，均为纳税户"等论点。同时又说："租庸调制的立法精神是以人丁为本的赋役制度。""总之是'有田则有租，有家则有调，有身则有庸'。""这项制度规定，租、庸、调、杂徭的征收，一本于丁，不看占有土地的多少，也不看各项财产的多寡。"② 作为普通高等教

---

① 黄天华：《中国税收制度史》（修订版），中国财政经济出版社，2009，第182页。
② 王军主编《中国财政制度变迁与思想演进》（第一卷·下），中国财政经济出版社，2009，第527页，第528页。

育"十一五"国家级规划教材和国家级重点学科财政学系列教材出版的《中国财政史》（第二版）一书写道："（租庸调）制度中的四个基本点，即'有田则有租，有家则有调，有身则有庸'"；"该税法中的各项税收，均以人丁为根本，并为定额实物税。"① 不难看出，这两本教材都把租庸调制定性为"以人丁为本的赋役制度"，但却说是"有田则有租，有家则有调，有身则有庸"；其征收"一本于丁，不看占有土地的多少，也不看各项财产的多寡"，前后叙述自相矛盾，逻辑缺陷也都很明显。

总之，从宋人史著开始，到上引今人论著，沿承节引陆贽说的"有田则有租，有家则有调，有身则有庸"一句，用来概括或解释唐朝按"每丁"计征的租庸调制。而上引今人论著在都把租庸调制定性为"以丁身为本"的赋税制度的同时，又径称它是"有田则有租，有家则有调，有身则有庸"，这种论断存在的逻辑缺陷，至今未受到质疑和纠正。由此产生三个应该重新辨析的学术问题，第一，作以判断租庸调法定课税对象的史实依据应该是什么？第二，如何正确理解唐朝《田令》与《赋役令》的关联和区别？第三，根据现代税收学的有关概念，如何界定唐朝租庸调制的税种性质、税种类型及其税目？

众所周知，税收史具有税收学和历史学交叉的学科特性，研究者和教学者无论是历史学专业出身，还是经济学、财政学专业出身，在阐述有关史事时，既要正确运用现代税收学的相关概念，又要准确引用和解读相关的史料，二者如有一方出现偏差，就会产生硬伤。鉴于上引诸种中国财政史、中国赋税史是列入国家级规划教材或国家级重点学科教材出版和长期使用的，影响相当广泛，似乎在一定范围内形成一种学术"共识"，很有必要加以辨析匡正，本文拟略陈管见，以求教于大方之家。

二　判断租庸调法定课税对象只是
"丁"的史实依据

唐朝的各种史实显示，租庸调法定的唯一课税对象是"丁"，没有"田"和"户"。

第一，唐朝的法律文本中，有以"丁"为课税对象的明文规定。

---

① 齐海鹏、孙文学编著《中国财政史》（第二版），东北财经大学出版社，2012，第112页。

正如《唐六典·尚书户部》所记载的，租庸调制是唐朝的"赋役之制"，是一种国家税法。因此，今人如果要运用现代税收学的"课税对象"概念（详后）去界定租庸调的法定课税对象，无疑必须也只能从唐朝律令格式反映的国家税法条文中寻找和解读有关史料，而不能根据节引的陆贽的一句奏文。因为，在陆贽上奏时，租庸调制在唐朝已经实行了将近一个半世纪，且业已为"两税法"所取代。这正如要分析"两税法"的诸项税制要素，只能以建中元年正月德宗宣布实行"两税法"的大赦文、中央有关部门拟定的作为推行"两税法"指导原则的起请条，以及后朝皇帝发布的有关诏令作为法律文本，而不能以此前杨炎在大历十四年（779）建议实行"两税法"的奏书为依据，因为杨炎的奏议和陆贽的奏议一样都不具有法律意义。[①]

唐朝在武德二年（619）、武德七年（624）、开元七年（719）、开元二十五年（737）先后颁布"租调"或"租调庸"之制的税法。对此，唐人编纂的《唐律疏议》《唐六典》《通典》《白氏六帖事类集》《大唐传载》《唐会要》等书，以及后晋人和北宋人编修的《旧唐书》《新唐书》等都有记载。诸书所记载的或简或详的"赋敛之法"，前后一贯地记载租调庸是以"每丁"为法定课税对象，而非"田"和"家"。

例如，《唐会要》记载："武德二年二月十四日制：每丁租二石、绢二丈、绵三两。自兹以外，不得横有调敛。七年三月二十九日，始定均田、赋税。……每丁岁入粟二石，调则随乡土所产，绫绢绝各二丈，布加五分之一。输绫绢绝者，兼调绵三两；输布者，麻三斤。凡丁，岁役二旬。若不役，则收其佣，每日三尺。有事而加役者，旬有五日，免其调；三旬则租调俱免；通正役不过五十日。"[②] 开元年间定稿的《唐六典》记载为："凡赋役之制有四：一曰租，二曰调，三曰役，四曰杂徭。课户每丁，租粟二石；其调随乡土所产绫、绢、绝各二丈，布加五分之一，输绫、绢、绝者绵三两，输布者麻三斤，皆书印焉。"[③] 丁男"岁役二旬"，以及有事而加役，"通正役不过五十日"，这在《唐律疏议》被径称为"丁役"，

① 参见陈明光《唐朝"两税法"税制要素欠缺析论》，《厦门大学学报》（哲学社会科学版）2022年第4期。
② （宋）王溥：《唐会要》卷八十三《租税上》，中华书局，1955，第1530页。
③ （唐）李林甫等撰，陈仲夫点校《唐六典》卷三《尚书户部》"度支郎中员外郎"条，中华书局，1992，第76页。

即："依令：'丁役五十日，当年课、役俱免。'"① 按唐朝法令规定："凡庶人，年八十及笃疾，给侍丁一人；九十给二人，百岁三人。"② 《唐律疏议》称："侍丁，依令'免役，唯输调及租'。"③ 白居易编纂的《白氏六帖事类集》卷二十三引用的"充夫式"为："户部式：诸正丁充夫，四十日免（役），七十日并免租，百日已上课役俱免。中男充夫，满四十日已上，免户内地租；无他税，折户内一丁；无丁，听傍折近亲户内丁。"④ 杜佑在《通典·赋税下》记载："（武德）二年制：每一丁租二石。""二十五年定令：'诸课户一丁租调，准武德二年之制。其调绢𬙌布，并随乡土所出。绢𬙌各二丈，布则二丈五尺。输绢𬙌者绵三两，输布者麻三斤。'"⑤ 可知对租庸调的法定课税对象，上引各种律令称为"每丁""凡丁""课户每丁""正丁""每一丁""课户一丁"等。在实行"两税法"之后，杜佑说："旧制，百姓供公上，计丁定庸调及租。"⑥ 这才是对租庸调法定课税对象的正确概括。

因此，假如要对租庸调制的法定课税对象及其所纳税收的品种作通俗的解释，应该说成"有丁则有租，有丁则有调，有丁则有庸"。⑦ 如果说成"有田则有租，有家则有调，有身则有庸"，显然与唐朝的各种律令规定不符。其中，"身"和"丁"是大概念和小概念的关系，凡生存人口都可以称为"身"，而"丁"其实是"丁身"，是唐朝根据一定的生理年龄从全部的"身"中划分出的一部分男性人口。例如。武德六年（623）三月颁布"丁、中、黄、老"之制，规定："以始生为黄，四岁为小，十六岁为中，二十一为丁，六十为老。"⑧ 总之，如果节引"有田则有租，有家则有

① （唐）长孙无忌等撰，刘俊文点校《唐律疏议》卷五《名例》，中华书局，1983，第 120 页。
② 《唐六典》卷三《尚书户部》"户部郎中员外郎"条，第 79 页。
③ 《唐律疏议》卷三《名例》，第 72 页。
④ （唐）白居易：《白氏六帖事类集》卷二十二《征役第七》，文物出版社影印傅增湘旧藏本，1987，第五册，第 67 页。按，"四十日免（役）"，据宫崎市定《唐代赋役制度新考》补。参见宫崎市定著，黄正建译《唐代赋役制度新考》，载刘俊文主编，夏日新等译《日本学者研究中国史论著选译》第 4 卷，中华书局，1992，第 383 页。
⑤ （唐）杜佑：《通典》卷六《赋税下》，中华书局影印本，1984，第 33 页。
⑥ 《通典》卷七《丁中》，第 42 页。
⑦ 按，1936 年，陈登原就说："窃疑贽之言非实录也。所谓每丁岁入二石者，赋额既依每丁而定，则当明言为有丁斯有租乎。"陈登原：《中国田赋史》，商务印书馆，1936，河南人民出版社重印本，2017，第 94 页。
⑧ 《唐会要》卷八十五《团貌》，第 1555 页。按，《通典》卷七《丁中》记为武德七年。

调，有身则有庸"一句去概括或解释租庸调制，全然不符合唐朝的"赋役之制"、丁中制和刑律等有关以"丁"为课税对象的明文规定，不足为据。

第二，从唐朝法令对租庸调纳税义务人的规定来看，租庸调是计丁征收的。

纳税义务人，"指税法规定的直接负有纳税义务的单位和个人"①。《唐六典》规定："凡丁户皆有优复蠲免之制。"② 可见"丁户"是直接负有纳税义务的单位。这种"丁户"就是有丁之户，也称"课户"。唐令规定："诸户主皆以家长为之。户内有课口者为课户，无课口者为不课户。"③ 就是说，一户之内只要有丁男，不管有几口，都是必须交纳租庸调的"课户"。没有丁男的则是"不课户"。但是，"不课户"并非意味着该户就全无田地。他们之所以在造籍当年成为"不课户"，一是可能该户全部是女口，二是可能该户有男口，但都未成丁或是老男；或者虽有丁男却是"笃疾、废疾"。同时，唐《田令》明确规定："诸黄、小、中、丁男女及老男、笃疾、废疾、寡妻妾当户者，各给永业田二十亩，口分田三十亩。"④ 其中，"老男、笃疾、废疾、寡妻妾当户者"，均非年龄或性别或身体条件符合法令规定的应纳税丁男。这些户无疑属于"不课户"，但却可以依法拥有50亩田地。这也证明租庸调不是以田为课税对象的，也不是以户为课税对象的，而是计丁征收。

第三，从租庸调征收或减免的税务实际来看，租庸调制也不是以"田"为课税对象的。

例如，敦煌出土的高宗永徽年间（650～655）的一道判词，拟题为："奉判，雍州申称地狭，少地者三万三千户，全无地者五千五百人。每经申请，无地可给，即欲迁就宽乡，百姓情又不愿。其人并是白丁卫士，身役不轻，若为分给，使得安稳？"⑤ 这里所说的户数和人数可能是虚拟的，但所说"全无地"的"白丁卫士"却"身役不轻"则是实际存在的情况，所以用来作为测试基层政务处理能力的问题。睿宗景云元年（710）七月

---

① 金鑫、许毅主编《新税务大辞海》，九州图书出版社，1995，第44页。
② 《唐六典》卷三《尚书户部》"户部郎中员外郎"条，第77页。
③ 《通典》卷七《丁中》，第42页。
④ 天一阁博物馆等校证《天一阁藏明钞本天圣令校证（附唐令复原研究）》（下册）《校录本·田令》，中华书局，2006，第254页。
⑤ 唐耕耦、陆宏基编《敦煌社会经济文献真迹释录》第二辑，全国图书馆文献缩微复制中心，1990，第601页。

十九日敕令规定："其无田宅，逃经三年以上不还者，不得更令邻保代出租课。"① 既然连"无田宅"的逃户在未逃离本贯前也要纳租课，那么，未逃离本乡的"无田宅"的丁男就更要纳租课了。更为实际的税务事例是，吐鲁番出土的开元二年（714）账后西州柳中县安乐城曹奉一户籍载，该户有一丁，"应受田陆拾壹亩"，但实际上该户除肆拾步居住园宅外，别无任何永业田或口分田，却仍"计租六斗。"② 杨炎指出："至天宝中，王铁为户口使，方务聚敛，以丁籍且存，则丁身焉往，是隐课而不出耳。遂案旧籍，计除六年之外，积征其家三十年租庸。"③ 所谓积征其家三十年租庸，仍然是按其家"丁籍"存录的"丁身"计算的。

唐玄宗天宝元年（742）正月敕文称："如闻百姓之内，有户高丁多，苟为规避，父母见在，乃别籍异居，宜令州县勘会。一家之中，有十丁以上者，放两丁征行赋役；五丁以上者，放一丁。"天宝五年，他又下令："天下百姓单贫交（乏）不存济者租庸，每乡通放三十丁。"④ 于此可证租庸调的课税对象是丁，所以免税对象的数量也是以"丁"为单位，而不是以田亩或户为单位。

第四，从中央财政部门统计租庸调收入的依据来看，租庸调的法定课税对象也不是田。

唐朝前期实行租庸调制期间，中央要求地方自下而上地汇总上报计账，以统计全国年度租庸调征收数量。这就是《唐六典》所规定的："每一岁一造计帐，三年一造户籍。县以籍成于州，州成于省，户部总而领焉。"⑤《新唐书·食货志一》记载："凡里有手实，岁终具民之年与地之阔狭，为乡帐。乡成于县，县成于州，州成于户部。又有计帐，具来岁课役以报度支。"⑥ 为保证租庸调课税对象统计数据的真实性，武则天延载元年（694）八月敕："诸户口计年将入丁、老、疾应征免课役及给侍者，皆县（令）亲貌形状以为定簿。一定以后，不得更貌，若有奸欺者，听随事貌定，以附于实。"⑦

① 唐耕耦、陆宏基编《敦煌社会经济文献真迹释录》第二辑，第 572 页。
② 国家文物局古文献研究室等编《吐鲁番出土文书》第八册，文物出版社，1987，第 285 页。
③ 《唐会要》卷八十三《租税》，第 1536 页。
④ 《通典》卷六《赋税下》，第 33 页。
⑤ 《唐六典》卷三《尚书户部》"户部郎中员外郎"条，第 74 页。
⑥ 《新唐书》卷五十一《食货志一》，中华书局，1975，第 1343 页。
⑦ 《唐会要》卷八十五《团貌》，第 1555 页。

　　唐长孺先生根据吐鲁番出土文书研究指出，从唐代西州诸乡户口账的账式来看，大致有简式、繁式、分旦式及算草、损益账等几种，而以繁式为主，都是以乡为单位，由里联合申报的当乡户口账。诸账序列都是先计户，后计口；计户计口都是先不课后课；计丁中也是先课丁不输，后课丁见输。① 可知乡户口账的基本功能是为计丁征收租庸调服务的，但是，汇总上报的是当乡的课口和不课口，并没有田地统计数字。中央财政部门的汇总结果，也是区分课户、不课户和课口、不课口。如天宝十四载（755），"管户总八百九十一万四千七百九，（注：应不课户三百五十六万五千五百一，应课户五百三十四万九千二百八十。）管口总五千二百九十一万九千三百九，（注：不课口四千四百七十万九百八十八，课口八百二十万八千三百二十一。）"②

　　唐《赋役令》规定："诸课，每年计帐至，户部具录色目，牒度支支配来年事，限十月三十日以前奏讫。"③ 从天宝度支计账可以断定，户部和度支都是根据"课丁"总数统计出全国租庸调收入总量的。其统计结果是：

　　　　课丁八百二十余万，其庸调租等，约出丝绵郡县计三百七十余万丁，庸调输绢约七百四十余万匹，绵则百八十五万余屯，租粟则七百四十余万石。约出布郡县计四百五十余万丁，庸调输布约千三十五万余端。其租：约百九十余万丁江南郡县，折纳布约五百七十余万端。二百六十余万丁江北郡县，纳粟约五百二十余万石。④

可见"田"和"家"的数量都不是中央财政部门统计全国年度租庸调收入的基础资料，只有"课丁"数才是。

　　第五，陆贽奏议所叙述的租庸调法规，和国家税法的规定是一致的。他写道：

---

① 参见唐长孺《唐西州诸乡户口账试释》，载《敦煌吐鲁番文书初探》，武汉大学出版社，1983。

② 《通典》卷七《历代盛衰户口》，第41页。

③ 《天一阁藏明钞本天圣令校证（附唐令复原研究）》（下册）"赋役令"，第391页。

④ 《通典》卷六《赋税下》，第34页。

国朝著令，赋役之法有三：一曰租，二曰调，三曰庸。古者一井之地，九夫共之，公田在中，藉而不税。私田不善则非吏，公田不善则非民。事颇纤微，难于防检，春秋之际，已不能行。故国家袭其要而去其烦，丁男一人，授田百亩，但岁纳租税二石而已。言以公田假人，而收其租入，故谓之租。古者任土之宜，以奠赋法。国家就因往制，简而一之，每丁各随乡土所出，岁输若绢若绫若绝，共二丈，绵三两。其无蚕桑之处，则输布二丈五尺，麻三斤，以其据丁户调而取之，故谓之调。古者用人之力，岁不过三日，后代多事，其增十之。国家斟酌物宜，立为中制，每丁一岁定役二旬，若不役则收其庸，日准三尺，以其出绢而当庸直，故谓之庸。此三道者，皆宗本前哲之规模，参考历代之利害，其取法也远，其立意也深，其敛财也均，其域人也固，其裁规也简，其备虑也周。有田则有租，有家则有调，有身则有庸。天下为家，法制均一，虽欲转徙，莫容其奸。故人无摇心，而事有定制。以之厚生，则不堤防而家业可久；以之成务，则不校阅而众寡可知；以之为理，则法不烦而教化行；以之成赋，则下不困而上用足。三代创制，百王是程，虽维御损益之术小殊，而其义一也。①

细读这段原文，陆贽关于租庸调课税对象和税率的表述，"租"是"丁男一人，授田百亩，但岁纳租税二石而已"；"调"是"每丁各随乡土所出，岁输若绢若绫若绝，共二丈，绵三两。其无蚕桑之处，则输布二丈五尺，麻三斤"；"庸"是"每丁一岁定役二旬，若不役则收其庸，日准三尺"。他所述课税对象的用语或为"丁男一人"，或为"每丁"，与上引唐朝租庸调制法令的用语是一致的，并没有把田、家作为课税对象。可见，司马光等宋人在史著中只节引"有田则有租，有家则有调，有身则有庸"，作为对租庸调课税对象的概括或解释，并未全面观照陆贽的原文，属节引不当，甚至可以说是断章取义。

总之，各种史料足以证实，租庸调唯一的法定课税对象是"丁"，没有任何史实可以证明租庸调的法定课税对象还有田和户两种。上引诸种中国财政史、中国赋税史教材和著作将租庸调制定性为"以人丁为本的赋税制度"，本来是适当的，却再用"有田则有租，有家则有调，有身则有庸"

---

① 《陆贽集》，第 716～719 页。

加以概括或解释则是片面的，甚至把课税对象直接说成是田、户、丁三项，更是自相矛盾。

三　如何正确理解唐朝《田令》与《赋役令》的关系

或问，为什么陆贽奏议接下来又用"有田则有租，有家则有调，有身则有庸"对租庸调的名称加以解释？要辨析这一问题，涉及如何正确理解唐朝《田令》与《赋役令》的关系。

按陆贽自己的解释，所谓"有田则有租"，是指"丁男一人，授田百亩……言以公田假人，而收其租入，故谓之租"。这一解释对宋人和今人论述租庸调制与"均田制"的关系影响很大，造成的误解也不小。欧阳修在《新唐书·食货志一》写道：

> 凡授田者，丁岁输粟二斛，稻三斛，谓之租。丁随乡所出，岁输绢二匹，绫、绝二丈，布加五之一，绵三两，麻三斤，非蚕乡则输银十四两，谓之调。用人之力，岁二十日，闰加二日，不役者日为绢三尺，谓之庸。有事而加役二十五日者免调，三十日者租、调皆免。通正役不过五十日。①

请注意，这段记述一是说交纳租庸调者就是"授田者"，二是说租、调的课税对象是"丁"，并没有说课税对象是"田"。他的说法和陆贽一样，都是在承认租庸调制的法定课税对象是"丁"的同时，强调租庸调制与丁男"授田百亩"或称"人一顷"② 有关。其实，唐朝前期的诏令也有直接称按丁男给授之田为"丁田"的③。

那么，如何正确理解唐朝前期《田令》及其实施状况与《赋役令》及

---

① 《新唐书》卷五十一《食货志一》，第 1342 ~ 1343 页。
② 《新唐书》卷五十一《食货志一》载："授田之制，丁及男年十八以上者，人一顷，其八十亩为口分，二十亩为永业。"
③ 例如，开元十年（722）正月戊申，玄宗下令："内外官职田，除公廨田园外，并官收，给还逃户及贫下户欠丁田。"《旧唐书》卷八《玄宗纪》，中华书局，1975，第 183 页。按，（宋）王钦若等编《册府元龟》卷五百零五《邦计部·俸禄第一》"开元十年正月"条为："（开元）十年正月，诏有司收内外职田，除公廨田园外，并官收，先给逃还贫下户及欠丁田户。"（中华书局影印本，1960，第 6067 页。）

其实施状况这两者之间的关系？

上引诸种中国财政史、中国赋税史的教材和著作，无一例外地强调租庸调制是建立在"均田制"的基础之上，但对二者之间究竟有什么具体关联，一般未加说明，多是先摘引和概述唐朝《田令》的若干条文之后，接着介绍租庸调的内容。其中，《中国税收制度史》（修订版）未述及《田令》的具体内容，只说"户籍制和均田制、租庸调制结合成一体"；"授田年龄与负担赋役的年龄基本相一致"。① 这种表述并不能说明"田"是租庸调之"租"的课税对象。只有《中国赋税史》的表述较为明确，写道：

> 隋唐时期，均田制的推行与当时的赋税制有着内在的联系。隋朝缴纳租税以一夫一妇或一床计算，即可说明租税征收和均田的实施有着法令上的密切关系。……唐朝均田时，授田对象只限于丁男和十八岁以上的中男，因而征收租税也没像魏、齐、周、隋那样按一床或一夫一妇计算，可见唐代租调征收和均田令也是有密切关系的。均田制前后实施300余年，是中国历史上寿命最长的一种土地制度，历代授田与赋税征课具体表现形式各有不同，但其基本原则是相通的，这就是受田者纳税。②

有关学术研究的新进展指出，根据唐朝国家法令，循名责实，唐朝的土地法令不宜用后人拟名的"均田令"，而应取其原名《田令》。③ 我们认为，《田令》与《赋役令》之间确实存在着一定的制度关联。因为，按《田令》规定："诸丁男给永业田二十亩，口分田八十亩。其中男年十八以上，亦依丁男给"，即丁男是"授田"的基本对象，这与《赋役令》以

---

① 黄天华：《中国税收制度史》（修订版），第182页。
② 孙翊刚主编、陈光焱副主编《中国赋税史》，第161页。
③ 按，"均田之制"的提法，始于魏收所撰《魏书》卷五十三《李安世传》，他在记载"时民困饥流散，豪右多有占夺，安世乃上疏曰：……"之后，称："高祖深纳之，后均田之制起于此矣。"（中华书局点校本，2018年修订本，第1290页）同书卷七上《孝文纪上》载：太和九年冬十月丁未，诏曰："……今遣使者循行州郡，与牧守均给天下之田，还受以生死为断，劝课农桑，兴富民之本。"清人严可均所辑《全后魏文》卷三把该诏拟名为《均田诏》。另外，南朝梁孝元皇帝在所撰《金楼子》卷一《兴王篇一》称："汉哀帝即位，宠任董贤。均田之制，从此堕坏。"这是把井田制称为"均田之制"。参见郑学檬《关于"均田制"的名称、含义及其与"请田"关系之探讨》，载方行主编《中国社会经济史论丛——吴承明教授九十华诞纪念文集》，中国社会科学出版社，2006。

"丁男"为课税对象的规定是一致的。结合《田令》有关买卖口分田、永业田以及"诸授田，先课役后不课役"等规定来看，① 《田令》的设计意图之一，是要让作为课税对象的"丁男"起码拥有不得买卖的20亩永业田，从而保持一定的税收担负能力。可见《田令》与《赋役令》之间存在着一定的制度关联。

陆贽先说"丁男一人，授田百亩……言以公田假人，而收其租入，故谓之租"，再说"有田则有租"，所谓"有田"就是指"言以公田假人"，即《田令》丁男"授田百亩"的规定，并非指租庸调是以所授之田为课税对象。最直接的法令证据是，《田令》规定18岁以上未达到丁龄的中男② 也授田百亩，但是，根据《赋役令》中男是不必缴纳租庸调的。因此，即便是根据《田令》的"授田百亩"条令，也不能将租庸调之租的课税对象概括为"有田则有租"。所以，上引今人论著或称"人人受田，个个纳税"；或称"凡授田者，均为纳税户"；"受田者纳税"，都是违背史实的错误论断。③

值得强调的是，《赋役令》和《田令》是唐朝的两种不同法令。现代税收学强调依法征税、依法治税。那么，唐朝征收租庸调依据的是《赋役令》还是《田令》？对此，唐朝法律已有明确规定。《唐律疏议》卷十三《户婚律》的一条律文称：

> 若非法而擅赋敛，及以法赋敛而擅加益，赃重入官者，计所擅坐赃论；入私者，以枉法论，至死者加役流。

对律文"非法""依法""枉法"之"法"是哪一种法令？疏议解释说：

---

① 参见《天一阁藏明钞本天圣令校证（附唐令复原研究）》（下册）《清本·田令》，第387页。

② 按，唐朝成丁的法定年龄，武德六年（623）规定为21岁（见《唐会要》卷八十五《团貌》，第1555页）；天宝三载（744）改为23岁，见《通典》卷七《丁中》，第42页。

③ 按，1936年，陈登原就对"人人受田，个个纳税"之说提出质疑，指出："唐初每丁得有田百亩，则人之登于丁籍者，自有受田之权利可享，人之避登丁籍者当反损其受田之权利。以常人之心理言之，必将自奋自发，以求附于国家之'籍帐'。而环顾事实，则大谬不然，但见户口之规脱，但见国家之括收也。抑当时之丁男皆不欲受田欤？抑当时之丁男实苦于以丁为本之赋制也！"陈登原：《中国田赋史》，第94～95页。

依《赋役令》："每丁，租二石；调绝、绢二丈，绵三两，布输二丈五尺，麻三斤；丁役二十日。"此是每年以法赋敛。皆行公文，依数输纳；若临时别差科者，自依临时处分。①

可见，租庸调的课税对象与《田令》无关。概括地说，《赋役令》规定租庸调以丁男为课税对象，而丁男只是以生理年龄为划分标准，并不管他名下实际占有多少亩土地。因此，若不顾上下文，只节引陆贽的"有田则有租"，并泛化为"田"是租庸调之"租"的课税对象，无疑是不能成立的。

还要进一步指出，如上所述，不少中国经济史、中国财政史、中国赋税史教材和著作都强调"租庸调制是建立在均田制的基础之上"。但是，究竟应该从哪一种层面揭示租庸调制与"均田制"之间的关系，这些教材和论著均语焉未详，并且存在把两个不同的论题混为一谈的现象。

关于唐朝《田令》的实施状况，特别是丁男的实际授田情况，学术界有不同的评说。不过，从论题的相关性来看，首先，丁男的实际授田情况对于探讨租庸调的课税对象这一论题其实无关，因为《赋役令》规定租庸调是以丁男而不是以田为课税对象。其次，丁男的实际授田只有在探讨丁男的租庸调税负问题（包括名义税负与实际税负、税负水平、税负社会公平效应等）时才有参考意义。租庸调制采取的是以丁为计税依据的全国统一的无差别的定额税率。因此，各个纳税户之间纳税总量的差别，只与各户的丁男数量直接相关，与该户田地多少无关。如果真是按陆贽所说的"有田则有租"，就应该是田多之户交租多，田少之户交租少。就像陆贽在同一篇奏书说的："（两税）唯以资产为宗，不以丁身为本，资产少者，则其税少；资产多者，则其税多。"② 可是，正如元人马端临针对包括租庸调在内的"视丁中以为厚薄"的历代田赋制度之弊端，比较而言："今有幼未成丁，而承袭世资，家累千金者，乃薄赋之；又有年齿已壮，而身居穷约，家无置锥者，乃厚赋之，岂不背谬！"③ 他举的这两个家庭贫富悬殊、税负悬殊，"家累千金者"因没有丁男而不必缴纳租庸调，"家无置锥者"

---

① 《唐律疏议》卷十三，中华书局，1983，第252页。
② 《陆贽集》卷二十二《均节赋税恤百姓六条》第一条，第722～723页。
③ （元）马端临《文献通考》卷三《历代田赋之制》，中华书局，2011，第65页。

因有丁男仍要缴纳租庸调。韩国磐先生以传世文献和敦煌吐鲁番出土文书为据，指出天宝年间，1个丁男租庸调，如果占田35亩，亩产粟1石，年总收入35石粟。他所缴纳的租庸调折合为粟5石，税负占其年总收入的14.3%。[①] 显然，随着一个丁男实际占田数量的逐渐减少甚至成为"家无置锥者"，其租庸调的税负程度就不断加重。可见租庸调以丁男为课税对象，有无田地、田地多少只与比较纳税丁男本人以及各个丁男之间的税负程度有关，与评判税负社会公平效应有关。

在如何划分租庸调制税种的讨论中，或认为是否可以做这样的划分：在"均田制"得到有效实施时，租庸调是分别计田、计户、计丁征收的三个税种；在"均田制"完全破坏之后，租庸调才是计丁征收的一个税种。这种思路之所以不可行，不仅因为既有史料难以论证"均田制"有效实施和完全破坏的时间节点，更是因为它混淆了丁男实际占田数量与租庸调课税对象、与丁男税负状况是不同的论题。

所谓"有家则有调"，陆贽自己解释说："以其据丁户调而取之，故谓之调"。所谓"丁户"，如前所述，是指"有丁之户"，也就是"户内有课口者为课户"，可见陆贽说的"据丁户调而取之"，课税对象仍然是"丁"。他说"调而取之，故谓之调"，第一个"调"字是动词，第二个"调"是名词，属于动词名词化的语言现象，并没有改变"调"作为税收名词时指课税对象的含义。正如上引《新唐书·食货志一》的表述："丁随乡所出，岁输绢二匹，绫、䌷二丈，布加五之一，绵三两，麻三斤，非蚕乡则输银十四两，谓之调。""调"的课税对象还是丁。因此，若不顾上下文，只节取"有家则有租"或者改写为"有户则有调"，推论"家"或"户"是租庸调的课税对象之一，同样是不恰当的。

至于陆贽说的"有身则有庸"，严格地说，依据《赋役令》，应该说成"有丁则有庸"。这纯属文字问题。如前所述，"身"和"丁"是不同的两个概念，作为亲历从租庸调到"两税法"变革过程的陆贽，显然不可能把"庸"说成是向所有人口征收的。关于正役及其代役金"庸"是计丁征收而非计"身"的，除《赋役令》之外，《唐律疏议》也提供了确证。例如，唐朝除对丁男的正役"无事则收其庸"之外，凡公私"借使"的

---

① 参见韩国磐《唐天宝时期农民生活之一瞥——敦煌吐鲁番资料阅读札记之一》，《厦门大学学报》1963年第4期。

"人功"不管是不是丁男，应计付的报酬都称为"庸"，也称"身庸"。《唐律疏议·职制》有一条律文为："诸监临之官，私役使所监临，及借奴婢、牛马驼骡驴、车船、碾硙、邸店之类，各计庸、赁，以受所监临财物论。"疏议解释说：

> 其借使人功，计庸一日绢三尺。人有强弱、力役不同，若年十六以上、六十九以下犯罪徒役，其身庸依丁例；其十五以下、七十以上及废疾既不任徒役，庸力合减正丁，宜准当乡庸作之价。若准价不充绢三尺，即依减价计赃科罪；其价不减者，还依丁例。[①]

这同样证明租庸调的"庸"是以"正丁"为法定课税对象的，其税率"一日绢三尺"在法律上被作为"借使人功计庸"的"丁例"。

总之，通观陆贽论租庸调制奏议的原文，他是严格依据《赋役令》表述租庸调以"每丁"为课税对象，以及税率、法定税物形态等项规定之后加以评论的。所以，他后面又概括地说，租庸调制是"以丁夫为本"，指出："是以先王之制赋入也，必以丁夫为本，无求于力分之外，无贷于力分之内。故不以务稼增其税，不以辍稼减其租，则播种多；不以殖产厚其征，不以流寓免其调，则地著固；不以饬励重其役，不以窳怠蠲其庸，则功力勤。"[②] 这同样是强调租庸调的法定课税对象是"丁夫"。

因此，宋人多种史著节引陆贽奏议的"有田则有租，有家则有调，有身则有庸"一句，作为对唐朝租庸调制的一种概括或解释，属于断章取义，或者不求甚解，既不符合陆贽的原意，更不符合唐朝的税法。对此，读史者、撰史者应予详察和辨析匡正，切不可误解误用，避免以讹传讹。

四　根据现代税收学的有关概念，如何界定唐朝
租庸调制的税种性质、类型及其税目

现代税收学关于课税对象的定义，或称："是指征税的标的物，即对什么东西征税"；"是区别不同税种的主要标志，决定了各个不同税种在性

---

① 《唐律疏议》卷十一《职制律》"役使所监临"条，第 225 页。
② 《陆贽集》，第 722 页。

质上的差别和不同的名称，并对税源和税收负担问题产生直接影响"。① 或称："是指国家机构对什么征税或经济主体应就什么纳税。从理论和实践两方面看，课税对象可以是人、事项和物件。'人'包括自然人与法人。以自然人为课税对象，可以征收人头税或（自然人）居民税。""课税对象决定一种税与另一种的联系与区别。一种税的名称和性质主要是由课税对象决定的。"关于税种基本类型的划分方式，有一种是按课税对象划分，即"可以将税种划分为人身课税、事项课税和物件课税。人身课税是以人身为课税对象的税种，包括以自然人身份为课税对象的税种，如古代的人头税，现代某些国家的（自然人）居民税。"②

经过以上辨析，唐朝租庸调的法定课税对象只有一种，就是以生理年龄划分的"丁男"。因此，它的税种性质就是人头税，属于人身课税这一基本类型。上引诸种中国财政史、中国赋税史把租庸调制定性为"以人丁为本"的赋税制度，这既符合唐人"以丁身为本"（如陆贽）"计丁定庸调及租"（如杜佑）的说法，也符合学术界的共识。然而，上引诸种中国财政史、中国赋税史又节引陆贽的"有田则有租，有家则有调，有身则有庸"一句，作为"以人丁为本"的租庸调制的同义概括，甚至有由此推论租庸调制的课税对象是田、户、丁三种的，以致造成论述错误或自相矛盾。

现代税收学对"税目"这一概念的界定虽然文字表述有所不同，内涵是一致的。如称："税法中按照一定的标准和范围对课税对象进行划分从而确定的具体征税品种或项目，是课税对象的具体化"；"规定税目首先是为了明确具体的征税范围，规定征税的广度；其次，通过规定各种税目，可以对不同的产品或项目制定高低不同的税率"③。或称："是税法规定的同一课税对象范围内的具体项目。税目具有两方面的作用：一是明确征税范围，体现征税的广度；二是对具体征税项目进行分类和界定，以便针对不同的项目确定差别税率。"④ 或称"课税对象的具体项目简称税目。在税收制度中，税目具有两方面作用：（1）明确课税对象的具体范围。凡列入

---

① 《新税务大辞海》，第47、56 页。
② 《税收学》编写组：《税收学》（全国高等教育税收学统编教材），高等教育出版社、中国税务出版社，2021，第14 页、19 页。
③ 《新税务大辞海》，第48 页。
④ 罗宏斌编著《国际税收学》，湖南大学出版社，2003，第29 页。

税目的，就应当征税，否则就不应当征税。（2）对课税对象进行归类，以便设计不同的税率。"①

根据唐《赋役令》，租庸调制的税目分为租、调、役（庸）三项，就是对同一课税对象即丁男应缴税目的不同品种和不同税率的划分，唐朝文献有"丁租""丁调""丁役"（"丁庸"）等用语，课税对象是同一的。这无疑符合上引现代税收学关于税目"是税法规定的同一课税对象范围内的具体项目"的内涵界定。

同时，唐朝的律令和税收实务也证明租庸调制的税目是分为租、调、役（庸）三项。例如，租、调、役（庸）之间可以相互折免或折纳。《赋役令》规定："诸丁匠岁役功二十日，有闰之年加二日。须留役者，满十五日免调，三十日租、调俱免。"② 请注意，这里的法律用语是"丁匠"，和租庸调的课税对象为"丁"是一致的。再如，开元二十五年二月，唐玄宗鉴于关内地区和河南、河北地区租庸调税收的经济基础存在着明显差异，即"关辅庸调，所税非小，既寡蚕桑，皆资菽粟，常贱粜贵买，损费愈深"；河南、河北则多产绢，下令允许关内诸州民户将庸调"变粟取米，送至京，逐要支用"；"其河南北有不通水利，宜折租造绢，以代关中调课。"③ 庸调"变粟取米"就是折租，"折租造绢"则是租折纳庸调。

综合全篇，根据现代税收学的有关概念，结合唐朝前期各种律令和税务史实加以辨正，可以确认唐朝"租庸调制"是以丁男为唯一的法定课税对象，属于对人身课税的税种，具有人头税的性质；下设租、调、庸三个税目，分别设定一个丁男应缴纳的不同的税目品种和不同税率。如果在承认租庸调制是"以人丁为本"的赋税制度的同时，又节引陆贽的"有田则有租，有家则有调，有身则有庸"一句，推论租庸调制的课税对象分别是田、户（家）、丁，从而应分为三个不同的税种，这既毫无史料根据，亦不符合论证逻辑，是不能成立的，应予纠正。

---

① 《税收学》（全国高等教育税收学统编教材），第14页，第19页。
② 《天一阁藏明钞本天圣令校证（附唐令复原研究）》（下册）《清本·赋役令》，第393页。
③ （宋）宋敏求编《唐大诏令集》卷一百一十一《关内庸调折变粟米敕》，中华书局，2008，第578～579页。

Plausible and unlikely: Comment on the Improper Quoted the Saying of Lu Zhion Zu Yong Diao

Chen Mingguang

Abstract: Since the Song Dynasty until now, several historical works and textbooks have quoted the saying of Lu Zhi（陆贽）, "If there is land, there is Zu（租）; if there is a family, there is Diao（调）; if there is person, there is Yong（庸）." As a summary or explanation of the rental system Zu YongDiao（租庸调）in the Tang Dynasty, it even extends to the view that the tax objects of Zu Yong Diao（租庸调）are three types of taxes: land, households, and Aadult man . This is actually a misunderstanding of Lu Zhi's excerpt from the essay. This article analyzes various laws and tax historical facts of the Tang Dynasty, and based on the concept of modern taxation, explains that Zu Yong Diao（租庸调）takes adult man as the sole legal tax object, with three tax items: Zu and Yong and Yong（租庸调）, and sets different types of tax items and tax rates. It is a type of tax that imposes personal taxes and has the nature of personal taxation. If it is acknowledged that the rental system is a "population based" tax system, and it is also said that the taxable objects of the rental system are fields, households, and adult man, it lacks historical support and does not conform to its own logical reasoning, and should be corrected.

Keywords: Tang Dynasty; Zu Yong Diao; Lu Zhi; Tax Objects; Personal Taxation

利之所在：多方博弈下中晚唐茶政出台、调适与影响[*]

卢 勇 杨源禾^{**}

摘 要： 中晚唐时期，随着茶业在国民经济中的比重日增，茶利日溥，渐为各界所瞩目，中央政府随之出台茶政，并在其后多次调整。本文基于大量史实，从不同利益集团角度出发，对中晚唐时期茶政颁布的历史背景、实施内容，以及调适等相关问题展开详细讨论，试图厘清中央政府与茶农茶商、地方藩镇势力、边疆藩属政权等不同利益集团之间的复杂互动过程，进一步阐明中晚唐时期的茶政变革表面上以中央政府主导，实乃彼时南方地区茶业经济高水平发展、茶叶贸易繁荣的必然产物。另外，中晚唐时期的茶政也从侧面反映出茶业带来的巨额利润，标示了中晚唐时期茶业发展的大致走向，对中唐以后的政治、经济、军事、文化都产生了深远影响。

关键词： 中晚唐 茶政 茶利博弈 茶税 茶马互市

中国是茶的国度。我国饮茶历史悠久，魏晋以降，南方饮茶渐成风尚。迨至唐开元之前，北人鲜有饮者。天宝年间（742～756），北方饮茶之风渐盛，并传至吐蕃、回纥，乃至日本、新罗等国。尤其自中唐代宗时起，饮茶蔚然成风，遍及朝野，茶业在国民经济中的重要性日增，茶叶由此逐渐被纳入官方专营物资。此后历代统治者无不力图控制茶叶生产，攫

---

* 本文为国家社会科学基金重大项目"明清以来长三角地区生态环境变迁与特色农业发展研究"（21&ZD225）阶段性成果。

** 卢勇（1978— ），南京农业大学中华文明研究院院长，教授、博士生导师，研究方向为环境史、农业史；杨源禾（1996— ），南京农业大学人文与社会发展学院博士生，研究方向为农业史。

取高额利润，故有"夫茶一木尔，下为民生日用之资，上为朝廷赋税之助，其利博哉"之说。① 唐初无茶税，民间自由买卖无纳税之说，德宗建中（780～783）以后才开始征收茶税，其后代代延续，直至现今。

已有研究多选取整个唐代近三百年之历史进行研究，从唐代茶叶政策及其演变过程出发，或整体介绍，或分别探讨唐代税茶、榷茶等制度，或从量化经济史的角度分析了唐代茶专卖岁入，或从现代经济学的视角探索茶政经济思想。另外，前贤对唐代茶法形成的原因，唐代税茶、榷茶政策的主要内容、特征及影响等方面也有较为深入的探讨。② 这些研究成果虽成就斐然，但囿于资料等的局限，尚不够全面充分，尤其多强调茶政是统治者主观意志的产物，而忽视茶政之变革实为彼时茶业繁荣之必然产物。本文拟在前贤研究的基础上，进一步梳理相关史料，从不同利益集团角度出发，聚焦中晚唐时期茶政变革这一关键，针对其出台的背景、具体实施等相关问题展开详细讨论，试图厘清中央政府与茶农茶商、地方藩镇势力、边疆藩属政权等不同利益集团之间的复杂互动关系，期能深化唐代茶政之研究，于中晚唐经济社会史研究有所裨益。

一 茶政颁布的历史背景及正式出台

古代社会，君权至高无上，"溥天之下，莫非王土。率土之滨，莫非王臣"③，天下物产珍宝皆归君主。早在先秦时期，便出现了茶以实物形态

---

① （明）李时珍编纂，刘衡如、刘山永校注《本草纲目》下，华夏出版社，2011，第1255页。

② 陈祖椝、朱自振《中国茶叶历史资料选辑·导言》，农业出版社，1981；凌大斑编著《中国茶税简史》，中国财政经济出版社，1986，第10～26页；陈椽：《茶业通史》，农业出版社，1984，第403～405页；陈衍德：《唐代茶法略考》，《中国社会经济史研究》1987年第2期；陈衍德：《唐代专卖收入初探》，《中国经济史研究》1988年第1期；贾大泉：《历代茶法制度概述》，《河北学刊》1991年第1期；朱自振编著《茶史初探》，中国农业出版社，1996，第57～62页；孙洪升：《唐代榷茶析论》，《云南社会科学》1997年第3期；吕维新：《唐代茶税法规》，《茶业通报》1997年第4期；伊敏：《唐代茶政问题初探》，《青海社会科学》1999年第3期；刘玉峰：《唐代茶业政策述论》，《社会科学战线》2000年第4期；黄纯艳：《再论唐代茶法》，《思想战线》2002年第2期；郭旸、李华罡：《茶税研征——唐代税榷制下的茶政经济思想分析》，《上海财经大学学报》2006年第4期；魏新民：《试论唐代茶法及其形成的原因》，《农业考古》2008年第5期；柴逢国、孙斌：《茶税起源》，《中国税务》2020年第5期；李尔静：《唐代后期税茶与榷茶问题考论》，华中师范大学硕士学位论文，2017。

③ 向熹：《诗经译注·小雅·北山》，商务印书馆，2013，第324页。

缴纳贡赋的现象，如晋人常璩《华阳国志》记载："……茶、蜜、灵龟、巨犀、山鸡、白雉、黄润、鲜粉、皆纳贡之。"① 茶已经作为贡品进献皇室享用。中晚唐时期，"南方地区茶叶经济异军突起，南北方之间茶叶贸易繁荣"②，不仅形成趋于完善的贡茶制度（贡茶区域详见文末附表1），还出现"陵烟触露不停探，官家赤印连帖催"的现象。③ 彼时，湖州所产茶叶开始特供唐廷，朝廷在此设立贡焙院。张文规诗《湖州贡焙新茶》云："牡丹花笑金钿动，传奏吴兴紫笋来。"④ 其中的"吴兴紫笋"即湖州长兴顾渚山的紫笋贡茶。宋代笔记小说《南部新书》载："唐制，湖州造茶最多，谓之顾渚贡焙，岁造一万八千四百八斤。"⑤ 说明中晚唐时湖州顾渚所产茶叶数量已较为庞大，是皇室茶叶消费的重要来源。唐德宗建中二年（781），湖州刺史袁高为朝廷督造顾渚紫笋，目睹茶农日夜赶制贡茶"终朝不盈掬，手足皆鳞皱"的辛劳景象。⑥ 然而，更重要的是中唐时期首次出现了茶作为货币形态缴纳贡赋的现象。

（一）常赋不足与税茶政策出台

唐德宗建中三年（782）九月，户部侍郎赵赞提议："请于两都并江陵、成都、扬、汴、苏、洪等州府，各置常平。……天下所出竹、木、茶、漆，皆十一税之，以充常平本。"⑦ 该建议被皇帝采纳，标志着税茶政策的正式出台。据史料记载，征收茶税的缘由有以下几点：第一，"以充常平本"（充仓本）；第二，"去岁水灾，诏令减税。今之国用，须有供储。伏请于出茶州县，及茶山外商人要路，委所由定三等时估，每十税一，充所放两税。其明年以后所得税，外贮之。若诸州遭水旱，赋税不办，以此代之。'诏可之"（代正税）；第三，"均融分配，赈给百姓"（济灾民）；第四，军需迫蹙，"赡济军镇"（济军兴）。⑧

① （晋）常璩：《华阳国志》卷一《巴志》，齐鲁书社，2010，第2页。
② 陈明光：《创新·缺陷·龟鉴——论隋唐五代税收史承上启下的历史地位》，《史学集刊》2023年第3期。
③ （清）彭定求：《全唐诗》卷五百九《茶山贡焙歌》，中华书局，1960，第1505页。
④ （清）彭定求：《全唐诗》卷三百六十七《湖州贡焙新茶》，中华书局，1960，第916页。
⑤ （宋）钱易撰，黄寿成点校《南部新书》，中华书局，2002，第67页。
⑥ （清）彭定求：《全唐诗》卷三百一十五《茶山诗》，中华书局，1960，第782页。
⑦ （后晋）刘昫等：《旧唐书》卷四十九《食货志下》，中华书局，1975，第2125页。
⑧ （后晋）刘昫等：《旧唐书》卷四十九《食货志下》，中华书局，1975，第2125~2128页。

由此可见，唐廷对茶叶税收制定和颁布法令之时，面临着"时国用稍广，常赋不足，所税亦随时而尽"的客观局面。[①] 而国家财政捉襟见肘局面的形成与安史之乱后朝廷府库耗竭有很大关联。"自兵起，流庸未复，税赋不足供费"[②]，加上藩镇各据一方，既养甲兵，又截取税收，政府财政陷入困境。肃宗至德以后，天下兵起，人口凋敝，赋税之征收，不能统筹划一。唐朝的基本制度均田制，以及随之而来的租庸调税制和府兵制虽未明令废止，但已名存实亡，国家掌握的在籍课户与课口大幅减少，国库收入无几。唐代宗广德二年（764）宰相竟奏请减百官职田租半额，以助军粮。大书法家颜真卿当时为刑部尚书，曾书《乞米帖》言："拙于生事，举家食粥来已数月，今又罄竭，只益忧煎。"[③] 而皇帝还要兴建佛寺、祭祀、巡狩、行幸、"藩夷赐饮"等，巨大的开支使朝廷急于从他处筹集财源。唐德宗在经历"奉天之难"后，委任宦官为禁军统帅，对藩镇多事姑息，并在全国范围内增收杂税，出现"通津达道者税之，苛蔬艺果者税之，死亡者税之"的现象。[④]

（二）茶业贸易繁荣

中晚唐时期，随着支撑整个盛唐的各项制度的崩塌，唐廷面临军需紧张、政治失常、财政支绌的困窘局面和挑战，彼时坊市、宵禁制度日益松弛，城市出现了活跃、繁荣之象。城市的兴起，促进了农村产品的商品化转化和商品化生产，城乡经济联系越发密切，导致城乡商品流通和人员往来日益频繁，[⑤]《全唐文》卷八百零二《祁门县新修阊门溪记》载："每岁二三月，赍银缗缯素求市，将货他郡者，摩肩接迹而至。虽然其欲广市多载，不果遂也。或乘负，或肩荷，或小辙，而陆也如此。"[⑥] 记载了咸通年间（860～874）茶商到祁门县收购茶叶的情况，表达了茶商"欲广市多载"进行更大地域范围内茶叶商品交换的愿望。此外，在生产力和商品交

① （后晋）刘昫等：《旧唐书》卷四十九《食货志下》，中华书局，1975，第 2125 页。
② （宋）欧阳修、宋祁：《新唐书》卷五十四《食货志》，中华书局，1975，第 1378 页。
③ （唐）颜真卿撰，（宋）留元刚编《颜鲁公文集》卷十一《书帖》，影上海涵芬楼藏明刊本。
④ （后晋）刘昫等：《旧唐书》卷四十八《食货志上》，中华书局，1975，第 2087～2088 页。
⑤ 肖建乐：《试论唐代城市发展的原因》，《云南民族大学学报》（哲学社会科学版）2008 年第 1 期。
⑥ （清）董诰辑《全唐文》卷八百零二《祁门县新修阊门溪记》，中华书局影印本，1983，第 8431 页。

换日益频繁的基础上，中唐时期不仅产茶地区遍及大江南北，可划分为 8 区 54 州（见表 1），而且各地所产茶叶形成了专门销售区，大宗商品的远距离贸易日益频繁，商品流通范围不断扩大，如剑南茶区的"蜀茶"，"谷雨后岁取数百万斤，散落东下"①，主要销往百越之地和太湖流域；江南茶区的"浮梁茶"流向关西和山东，其运往山东的销量"百倍于蜀茶"②；山南茶区的"衡山团饼"，"自潇湘达于五岭"，更远及交趾，每年产销量"岁取十万"③。歙州、福州等地茶叶生产极为发达，徽州地区所产之茶借新安江水运往扬州、苏州及杭州等地，福州方山所产云雾芽茶闻名遐迩，汴州茶商云集，甚至一度出现"茶自江淮而来，舟车相继"④，"水门向晚茶商闹"⑤，茶铺夜间经营，热闹非凡的场面。

表 1　唐玄宗开元年间（713～741）产茶地区分布情况

江南茶区	越州、明州、婺州、台州、袁州、吉州、洪州、鄂州、衡州（9 州）
浙西茶区	湖州、杭州、睦州、宣州、歙州、苏州、润州、常州（8 州）
山南茶区	峡州、襄州、归州、金州、梁州、兴州、夔州（7 州）
淮南茶区	光州、申州、舒州、寿州、卢州、蕲州、黄州（7 州）
剑南茶区	绵州、雅州、泸州、眉州、邛州、彭州、汉州、蜀州（8 州）
黔中茶区	恩州、播州、费州，夷州、溪州、恩州（6 州）
岭南茶区	韶州、象州、福州、建州、泉州（5 州）
河南茶区	兖州、青州、曹州、齐州（4 州）

资料来源：陈祖椝、朱自振编《中国茶叶历史资料选辑·导言》，农业出版社，1981，第 12～13 页；陈椽：《茶业通史》，农业出版社，1984，第 56 页等相关内容。

白居易《琵琶行》云："商人重利轻别离，前月浮梁买茶去"，可见浮梁已形成专门的茶叶市场。《元和郡县志》证实此事说，天宝元年（742）浮梁"每岁出茶七百万驮，税十五余万贯"⑥。这些专门的茶叶市场，均以本地区的特色茶产品为依托，所售商品显然是面向外地市场的。茶叶从产地进入消费者手中途经多个商业环节，中唐时期多层级的茶叶市场网络亦

---

① （宋）晁载之辑《续谈助》卷五《膳夫经手录》，清十万卷楼丛书本。
② （宋）晁载之辑《续谈助》卷五《膳夫经手录》，清十万卷楼丛书本。
③ （宋）晁载之辑《续谈助》卷五《膳夫经手录》，清十万卷楼丛书本。
④ （唐）封演：《封氏闻见记》卷六《饮茶》，四库全书本。
⑤ （清）彭定求：《全唐诗》卷三百《寄汴州令狐相公》，中华书局，1960，第 753 页。
⑥ （唐）李吉甫：《元和郡县志》卷二十九《江南道·浮梁县》，清武英殿聚珍版丛书本。

已形成。遍于长安、洛阳、扬州、益州、广州等地的茶坊酒肆、发达的海陆交通，充分显示出中唐时期城市经济的繁荣，尤其是国都长安，商贾麇集，财富集中，肩舆塞路。茶叶流通依托于城市、农村以及区域等不同层次的市场，进一步促进了商品经济的活跃与茶叶市场交易的繁荣。随着商品经济的发展，茶叶产销品类多样、市场细分，出现了以商品生产为主的大型私人地主茶园，地主张守珪"每岁召采茶人力百余人，男女佣功者杂处园中"①。在唐天宝（742～756）年间，茶商刘清真"与其徒二十人于寿州作茶"②，从寿州向北方贩运茶叶，其时经营规模还不算太大，雇用人数只20人。德宗贞元年间（785～805），王野人于同州"构草堂，植茶成园"，当地原无人居，在他建立茶园后的"凡居二十四年"内，茶园规模扩大，茶户迅速增加，"因野人遂成三百家"③。道士李冲昭所撰《南岳小录》记载了咸通年间（860～874），术士王生所居的"王氏药院"，有"茂松修竹，流水周绕，及多榧树、茶园，今基址存焉"④。是时，业茶者日众，茶园面积扩大，并逐渐朝着区域化、专业化生产方向发展。

（三）举国饮茶风尚盛行

隋文帝一统天下，结束南北朝长期对峙局面，饮茶习俗得以迅速交融、传播，尤其是黄河流域，茶不再被视为"酪奴"⑤，为中唐时期饮茶之风盛行的出现奠定基础。唐玄宗开元（713～741）年间，泰山灵岩寺有降魔师"大兴禅教"，学禅人为祛除困乏皆饮茶，"从此转相仿效，遂成风俗"⑥。杨晔在《膳夫经手录》中清楚指出："至开元、天宝之间，稍稍有茶，至德、大历遂多，建中已后盛矣。"⑦并且出现了茶僧皎然首倡禅茶思想，茶仙卢仝作《七碗茶歌》促进茶与主流文化的融合；又因"羽嗜茶，

---

① （唐）杜光庭：《仙传拾遗》，原书已佚，此据《太平广记》卷三十七《神仙·阳平谪仙》所引，中华书局，2020，第203页。
② （唐）戴孚：《广异记》，原书已佚，此据《太平广记》卷二十四《神仙·刘清真》所引，中华书局，2020，第140页。
③ （清）董诰辑《全唐文》卷六百三十七《解惑》，中华书局影印本，1983，第6429～6430页。
④ （唐）李冲昭：《南岳小录（外四种）》，上海古籍出版社，1993，第585～588页。
⑤ （北魏）杨衒之撰，（清）吴若准复《洛阳伽蓝记》卷三，吴氏刊本。
⑥ （唐）封演：《封氏闻见记》卷六《饮茶》，四库全书本。
⑦ （宋）晁载之辑《续谈助》卷五《膳夫经手录》，清十万卷楼丛书本。

著经三篇，言茶之原、之法、之具尤备"，在陆羽《茶经》的全面助推下，随即出现"茶道大行，王公朝士无不饮者"的局面。① 《邺侯家传》载，唐德宗"好煎茶加酥椒之类"，并让李沁为其作诗，诗云："旋沫翻成碧玉池，添酥散作琉璃眼。"② 正如中唐才子顾况《茶赋》中所言："此茶上达于天子也……此茶下被于幽人也。"③ 1987 年 4 月 3 日，在陕西省宝鸡市扶风县法门寺地宫出土的一套以金银质为主的唐代宫廷茶具，佐证了唐代长安茶事的兴盛与宫廷茶文化的繁荣。

要之，在北方大兴禅教、陆羽开其先河、唐宫廷助其波澜等多方因素的综合作用下，饮茶之风从南方扩展到北方地区，"天下益知饮茶矣"④。正如时人所载："自邹（今山东邹县）、齐（山东淄博）、沧（河北沧州）、棣（山东惠民）渐至京邑，城市多开店铺，煎茶卖之，不问道俗，投钱取饮。"⑤

综上，随着中唐以来南方地区茶业经济的大规模发展、饮茶习俗的迅速传播，异军突起的茶叶贸易，其利颇著，让迫于府库耗竭的政府以为有利可图。税茶获利，以充国用，就是在这样的情况下出现的，税茶、榷茶、茶马贸易等与茶叶相关的政策法规亦随之而来。

二 茶政变革：中央政府与茶农茶商的"茶利博弈"

中晚唐时期茶政的形成经历了一个不断变革的过程，体现了中晚唐权力体系与业茶者之间的利益博弈。建中三年（782）唐朝廷始征茶税，次年因李希烈叛乱而取消，建中以后茶叶贸易日渐发达，饮茶逐渐遍及民间，至贞元年间，税茶法基本被正式固定下来。随着南方地区茶叶商品经济日趋繁盛，朝廷对茶叶市场的干预越来越强，企图尽占茶利的野心昭然若揭。大和九年（835），王涯献榷茶法，茶叶贸易由惯例的征收税款至京改由国家垄断专卖的手段代之，因招致人民强烈反抗而被废止。甘露之变后，令狐楚复令纳榷、李石复贞元之制，又恢复到征收茶税的

---

① （唐）封演：《封氏闻见记》卷六《饮茶》，四库全书本。
② 陈祖槼、朱自振编《中国茶叶历史资料选辑》，农业出版社，1981，第 214 页。
③ （清）董诰辑《全唐文》卷五百二十八《茶赋》，中华书局影印本，1983，第 5365 页。
④ （宋）欧阳修、宋祁：《新唐书》卷一百九十六《陆羽传》，中华书局，1975，第 5612 页。
⑤ （唐）封演：《封氏闻见记》卷六《饮茶》，四库全书本。

阶段，且巧立名目，茶税日重。唐代茶法的演变过程，观之乃朝廷与茶农、茶商围绕茶利而展开的博弈，茶税征收实则并非统治者随心所欲意志的体现，而是南方地区经济富甲天下的产物，亦是茶业经济高水平发展的必然结果。

（一）税茶初兴

贞元八年（792），唐德宗令裴延龄掌管度支，大肆聚敛财物。贞元九年（793），户部侍郎兼诸道盐铁转运使张滂"奏立税茶法"，茶税被正式固定下来，"自后裴延龄专判度支，与盐铁益殊途而理矣"①。

随着战乱平息，国库收入不再需要支撑庞大的战时用度时，亦有停征茶税的规定。如唐宪宗元和十三年（818），盐铁使程异奏称："伏以榷税茶盐，本资财赋，赡济军镇，盖是从权。昨兵罢，自合便停，事久实为重敛。其诸道先所置店及收诸色钱物等，虽非擅加，且异常制，伏请准敕文勒停。从之。"② 然而，盐铁使王播又于长庆元年（821）五月，"加茶榷，旧额百文，更加五十文，从王播奏"③。右拾遗李珏反对增赋，同年上疏劝谏：税茶起自干戈，"天下无事，即宜蠲省"。李珏认为，"今增税既重，时估必增……价高则市者稀，价贱则市者广"，茶价高则市场销路愈小，税款既得不到，反而招致人民的抱怨。④ 穆宗不纳。由上可知，即使到国家不再需要庞大的军费开支、可减免茶税之际，停征茶税的政策只象征性实施两年后，又复加茶税。可见，中国古代朝廷所征赋税，主要还是取决于课征对象能够提供的最大利润，它是中晚唐时期南方茶区商品经济发展的产物，也是南北地区间茶叶贸易繁荣的必然结果。

税茶取利，使唐政府尝到了"甜头"，不到四十年时间，税率从起初的"十一税之"增长到"十之五"，这是中唐以来南方地区经济快速发展的必然结果。以扬州为例，唐初江淮和淮南两道还是"火耕水耨，食鱼与稻，以渔猎为业"⑤的地广人稀之地，农耕方式较为粗放。及至大历十二年（777），扬州地区"开田万顷，赡户九乡，洎成奥区，颇无凶岁"，而

① （后晋）刘昫等：《旧唐书》卷四十九《食货志下》，中华书局，1975，第2119页。
② （后晋）刘昫等：《旧唐书》卷四十九《食货志上》，中华书局，1975，第2108页。
③ （后晋）刘昫等：《旧唐书》卷十六《穆宗本纪》，中华书局，1975，第489页。
④ （后晋）刘昫等：《旧唐书》卷一百七十三《李珏传》，中华书局，1975，第4503~4504页。
⑤ （唐）魏徵等：《隋书》卷三十一《地理志下》，中华书局，1973，第886页。

有"鱼稻之盛"①，这里的自然环境不仅有利于鱼类的繁殖、稻谷的生长，还为茶树提供了良好的生长环境，为制茶业以及其他手工业提供了丰富的原料。淮南道诸州盛产茶叶，如扬州江都县有蜀冈茶、寿州有霍山黄芽、蕲州有蕲门团黄、舒州有天柱茶②……淮南所产之茶以商品形式从扬州流向周边地区，促成了这一区域市场体系的形成与稳定，使得"广陵当南北大冲，百货所集"③。随着手工业和商业的发展，中唐时期扬州发展为全国最繁华的城市，坊市制度开始被打破，交易突破了时间和空间的限制，故而《夜看扬州市》诗云："夜市千灯照碧云，高楼红袖客纷纷。"扬州夜市灯火辉煌、通宵达旦，可见城市经济繁荣之势。由此可见，中唐时期江淮等南方地区茶业经济的繁荣乃是唐廷重税敛财，企图尽笼茶利的根本原因。在此现实背景下，唐统治者又正式出台了茶之垄断专卖政策。

（二）榷茶专营

唐文宗大和九年九月，"王涯献榷茶之利，乃以涯为榷茶使。茶之有榷税，自涯始也"④。王涯禁止人民买卖茶，"欲以江湖百姓茶园，官自造作，量给直分"，⑤ 把茶叶作为政府专卖品，即官种官制官卖，甚至出现"令百姓移茶树就官场中栽，摘茶叶于官场中造"的现象。⑥ "徙民茶树于官场，焚其旧积"，所有新茶均为官制，卖给商人，将千百万茶农的生计一举断绝，必然要激起人民的反抗，酿成大乱。⑦ 以益昌县为例，"益昌民多即山树茶，利私自入"⑧。对茶叶实行榷笼的诏书下达当地，县令何易于看过诏书后说："益昌不征茶，百姓尚不可活，矧厚其赋以毒民乎！"即命县吏铲除茶树，县吏不敢，何易于"即自纵火焚之"。⑨ 益昌县令宁毁殁一邑百姓赖以为生的茶树来躲避苛征。由此可见唐廷对茶叶的控制到达顶

① （清）杨世沅辑《句容金石记》卷二《赤山湖记》，清光绪三十四年铅字本。
② （唐）杨晔：《膳夫经手录》，清初毛氏汲古阁抄本。
③ （宋）王溥：《唐会要》卷八十六《市》，中华书局，1955，第1582页。
④ （后晋）刘昫等：《旧唐书》卷十七《文宗本纪》，中华书局，1975，第561页。
⑤ （后晋）刘昫等：《旧唐书》卷一百六十九《郑注传》，中华书局，1975，第4400页。
⑥ （后晋）刘昫等：《旧唐书》卷四十九《食货志下》，中华书局，1975，第2129页。
⑦ （宋）郑樵：《通志》卷六十二《食货二·盐铁茶》，中华书局影印本，1987，第749页。
⑧ （唐）孙樵：《唐孙樵集》卷三《书何易于》，上海涵芬楼藏吴氏问青堂刊本。
⑨ （唐）孙樵：《唐孙樵集》卷三《书何易于》，上海涵芬楼藏吴氏问青堂刊本。

峰，政府与百姓之间的矛盾被彻底激化。

大和九年十一月二十一日，朝廷发生甘露之变，"涯等苍惶步出，至永昌里茶肆，为禁兵所擒……乃腰斩于子城西南隅独柳树下"①。王涯因上奏榷茶法断绝民利，故死后"百姓怨恨诟骂之，投瓦砾以击之"，② 以发泄心中怨恨。同年十二月，左仆射令狐楚在目睹榷茶法颁布致使"天下大怨"后③，接管榷茶事宜，以王涯榷茶"不便于民"④"实为蠹政""有同儿戏，不近人情"等为由⑤，请求停止榷茶。

王涯榷茶实际是中央政府将茶叶从生产到流通各环节利益垄断，结果招致人民强烈反抗而被推翻，推行不过两月即草草收场，是茶农茶商与朝廷进行茶利博弈的暂时胜出。

（三）复令纳榷

伴随着交通的发展和生产力的进步，唐代中期以后南方茶业经济发展进入高峰时期，榷茶法废止不过是缓兵之举。其后令狐楚稍加变更，对榷茶法做出调整，"惟纳榷之时，须节级加价，商人转抬，必较稍贵，即是钱出万国，利归有司，既无害茶商，又不扰茶户"⑥。"复令纳榷，加价而已"⑦。此项办法得到唐文宗的采纳。令狐楚比王涯高明之处在于不采用强制手段断绝茶农生计，而是"节级加价"，政府仍坐收茶利。

王涯的榷茶法由于阻力过大而废止，但唐廷并不打算放弃巨额茶利，开成元年（836），宰相李石提议："以茶税皆归盐铁，复贞元之制。"⑧ 唐文宗下令复税茶法，此后历代袭承贞元茶政，武宁节度使薛元赏还奏请停止茶盐重复课税。⑨ 但朝令暮改，"武宗即位，盐铁转运使崔珙又增江淮茶税"⑩。晚唐时期，政府为获得较收取茶税更高的利润开始巧立名目。宣宗

---

① （后晋）刘昫等：《旧唐书》卷一百六十九《王涯传》，中华书局，1975，第4404～4405页。
② （后晋）刘昫等：《旧唐书》卷一百六十九《王涯传》，中华书局，1975，第4404～4405页。
③ （宋）郑樵：《通志》卷六十二《食货二·盐铁茶》，中华书局影印本，1987，第749页。
④ （后晋）刘昫等：《旧唐书》卷十七《文宗本纪》，中华书局，1975，第563页。
⑤ （后晋）刘昫等：《旧唐书》卷四十九《食货志下》，中华书局，1975，第2129页。
⑥ （后晋）刘昫等：《旧唐书》卷四十九《食货志下》，中华书局，1975，第2129页。
⑦ （宋）欧阳修、宋祁：《新唐书》卷五十四《食货志》，中华书局，1975，第1382页。
⑧ （宋）欧阳修、宋祁：《新唐书》卷五十四《食货志》，中华书局，1975，第1382页。
⑨ （后晋）刘昫等：《旧唐书》卷四十九《食货志下》，中华书局，1975，第2129页。
⑩ （宋）欧阳修、宋祁：《新唐书》卷五十四《食货志》，中华书局，1975，第1382～1383页。

时期，盐铁使于悰"每斤增税钱五，谓之'剩茶钱'，自是斤两复旧"①。

在税茶法颁布之初，朝廷以赈恤百姓为缘由，但税茶"本意"的实际执行情况大打折扣，虽严令申明每年所得税茶钱"除赈给百姓以外，一切不得贷便支用"，②却还是出现"遭水旱处亦未尝以钱（指税茶钱）拯赡"③的现象。随着中晚唐时期茶叶商品交换日益频繁，专业性市场逐渐增多，商品流通范围不断扩大，市场从集市、草市等狭小的初级性市场形态逐渐发展到跨县、州、道等更大范围的区域性市场，茶叶商品经济不断发展。在实际的税茶过程中，朝廷征税愈厚，若招致人民强烈反对，则做出调整，而诸如此类的政策调适和完善则贯穿于中晚唐税茶之始终（详见附表2）。然而无论政策如何调整，茶政在实施中税率逐渐提高（见表2），范围不断扩大，亦可见唐政府对茶税的依赖日重。

表 2　中晚唐茶税税入变化情况

关于茶税税入的记载	史料出处
自此（贞元九年）每岁得钱四十万贯。	《唐会要》卷八十四《杂税》；《旧唐书》卷四十九《食货志下》
是岁（贞元九年）得四十一万。	《唐会要》卷八十七《转运盐铁总叙》
近者有司奏税茶，岁得五十万贯。	《陆宣公奏议》卷十二《请以税茶钱置义仓以备水旱》
元和初，岁入六十六万余贯。	《新唐书》卷五十四《食货志》
开成元年常州"以茶务委州县，至年终所收……比类盐铁场院正额元数，加数倍已上。"	（宋）王钦若：《册府元龟》卷四百九十三《邦计部·山泽》，中华书局，1960，第5900页
开成年间，"举天下不过七万余缗，不能当一县之茶税。"	（宋）欧阳修、宋祁：《新唐书》卷五十四《食货志》，中华书局，1975，第1383页
大中时，"天下税茶增倍贞元"，则其时茶利岁入当在八十万贯至一百万贯之间。	《新唐书》卷五四《食货志》
至五代，"于是殷始修贡京师，然岁贡不过所产茶茗而已"。	（宋）欧阳修撰，徐无党注《新五代史》卷六十六《楚世家》，中华书局，1974，第824页

注：①（宋）欧阳修、宋祁：《新唐书》卷五十四《食货志》，中华书局，1975，第1383页。

---

① （宋）欧阳修、宋祁：《新唐书》卷五十四《食货志》，中华书局，1975，第1383页。
② （清）俞森：《荒政丛书》卷九，四库全书本。
③ （后晋）刘昫等：《旧唐书》卷四十九《食货志下》，中华书局，1975，第2128页。

三　茶税纠葛：中央政府与地方藩镇势力的"税款之争"

经历安禄山叛乱后，唐廷从此未再重新掌握过去所把持的中央威势，地方上各自为政的情形与此后150年的唐代历史相始终。这种由地方分权的大帝国在统治与管理上，具有一个亘古不变的一般原则，即谁有能力征税，谁就能掌握税收所及的地区。在中唐以后茶税已成为国家大宗收入之一的背景下，中央政府与地方藩镇节度使的茶利纷争在政治、军事斗争中若隐若现。

战争是政治的延续。在唐廷与地方藩镇势力相互博弈的过程中，茶园和茶税逐渐成为二者争夺的焦点，而地处淮西侧后的寿州茶园更是双方必争之地。唐德宗贞元十五年（799）八月在讨伐吴少诚的诏书中，除指责他"凶狡成性，扇构多端，擅动甲兵，暴越封壤"之外，还特地指出叛军对"寿州茶园，辄纵凌夺"，故"令诸道各出师徒，掎角齐进"。[1] 吴少诚死后其继任者吴少阳仍然割据称雄，"据蔡州凡五年，不朝觐"[2]。吴少阳不仅在蔡州豢养马畜、藏匿亡命之徒，还"时夺掠寿州茶山之利""以富实其军"，为与唐军随时可能爆发的战争做好物资准备。[3] 这种情况到吴元济时愈演愈烈，唐军在寿州又多次与淮西叛军发生激战。可见，淮西割据势力经常出兵劫掠寿州地区的茶园茶山，一度还占领过寿州部分地区，并以所夺茶利作为军需，导致中央财政压力过大，已严重影响到中央朝廷的税收保障，故唐廷势必会积极去解决相关问题，来保障顺利获取寿州茶利。元和十一年（816），唐宪宗下诏讨伐吴元济，"二月诏寿州以兵三千，保其境内茶园。"[4] 由皇帝下令特派三千精兵专门来保护一个地区的茶园，可见茶叶生产在整个社会经济中的重要地位。茶在特殊时期甚至已具备了货币的功能。例如，元和十二年（817）五月，唐廷"出内库茶三十万斤付度支进其直"[5]。可知府库所存茶叶已用于财政支出，而唐廷调集军队保

---

① （后晋）刘昫等：《旧唐书》卷十三《德宗本纪》，中华书局，1975，第391页。
② （后晋）刘昫等：《旧唐书》卷一百四十五《吴少诚传》，中华书局，1975，第3947页。
③ （后晋）刘昫等：《旧唐书》卷一百四十五《吴少诚传》，中华书局，1975，第3947页。
④ （宋）王钦若：《册府元龟》卷四百九十三《邦计部·山泽》，中华书局，1960，第5900页。
⑤ （宋）王钦若：《册府元龟》卷四百九十三《邦计部·山泽》，中华书局，1960，第5900页。

护寿州的茶园生产，实则在竭力保护中央政府的财源。

中晚唐时期茶政实施过程中，也出现了地方军阀割据弄权、养兵自卫，导致部分地区节度使不承认中央政令的现象，产茶地区的藩镇就地征税、截留税款，朝廷省司常年定额征集受到影响。据《旧唐书》记载，大和元年（827），"户部侍郎崔元略与西川节度使商量，取其稳便，遂奏诸茶税事使司自勾当，每年出钱四万贯送省。近年以来，不依元奏，三道诸色钱物，州府逗留，多不送省"①。

唐宣宗统治时期，割据一方的藩镇势力在沿途运输要道设置邸店，征收重税，百般敲剥，甚至将舟车货物，一概阻拦，茶商深受其害。大中六年（852），盐铁转运使裴休奏称："诸道节度、观察使，置店停上茶商，每斤收揭地钱，并税经过商人，颇乖法理。今请厘革横税，以通舟船，商旅既安，课利自厚。"②裴休明确指出，茶商如果不受侵扰，运途安定，官府所得茶税自然丰厚。此外，还须派遣精明干练的官吏，"先于出茶山口，及庐、寿、淮南界内，布置把捉"③。朝廷设置征税点以代替地方节度使、观察使设置的邸店，此条政令在于使中央朝廷重新控制庐州、寿州、淮南等地，并争夺所在地区正常而可观的茶税收入。该建议被唐宣宗采纳。

然而，长期以来藩镇强征茶税的情况已到积重难返的地步。当时藩镇势力已不可动摇，为此而利益受到损害的藩镇强加抵制，"其年四月，淮南及天平军节度使并浙西观察使，皆奏军用困竭，伏乞且赐依旧税茶"④。此后，中央政令几同废纸，地方的茶税收入依旧多被地方割据势力截留，唐朝中央朝廷所得寥寥无几，这种茶税的争夺与博弈状况一直持续至唐末及五代时期。据史料记载，湖南留后马殷谋臣高郁劝其主公曰，"自京师至襄、唐、郢、复等州，置邸务以卖茶，其利十倍"⑤，又令"民得自摘山收茗，算募高户，置邸阁居茗"，而收其税，则"岁入算数十万，用度遂饶"。⑥天祐三年（906），卢龙节度使刘仁恭"禁南方茶，自撷山为茶，号山曰大恩，以邀利"⑦。中央朝廷为改变现状，于后唐明宗天成元年

① （后晋）刘昫等：《旧唐书》卷一百八十七下《庚敬休传》，中华书局，1975，第4913页。
② （后晋）刘昫等：《旧唐书》卷四十九《食货志下》，中华书局，1975，第2130页。
③ （后晋）刘昫等：《旧唐书》卷四十九《食货志下》，中华书局，1975，第2130页。
④ （后晋）刘昫等：《旧唐书》卷四十九《食货志下》，中华书局，1975，第2130页。
⑤ （宋）欧阳修撰，徐无党注《新五代史》卷六十六《楚世家》，中华书局，1974，第824页。
⑥ （宋）欧阳修、宋祁：《新唐书》卷一百九十《刘建锋传》，中华书局，1975，第5482页。
⑦ （宋）欧阳修、宋祁：《新唐书》卷二百一十二《刘仁恭传》，中华书局，1975，第5987页。

（926），下诏省司及诸府置税茶场院。商税原来不归州府留用，而是朝廷省司派员设置场院，天成二年（927），又敕三京诸道州府，"自今以后，诸商税并委逐处州府扑断，依省司常年定额"①，即商税并由各处州府掌管，按朝廷省司常年定额征集，以免滋生纠葛。这道敕令实际上是朝廷为获得定额茶税、商税对地方割据政权的妥协与让步。

四 茶马互市：中央政府与边疆民族的"贸易互惠"

在很长的历史时期，中原王朝与边疆民族之间的边界贸易其实是一种不平等贸易。周边的藩属政权或部族携带当地所出之方物入朝进贡，而中原王朝加赠以丝帛、茶叶等物，一般"赏赐"出去的商品价值远大于其贡品，而中原王朝获得四夷宾服、万邦来朝的政治荣耀与边疆安宁，这是一种被纳入朝贡系统的兼具经济与政治双重不平等的商贸关系。

以茶马贸易为例，它是建立在以"绢马互市"为内容的贡赐贸易基础上的一种边疆民族与中原王朝双向互动的行为。两汉时期，就有中原王朝与匈奴、南越、乌桓、鲜卑等民族以绢、马为大宗物品进行交换。② 自乾元年间（758～760）之后，回纥恃其借兵助唐平叛之功，"屡遣使以马和市缯帛，仍岁来市，以马一匹易绢四十匹，动至数万马。其使候遣继留于鸿胪寺者非一，蕃得帛无厌，我得马无用，朝廷甚苦之。……是月，回纥使使赤心领马一万匹来求市，代宗以马价出于租赋，不欲重困于民，命有司量入计许市六千匹"③。由于夹杂着政治和军事目的，唐廷与回纥的绢马交易并不平等，回纥苛求无厌的经济掠夺，让唐廷苦不堪言。漠北地区气候寒冷，人口数量有限，回纥居民多经营牧业，不适宜穿戴丝绸，换回巨量之绢的实质是以低价从唐朝获得绢帛，再以高价出售给周边民族，居间牟取经济利益。④ 太尉李德裕有言："右，缘回鹘新得马价绢，访闻塞上军人及诸蕃部落，苟利货财，不惜驼马。必恐充为互市，招诱外蕃，岂惟资

---

① （清）嵇璜、曹仁虎纂修《钦定续通典》卷十六《食货》，清乾隆四十八年武英殿刻本。
② 崔明德、佟宝锁：《中国古代互市的类型及特点》，《青海社会科学》2023年第1期。
③ （后晋）刘昫等：《旧唐书》卷一百四十五《回纥列传》，中华书局，1975，第5207页。
④ 杨富学、安语梵：《唐与回鹘绢马互市实质解诂》，《石河子大学学报》（哲学社会科学版）2020年第4期。

助虏兵，实亦减耗边备。"① 证明了"塞上军人及诸蕃部落"将驼马出售给回鹘，从回鹘换得绢匹的史实。

由此可见，早期的绢马交易，仅是中央政府对少数民族进贡的一种回赠。直到唐德宗贞元年间（785～805），商业性的茶马贸易才正式开始。贞元末年，天下普遍饮茶，"其后尚茶成风，时回纥入朝，始驱马市茶"②。这是茶马互市首次出现在史乘记载的权舆。加之，边疆民族之百姓向以畜牧为业，以肉、乳为上，而茶具有"攻肉食之膻腻"③ 的独特功效，于是渐入唐廷法眼，成为调和中央与边疆藩属政权关系的"利器"。且茶利高企，可以富国，唐廷也有意识地借此以挽救日渐凋敝的民生。"其后回纥入朝，始驱马市茶，乃稍取外人之财产以益中土矣"④。由此可见，中晚唐时期，随着茶叶商品生产的扩大、茶叶市场的形成和贸易的蓬勃发展，茶叶边销贸易亦由此展开。《资治通鉴·唐纪》记载：大历十四年（779）六月，"遣中使邵光超赐李希烈旌节；希烈赠之仆、马及缣七百匹，黄茗二百斤"⑤。是时茶之重要甚至可与马匹并驾齐驱。贞元年间（785～805）茶马互市的贸易方式作为一种政策和贸易制度被正式固定下来。而游牧民族的饮食结构，为茶叶流入边疆觅得最恰如其分的理由，如封演在其《封氏闻见记》（8世纪末）中所说："古人亦饮茶耳，但不如今人溺之甚；穷日尽夜，殆成风俗，始自中地，流于塞外。往年回鹘入朝，大驱名马，市茶而归。"⑥ 甚至在西域游牧民族之间出现"一日无茶则滞，三日无茶则病""民之不可一日无茶，犹一日之不可无食"⑦ 之言。马克思指出："消费创造出新的生产的需要，……消费创造出生产的动力。"边疆民族地区对茶叶巨大的消费需求进一步刺激了在中央政府控制下南方地区茶业经济的繁盛，推动了茶马贸易的发展。在之后的史书上随处可见茶马贸易的记载，诸如"运茶于河南、北，卖之以易缯、纩、战马而归。仍岁贡茶二十五万斤"⑧

① （唐）李德裕：《李文饶文集》卷十三《论太原及振武军镇及退浑党项等部落牙市牛马骆驼等状》，影常熟瞿氏藏明刊本。
② （宋）欧阳修、宋祁：《新唐书》卷一百九十六《陆羽传》，中华书局，1975，第5612页。
③ （清）董诰辑《全唐文》卷五百二十八《茶赋》，中华书局影印本，1983，第5365页。
④ （清）邵之棠辑《皇朝经世文统编》卷六十六《理财部》，光绪年上海宝善斋石印。
⑤ （宋）司马光：《资治通鉴》卷二百二十五《唐纪》，鄱阳胡氏仿元刊本。
⑥ （唐）封演：《封氏闻见记》卷六《饮茶》，四库全书本。
⑦ （明）刘远可辑《璧水群英待问会元》卷八十七，明丽泽堂活字印本。
⑧ （宋）司马光：《资治通鉴》卷二百六十六《后梁纪》，鄱阳胡氏仿元刊本。

"持羊三万口，马二百匹来鬻，以其价市罗纨茶药"① 等等记载不绝于书。

又据《唐国史补》所载，"常鲁公使西蕃，烹茶帐中"，常鲁公与吐蕃赞普谈及茶时，赞普曰："'我此亦有。'遂命出之，以指曰：'此寿州者，此舒州者，此顾渚者，此蕲门者，此昌明者，此㴩湖者。'"② 可知唐时输藏茶类不下六七种，品种丰富，而吐蕃王族对茶品有着较高的鉴别水平。可见，中唐时期茶马互市交易的茶品类已较为丰富，但绢马互市仍在各藩属政权间存续、发展。如元和十一年（816）正月，唐廷"以讨吴元济，命中使以绢万匹，市马于河曲。其月，回纥使献橐驼及马，以内库缯绢六万匹，偿回纥马直"③。

综之，唐代贞元以前，在朝贡体系下，对于唐廷来说，通过茶马互市，不诉诸武力即可使对方悦服更显大唐风范，实现政治意义是其根本出发点；而对于边疆藩属政权来说，满足本民族消费需求，并转运至周边民族销售获取厚利的经济意义才是最重要的。而在安史之乱后，唐廷已经失去了西北这一重要的育马基地，且国家面临内忧外患，对战马的迫切需求，以及缓和与强大的游牧民族之间的关系，是茶马贸易出现的客观形势之必然。正是这种"互惠贸易"的存在，使得中央政府与边疆藩属政权呈现出错综复杂的相互关联，二者以"茶""马"这类贸易中的大宗物品为媒介，通过双向互动的"茶马贸易"行为，实现互惠互利，亦是彼时中原王朝处理民族关系的一种创新。

结　语

中唐以降，随着茶利日重，茶堂而皇之地进入政治领域，成为朝廷不可忽视的重要财源与战略物资，茶由是成为此后历代中央朝廷与各方势力博弈与争夺的对象。其政策演变表面上看受行政力量控制，但深入分析中唐时期贡茶、税茶、榷茶、茶马贸易等政策措施及其出现的背景，我们就会发现中唐以后南方地区茶业经济异军突起、饮茶习俗迅速传播，南北方之间茶叶贸易的繁荣，才是彼时茶政出台，并且在中央朝廷与茶农茶商、

---

① （宋）陆游：《南唐书》卷十八《浮屠契丹高丽列传》，汲古阁本。
② （唐）李肇：《唐国史补》卷下，明津逮秘书本。
③ （宋）王溥：《唐会要》卷七十二《马》，中华书局，1955，第1304页。

地方藩镇、边疆藩属政权等多股势力不断博弈与调适中以求利益最大化的物质基础。

综观中晚唐时期的茶政变革，我们不难发现：一方面，随着盛世不再，兵戎频兴、边疆不稳，政府财政日益捉襟见肘，各级政府开辟税源成为正常运转之必须；另一方面，在彼时茶风大盛，茶业之利为世人瞩目的大环境下，对茶课以重税已成各级统治者的共识，不能仅以统治者的贪欲横流、残酷剥削等旧有之阶级压迫观念视之。① 茶政的变革究其本质源于中唐以来茶业大盛、茶风蔚然，上及皇室达官显贵，下及普罗大众乃至边疆民族对茶孜孜以求，以及随着江淮等地茶业生产和贸易繁荣而渐成大宗。彼时"废而欲立，立而又改"看似随意的茶政调整，实则是不同利益集团的诉求在政策上的体现。在中央朝廷与这些利益集团均认同的仪轨框架下，其间的互动交往策略又往往极具弹性。随着双方力量强弱的不断变化，唐廷对待不同利益集团在不同时段采取的茶政措施各异。但无论政策如何调整，随着茶叶商品经济在整个社会经济网络中的地位不断提升、商品流通范围逐渐扩大，茶税征收愈厚、范围愈广，茶政日趋完善。这也从侧面反映出唐代茶业带来的巨额利润，标示了中晚唐时期茶业发展的大致脉络，对中唐以后的政治、经济、军事、文化都产生了深远影响。

---

① 如陈祖槼、朱自振在《中国茶叶历史资料选辑·导言》中所言："在过去剥削阶级统治的社会中，每一宗物产，每一样有利于人民的事业，都可以成为统治阶级予取予夺的对象。……所以，茶法也可以说是封建统治阶级限制和控制茶叶生产、压迫和剥削茶农、掠夺和独揽茶利的一种手法。"凌大珽在其著作《中国茶税简史》中所言："唐代的茶税，总体说来是封建社会中，上层统治阶级（朝廷和官府）对茶农的掠夺。"刘玉峰在其文《唐代茶业政策述论》中所言："唐代茶业政策经历了由前期的放任私营到后期的官私并营和对私茶征税或估榷的不断变化过程。这种变化过程既体现了唐政府的财政需要，反映了唐政府的统治意志，也表明了唐代茶叶经济受政府政策控制的实质。即唐政府可以根据其统治需要，视具体情况出台不同的茶业政策，并通过自上而下的层层国家机器加以推行，来为其政治统治服务。"

附表 1　唐代贡茶地区分布情况

地区	土贡物产
怀州河内郡	……土贡平纱、平绸、枳壳、茶、牛膝。
峡州夷陵郡	……土贡纻、锡、布、熊黑、山鸡、茶、柑橘、蜜蜡。
金州汉阴郡	……土贡麸金、茶牙、椒、干漆、椒实、白胶香、麝香、杜仲……
兴元府汉中郡	……土贡谷、蜡、红蓝、燕脂、夏蒜、冬笋、糟瓜、柑、枇杷、茶。
寿州寿春郡	……土贡丝、布、绝、茶、生石斛。
庐州庐江郡	……土贡花纱、交梭、丝、布、茶、蜡、酥、鹿脯、生石斛。
蕲州蕲春郡	……土贡白纻、簟、鹿、毛笔、茶、白花蛇、乌蛇、脯。
申州义阳郡	……土贡绯葛、纻布、资布、茶、虻虫。
常州晋陵郡	……土贡绸、绢、……紫笋茶、薯蓣。
湖州吴兴郡	……土贡御服、……糯米、黄粝、紫笋茶、木瓜……
睦州新定郡	……土贡文绫、簟、白石英、银花、细茶。
福州长乐郡	……土贡蕉布、海蛤、文扇、茶、橄榄。
饶州鄱阳郡	……土贡麸金、银、簟、茶。
溪州灵溪郡	……土贡丹砂、犀角、茶芽。
雅州泸山郡	……土贡麸金、茶、石菖蒲、落雁木。
怀州河内郡	……土贡平纱、平绸、枳壳、茶、牛膝。
峡州夷陵郡	……土贡纻、锡、布、熊黑、山鸡、茶、柑橘、蜜蜡。
金州汉阴郡	……土贡麸金、茶牙、椒、干漆、椒实、白胶香、麝香、杜仲……
兴元府汉中郡	……土贡谷、蜡、红蓝、燕脂、夏蒜、冬笋、糟瓜、柑、枇杷、茶。

资料来源：（宋）欧阳修等：《新唐书》卷三十八《地理志》，中华书局，1975，第 981 ~ 996 页。

附表 2　唐代茶政的重要调整和申明

时间	政策内容	史料出处
建中三年九月	天下所出竹、木、茶、漆，皆十一税之，以充常平本	（后晋）刘昫等：《旧唐书》卷四十九《食货志下》，中华书局，1975，第 2125 页
贞元九年正月	1. 张滂奏立税茶法。自后裴延龄专判度支，与盐铁益殊途而理矣 2. 于出茶州县，及茶山外商人要路，委所由定三等时估，每十税一，充所放两税。其明年已后所得税，外贮之。若诸州遭水旱，赋税不办，以此代之	（后晋）刘昫等：《旧唐书》卷四十九《食货志下》，中华书局，1975，第 2119、2128 页
元和十三年	其诸道先所置店及收诸色钱物等，虽非擅加，且异常制，伏请准赦文勒停	（后晋）刘昫等：《旧唐书》卷四十九《食货志上》，中华书局，1975，第 2108 页

续表

时间	政策内容	史料出处
元和十五年三月	戊午……罢申州岁贡茶	（后晋）刘昫等：《旧唐书》卷十六《穆宗本纪》，中华书局，1975，第477页
长庆元年五月	加茶榷，旧额百丈，更加五十文	（后晋）刘昫等：《旧唐书》卷十六《穆宗本纪》，中华书局，1975，第489页
太和九年九月	1. 王涯献榷茶之利，乃以涯为榷茶使。茶之有榷税，自涯始也。 2. 王涯复判二使，表请使茶山之人移植根本，旧有贮积，皆使焚弃。天下怨之。 3. 欲以江湖百姓茶园，官自造作，量给直分	（后晋）刘昫等：《旧唐书》卷十七《文宗本纪》、卷四十九《食货志下》、卷一百六十九《郑注传》，中华书局，1975，第561、2121、4400页
太和九年十二月	一依旧法，不用新条，唯纳榷之时，须节级加价，商人转抬，必较稍贵，即是钱出万国，利归有司，既无害茶商，又不扰茶户	（宋）王钦若：《册府元龟》卷四百九十四《邦计部·山泽二》，明抄本
开成元年	李石以中书侍郎判收茶法，复贞元之制也	（宋）欧阳修、宋祁：《新唐书》卷五十四《食货志》，中华书局，1975，第1382页
开成二年十二月	泗口税场，应是经过衣冠商客金银、羊马、斛斗、见钱、茶盐、绫绢等，一物已上并税。今商量，其杂税并请停绝	（后晋）刘昫等：《旧唐书》卷四十九《食货志下》，中华书局，1975，第2129页
开成末年	1. 十一月，盐铁转运使奏，江淮已南请复茶税。 2. 武宗即位（840），盐铁转运使崔珙又增江淮茶税	（后晋）刘昫等：《旧唐书》卷十八《武宗本纪》，中华书局，1975，第586页； （宋）欧阳修、宋祁：《新唐书》卷五十四《食货志》，中华书局，1975，第1382~1383页
大中六年正月	1. 盐铁转运使裴休奏，诸道节度、观察使，置店停上茶商，每斤收揭地钱，并税经过商人，颇乖法理。 2. 派遣精明干练的官吏，先于出茶山口，及庐、寿、淮南界内，布置把捉。 3. 严厉打击私贩，加强取缔私茶：私鬻三犯皆三百斤，乃论死；长行群旅，茶虽少皆死；雇载三犯至五百斤、居舍侩保四犯至千斤者，皆死；园户私鬻百斤以上，杖背，三犯，加重徭；伐园失业者，刺史、县令以纵私盐论	（后晋）刘昫等：《旧唐书》卷四十九《食货志下》，中华书局，1975，第2130页； （宋）欧阳修、宋祁：《新唐书》卷五十四《食货志》，中华书局，1975，第1382~1383页

中国经济史评论 2024年第1辑 （总第23辑）

Benefits: the Introduction, Adjustment and Influence of Tea Policies in the Middle and Late Tang Dynasty under the Multi-party Game

Lu Yong   Yang Yuanhe

Abstract: China is a country of tea. In the middle and late Tang Dynasty, with the increasing proportion of tea industry in the national economy and tea benefits, it was gradually noticed by all walks of life, and the central government then introduced tea policy, and then adjusted it many times. Based on the collection of a large number of historical materials and from the perspective of different interest groups, this paper discusses in detail the historical background and implementation contents of the tea policy promulgation in the middle and late Tang Dynasty, as well as the specific adjustments made by the government in response to different situations in the implementation. The paper attempts to clarify the complex interaction between the central government and different interest groups, such as tea farmers and tea merchants, local forces, and frontier regimes, and further clarify that the tea policy reform, apparently controlled by the central government, were actually the products of the high-level development of commodity economy and the prosperity of tea trade in the south during the middle and late Tang Dynasty. In addition, the tea policy in the middle and late Tang Dynasty also reflected the huge profits brought by tea from the side, marking the general vein of tea production and development in the middle and late Tang Dynasty, and had profound impacts on politics, economy and culture after the middle Tang Dynasty.

Keywords: Middle and Late Tang Dynasty; Tea Policy; Tea Profit Game; Tea Tax; Tea-horse Exchange

春秋战国时期生业经济模式的演变[*]

——基于人骨 C、N 稳定同位素分析

张静彦　　孙晓鹏[**]

摘　要： 分析墓葬的人骨稳定同位素信息可获知先民的饮食状况，进而为研究春秋战国时期生业经济模式提供重要参考。生业经济模式具有明确的地方特色，也随时代的不同而有一些演变。中原与齐鲁的先民虽皆以粟黍农业为主，家畜饲养为辅，但中原地区的小麦种植始终呈增长趋势，而齐鲁地区的水稻种植却日渐减少。北方青铜文化区与西北地区先民都以粟黍农业为主，有家畜饲养、游牧或畜牧经济，形成农牧兼营或农业为主、家畜饲养为辅的生业经济模式，粟黍农业逐渐占据主导地位。长江流域地区多以种植水稻为主，但部分区域为粟稻混作，家畜饲养、畜牧业、渔猎始终居于辅助地位。有以下三方面原因造成先民生业经济模式演变，一是气候与自然环境的变化；二是生产技术进步与变法改革；三是兼并战争与人口迁徙。生业经济模式演变也反映出春秋战国时期独有的民族融合趋向。农牧兼营的经济模式可见游牧民族与农耕民族的融合，稻粟混作的农耕方式又可见南北民族的融合。从各地生业经济模式的交融可知，当时文化交流频繁，生产力飞速发展，为中华民族共同体的形成奠定了坚实的基础。

关键词： 春秋战国　生业经济模式　稳定同位素　种植作物演变　民族融合

---

* 本文为河北省教育厅青年拔尖人才项目"河北商代青铜器整理与研究"（编号：BJS2024024）阶段性成果。

** 张静彦，女，河北师范大学历史文化学院博士研究生，保定学院文物与博物馆学院讲师，研究方向为商周考古；孙晓鹏，女，博士，河北师范大学学报编辑部编辑，研究方向为商周考古、商周女性研究。

　　春秋战国是我国古代生产力大发展的时期，诸侯林立、兼并征伐下，各国统治者励精图治，发展农业，形成精耕细作式的种植模式。研究先民的生业经济[①]，可知当时社会生产力水平，而生业经济模式又可从饮食结构来判断，因先民所吃食物既能反映种植的农作物类型，又能推测食肉的多少及肉食的来源。据历史文献与考古成果，春秋战国时期种植的主要粮食作物有粟、麦、稻、黍、稷、豆、麻等[②]，肉食来源有家畜饲养、渔猎、游牧等。

　　关于不同地区先民饮食结构有何不同，文献记载寥寥，大量史册、礼书中仅记载贵族阶层的饮食状况，而对庶民百姓则少有记录。[③] 除历史文献外，目前研究先民饮食结构与生业经济的方法主要有遗址中植物遗存和动物遗存分析法、骨骼稳定同位素分析法，尤以稳定同位素分析法更为重要。

　　考古研究中使用稳定同位素分析法在20世纪60~70年代的北美开始兴起，而稳定同位素分析法在中国考古学中的运用则始于1984年。国外研究主要集中于石器时代，国内研究一开始亦是集中于史前时期，历史时期的相关研究在近几年才开始增多。因人骨保存问题，当前稳定同位素研究的应用主要集中在史前时期与东周、两汉的北方地区。北粟南稻模式下，稳定同位素数据为研究先民食物结构的区域特征与生业经济模式提供了一定依据。东周时期，中原、西北及北方青铜地区的稳定同位素研究相对较多，而长江流域、齐鲁地区的研究则较少，下文中对此现象亦有所体现。如：唐淼等[④]、Tao D. 等[⑤]、侯亮亮等[⑥]分析了中原地区小麦的推广问题。杨博闻等[⑦]分析

[①] 生业经济是指人类为了维持生存需要而获取基本生存资源的经济行为，狭义的生业经济专指对食物资源的获取，方式有渔猎、采集、游牧、农业生产及家畜饲养等生产活动。

[②] 陈文华：《中国农业通史：夏商西周春秋卷》，中国农业出版社，2007，第23页。

[③] 朱彦民：《"藿食者"——上古平民百姓日常饮食蠡测》，《河北师范大学学报》（哲学社会科学版）2023年第4期。

[④] 唐淼、王晓毅等：《山西晋中小南庄墓地人骨的C、N稳定同位素：试析小麦在山西的推广》，《人类学学报》2018年第2期。

[⑤] Tao D. , Zhang G. , Zhou Y. , et al. Investigating wheat consumption based on multiple evidences：Stable isotope analysis on human bone and starch grain analysis on dental calculus of humans from the Laodaojing cemetery, Central Plains, China. *International journal of osteoarchaeology.* 2020, 30 (5), pp. 594 –606.

[⑥] 侯亮亮、薛鹏锦等：《东周至两汉时期小麦在山西的推广：以屯留余吾墓地人骨的稳定同位素分析为例》，载教育部人文社会科学重点研究基地吉林大学边疆考古研究中心边疆考古与中国文化认同协同创新中心编《边疆考古研究》第28辑，科学出版社，2020。

[⑦] 杨博闻、樊温泉等：《河南龙湖国棉一厂遗址东周到两汉先民食谱的转变》，《第四纪研究》2022年第6期。

了河南龙湖国棉一厂遗址东周至两汉先民的食谱变化，侯亮亮等[1]分析河南淅川申明铺遗址东周到汉代先民的饮食结构与农业经济的转变，周立刚等[2]则较为全面地分析了东周至两汉中原人群的食物结构特点与变化。对河南淇县宋庄墓地[3]、山西长治屯留余吾[4]、陕西宝鸡建河与孙家南头墓地[5]等的稳定同位素数据分析可以看出，先民的食物以 C_4 类为主。张昕煜等[6]对内蒙古和林格尔大堡山墓地人骨的研究，陈相龙等[7]对河北宣化白庙墓地人骨的研究等，显示该处先民应是农牧兼营的经济模式。董豫等[8]从东周时期男女饮食差异看男尊女卑的制度形成问题等。还有张全超、顾玉才、刘晓迪、吕超等的研究，此处不再列举。

以上研究利用稳定同位素数据从小麦的种植、先民饮食结构、生业经济、阶层分化等不同角度进行研究，取得了一定的研究成果。同时现有研究多集中于某一遗址（墓地）的具体研究，少有整体性的研究。本文利用现有春秋战国时期的人骨稳定同位素数据，分析各地区先民饮食结构与生业经济模式，从而对春秋战国时期生业经济模式的发展演变有较为全面的认识。

一 稳定同位素分析法原理与春秋战国
列国农业分区研究

（一）稳定同位素分析法还原先民食物结构的原理

现有科技考古技术中，古人食物结构的研究主要依靠 C（碳）、N

---

① 侯亮亮等：《申明铺遗址战国至两汉先民食物结构和农业经济的转变》，《中国科学：地球科学》2012 年第 7 期。

② 周立刚：《举箸观史：东周到汉代中原先民食谱研究》，科学出版社，2020，第 110 ~ 114 页。

③ 周立刚、韩朝会等：《河南淇县宋庄东周墓地人骨稳定同位素分析——东周贵族与殉人食谱初探》，《人类学学报》2021 年第 1 期。

④ 薛鹏锦：《屯留余吾战国至两汉时期人骨的 C、N 稳定同位素分析》，山西大学硕士学位论文，2015，第 27 页。

⑤ 凌雪：《秦人食谱研究》，西北大学博士学位论文，2010。

⑥ 张昕煜等：《东周时期内蒙古中南部人群和文化融合进程中的农业经济——以和林格尔大堡山墓地人骨 C、N 稳定同位素分析为例》，《中国科学：地球科学》2018 年第 2 期。

⑦ 陈相龙、王明辉等：《河北张家口白庙墓地东周人群华夏化的生业经济基础》，《第四纪研究》2022 年第 4 期。

⑧ 董豫等：《东周时期男尊女卑制度化的生物考古证据》，载山东大学文化遗产研究院编《东方考古》第 16 集，科学出版社，2019。

（氮）稳定同位素分析法，最常用的是比较成熟的稳定同位素比值 $\delta^{13}C$ 和 $\delta^{15}N$。不同植物具有不同的特定碳同位素比率，植物中 $\delta^{13}C$ 值被消费时，其数值就会固定在骨骼组织中，由此可推断植物的种类。稳定的 C 元素经过消费者食用转变为骨骼 C 元素后，$\delta^{13}C$ 数值大约有 5‰ 的富集,[1] 此理论成为研究先民饮食特征的科学依据。与人类关系密切的 C 类植物有：C_4 类（粟、黍、玉米等），C_3 类（小麦、水稻、豆类等）两种。理论上，C_3 类植物的 $\delta^{13}C$ 平均值为 −26.5‰，C_4 类植物的 $\delta^{13}C$ 平均值为 −12.5‰。植物与其消费者之间有约 5‰ 的富集，因此纯 C_3 类食物的食用者，其骨胶原 $\delta^{13}C$ 值约为 −21.5‰；纯 C_4 类型食物的食用者，其骨胶原 $\delta^{13}C$ 值约为 −7.5‰。[2] 通过测定消费者骨胶原中的 $\delta^{13}C$ 值，就可以判定当时居民的食物类型。

氮同位素数值反映的是蛋白质的含量即营养级，比率用 $\delta^{15}N$ 表示。氮来源有两种，一种是豆科植物，另一种是非豆科植物、动物（分为陆相动物、海洋生物）。豆科植物类 $\delta^{15}N$ 值最低为 0‰ ~ 1‰，非豆科类植物 $\delta^{15}N$ 值为 3‰ ~ 7‰，陆相食草动物 $\delta^{15}N$ 值约为 6‰，海洋动物 $\delta^{15}N$ 值约为 15‰。[3] $\delta^{15}N$ 数值在食物链中，亦有明显的富集现象，营养级每上升一级，$\delta^{15}N$ 值就有约 3‰ ~ 5‰ 的富集，营养级越高，食物中动物蛋白比例就越大。一般情况下，素食者的 $\delta^{15}N$ 值大约为 3‰ ~ 7‰，肉食者的数值则高于 9‰，杂食者的数值大约为 7‰ ~ 9‰，[4] 即先民的 $\delta^{15}N$ 值大于 9‰ 说明以动物蛋白为主要食物，小于 9‰ 的先民是以植物类食物为主要食物。由 $\delta^{15}N$ 的数值则可判断先民所处的营养级及肉食资源。

（二）春秋战国列国农业分区研究

依据现有文献和考古成果、地理气候和李学勤先生东周文化圈[5]的划分方法，将春秋战国各地区划为五个区域：中原地区、北方青铜文化区、

---

① 赵丛苍主编《科技考古学概论》，高等教育出版社，2006，第 378 页。

② 唐淼、王晓毅等：《山西晋中小南庄墓地人骨的 C、N 稳定同位素：试析小麦在山西的推广》，《人类学学报》2018 年第 2 期。

③ 赵丛苍主编《科技考古学概论》，第 378 页。

④ 唐淼、王晓毅等：《山西晋中小南庄墓地人骨的 C、N 稳定同位素：试析小麦在山西的推广》，《人类学学报》2018 年第 2 期。

⑤ 李学勤：《东周与秦代文明》，上海人民出版社，2007，第 10 ~ 11 页。

齐鲁地区、长江流域地区、西北地区。

中原地区，是最重要的区域之一，以战国时期周和三晋为主体，以今河南省、山西省为核心区。中原的影响力辐射四周，一直是中国之中心。春秋时包括晋国南部、郑国、卫国，战国时有魏国、赵国南部、韩国。中原地区位于黄河中游，土地肥沃，地貌以平原为主，属温带季风气候。

北方青铜文化区，在中原地区北面，以赵国北部燕辽地区为主体，今河北北部、北京、内蒙古东南部、辽宁南部为核心区，包括赵国北部、中山国、燕国及更北的方国部族。北方青铜文化区位于长城一线以北，地貌以高原为主，属半干湿的中温带季风气候。

齐鲁地区，在中原地区东面，今山东省内，包括齐国、鲁国与若干小诸侯国，与三晋、楚国皆有交流。齐鲁地区位于黄河下游，东临渤海、黄海，地貌以平原、丘陵为主，属暖温带季风气候。

长江流域地区，长江中游的楚国，其影响波及南北部诸多封国、各方国部族。长江上游今四川的巴、蜀两国及今云南的滇及西南其他部族，与楚、秦皆有沟通。淮水流域和长江下游的一系列嬴姓、偃姓小国，有徐国、群舒、吴国、越国。长江流域地域辽阔，地貌复杂以高原、盆地、平原为主，属亚热带季风气候。

西北地区，以陕甘地区的秦国为主，还有芮国、戎狄等。秦人由西北甘陕地区兴起，后占据西周畿辅地区，与中原地区多有交流，但又保有其独特的风格。秦国崛起，建立统一的新王朝。西北地区跨黄河、长江，地貌多样，以高原、平原为主；气候多样，有高原高寒气候、中温带季风气候、暖温带季风气候等。

二 从人骨稳定同位素看先民各区生业经济的特点

（一）中原地区

粟黍在中原地区的种植历史悠久，植物考古中发现有大量碳化粟、黍。稳定同位素数据集中于河南、山西，以统计表 1 为准。整体来看山西 $\delta^{13}C$ 数值明显高于河南，可见山西先民食用粟黍更多，而河南先民食用小麦更多。春秋先民的 $\delta^{13}C$ 数值高于战国先民，表明春秋先民食用粟黍多，而战国先民食用小麦等作物在增多。贵族阶层 $\delta^{13}C$ 和 $\delta^{15}N$ 数值都高于平民阶层，贵族食用粟黍更多，平民食用小麦更多些；贵族阶层食肉量更多，两类人群饮食结构的差别反映出当时社会等级的特征。郑州畅馨苑与西亚斯墓地中 $\delta^{13}C$ 和 $\delta^{15}N$ 数值表明，女性食用小麦等 C_3 类作物多、食肉少，男性则食用粟黍等 C_4 作物与肉类更多，男女在饮食结构上有一定差别。

1. 河南

表1中除荥阳官庄遗址为西周晚期到春秋中期外，其他墓地（遗址）皆在春秋战国时期，测定的 $\delta^{13}C$ 均值都在 -13.6‰ ~ -9.7‰ 之间，食物结构有明显的 C_3 和 C_4 兼有的特点（不含时属楚国管辖的阳城墓地和辛庄墓地）。淇县宋庄墓地、郑州畅馨苑与西亚斯墓地、焦作陈家沟遗址，四处墓地（遗址）先民的 $\delta^{13}C$ 均值大于 -12‰，食物中 C_4 类占比多，C_3 类占比少（皆不到一半）。说明此时小麦已开始在上述四地广泛种植。许昌打绳赵墓地、郑州龙湖国棉一厂遗址中，C_3 类植物所占比例接近一半或超过一半，可见在其先民饮食中小麦的地位几乎与粟类同等重要。龙湖国棉一厂遗址的 $\delta^{13}C$ 数值战国比春秋小，战国先民食用 C_3 类植物在增多，小麦在主粮中所占地位越来越重要。总之，先民生业经济模式已经逐渐由粟黍农业转变为粟黍麦农业。人骨测定的 $\delta^{15}N$ 均值处于 7.59‰ ~ 10.33‰ 之间（不含时属楚国管辖的阳城墓地和辛庄墓地），为杂食，但先民食肉量有限，仍主要以农业种植来满足食物需求，肉食多源于饲养家畜。

从人群阶层来看饮食结构的特点，最有代表性的是荥阳官庄遗址、淇县宋庄墓地，贵族阶层与殉人（平民）因社会地位的区别在食物构成上有明显的差异。贵族 $\delta^{15}N$ 数值较高，因地位优势享有更多的肉食资源；而殉人或平民 $\delta^{15}N$ 数值要相对低很多。贵族 $\delta^{13}C$ 数值与殉人（平民）相比也要高，食用 C_4 类植物更多，可推测在当时 C_4 粟类食物比 C_3 麦类食物更高级，先民喜以粟类为主粮。生业经济应是以粟黍麦农业为主，家畜饲养业、渔猎为辅。参照贵族阶层与殉人（平民）饮食结构的特点和差异来看，在郑州畅馨苑与西亚斯两个墓地中，男性摄入更多肉类和传统 C_4 粟黍类食物，女性则摄入较少肉类和大量 C_3 小麦类食物，可见男女在饮食上有明显的差异。[1] 男性的食物构成与贵族阶层相似，女性的食物构成与殉人（平民）相似，这可以作为东周时期男性身份地位高于女性的一例证据。

---

[1] 董豫等：《东周时期男尊女卑制度化的生物考古证据》，载山东大学文化遗产研究院编《东方考古》第16集，科学出版社，2019。

表 1 中原地区先民 $\delta^{13}C$ 和 $\delta^{15}N$ 均值的统计表

墓地（遗址）	时代	$\delta^{13}C$ 均值（‰）	$\delta^{15}N$ 均值（‰）	饮食结构	生业经济
河南荥阳高村乡官庄①	西周晚期至春秋中期	贵族：-8.33 直肢葬：-9.76±1.9 屈肢葬：-11.37±2.01	10.33 8.31±0.87 7.59±0.47	C_4 类作物为主食，基本不食 C_3 类食物，肉类较多 C_4 类作物为主食，食肉较少 C_3 类为主，食更多的小麦或部分豆类，食肉更少	粟黍农业为主，家畜饲养
河南郑州龙湖国棉一厂②	春秋	-12.2±1.6	8.2±0.8	C_3 类约占 54.0%，C_4 类约占 46.0%，	粟黍麦农业为主，家畜饲养
	战国	-13.1±1.5	7.6±0.8	C_3 和 C_4 类混合，食肉少	
河南鹤壁淇县宋庄③	东周	贵族：-8.5 殉人：-11.4±2.0 全部：-11.2±2.0	11.55 8.4±1 8.6±1.3	C_4、C_3 都食用，贵族主粮几乎只吃粟，殉人吃小麦多；贵族吃肉多，殉人吃肉少	粟黍麦农业为主，家畜饲养
河南郑州新郑地区畅馨苑④	东周	-10.3±1.4	7.7±1.0	男性以 C_4 类粟黍为主食，女性以 C_3 类小麦为主	粟黍麦农业
河南郑州新郑地区西亚斯⑤	东周	-11.9±2.2	8.1±0.9	男性以 C_4 类粟黍为主食，女性以 C_3 类小麦为主	粟黍麦农业
河南焦作陈家沟⑥	东周	-9.7±1.4	9.2±0.8	C_4 类占比较多，C_3 类比为 26%	粟黍麦农业
河南许昌打绳赵⑦	战国	-13.6±1.3	9.5±0.8	C_3、C_4 类，比其他地区食用小麦要多，食肉有限	粟黍麦农业
河南南阳淅川申明铺⑧	战国	-12.7±0.8	8.7±1.2	C_3、C_4 类混合，食物来源多，动物资源占比较高	稻粟混作农业
河南信阳城阳城⑨	东周	-17.4±0.1	11.4±1.9	水稻为主粮，贵族的食肉远多于其他人群	稻作农业
河南平顶山叶县辛庄⑩	东周	16.3	12.1	水稻为主粮，贵族的食肉远多于其他人群	稻作农业
山西临汾乡宁内阳圪⑪	春秋	-8.7±1.7	9.7±1.9	C_4 粟类植物为主食，肉食主要来自 C_4 家畜	粟作农业，家畜饲养
山西临汾浮山桥北⑫	春秋	-8.0±0.6	9.2±0.8	C_4 粟类植物为主食，肉食主要来自 C_4 家畜	粟作农业，家畜饲养

续表

墓地（遗址）	时代	$\delta^{13}C$ 均值（‰）	$\delta^{15}N$ 均值（‰）	饮食结构	生业经济
山西晋中小南庄⑪	东周	一组：-7.7±0.2 二组：-8.0±0.4	一组：9.3±0.3 二组：11.0±0.4	C_4食物为主，少量的C_3食物，一组食肉少，二组食肉多，肉食主要来自C_4家畜	一组以粟黍为主农耕 二组以粟黍为基础畜牧
山西临汾襄汾县陶寺北⑫	春秋战国	-7.9±0.4	9.6±0.9	C_4粟类为主食，肉食主要来自C_4家畜	粟作农业、家畜饲养
山西长治屯留余吾⑬	战国	-9.8±1.6	8.8±0.6	C_4、C_3类、C_4类植物占主导；女性食谱中C_3增加	粟作农业、家畜饲养

注：①陶大卫等：《生物考古所见两周时期官庄聚落的人群与社会》，《人类学学报》2021年第2期。

②杨博等、樊温泉等：《河南龙湖国陶一厂遗址东周到两汉先民食谱的转变》，《第四纪研究》2022年第6期。

③周立刚、韩朝会等：《河南淇县宋庄东周墓地人骨稳定同位素分析——东周贵族人食谱初探》，《人类学学报》2021年第1期。

④转引自侯亮亮、薛鹏锦等：《东周至两汉时期小麦在山西文化认同协同中心的推广：以也留余吾墓地人骨的稳定同位素研究》第28辑，科学出版社，2020。

⑤转引自侯亮亮、薛鹏锦等：《东周至两汉时期小麦在山西文化认同协同创新中心创新的推广：以也留余吾墓地人骨的稳定同位素研究》第28辑，科学出版社，2020。

⑥转引自吕昌超：《临淄后李遗址春秋时期人和动物骨骼的C、N稳定同位素分析》，郑州大学硕士学位论文，2021，第37页。

⑦张娜娜：《长葛打绳赵墓地出土战国人骨的稳定同位素分析》，郑州大学硕士学位论文，2019，第25页。

⑧侯亮亮等：《申明铺遗址战国贵族人骨稳定同位素分析和农业经济的转变》，《华夏考古》2020年第5期。

⑨周立刚：《信阳城阳城遗址东周贵族人骨稳定同位素分析》，《华夏考古》2020年第5期。

⑩周立刚：《信阳城阳城遗址东周贵族人骨稳定同位素分析》，《华夏考古》2020年第5期。

⑪裴德明等：《社会考古与饮食结构分析——以夏商周战国两汉时期人骨的碳、氮稳定同位素分析为例》，《人类学学报》2008年第4期。

⑫王洋：《山西乡宁内阳垣遗址先民食谱关系初探》，中国科学院大学博士学位论文，2013，第29页。

⑬唐淼、王晓毅等：《山西晋中河口西周墓地人骨的碳及浮北遗址为例：试析小麦在山西的推广》，吉林大学博士学位论文，2018年第2期。

⑭孙语泽：《山西襄城大河口西周墓地人骨的碳、氮稳定同位素研究》，吉林大学硕士学位论文，2023，第140页。

⑮薛鹏锦：《屯留余吾战国至两汉时期人骨的C、N稳定同位素分析》，山西大学硕士学位论文，2015，第27页。

另外河南地区还有两类不同的生业经济模式。一是淅川申明铺遗址为稻粟混作区，淅川地区自新石器时代就处于稻粟混作区。战国先民的 $\delta^{13}C$ 均值为 $-12.7 \pm 0.8‰$，植物浮选又发现大量粟黍、水稻、小麦。淅川地区在战国时期成为秦、韩、楚三国争夺之地，其归属因各国势力的此消彼长而不断更迭，农业发展缓慢，并未受到归属国生业经济模式的影响，仍为稻粟混作，仅小麦成为 C_3 类食物来源的重要补充。二是东周信阳城阳城墓地（$-17.4 \pm 0.1‰$、$11.4 \pm 1.9‰$）与平顶山叶县辛庄墓地（$16.3‰$、$12.1‰$）属于楚国管辖，为稻作农业。人骨数据皆是贵族阶层，$\delta^{13}C$ 均值处于 $-18‰ \sim -12‰$ 之间，以 C_3 类为主要植物性食物，即以水稻为主。$\delta^{15}N$ 均值大于 $9‰$，食肉水平高于其他墓地，可见贵族食肉量高于其他人群，其肉食来源主要为饲养的家畜。两处墓地 $\delta^{15}N$ 值高出动物均值 $5‰$，达到一个营养级富集值（$3‰ \sim 5‰$）的上限，说明其肉食来源除了家畜，可能还有 N 值明显高于陆相动物的鱼类等水生资源。[1] 生业经济应是以水稻农业为主，家畜饲养、渔猎为辅。这两类生业经济模式形成的主要因素是气候与自然环境、生活人群的相对稳定，而政治政策等的影响则很小。

2. 山西

春秋的临汾内阳垣墓地、临汾浮山桥北遗址，春秋战国的晋中小南庄遗址、临汾陶寺北墓地，战国的长治余吾墓地，以上先民的 $\delta^{13}C$ 值大于 $-10‰$，饮食结构仍以 C_4 粟黍类植物为主粮，C_3 小麦类作物较少。长治余吾先民的 $\delta^{13}C$ 均值相较更低，应是战国先民食用小麦更多。以上墓地（遗址）中 $\delta^{15}N$ 均值约在 $7‰ \sim 10‰$ 之间，先民肉食量有限，肉食多源于饲养的家畜。但晋中小南庄墓地略有不同，有两组不同的 $\delta^{15}N$ 均值，一组为 $9.3 \pm 0.3‰$，二组为 $11.0 \pm 0.4‰$，此地应至少有两种生业经济模式，一是农耕，二是畜牧，两种农业格局都以粟黍种植为基础。整体来看，先民食物中仍以 C_4 粟黍类为主，C_3 小麦类所占比例逐渐增多，肉食多源于以 C_4 粟黍类剩余产品饲养的家畜。粮食作物由粟黍向粟麦转变，农业格局向粟麦农业发展；农业经济持续上升，作物种类丰富，肉食来源稳定。

文献中关于小麦种植亦有记载。《左传·襄公二十九年》云："郑饥，

---

[1] 周立刚：《信阳城阳城等地东周贵族人骨稳定同位素分析》，《华夏考古》2020 年第 5 期。

而未及麦，民病。"[1] 郑国发生饥荒，而麦子未成熟，百姓饥困。《左传·哀公十七年》云："楚既宁，将取陈麦。"[2] 可见郑国、陈国所在的河南地区春秋时亦种植小麦，且小麦成为先民重要的粮食作物之一。《左传·成公十年》云："晋侯欲麦，使甸人献麦。"[3] 说明山西在春秋时期早已种植小麦。从稳定同位素数据来看，中原地区粮食作物，仍以 C_4 粟类为主，C_3 小麦类逐渐增多，这在小麦遗存数量上亦有所体现。[4] 从地域上来看，河南 $\delta^{13}C$ 数值明显低于山西，可见河南先民食用小麦等 C_3 作物更多，种植小麦更早、范围更大。从时间上来看，战国先民的 $\delta^{13}C$ 数值低于春秋先民，说明战国先民食用 C_3 类小麦等作物在增多，随着时间推移小麦的食用率也在增加。从人群阶层来看，荥阳官庄、淇县宋庄墓地中平民阶层 $\delta^{13}C$ 和 $\delta^{15}N$ 数值都低于贵族阶层，小麦更多作为平民阶层的食物，可见小麦的食用普及是从平民阶层开始的；贵族阶层比平民食肉量更多，其饮食结构差异能反映出当时社会阶层的等级差异。从人群性别来看，郑州畅馨苑与西亚斯两个墓地中女性 $\delta^{13}C$ 和 $\delta^{15}N$ 数值皆低于男性，男性食用肉类和粟黍等 C_4 类作物更多，女性食用少量肉类和更多小麦等 C_3 类作物，男女在饮食结构上有一定差异。先民生业经济模式整体变化：由传统的粟黍农业逐渐变为粟黍麦，家畜饲养多用农作物剩余产品。

（二）北方青铜文化区

北方青铜文化区是传统农耕与游牧经济交叉融合的特殊地区，生业经济模式多样。中南部与中原地区接壤，是北方畜牧区与中原农耕区之间的缓冲带，形成以粟黍农业为主、兼有畜牧业或家畜饲养的混合经济模式。生业经济模式还有发达的游牧或畜牧经济、粟黍农业。随时间发展，粟黍农业所占比重越来越大，逐渐成为主要经济模式。稳定同位素数据集中于内蒙古、河北北部、北京，以表2为准。

1. 内蒙古

春秋晚期到战国早期的和林格尔新店子墓地、林西井沟子墓地，$\delta^{13}C$

---

[1] 杨伯峻：《春秋左传注》，中华书局，2020，第1279页。

[2] 杨伯峻：《春秋左传注》，中华书局，2020，第1908页。

[3] 杨伯峻：《春秋左传注》，中华书局，2020，第928页。

[4] 郭荣臻、靳桂云：《中原地区先秦时期麦遗存的考古学研究》，《江汉考古》2019年第3期。

表 2　北方青铜文化区先民 δ¹³C 和 δ¹⁵N 均值统计表

墓地(遗址)	时代	δ¹³C均值(‰)	δ¹⁵N均值(‰)	饮食结构	生业经济
内蒙古赤峰大山前①	西周至春秋早期	-7.0±0.4	9.3±0.6	以C₄类植物为主,肉食所占比例较高	农牧混合
内蒙古和林格尔新店子②	春秋晚期至战国初期	-11.6±0.9	10.3±0.8	食肉,以C₄类植物为主占65%,C₃类植物占35%,以C₄类为食的家畜,或食用C₄类作物	畜牧经济
内蒙古林西井沟子西区③	春秋晚期到战国前期	-12.4±0.7	9.8±0.6	肉类占比很高,植物食物以C₄类摄入为主	畜牧为主,渔猎为辅
内蒙古赤峰水泉④	战国早中期	-7.5±1.7	8.7±1.3	C₄类(粟类)植物或以C₄类植物为食的家畜;五个特殊个体食用鱼类	粟黍农业、家畜饲养为主;农猎渔混合经济
内蒙古和林格尔土城子⑤	战国中晚期	-9.9±2.0	7.7±1.1	C₄类植物占77%,C₃类占23%,肉食占比很低,皆以C₄植物为食	粟作农耕为主,狩猎占比很少
内蒙古和林格尔大堡山⑥	战国晚期	-9.0±1.4	9.6±0.9	大量C₄类植物蛋白、人、动物皆以C₄植物为食	粟作农业为基础的农牧兼营
内蒙古赤峰大山前⑦	战国晚期	-8.4±1.0	8.5±0.8	C₄类(粟类)植物或以C₄类植物为食的家畜	粟黍农业、家畜饲养业
河北宣化白庙⑧	春秋中期至战国早期	-8.6±0.6	9.9±1.0	食用C₄类粟黍等物,用粟黍等饲养的家畜	粟黍农业、畜牧业补充,农牧兼营
北京延庆玉皇庙⑨	东周	-7.7±2.3	10.3±0.7	以C₄类粟黍等谷物和用粟黍等饲养的家畜为食	粟黍农业、家畜饲养业
北京延庆葫芦沟⑩	东周	-7.9±0.6	10.6±1.0	以C₄类粟黍等谷物和用粟黍等饲养的家畜为食	粟黍农业、家畜饲养业

注:①张全超、张群等:《内蒙古赤峰市大山前遗址夏家店上层文化"祭祀坑"出土人骨稳定同位素分析》,《考古与文物》2015年第4期。

②转引自张昕煜等《东周时期内蒙古中南部人群和文化融合进程中的农业经济——以和林格尔大堡山墓地人骨C、N稳定同位素分析为例》，《中国科学：地球科学》2018年第2期；张全超等：《内蒙古和林格尔县新店子墓地古代居民的食谱分析》，《文物》2006年第1期。

③张全超，Jacqueline T. Eng等：《内蒙古林西县井沟子西区墓地人骨的稳定同位素分析》，教育部人文社会科学重点研究基地吉林大学边疆考古研究中心编《边疆考古研究》第7辑，科学出版社，2008。

④刘晓迪，魏东等：《内蒙古东南部战国时期的农业经济及人群融合》，《人类学学报》2021年第5期。

⑤顾玉才：《内蒙古和林格尔县土城子遗址战国时期人骨研究》，科学出版社，2010，第37～42页。

⑥张昕煜等《东周时期内蒙古中南部人群和文化融合进程中的农业经济——以和林格尔大堡山墓地人骨C、N稳定同位素分析为例》，《人类学学报》2021年第5期。

⑦刘晓迪，魏东等：《内蒙古东南部战国时期的农业经济及人群融合》，《中国科学：地球科学》2018年第2期。

⑧陈相龙，王明辉等：《河北张家口白庙墓地东周人群华夏化的生业经济基础》，《第四纪研究》2022年第4期。

⑨转引自侯亮亮，薛鹏锦等《东周至两汉时期小麦在山西的推广：以屯留余吾墓地人骨的稳定同位素分析为例》，《边疆考古研究》2020年第2期。

⑩转引自侯亮亮，薛鹏锦等《东周至两汉时期小麦在山西的推广：以屯留余吾墓地人骨的稳定同位素分析为例》，《边疆考古研究》2020年第2期。

均值约为 - 12‰，$\delta^{15}N$ 均值在 9‰ 以上，饮食结构以食肉为主。$\delta^{13}C$ 数值低，一是食用植物以粟黍为主，二是所食肉类动物以粟黍为饲料。[①] 游牧经济特点明显，肉类主要源于游牧业，林西井沟子墓地还采用渔猎方式。和林格尔新店子墓地植物食物中 C_4 粟黍类占 65%，C_3 类占 35%，这是春秋时期内蒙古地区明显食用 C_3 小麦类植物的一例证。这两处墓地的先民主要以游牧业为生。

战国早中期的赤峰水泉遗址、战国中晚期的和林格尔土城子遗址、战国晚期的赤峰大山前墓地，$\delta^{13}C$ 均值大于 - 12‰，$\delta^{15}N$ 均值低于 9‰。饮食结构中 C_4 粟黍类作物占比多，仅土城子遗址中有 C_3 小麦类作物（占 23%）；肉类食用量相对要低。这些先民皆是以粟黍农业、家畜饲养业为生。赤峰水泉遗址人骨数据中有五例食用鱼类，其生业经济模式应为农牧渔混合方式。

从时间上来看，春秋时期以游牧业为主，战国时期以农耕业为主，时间越晚农耕经济越发达。这还可从同一地区不同时间农耕经济的发展情况来证明，如：西周到春秋早期的赤峰大山前墓地（ - 7.04‰、9.29‰）与战国晚期（ - 8.4 ± 1.0‰、8.5 ± 0.8‰）相比，生业经济模式从农牧兼营演变为以农耕为主。

从地域上来看，东南部农耕经济要早于其他地区。西周到春秋早期的赤峰大山前墓地与战国晚期的和林格尔大堡山墓地，先民主粮皆以 C_4 类植物为主，食肉量高于 9‰，生业经济模式为农牧兼营。大山前墓地时间早，地理位置靠东南；大堡山墓地则时间晚，地理位置靠西北，生业经济模式却相似，可知东南部农耕经济发展得早，也更发达。

2. 京冀

春秋中期到战国早期河北宣化白庙墓地（ - 8.6 ± 0.6‰、9.9 ± 1.0‰），食物来源以粟作农业、家畜饲养业为主，畜牧业为补充，形成农牧兼营的混合经济模式。东周的北京延庆玉皇庙与葫芦沟墓地，先民 $\delta^{13}C$ 均值为 - 7.7 ± 2.3‰ 和 - 7.9 ± 0.6‰，饮食结构中有大量 C_4 粟黍类食物，从事稳定的粟黍农业。$\delta^{15}N$ 均值为 10.3 ± 0.7‰ 和 10.6 ± 1.0‰，大于 9‰，肉食占比高，多食用以粟黍农业的剩余产品来饲养的家畜。生业经

---

① 先人食用肉类的动物多以喂养为主，喂养饲料又以粟黍等作物的秸秆剩余产品为主，因此动物肉类所含 C 通过人类食用而进入人体，在 $\delta^{13}C$ 数值中表现出来。

济模式与中原地区基本一样。

整体来看，北方青铜文化区的中南部受中原地区影响，农耕经济发展得更早，也更发达，而畜牧业与农耕业是此消彼长的关系。以粟黍农业为主、兼有畜牧业或家畜饲养，是北方畜牧区与中原农耕区之间的缓冲带形成的一种经济模式。与春秋先民的肉食来源相比，战国先民肉食多数来源于粟黍类植物所喂养的家畜，即人与动物皆食用粟黍等，粟黍农业为经济基础。生业经济模式有：较为发达的游牧或畜牧经济、粟黍农业，大部分先民从事半农半牧的经济模式。随着时间发展粟黍农业所占比重越来越大，直到战国中晚期逐渐成为主导。

（三）齐鲁地区

齐鲁地区也是中国农业起源最早的地区之一。两周时期传统农业以种植粟黍为主，粟黍稻混作为辅。从大汶口文化时期到东周时期，气候环境从温暖、湿润逐渐进入温凉、干旱状态，[①] 导致水稻种植规模持续下降，而粟黍类旱作农业规模则稳定发展，小麦亦有种植，如《左传·文公十八年》记载："臣闻齐人将食鲁之麦。"[②] 可知春秋时期齐鲁地区也食用与种植小麦。以粟黍农业、家畜饲养为主，渔猎为辅，是其主要生业经济模式。因齐鲁地区现有稳定同位素数据很少，为进行更全面的研究，以下增加了两处植物遗存考古的数据，以表3为准。

周代的即墨北阡遗址先民的 $\delta^{13}C$ 均值为 $-9.2\pm0.8‰$，食物结构以 C_4 类植物为主，C_3 类为辅；C_3 类植物小麦多，水稻少。即墨北阡遗址的植物遗存以粟和小麦两种农作物为主，而从同位素数据来看，先民食物偏好更倾向于粟黍，推测先民可能种植小麦多但食用少，或用小麦来饲养家畜等。西周高青陈庄遗址出土植物遗存以粟黍、小麦为主，粟的出土量最多，先民的生业经济以粟作农业为主。春秋淄博后李遗址、春秋战国莒县孟家洼遗址，$\delta^{13}C$ 均值皆大于 $-8‰$，先民多以 C_4 类农作物为食。即墨北阡遗址、淄博后李遗址的 $\delta^{15}N$ 均值都大于 9‰，北阡遗址为临海地区，先民肉食资源除饲养的家畜外，应有海洋贝类。北阡遗址先民是以农耕为主，

---

① 耿志华：《先秦时期黄河三角洲环境变迁与文化演变》，山东师范大学硕士学位论文，2019，第60页。

② 杨伯峻：《春秋左传注》，中华书局，2020，第686页。

表 3　齐鲁地区先民 δ¹³C 和 δ¹⁵N 均值与植物遗存统计表

遗址	时代	δ¹³C 均值（‰）	δ¹⁵N 均值（‰）	饮食结构	种植、食用作物	生业经济
山东青岛即墨北阡①	周代	-9.2±0.8	10.5±0.5	C_4 类食物为主，C_3 类食物为辅	粟黍、小麦、水稻	粟黍农业、驯养、渔业
山东淄博高青陈庄②	西周	/	/	粟黍为主要食物，小麦很少	粟黍、小麦	粟黍农业
山东临淄后李③	春秋	7.5	9.1	粟黍及其副产品喂养的家畜	粟黍、水稻	粟黍农业、家畜饲养业
山东日照莒县孟家庄④	春秋战国	5.557	/	以粟黍为食	粟黍	粟黍农业为主
山东菏泽十里铺北遗址⑤	东周	/	/	以粟黍为主要食物	粟黍、水稻、小麦	粟黍农业为主

注：①王芬、宋艳波等：《北阡遗址人和动物骨的 C、N 稳定同位素分析》，《中国科学：地球科学》2013 年第 12 期。
②靳桂云等：《山东高青陈庄遗址碳化种子果实研究》，《南方文物》2012 年第 1 期。
③吕鹏、董文斌等：《临淄后李遗址春秋时期的 C、N 稳定同位素分析》，山东大学《东方考古》编辑部编《东方考古》第 19 集，科学出版社，2022。
④齐乌云、王金霞等：《山东沭河上游出土人骨的食性分析研究》，《华夏考古》2004 年第 2 期。
⑤郭荣臻、高明奎等：《山东菏泽十里铺北遗址先秦时期生业经济的碳化植物遗存证据》，《中国农史》2019 年第 5 期。

家畜饲养、渔猎为辅，这是临海地域常见的生业经济模式。《国语》云：
"通齐国之鱼盐于东莱。"[①] 可见齐国临海渔业发达，影响至东莱地区。而
淄博后李遗址先民的肉食源于家畜饲养，也可能有小部分源于狩猎，形成
粟黍农耕、家畜饲养为主，狩猎为辅的经济模式。鲁西南菏泽十里铺北遗
址中发现了大量的植物遗存，农作物种植仍以粟为主，小麦逐渐增多，水
稻持续减少。

齐鲁地区因气候进入温凉、干旱状态，水稻种植逐渐减少，而粟黍作
物因环境适宜则稳定发展。先民食用的农作物以粟为主，小麦、水稻为
辅，随时间发展食用小麦增多而水稻则减少。食用的肉类有家畜、鱼类。
生业经济模式是以粟黍农业、家畜饲养为主，渔猎为辅。

（四） 长江流域地区

长江流域先民自古就以水稻为主粮，正如《周礼·夏官司马·职方
氏》中所载："东南曰扬州……其谷宜稻""正南曰荆州……其谷宜稻"。[②]
受粟黍旱作农业的影响，部分地区也食用粟黍和小麦。当地先民获取肉食
的方式有家畜饲养、畜牧、渔猎。长江流域的稻作农业随农业技术的进步
得到进一步发展。现有稳定同位素数据仅包括安徽、湖北、四川的遗址，
以表4为准。

东周的湖北十堰青龙泉遗址中先民的 $\delta^{13}C$ 均值在 $-18‰ \sim -12‰$ 之
间，食物中应有 C_4 和 C_3 两类农作物，C_4 类以粟为主，C_3 类以水稻为主，从
事粟稻混作农业。西周安徽滁州薄阳城遗址、东周晚期四川凉山普格遗址
和战国成都商业街船棺遗址，上述先民的 $\delta^{13}C$ 均值为 $-18.8 \pm 1.6‰$、
$-20.4‰$、$-19.8 \pm 1.3‰$，均小于 $-18‰$，表明先民以 C_3 类水稻为主食。
滁州薄阳城遗址、成都商业街船棺遗址中的 $\delta^{15}N$ 均值为 $10.9 \pm 1.0‰$、
$10.0 \pm 2.1‰$，均大于 $9‰$，食肉多，以鱼类为主；十堰青龙泉遗址 $\delta^{15}N$ 均
值为 $7.1 \pm 1.0‰$，食肉少，其肉食应来源于家畜。凉山州普格遗址无 $\delta^{15}N$
数据，据出土动物骨骼及地理环境判断其肉食源于畜牧业。而薄阳城遗址
骨骼样本多数是未成年人，其 $\delta^{15}N$ 均值高于其他遗址，其原因可能是由于
母乳喂养。

---

① 黄永堂：《国语全译》卷六，贵州人民出版社，1995，第 263 页。
② 杨天宇：《周礼译注》，上海古籍出版社，2004，第 480 ~ 481 页。

表 4　长江流域地区先民 δ¹³C 和 δ¹⁵N 均值统计表

墓地（遗址）	时代	δ¹³C 均值（‰）	δ¹⁵N 均值（‰）	饮食结构	生业经济
安徽滁州薄阳城①	西周	−18.8±1.6	10.9±1.0	C₃类水稻为主食，食鱼类多	稻作农业、渔猎
湖北十堰青龙泉②	东周	−14.5±1.1	7.1±1.0	C₃类植物为稻谷，C₄类植物为粟米，食肉很少	稻粟混作农业
四川凉山州普格③	东周晚期	−20.4	/	C₃类水稻为主食，食肉	稻作农业、畜牧业
四川成都商业街船棺④	战国	−19.8±1.3	10.0±2.1	C₃类水稻为主食，食鱼类多	稻作农业、渔猎

注：①夏阳、张敬雷等：《中国古代儿童断奶喂养方式初探——以安徽薄阳城遗址东周时期墓葬出土人骨的稳定同位素分析》，《江汉考古》2012 年第 2 期。
②张全超、周蜜等：《湖北青龙泉遗址东周时期人和动物骨骼的 C、N 稳定同位素分析》，《人类学学报》2018 年第 1 期。
③转引自吕超：《临淄后李遗址春秋时期人骨的 C、N 稳定同位素分析》，山西大学硕士学位论文，2021，第 42 页。
④魏彩云：《利用 δ¹³C 和 δ¹⁵N 分析中国部分地区古代居民食物结构》，北京大学硕士学位论文，2004，第 23 页。

从地域来看，四川成都、安徽滁州先民的生业模式以稻作农业、渔猎业为主的，湖北十堰先民的生业模式以粟稻混作农业为主、家畜饲养为辅，四川凉山州先民的生业模式以稻作农业、畜牧业为主。整体来看，长江流域先民生业经济仍以水稻种植为主，部分地区受粟黍旱作农业的影响也出现粟稻混作方式；家畜饲养、畜牧业、渔猎业是肉食获取的主要方式。相较于其他地区的肉食来源，长江流域水系发达，先民食用鱼类更多，渔猎业也更发达。

（五） 西北地区

粟黍是先秦西北地区最重要的农作物之一，在诸多遗址的植物浮选工作中，也发现小麦遗存。陕北地区先民自新石器时代已经存在农牧兼营的经济模式，粟黍是主要的粮食作物。[①] 稳定同位素数据集中于甘肃、陕西，以表5为准。除宝鸡周原周公庙与渭南刘家洼遗址外，其他皆为秦人或秦戎混居的墓地（遗址）。这时的先民以粟黍旱作农业为主，家畜饲养或畜牧业为辅，形成农牧兼营或粟黍农业为主的生业经济模式。随着时间的演进，粟黍农业种植范围逐渐扩大。从宝鸡凤翔孙家南头与建河墓地的稳定同位素数值可见，男性比女性食肉稍多，吃的 C_4 类食物也多些，差别虽小，但也能看出男女在饮食结构上的差异趋势。

1. 甘肃

西周中期偏晚到战国时期的礼县西山遗址，先民 $\delta^{13}C$ 均值为 $-11.42 \pm 2.08‰$，食谱中植性食物以 C_4 类粟黍为主，部分人群食用 C_3 类小麦。$\delta^{15}N$ 均值大于9‰，饮食结构以肉食为主，肉食主要源于畜牧业或家畜饲养。西山遗址先民的生业经济模式为农牧兼营，到战国时期形成了以粟作农业为主的农业经济，畜牧业比例逐渐下降。春秋战国的甘谷县毛家坪遗址，先民 $\delta^{13}C$ 均值大于 $-12‰$，以 C_4 粟黍类为主食；$\delta^{15}N$ 均值大于9‰，食肉多，遗址出土牛、羊及猪等家畜的遗骸，表明其肉食主要源于饲养的家畜。毛家坪遗址的先民采用粟黍农业、家畜饲养的经济模式。

2. 陕西

西周宝鸡周原周公庙遗址及西周晚期的韩城梁带村遗址，先民的 $\delta^{13}C$

---

① 孙永刚、常经宇：《陕北地区仰韶时代晚期至龙山时代生业方式分析》，《辽宁师范大学学报》（社会科学版）2018年第1期。

表 5　西北地区先民 $\delta^{13}C$ 和 $\delta^{15}N$ 均值统计表

墓地（遗址）	时代	$\delta^{13}C$ 均值（‰）	$\delta^{15}N$ 均值（‰）	饮食结构	生业经济
甘肃陇南礼县西山[1]	西周中期偏晚到战国时期	-11.42 ± 2.08	9.23 ± 0.75	食肉居多，植物食用以 C_4 类为主，部分人有食用 C_3 类植物的	农牧兼营
甘肃天水甘谷县毛家坪[2]	春秋到战国	-10.4 ± 1.5	9.3 ± 0.8	粟黍等 C_4 类植物、家畜、部分狩猎为肉食	粟黍农业、家畜饲养、狩猎
陕西宝鸡周原刘家庙[3]	西周	-9.1 ± 0.9	9.1 ± 1.2	C_4 类植物为主食，肉类占有一定比例	粟黍农业、家畜饲养
陕西韩城梁带村芮国[4]	西周晚期	-9.5 ± 2.8	9.1 ± 1.4	黍粟等 C_4 类作物，少量小麦等 C_3 类作物，少量肉食	粟黍农业、畜牧业
陕西渭南刘家洼[5]	春秋	-9.4 ± 1.3	8.6 ± 0.7	粟黍等 C_4 类植物食物为主，一定肉食	粟黍农业、狩猎、家畜饲养
陕西宝鸡凤翔孙家南头[6]	春秋中期到战国早期	男：-10.92 ± 1.51 女：-10.65 ± 0.89	男：8.45 ± 0.66 女：8.18 ± 0.67	C_4 类植物为主食，少量肉食	粟黍农业为主，饲养性畜为辅
陕西宝鸡建河[7]	战国	男：-8.75 ± 0.51 女：-9.41 ± 0.74	男：8.92 ± 0.33 女：8.56 ± 0.48	以 C_4 类植物为主食，辅以少量肉食	农牧兼营
陕西延安黄陵寨头河[8]	战国	-8.41 ± 0.33	8.19 ± 0.41	黍和稷等 C_4 类植物为主，辅以少量肉食	农牧兼营
陕西延安史家河[9]	战国	-8.51 ± 0.44	8.27 ± 0.49	黍和稷等 C_4 类植物为主，辅以少量肉食	农牧兼营

续表

墓地（遗址）	时代	δ¹³C 均值（‰）	δ¹⁵N 均值（‰）	饮食结构	生业经济
陕西咸阳关中监狱⑩	战国晚期	-8.8 ± 2.5	10.3 ± 2.0	C₄类植物为主食、大量食肉	粟黍农业、牲畜饲养

注：①凌雪：《秦人食谱研究》，西北大学博士学位论文，2010。
②王奕舒、凌雪等：《甘谷毛家坪遗址秦人骨的碳氮同位素研究》，《西北大学学报》（自然科学版）2019年第5期，第52页。
③凌雪等：《秦人食谱研究》，西北大学博士学位论文，2010，第104～105页。
④凌雪、陈曦等：《韩城梁带村芮国墓地出土西周晚期人骨的稳定同位素分析》，《西部考古》2017年第2期。
⑤魏潇洋、种建荣等：《刘家洼遗址春秋时期芮国先民生活方式初探——基于人骨稳定同位素分析》，《第四纪研究》2021年第5期。
⑥凌雪：《秦人食谱研究》，西北大学博士学位论文，2010，第70页。
⑦凌雪等：《宝鸡建河墓地出土战国时期秦人骨的稳定同位素分析》，《考古与文物》2010年第1期。
⑧刘柯雨：《黄陵寨头河与史家河墓地人骨稳定同位素研究》，西北大学硕士学位论文，2021，第17页。
⑨刘柯雨：《黄陵寨头河与史家河墓地人骨稳定同位素分析》，西北大学硕士学位论文，2021，第19页。
⑩凌雪、王奕舒等：《陕西咸阳中监狱战国秦墓出土人骨的碳氮同位素分析》，《文博》2019年第3期。

均值在 −9‰左右，远大于 −12‰，以 C_4 类粟黍为主粮；$\delta^{15}N$ 均值在 9‰左右，食肉少。西周先民从事粟黍农业，肉食来源为饲养家畜或畜牧业，家畜饲养多用 C_4 类粟黍秸秆等食料。春秋渭南刘家洼遗址，春秋中期至战国早期的宝鸡凤翔孙家南头墓地，战国的宝鸡建河墓地、延安黄陵寨头河与史家河墓地以及战国晚期的咸阳关中监狱秦墓，先民 $\delta^{13}C$ 均值大于 −12‰，饮食结构仍以 C_4 类粟黍为主食；$\delta^{15}N$ 均值多数低于 9‰，肉食摄入量少，饮食结构为以植物性食物为主的杂食。延安寨头河与史家河墓地先民是戎人。战国时魏国管辖寨头河；战国早中期史家河归魏国管辖，战国晚期归秦国，秦人开始移入史家河。两处墓地的先民皆以粟黍 C_4 类植物为食，形成农牧兼营的经济模式。咸阳关中监狱秦墓 $\delta^{15}N$ 均值为 10.3 ± 2.0‰，明显高于其他墓地（遗址），其原因可能是战国晚期统一战争下秦国迅速发展扩张而引起的生活水平提高，城市居民食肉增多。

以上墓地（遗址）中先民生业经济是以粟黍农业为主，畜牧业或家畜饲养业为辅。从地域上来看，西北地区北部草原地带多以畜牧业为主，或农牧兼营；西北中南部平原地带多以农耕为主，因戎狄南下等原因也有农牧兼营的模式。

从人群性别上来看，春秋中期到战国早期宝鸡凤翔孙家南头墓地（男：−10.92 ± 1.51‰，8.45 ± 0.66‰；女：−10.65 ± 0.89‰，8.18 ± 0.67‰）与战国宝鸡建河墓地（男：−8.75 ± 0.51‰，8.92 ± 0.33‰；女：−9.41 ± 0.74‰，8.56 ± 0.48‰）的 $\delta^{13}C$ 与 $\delta^{15}N$ 均值男女之间数值差别很小，饮食结构没有显著区别。但孙家南头与建河墓地中男性 N 同位素值稍高于女性，建河墓地的男性也比女性食用更多 C_4 类食物。这反映出男性比女性食肉稍多，食用 C_4 类食物也稍多，虽未有明显的饮食差异，但也有一定的区别。

上述墓地（遗址）中除宝鸡周原周公庙遗址为周人、渭南刘家洼遗址为芮国人，其他皆为秦人或秦戎混居。陕北地区虽自新石器时代已有农牧兼营的经济模式，但随着时间发展农、牧所占比例一直在变动，时间越晚农耕所占比例越大，直至战国时期粟黍农业逐渐成为主要经济模式。《史记·秦本纪》①《左传·僖公十三年》中记载晋国歉收导致饥荒，向秦国买

---

① （汉）司马迁：《史记》，中华书局，2020，第 188 页。

粮，"秦于是乎输粟于晋"[①]。可见春秋时在秦国粟米种植范围已经扩大，国有余粮。秦先民以粟黍旱作农业为主，家畜饲养或畜牧业为辅，形成农牧兼营或粟黍农业为主的经济模式，与北方青铜文化区基本相同。

三 春秋战国生业经济模式演变的原因

（一） 气候与自然环境变化的影响

西周时气候由暖期进入寒期，到春秋时才慢慢重新进入暖期，东汉时偶有寒期的出现，南北气候与现在相比更为温暖、湿润且相对稳定。[②] 局部地区环境的变化，如河水改道、洪涝等自然灾害等也会对生业经济产生一定影响。先民食物结构与生业经济模式的变化，与古气候的变迁有一定关系，但春秋战国气候环境变化不大，对农业影响小。中国地域辽阔，气候多样，局地气候环境也会有变动。春秋战国时齐鲁地区气候环境进入温凉、干旱状态，导致水稻种植比例逐渐下降，粟黍旱作农业得以持续发展。春秋时河西走廊气温持续降低，农业生产环境恶化，以种植业为主的羌、氐、周人等群体大规模地向气候相对温暖的中原或东南部地区迁移。河西走廊形成地理空白，北方游牧民族迁入该地，发展游牧经济，其生业经济模式由农耕改为游牧。内迁的羌、戎少数民族进入中原后与华夏人融合，到战国时已基本不复存在。

（二） 生产技术进步与变法改革的保障

各国争相变法，发展本国实力，"奖励耕战，富国强兵"，农业政策改革，推动农业生产技术的进步。例如土地制度改革、铁制生产工具的制作与使用、灌溉技术与耕作技术的进步，激励农民积极生产，使得由原始粗放经营的农业逐渐向精耕细作转变，从而提高农产品产量。[③] 小麦从新石器时代传入中国，直至战国才出现面食，这要得益于石转磨的发明和使用。因面食口感佳，小麦开始受先民欢迎，食用人群增多，小麦种植范围持续扩大，尤以中原地区小麦的食用与种植明显增多。北方青铜文化区和

---

① 杨伯峻：《春秋左传注》，中华书局，2020，第377页。
② 竺可桢：《中国近五千年来气候变迁的初步研究》，《考古学报》1972年第1期。
③ 钟立飞：《战国农业发展评估》，《农业考古》1990年第2期。

西北地区与中原相邻的地带，种植的农作物与中原趋同，游牧经济则被畜牧业或家畜饲养所代替。

统治者以国家强权，开垦荒地，鼓励农耕，地尽其用。魏国李悝变法提出"尽地力"开发利用土地资源，"废沟洫"建设农田水利；秦国商鞅变法实行"废井田，开阡陌""重农抑商，奖励耕织"，这些农业政策推动农业经济发展。春秋时秦国生业经济多是农牧兼营的模式；战国时期变法后，粟黍农业占主导，家畜饲养、畜牧业为从属。

（三）兼并战争与人口迁徙的驱动

春秋战国时期，兼并战争频仍，以致农民逃亡、农田荒废。春秋早期先民多遵循旧有的农业格局，与西周基本相同。随着人口迁移，农业格局开始发生改变。春秋早期，戎狄等游牧民族进入农耕区，与内地先民融合，学习农耕方式，同时也将游牧业等经济模式带入农耕区。少数民族内迁，导致生业经济模式融合，大量出现农牧兼营的经济模式。

春秋时，各诸侯国相互兼并而举国迁移，出现大量移民；国君与卿大夫因政治斗争而被迫进行家族迁移；平民奴隶等下层人民因生活所迫而迁徙流亡，引起人口流动。战国时，统治者因迁都而大量移民；政府为争夺人口、开垦荒地而组织人口迁移；个体劳动者因生活所迫而自发迁移。[1]春秋战国时期在人口迁移中，民族之间、地区之间交流频繁，移民的饮食结构与生业经济模式随之快速传入迁入区，促成民族、地区之间的交流融合。先民区域之间的饮食结构差异、生业经济区别、农业经济差距等愈加不明显。战争造成的荒地，通过政策性人口迁移得到开发，开发人群因构成多样，农耕技术与农耕方式又得以交流融合。人口迁移后，先民多遵循原有农业格局，通过种植适应能力强的作物来补充食物，而小麦则成为首选。需要指出的是，"我国疆域辽阔，不同地区的先民对农作物，特别是对小麦等C_3的选择和种植也可能存在一定的差异"[2]。因此才出现各地小麦种植的情况不尽相同。

---

① 袁祖亮主编，焦培民著《中国人口通史》（先秦卷），人民出版社，2007，第114~118页。
② 侯亮亮等：《申明铺遗址战国至两汉先民食物结构和农业经济的转变》，《中国科学：地球科学》2012年第7期。

四　从春秋战国生业经济模式演变看民族融合

（一）农牧兼营反映了游牧民族与农耕民族的融合

甘肃地区在青铜时代成为西戎人生活的重要地带。春秋战国毛家坪遗址、礼县西山遗址为秦文化，秦人在此地以农牧兼营为生业经济模式。《史记·秦本纪》载"周宣王即位，乃以秦仲为大夫，诛西戎"；"戎无道，侵夺我岐、丰之地，秦能攻逐戎，即有其地"；"十二年，伐戎而至岐"等，[①] 秦人与西戎部族之间一直存在激烈的碰撞、冲突。毛家坪遗址、礼县西山遗址中都发现有西戎文化特征的遗存。人群之间频繁的冲突过程，也是文化与族群交流、融合的过程，进一步推动了农作物的传播、农业的发展与生业经济模式的趋同。秦人将戎人的人群、文化与经济融入进来，民族之间的文化差异逐渐缩小，直至成为一体。与上面遗址不同的是，陕西延安寨头河与史家河墓地先民是戎人，战国时魏国管辖寨头河，寨头河墓地有明显的三晋文化特征。战国早中期史家河归魏国管辖，战国晚期归秦国，秦人开始移入史家河。无论是戎人还是魏人、秦人皆以粟黍 C_4 类植物为食，以农牧兼营为生业经济模式。战国时期寨头河墓葬与战国早中期的史家河墓葬中有明显的三晋文化特征[②]，是晋戎文化交融的例证。战国晚期史家河戎人墓葬中出土的器物也有典型的秦文化因素[③]，是秦戎文化交融的又一例证。内迁游牧民族与农耕民族杂居，在冲突中经济交流、文化融合而逐渐被华夏化。

内蒙古地区先民生业经济起初是以畜牧业为主，因为周边诸侯国的兼并扩张其生业经济模式开始发生改变。战国中期，赵国管辖的和林格尔地区的土城子墓地作为赵国戍边人群墓地，已经形成农耕经济为主的生业经济模式，赤峰水泉墓地也以农耕经济为主；战国后期，随着中原人群与当地游牧人群的长期混合，和林格尔大堡山与赤峰大山前墓地先民开始从事

---

① （汉）司马迁：《史记》，中华书局，2020，第 178～179 页。
② 陕西省考古研究院、延安市文物研究所、黄陵县旅游文化局：《寨头河——陕西黄陵战国戎人墓地考古发掘报告》，上海古籍出版社，2018，第 398 页；孙周勇、孙战伟等：《陕西黄陵县史家河墓地发掘简报》，《考古与文物》2015 年第 3 期。
③ 孙周勇、孙战伟等：《陕西黄陵县史家河墓地发掘简报》，《考古与文物》2015 年第 3 期。

以粟作农业为基础的复合型经济模式。① 战国晚期，燕文化已扩张至内蒙古东南部，随着大量移民的涌入，铁器、灌溉技术等也一并传入，极大地促进了农业生产。"北方原为营游牧生涯的少数民族所居，受中原文化浸润而逐渐华夏化。"② 粟作农业的进一步发展，为民族文化的融合提供了一定的物质支撑。甘肃的毛家坪、礼县西山，陕西的寨头河与史家河、凤翔以及内蒙古东南部的和林格尔、赤峰，河北北部等，都是农牧交错地带，这些地区在经济与文化上既保留了游牧民族的特点，也融入了华夏文化因素。这为以后秦汉大一统历史局面的形成和中华民族共同体的形成奠定了经济和文化基础。

（二）稻粟混作反映了南北民族的融合

北方传统是喜食粟类作物、习惯旱地耕种，南方传统则是喜食稻米、习惯水田耕种。湖北青龙泉遗址位于豫、鄂二省交界处，河南淅川申明铺遗址在豫、鄂、陕三省以及南北方经济和文化的交汇地区。南北两种不同的农业种植方式在青龙泉遗址、淅川申明铺遗址都存在，这是南北农业经济交流与互相融合的重要表现。楚国国力的增强使其影响力北至黄河流域中原地区，东至长江下游山东地区，同时中原地区的文化也传入楚国。河南信阳城阳城墓地，叶县辛庄墓地位于豫、鄂二省交界处，是楚国贵族墓地，以稻作为生业，作为南北文化交错带则完全楚化。

春秋战国时期主要是北方人向南方迁移，其饮食习惯与当地先民相互交融，又会形成新的饮食结构，表现为粮食以粟、稻为主，肉类以家畜、鱼类为主。中原地区先进的农业技术，随人口迁移迅速传入南方，促进稻作农业技术的革新，扩大稻粟混作的耕作范围。这也为水稻种植区种植旱作粟黍、粟黍种植区种植水稻提供了农业技术支持。秦国统一战争中，随着人口移动进一步将粟黍旱作农业方式传播至南方稻作农业种植区，传播范围扩大，同时又将稻作农业方式带到旱作农业地区，粟黍、水稻、小麦三类主粮作物跨长江流域与黄河流域大范围传播。南北人口的融合，带动饮食习惯的变化，促进种植作物跨地域传播，推进南北社

---

① 张昕煜等：《东周时期内蒙古中南部人群和文化融合进程中的农业经济——以和林格尔大堡山墓地人骨 C、N 稳定同位素分析为例》，《中国科学：地球科学》2018 年第 2 期。
② 李学勤：《东周与秦代文明》，上海人民出版社，2007，第 10 页。

会文化的交融，形成更加趋同的经济与文化特征，这也成为中华民族共同体形成的助推剂。

结　语

限于现有人骨稳定同位素研究成果地域分布不均、数据多寡不一、数据年代跨度大等问题，本文的结论可能有所偏颇，但这并不影响生业经济模式的确认。利用人骨稳定同位素 $\delta^{13}C$ 的数值可知先民植物性食物的类型，是粟黍等 C_4 类，还是小麦、水稻等 C_3 类。从 $\delta^{15}N$ 的数值可知先民的营养级及肉食资源。从先民饮食状况中判断农业种植作物种类及肉食资源从而研究生业经济模式。随着时代的发展，先民的生业经济模式也有一些变化，同时也具有明确的地方特点。春秋战国时期，中原地区先民的生业经济模式由原先的种植粟黍逐步发展为种植粟黍麦，小麦所占比重逐渐增加，家畜饲养为辅。北方青铜文化区一直有较为发达的游牧或畜牧经济，也有粟黍旱作农业，属于半农半牧的经济模式，粟黍农业所占比重逐渐增加，直至战国中晚期成为主导。齐鲁地区先民仍以种植粟黍为主，稻作的比例逐渐下降；肉类获取方式有家畜饲养、渔猎，临海地区多从事渔业。长江流域先民仍以种植水稻为主，部分地区为粟稻混作；肉类获取方式有家畜饲养、畜牧业、渔猎，因水资源丰富，其渔业更发达。西北地区先民以粟黍旱作农业为主，家畜饲养或畜牧业也在稳定发展，形成农牧兼营或农业为主、饲养家畜为辅的生业经济模式，粟黍农耕范围逐渐扩大。导致以上地区先民生业经济模式演变的原因有：气候与自然环境的变化，直接导致一些地区农作物种类与生业经济模式的改变；生产技术进步与变法改革，为生业经济模式调整提供了技术与政治保障；兼并战争与人口迁徙，为不同民族与地区之间生业经济模式的交流、传播与融合提供了条件。春秋战国时期是历史上重要的民族大融合时期，这在生业经济模式演变中也有所体现。游牧民族与农耕民族的融合体现在游牧经济的农业化，南北民族的融合体现在北方粟黍与南方水稻的混作模式。各地生业经济模式的交融，带动农业经济方式的交流，促进社会文化的融合，弥合不同民族之间的文化差异，形成更加统一和共享的文化特征，为中华民族共同体的形成奠定了坚实的基础。

The Evolution of the Economic Model of Production in the Spring and Autumn Period and the Warring States Period: Based on Stable Isotopes of C, N in Human Bones

Zhang Jingyan   Sun Xiaopeng

Abstract: Analyzing the stable isotope information of human bones in tombs can reveal the dietary conditions of the ancestors, providing important references for studying the economic model of the Spring and Autumn Period and the Warring States Period. The economic model of livelihood has clear local features and has evolved at various times. The ancestors of the Central Plains and Qilu mainly relied on millet agriculture, supplemented by livestock farming, wheat cultivation in the Central Plains region has always shown an increasing trend, while rice cultivation in the Qilu region is gradually decreasing. Both the northern bronze cultural area and the ancestors of the northwest region mainly relied on millet agriculture, with livestock farming, nomadic or animal husbandry economy, forming a dual farming and animal husbandry or agricultural based, supplemented by livestock farming, with millet agriculture gradually occupying a dominant position. The Yangtze River Basin is mainly planted with rice, but some areas are mixed with millet and rice, with livestock breeding, animal husbandry and fishing and hunting always playing an auxiliary role. There are three reasons for the evolution of the economic model of their ancestors' livelihood: Firstly, changes in climate and natural environment; The second is the progress of production technology and reform of reform; The third is the merger war and population migration. The evolution of the production economy model also reflects the unique trend of ethnic integration during the Spring and Autumn and Warring States Periods. The economic model of agriculture and animal husbandry can be seen as the integration of nomadic and agricultural peoples, and the farming method of rice and millet mixed cultivation can also be seen as the integration of the North and South ethnic groups. From the integration of various economic models in various regions, it can be seen that there were frequent cultural exchanges and rapid development of productivity at that time, laying a solid foundation for the formation of the Chinese national community.

Keywords：Spring and Autumn Period and Warring States Period； Economic Model of Production； Stable Isotopes； Evolution of Planting Crops； Ethnic Fusion

奉公渡海：清代福建船户邱大顺的册封琉球附搭贸易[*]

洪钰琳^{**}

摘 要： 备封舟是册封琉球的重大要务之一，历任册封使在接受委派后需前往福州筹备海舟。与明代相比，清代册封活动的一大变化在于改征战船、商船代替造舟。清中叶以后，闽县船户基于地理条件及技术优势，常常被征用册封琉球。闽县船户邱大顺曾于道光十八年（1838）、同治五年（1866）两次作为封舟前往琉球，利用官府雇商承运的契机，进行跨海的附搭贸易。附搭贸易是中琉双方官府认同的合法贸易。

关键词： 册封舟 册封附搭贸易 商船 航运

册封琉球是明清时代官方重要的航海活动，在宗藩体制下进行，具有浓厚的政治色彩，持续五百余年。往来于中琉航路之间的船有册封舟（简称"封舟"）、进贡船、接贡船、护送船之分，其中以册封舟的规模最为浩大。① 清代封舟体制基本承袭明代，但也发生一定变化，比如封舟经历了由官船向商船的演变。福建商船在清代中后期的册封琉球活动中发挥重要作用。就商船而言，册封琉球相当于一次大型跨海附搭贸易。基于此，本

---

* 本文系 2020 年度福建省社会科学基地重大项目"明代闽海士人陆海统筹观研究"（项目号 FJ2020JDZ043）阶段性成果、与泉州学研究所合作项目阶段性成果。

** 洪钰琳（1994— ），福建厦门人，厦门大学历史与文化遗产学院中国史专业博士研究生。

① 学界对明清册封舟的研究聚焦于封舟造船、封舟贸易等方面。参见赵建群、陈铿《明代使琉球"封舟"考述》，《福建师范大学学报》（哲学社会科学版）1987 年第 2 期，第 85～90 页；谢必震《明清册封琉球论略》，《海交史研究》1991 年第 1 期，第 30～42 页；朱德兰《1838 年与 1866 年的封舟贸易》，《第三届中琉历史关系国际学术会议论文集》，晓园出版社，1991，第 135～157 页；〔日〕松浦章《清代中国琉球贸易史の研究》，榕树书林，2003，第 159～204 页；谢必震《明清中琉航海贸易研究》，海洋出版社，2004，第 21～41 页。

文以邱大顺为例，探讨清代封舟筹备制度的沿革，梳理福建商船随封琉球的航运轨迹，思考船户如何在官府许可的范围内进行合法贸易，进而勾勒19世纪福建商船进行海上贸易与航运经营的运作形态。

一　清代封舟筹备制度的沿革

封舟，又称"冠船"，是朝廷派遣使臣前往琉球册封国王，运送使臣、兵役、船员、赏赐品的乘船。中琉之间相隔千里海程，历任使臣注重亲督造船。清代前后八次派遣使臣册封琉球，与明代相比，清代册封活动的一大变化在于改征战船、商船代替造船。

清代派往琉球的封舟共16艘，每次固定派船2艘（见表1）。顺治十年（1653），清廷开始着手筹备第一次册封琉球事宜，顺治十二年（1655）三月，册封正使张学礼入闽督造海船。此时东南沿海一带受郑成功影响，海道受阻，建造封舟的进程只能延缓，按照旧例，"舵木用铁力，其木产于广西，由海道运；今游氛未靖，未可计程至也。敢请缓期"①。直到康熙二年（1663），建造封舟事宜才基本告成。

造船工程巨大，经年累月才能完成，且造价不菲，万历年间册封琉球造船额派银多达3000两。② 早在明代就有"其册封之使不必另造海船"之说。清代曾任册封副使的徐葆光有这样一段表述："从前册封，以造舟为重事。历考前册，采木各路骚动夫役，开厂监造靡费官帑，奸吏假手，为弊无穷；经时累岁，其事始举。自前明以至本朝册封之始，其烦费迟久，前后一辙也。"③ 康熙二十二年（1683），考虑到"时闽疆治兵，战舰方集"，册封正史汪楫提议选用战舰前往琉球，汪楫前往烽火营、闽安中营选中两艘鸟船，这也是首次选用福建鸟船充当封舟。

康熙年间开海禁以后，贸易逐渐活跃，"区宇升平，海滨利涉，沿海县、镇巨舶多有"，册封使臣开始选用现有的民船、商船作为册封舟。康

① 张学礼：《使琉球记》，《台湾文献史料丛刊》第3辑第57册，台湾大通书局，1984，第3页。
② 夏子阳：《使琉球录》，《台湾文献史料丛刊》第3辑第55册，第239页。又参见吴怀民《清代中国对琉球的册封》，《福建师范大学学报》（哲学社会科学版）1992年第3期，第92~98页。
③ 徐葆光：《中山传信录》，《台湾文献史料丛刊》第3辑第57册，第21页。

熙五十八年（1719），第三次册封琉球选用宁波商船，"督臣满保移檄各镇选大船充用，豫为修葺，诸具咸备。二船取自浙江宁波府属，皆民间商船；较往时封舟，大小相埒而费轻办速，前此未有也"①。这是册封舟筹备制度的一大变化，自此册封琉球以雇用商船代替官方造船。

乾隆二十一年（1756），以翰林院侍讲全魁为册封正使、翰林院编修周煌为副使册封琉球，这一次雇得长乐县船户林万安、闽县船户高得利随封琉球，然而册封途中遭遇风难，二号船高得利随风漂回温州海域，船上坐有福建督标都司陈嘉言、护送兵役以及琉球夷官通事等93人。一号船林万安进入姑米山洋面，船身触礁，损失惨重，"随封二百余人所带货物、衣服等类，悉被海水濡湿，或损烂，或漂失"②。琉球国王为了抚恤兵役、船户，赏银5000两。然而营兵管队陈国栋等不满赏银太低，纠众挟制使臣向琉球国王勒赏，滋扰生事，最后，琉球王不得不赏给两船衣被银51000两。③ 一号船破损严重，无法修补，琉球另造新船送册封使回国。

嘉庆年间，闽浙海域普遍受到蔡牵、朱渍海上势力的侵扰。嘉庆四年（1799）八月，朝廷选定翰林院修撰赵文楷、中书舍人李鼎元为册封正、副使。清廷令闽浙总督玉德先行筹备封舟，"册使远涉重洋，其乘坐船只自应妥为预备，且现闻闽境洋面尚未能一律安静，著传谕玉德转饬地方官将赵文楷等所需船只预备稳妥，并酌拨弁兵小心护送，俾得专行无阻"。嘉庆五年（1800）正月，闽浙总督玉德"即饬委分驻南台海防同知张采五在于收泊商船之处，将海船逐一查验，择其船身坚固，篷索桅舵结实完整者，预为雇备"④。乾隆五十八年（1793）以后，从五虎门出洋的商船都要在南台纳税，这就意味着南台口停泊的商船皆有机会参与册封舟的遴选。福州海防同知张采五接到饬令后，与琉球接封陪臣梁煌等人前往南台口，于各商船内详细挑选，"查有闽县船户陈长益、吴恒裕航船二只，船身坚

---

① 徐葆光：《中山传信录》，《台湾文献史料丛刊》第3辑第57册，第21页。
② 《福建巡抚钟音奏报全魁、周煌在洋往返情形折》（乾隆二十二年三月十四日），中国第一历史档案馆编《清代中琉关系档案选编》，中华书局，1993，第47页。
③ 俞玉储：《乾隆二十一年随封兵役勒赏滋事案析》，《历史档案》2000年第4期，第87~94页。
④ 《嘉庆五年三月二十二日闽浙总督玉德奏闻预雇册使乘坐船只及现在办理缘由》，台北故宫博物院藏宫中档奏折，档号：091102。

实，一切篷桅杠具俱各完整"①，确定这两只船为册封舟。随后，闽浙总督玉德协同福建巡抚汪志伊亲诣南台，上船逐加亲验，确保船身牢固。可知，中琉双方官员十分重视册封舟的募选，因而形成一套程序，海防同知先行招募备选商船，再与琉球接封使臣确定册封舟，最后由地方督抚、册封使臣亲自查验，确保封舟的质量。

嘉庆十三年（1808），蔡牵等海上势力依旧横行于福建海面，为确保册封琉球活动的安全，清廷决定加派护送封舟的官役，"现在蔡、朱二逆余氛未靖，著传谕阿林保等此次选派领将务择水师中明干勇往曾经剿贼之员，并熟谙洋面沙线者督率得力弁兵"②。第六次册封琉球选定闽县商船陈茂春、薛长发，每船的兵役增至260名。此外，官府也十分重视对船上水手的挑选，正如陈侃所言"浮海以舟，驾舟以人，二者济险之要务也"③，一般每条船配置48名船艄水手。有清一代历次琉球册封舟情况如表1所示。

表1　清代历次琉球册封舟情况

年代	使臣	船号	船籍/来源	船型	桅数	租金	形制
康熙二年	张学礼 王垓						长十八丈，宽二丈二尺，高二丈三尺
康熙二十二年	汪楫 林麟焻		烽火营 闽安中营	鸟船			长十二丈三尺，宽二丈五尺；长十二丈二尺，宽二丈六尺五寸
康熙五十八年	海宝 徐葆光		宁波	商船			长十丈，宽二丈八尺，深一丈五尺
乾隆二十一年	全魁 周煌	林万安 高得利	长乐县 闽县	商船			长十一丈五尺，宽二丈七尺五寸，深一丈四尺
嘉庆五年	赵文楷 李鼎元	陈长益 吴恒裕	闽县	商船	三桅		长十丈，宽二丈二尺，深一丈三尺
嘉庆十三年	齐鲲 费锡章	陈茂春 薛长发	闽县	商船			

① 《嘉庆五年三月二十二日闽浙总督玉德奏闻预雇册使乘坐船只及现在办理缘由》，台北故宫博物院藏宫中档奏折，档号：091102。

② 《嘉庆十三年三月初六日闽浙总督阿林保福建巡抚张师诚奏报遵旨选派明干熟悉之水师将领护送册使前往琉球并预备船只一切事宜》，台北故宫博物院藏宫中档奏折，档号：096001。

③ 陈侃：《使琉球录》，《台湾文献史料丛刊》第3辑第55册，第21页。

续表

年代	使臣	船号	船籍/来源	船型	桅数	租金	形制
道光十八年	林鸿年 高人鉴	金广发 邱大顺	闽县	商船	三桅	六千余洋	长十五丈，阔二丈 六尺，深一丈三尺
同治五年	赵新 于光甲	邱大顺 金振茂	闽县	商船	三桅	银六千元	长十六丈，宽三丈

资料来源：中国第一历史档案馆编《清代中琉关系档案选编》；徐葆光：《中山传信录》、李鼎元：《使琉球记》，《台湾文献史料丛刊》第 3 辑第 57 册；周煌：《琉球国志略》，《台湾文献史料丛刊》第 3 辑第 56 册。

总之，清代封舟的筹备制度发生重大变化，改造船为募船。地方官府十分重视封舟的遴选，从挑选、确定，到查验，都经过层层把关，形成一套有序的规则。封舟的筹备制度也因地制宜，依福建沿海局势而变。随着康熙时期开海禁，海洋贸易重新活跃，源源不断的大型商船停靠在福州港，为册封乘船提供更多选择。嘉庆年间，福建海氛不靖，册封活动也适时调整册封舟的船员和兵役。

官府雇用商船，允许船户附搭压舱物前往琉球进行贸易，从中获利。这一变化对海商船户而言意义重大，尽管明代册封琉球即有随从贸易的现象，[1] "历来封舟过海，兵役等皆有压钞货物带往市易旧例"，但朝廷在明面上都是严行禁止封舟载货。徐葆光也曾评论道："法当禁绝商贾利徒之营求充役者，捐从减装，一可以纾小邦物力之艰，一可以绝从役觊觎之想，庶几两利俱全矣乎。"[2] 商船充封舟的变化，对于从事海上运输的海商船户而言有利可图，说明他们在官府许可范围内可前往琉球进行贸易。

二 邱大顺两次随封琉球

邱大顺是闽县船户，常年以福州为基地往来于南北各埠，从事海上运输。邱大顺被载入史册，主要归功于其充当封舟的特殊经历。邱大顺曾于道光十八年、同治五年前往琉球，这是清王朝最后两次册封活动。

道光十六年（1836）八月，琉球世子尚育遣使请封王爵，次年，翰林

---

① 李金明：《试论明朝对琉球的册封》，《民国档案》1999 年第 4 期，第 82～86 页；谢必震：《明清中琉航海贸易研究》，第 68～74 页。

② 徐葆光：《中山传信录》，《台湾文献史料丛刊》第 3 辑第 57 册，第 23 页。

院修撰林鸿年、翰林院编修高人鉴受命任册封琉球国正、副使。封舟的选定是地方官府的重要事务，福建布政使吴荣光前往南台海口遴选商船，南台税关常年停泊等待装卸货、报税的船只。吴荣光于各商船中挑中船身坚硬、杠具齐全的金广发、邱大顺二船作为封舟。① 为保障册封使团途中的安全，封舟上装备枪炮器械，另外，官府还分拨沿海水师兵丁随行护送。

封舟的随行人员包括使臣家丁、兵役匠作以及船户水手。道光十七年（1837），琉球接封夷官郑良弼抵达福建，随即向上禀请"酌减兵役，严禁夹带人参、肉桂等物以及索讨旧欠"。郑良弼接封使团向中国提出两个请求：一方面，裁减兵丁，他认为如今"海洋平静，弁兵夫数过多，舟中难免拥挤，恳请量为减派"；另一方面，严格查禁随封人员夹带私货，"随从人等多带勒销，并称有夹带人参、肉桂、麝香、鹿茸、古董等项，尤为悯不畏法"②。

同年十二月十六日，福建布政使吴荣光下令严格查禁兵役、船户携带货物前往琉球贸易。官兵匠役"登舟之日不许夹带私货"，"船户、水手人等所带货物只准遵照前届担数，均装照例纳税，不得额外多带"③，并委派海防厅前去查验货物。

道光十八年（1838）正月二十六日，福州海防同知收到布政司的札文后告示船户随封琉球可携带的压载重物数额，所带货物加二科息发售，舵工、水手人数应当酌情删减。④

二月初三，御史方蔚奏请查禁使臣家丁及所派弁兵携带货物。⑤ 初四，清廷发布上谕，"所派弁兵如有违例私带及包揽商货，著按名查拿，分别惩究，毋稍姑容"，认为私携货物"甚非体恤外藩之意，且与中国体制攸关，不可不严行查禁"⑥，清廷出于保护中琉两国宗藩关系的目的，对册封

① 《闽浙总督钟祥等奏陈备办册使前往琉球事宜折》（道光十八年四月十二日），《清代中琉关系档案选编》，第764页。
② 《历代宝案》第12册，冲绳县教育委员会，2016，第241~247页。
③ 道光十八年《冠船付评价方日记》（上），《台湾大学图书馆典藏琉球关系史料》第4卷，台湾大学图书馆，2017，第31~34页。
④ 道光十八年《冠船付评价方日记》（上），《台湾大学图书馆典藏琉球关系史料》第4卷，第38~40页。
⑤ 《御史帅方蔚奏请饬禁册封琉球使臣家丁等私带货物折》（道光十八年二月初三日），《清代中琉关系档案选编》，第763页。
⑥ 《福建巡抚魏元烺奏报册封琉球使臣登舟放洋日期折》（道光十八年闰四月二十八日），《清代中琉关系档案选编》，第767~768页。

琉球产生的贸易活动采取限制、查禁的态度。

二月十八日，布政司再次告示：

> 案查乾隆二十一年间，册封琉球随往兵役竟有私带货物，抬价勒售，挟制官长。经前督宪喀从严奏办，分别斩、绞、遣戍、枷杖，并将约束不严之将弁都司陈嘉言等解部议以斩绞。尔等虽不共见，谅当共闻。此次钦差前往册封，先经本司于十一月预期晓谕矣。……尔等务须谨守法度，小心奉公，登舟之日，不许夹带私货，倘有前项情弊，该船户据实指禀以凭严行究办。即船户、水手人等虽有额载随带货物，……更不得违禁夹带人参、肉桂、鹿茸、麝香、古董、玩器，勒售滋扰。至铺民与琉球夷人交易未清，赊欠立票，案经嘉庆十三年间奉宪奏明饬禁，不准内地民人向索取旧欠。此次派往兵役、匠作、船户、水梢人等内有与夷人交易索取旧欠者，定即严行惩办，除札行福防同知将随往兵役、匠作、水梢人等切实删减。同该船户所带粗重货物系属何项，共有若干，分别造册取具保结呈送，以凭本司亲定核删，委员盘验入舟，暨临行严饬随往文武员弁实力弹压稽查，及移咨钦差正副使、琉球国王外，尔等务当恪遵法纪，洗心涤虑，各安本分。①

上述告示对船户水手、铺民、随封兵役的册封贸易活动进行严密的限制与管控。其中，乾隆二十一年的兵役挟制使臣勒赏案以及嘉庆十三年的船户索讨旧欠案，② 都使琉球方对册封贸易有所警觉。因此，在道光十八年（1938）的册封筹备事宜中，琉球正议大夫以及福建地方官员一再禁止随封人员夹带私货、前往琉球索欠，裁减兵役及船艄水手的人数。

地方官府一再限制册封贸易活动，并且对封舟的人员及货物进行层层稽查。三月二十七日，闽浙总督钟祥再次发布禁令，申明将对私带货物的

---

① 道光十八年《冠船付评价方日记》（上），《台湾大学图书馆典藏琉球关系史料》第4卷，第35～38页。

② 嘉庆十三年发生封舟水手前往琉球索讨旧欠案，福建官府在闽县招募熟悉琉球航路的水手，马贤书等十六人借此投充水手前往琉球索讨债务。详参《嘉庆十三年十一月初八日闽浙总督阿林保建巡抚张师诚奏报严谕禁止内地民人向琉球商人索讨旧欠情形》，台北故宫藏宫中档奏折，档号：098262。

行为"从严治罪，决不稍宽"①。四月十二日，闽浙总督钟祥、福建巡抚魏元烺奏报，限定册封舟每船水梢、琉球国派拨导引驾驶之夷人为三十余名，并委派闽安协标右营都司陈显生、金门左营游击之水师提标右营守备周廷祥照例带兵随船护送，② 额定官军兵丁为 225 名。二十四日，使臣林鸿年、高人鉴等人到达省城，亲自点验护送弁兵人数。二十五日，福州知府戴嘉谷会同世袭一等男邱联恩前往稽查"所派护送弁兵有无违例私带及包揽商货"，规定册封舟"每船准压载粗重货物一千担，此外不准丝毫挟带"③，并且添委龙溪县江东司巡检蒋召棠随行，以资弹压。可知，地方官府针对册封随行人员夹带私货形成一套严密的稽查制度。

金广发、邱大顺二船对随行水手人数减半表示不满，联名呈文，称："册封琉球船只系远涉横洋，风波险要，全借水梢多人以期驾驶稳捷。前届册封舵梢各项每船共四十八名，今届裁减二十四名，实在不敷备用。禀请循照旧额仍配水梢四十八名，以免疏虞。"福建巡抚魏元烺前往南台口验船，召集水梢问话，船上水手均为闽南人，金称"前赴琉球洋面数千里，程期难以预定，船内水梢乃系总名，实在分司其事，共有二十余项，每项应用正、副二人，昼夜轮流替换，如减少人数，恐有困倦疏失之虞。请照上届旧额，以资帮理而期稳妥"④。随后，魏元烺与钟祥商议，仍照旧额配置册封水手。册封使臣、都司陈显生、弹压官巡检蒋召棠及带兵 80 名坐金广发船内；游击周廷祥带兵 120 名坐邱大顺船内。⑤ 道光十八年四月二十七日，金广发、邱大顺二船终于在地方官府的层层稽查下驶离南台口，前往那霸。

同治五年，册封使臣赵新、于光甲出使琉球，邱大顺商船一开始并不是册封舟的首选。同治四年（1865）十二月七日，琉球接封使臣郑秉衡提

---

① 道光十八年《冠船付评价方日记》（上），《台湾大学图书馆典藏琉球关系史料》第 4 卷，第 44 页。

② 《道光十八年四月十二日闽浙总督钟祥福建巡抚魏元烺奏为备办册使前往琉球国一应事宜恭折奏闻事》，台北故宫藏宫中档奏折，档号：107348。

③ 道光十八年《冠船付评价方日记》（上），《台湾大学图书馆典藏琉球关系史料》第 4 卷，第 46～47 页。

④ 《道光十八年四月二十八日福建巡抚魏元烺奏筹备赴琉球船只水手情形》，台北故宫藏宫中档奏折，档号：107626。

⑤ 《福建巡抚魏元烺为册封使离闽放洋驶往琉球事题本》（道光十八年六月初二日），中国第一历史档案馆编《清代中琉关系档案续编》，中华书局，1994，第 1298 页。

出参与册封舟的募选过程。郑秉衡来自久米郑氏家族，是郑良弼的孙子。为了减少乘船的压载货物，琉球方要求尽量避开大型船只。

次年一月十六日，琉球海防官挑中福宝玉、金振茂二船，这两艘船是新造的，郑秉衡提出对二船进行检查。二月初一，福建官员推荐新捷丰船，这是艘大型商船，并且有往返那霸港的经历。二十八日，琉球方前往林浦检查商船，经过调查，他们选定新捷丰、邱大顺、新兴福、金万全、金德盛、新德盛六艘商船作为候补船。二十九日，郑秉衡等人检查了六艘候补商船的船底。① 综合考虑，官府确定福宝玉、金振茂二船为册封舟。

五月十四日，头号船福宝玉、二号船金振茂先后驶离南台，恰逢"午刻潮退，头号正船行至尾墩搁浅，连日巨风，震撼船身发漏"②。福州知府丁嘉玮等前往尾墩检查事故，提议换雇商船。此时停泊在林浦的船只还有新德胜、新捷丰以及邱大顺。

中琉双方就重新选定册封舟有不同看法。册封正使赵新提议乘坐火轮船渡海，考虑选用长胜轮，该船是福州船政局最早购置的火轮船之一，马力五十匹，吃水七尺，负责搭载官员、解运俸饷、运送台米等。赵新向郑秉衡探询乘坐轮船的意见，琉球方不愿乘坐轮船回国，因此回复照例乘坐唐船。五月十八日，郑秉衡向赵新陈述了乘坐火轮船渡海对琉球国的种种不利因素，被赵新驳回。考虑到琉球方面的诉求，闽浙总督左宗棠提议照旧雇用传统商船，他指出，长胜轮已先行前往台湾运谷，不在福州港停泊。其次，火轮船"所雇看盘、管车均是洋人，不知其熟悉琉球洋面与否"。再者，乘坐轮船册封琉球与天朝体制不符，"册封坐船，向例皆雇用中国商船，若用轮船，外藩未免骇异"③。左宗棠等人最终选定邱大顺船，下令邱大顺赶紧卸货，修理船身，升桅换制函担。册封使团终于在六月初九乘风开洋，十九日抵达那霸港。

有关轮船与帆船的选择，涉及册封琉球运输工具的变革，显然中琉双方都比较慎重。19 世纪中后期以来，官方海运活动的变化趋势是改用轮船运输，如咸丰五年（1855）江浙采用火轮船护漕。尽管此时，邱大顺也面

---

① 参见〔日〕丰见山和行《勅使御迎大夫真栄里親方日記について》，《历代宝案研究》第 3、4 合并号，1993，第 62～64 页。
② 《闽浙总督左宗棠奏为换雇册封使臣坐船乘汛放洋折》（同治五年六月初五日），《清代中琉关系档案选编》，第 1049 页。
③ 左宗棠：《咨复册封琉球使臣》，《左宗棠全集·札记》，岳麓书社，1986，第 506～507 页。

临火轮船的挑战，最终还是以熟悉琉球航路等因素被选为册封舟。由此，邱大顺开始了第二次册封琉球的历程。

三 闽县商船与册封琉球

清代册封舟的筹备制度经历由官船向商船的转变，康熙年间曾雇用宁波商船，自乾隆二十一年后，册封舟基本选自闽县船户。康熙二十二年，册封使汪楫前往福建筹备封舟时，福建总督曾提议用六艎船。[①] 嘉庆五年，册封副使李鼎元曾提出疑惑："封舟自有式，非限以闽县船也。且厦门六艎船，大与封舟等，曷不取于彼？"[②] 六艎船，是福建外海战船的船型之一。[③] 李鼎元的言论恰恰反映，封舟出自闽县船户成为一条不成文的惯例。

福州是明清册封琉球的造船中心，闽省造船原料丰富，中琉往来的封舟和进贡船大部分在福州建造。历任册封使受命后需前往福建督造封舟，尤其是成化以后，市舶司由泉州迁往福州，自此册封琉球皆取道福州。福州位于闽江口，且拥有深厚的航海传统，早在宋代，福州的南台就设有造船场。[④] 明永乐七年（1409），郑和下西洋，"造巨舰于长乐"[⑤]。

明代，福州造船场集中在南台、河口地区，[⑥] 此外通琉球的善操舟者"闽人三十六姓"也多出自河口。据夏子阳记载，封舟造船的船坞位于南台江边，这里有发达的水运，方便木材的运输与存放。

造船厂坞地在南台江边，中有天妃舍人庙在焉。旧为林尚书业，额十亩；官府以雪峰寺田十亩五分易之为造舟之所，其来已阅数封

---

① 据汪楫《使琉球杂录》记载："时闽疆治兵，战舰方集。臣议即取战舰以渡，既可省费且免濡滞。爰移文闽督就见在者选用之。闽督谓：'惟大帅六艎船，庶堪涉险'。卒不可得，仅以二鸟船来。"（详见黄润华、薛英编《国家图书馆藏琉球资料汇编》（上），北京图书馆出版社，2000，第688页）。

② 李鼎元：《使琉球记》，《台湾文献史料丛刊》第3辑第57册，第148页。

③ 据《清朝文献通考》卷一百九十四《兵考·战船》记载，福建外海战船有：赶缯船、双篷艍船、双篷艍船、双篷船、平底哨船、圆底双篷艍船、白艕艍船、哨船、平底船、双篷哨船、水底艎船。参见《清朝文献通考》第2册，浙江古籍出版社，1988，第6593页。

④ 梁克家修纂《（淳熙）三山志》卷七《公廨类一》，海风出版社，2000，第86页。

⑤ 乾隆《福州府志》卷七十四《祥异》，《中国地方志集成·福建府县志辑》第2辑，上海书店，2000，第428页。

⑥ 陈怡行：《封舟与战船：明代福州的造船》，《政大史粹》（台北）2006年第11期。

矣。中深而下，为坞以顿舟。庙之左爽垲为厂，以为科、司院、道驻临地；而坞之两旁，则以堆置木料诸物与工匠人等居之。左有小沟为界，旧时铁锚尚没其处；右则抵路为界。前则临江，而后有墙脚，界限甚明：居民故老皆能言之。①

南台不仅有官方造船场，还是商船的汇聚点。康熙二十三年（1684），清廷开设闽海关，在南台、厦门、泉州、涵江等口岸征税。据嘉庆朝《钦定大清会典》载："闽省贩卖者赴海关纳税……五虎门进口之船在闽安镇纳税，出口之船在南台纳税。"② 南台既是闽海关设立之初的管理中心，也是商业中心，"华夷杂沓，商贾辐辏，最为闽省繁富之地"③。各地商人聚集到南台办理出洋手续，南台口岸停泊商船数量逐渐增多，这里成为地方官府遴选商船的重要基地。

闽县商船邱大顺基于地理优势，两次被选中作为册封琉球的乘船。我们有必要追问邱大顺的船主是谁。在道光十八年和同治五年的《冠船付评价方日记》中并未记载封舟船主的名称，而福建官府奏折提供的信息是"闽县船户邱大顺"，有学者认为邱大顺来自闽省林浦。④

结合田野考察，我们发现邱大顺是小嶝岛海商邱时庵置办的商船。邱时庵为小嶝邱氏宗族第十八世祖，生卒年不详。⑤ 邱时庵墓在小嶝本山月宫头，墓碑刻有"皇清显考号时庵邱公墓"，可知"时庵"为号，而非本名。遗憾的是小嶝邱氏旧谱失于战火，无法提供更多信息。

小嶝岛的英灵殿奉祀苏王爷，苏王爷是小嶝船民的航海保护神，相传他的金身被邱大顺随船供祀，同治六年（1867），皇帝谕敕"仁周海澨"⑥ 匾额敕封苏王爷。其中殿内有两方执事牌"两次随封琉球""四次护运京米"，很可能与邱大顺的航海经历有关。同治二年（1863），邱大顺商船因

---

① 夏子阳：《使琉球录》，《台湾文献史料丛刊》第3辑第55册，第238页。

② 《钦定大清会典（嘉庆朝）》卷十六《户部》，《中国近代史料丛刊三编》第64辑，文海出版社，1991，第817页。

③ 张集馨撰，杜春和、张秀清点校《道咸宦海见闻录》，中华书局，1981，第298页。

④ 李郭俊浩、赖正维：《从〈尚家文书〉看清末赵新使团在琉球的活动及其管理》，《历史档案》2020年第3期，第59页。

⑤ 参见《小嶝邱氏西面厝砖仔埕柱家谱》，2013年编，邱奕清先生藏。

⑥ 《写赐琉球册封使赵新请讨天后等庙庙匾》（同治六年），《清代妈祖档案史料汇编》，中国档案出版社，2003，第351~352页。

两次运送京米赴津①有功，闽浙总督左宗棠、福建巡抚徐宗干奏请奖励邱圭，赐候补训导，赏加五品衔。这里的"邱圭"是不是邱时庵，还有待进一步考证。

小嶝岛位于厦门湾的东南部，僻处海隅，岛上民众世代以海为生，航运业十分发达。乾隆四十年（1775），同安县析置马巷厅，大小嶝澳归马巷厅管辖，有商渔船40只，乾隆四十一年（1776），新增归籍渔船2只，乾隆四十二年（1777），新增归籍渔船1只。②

马巷厅海商邱时庵是闽县船户，这里涉及船户越籍领照的现象。清代的帆船管理制度通常遵循"人照户籍"一致的原则。造船之前，船户需要向地方州县提出造船申请，呈报材料，州县官员严查，"确系殷实良民亲身出洋船户，取具湾甲、里族各长并邻右当堂画押保结，然后准其成造"③。船造完之后申请牌照，最后由州县核验船只，烙印给照。④ 马巷厅设有陈坑、刘五店、澳头、大小嶝四澳，县民造船可就本澳置办。按照沿海造船惯例，"凡有马巷商民置造船只，著令在本籍地方官呈明，讯取保邻供结，通详请给料照，仍即移知厦防厅、同安县就近稽查"⑤。也就是说，小嶝民众若要置办海船，需先行前往马巷厅申请料照，由厦门购买物料，⑥ 在小嶝澳造船，竣工后呈请地方官查验梁头，领取牌照。

地方官府为方便对商渔船只进行管理与征税，在沿海各汛口稽查违禁造船或越境造船等现象。嘉庆十五年（1810），马巷厅船户陈大才置造连进金船，未向同安县报备，请给料照，越赴厦门造船。地方官府就越境造船的问题展开争论，当时同安知县孙图南谈及闽县造船成案，称"又查别县商民赴闽县造船，系就闽县地方取具行保甘结，呈请发料照成造，工竣由闽县给护回籍，一面移知原籍换领牌照"⑦。这说明闽县相较于同安县，较早出台简便的管理办法，对外县商民造船采取更为灵活的方式，即船户

---

① 关于邱大顺商船护运京米的内容，笔者另文撰述。
② 乾隆《马巷厅志》卷五《船政》，《中国地方志集成·福建府县志辑》第4辑，第401页。
③ 道光《厦门志》卷五《船政略·商船》，鹭江出版社，1996，第130页。
④ 朱勤滨：《清代前期帆船出海管理研究》，厦门大学博士学位论文，2019，第61～66页。
⑤ 《福建沿海航务档案（嘉庆朝）》，《台湾文献汇刊》第5辑第10册，九州出版社、厦门大学出版社，2004，第93页。
⑥ 《福建沿海航务档案（嘉庆朝）》载："马巷、同安商民置造船只，均应由厦购料，概归厦门保结。"参见《福建沿海航务档案（嘉庆朝）》，第100页。
⑦ 《福建沿海航务档案（嘉庆朝）》，第40～41页。

领取闽县颁布的护照回原籍换领牌照。早在乾隆五十一年（1786），就有晋江县船户吴长兴商船，领给闽县牌照管驾贸易。①

邱时庵选择赴闽县造船，不无经营策略的考虑。沿海商船优先选择在福州造船，不仅因为闽县为外县商民造船出台有利的政策，还在于其发达的海外贸易。福州是清代重要的商品集散地、中转站，闽江"上下游输出之货，必先汇于福州"②，客商云集，会馆林立。商贸与造船中心集中在闽县，邱时庵赴闽县造船，便于发展海上贸易。邱时庵以此为基地，发展南北各埠船运，在中洲岛设有小嶝码头，方便卸货、运货以及报税。

福州通琉球的航线发达，闽县商船因熟悉中琉海道，常被雇用作为册封舟、谢封船。邱大顺两次受官府雇用，承担运载官员、赏赐礼品的航运任务。道光十八年（1838），官府交予船户邱大顺6000余洋作为租金，用以"改造官舱、修艌船身、添置旗帜篷索"③，此外栈租、脚力、舵梢、辛工、货物、包箱一切杂费，也由船户自行承担。此外，闽县商船也被琉球租用作为进贡船、谢封船。嘉庆八年（1803），琉球二号贡船在洋漂风，"官伴王成教等雇觅蔡进盛船只回国，给发船户租价番银一千元"。嘉庆十一年（1806），琉球进贡二号船只在台湾洋面触礁，租雇吴捷裕商船载运贡使员役回国，发给船户租价番银一千元。④嘉庆十三年闰五月，琉球贡使在闽租用陈瑞春商船作为谢恩船，随同使臣回国，租价番银一千元。⑤

册封琉球是官方的重大册封典礼活动，于邱大顺等商船而言，则是一次大型跨洋贸易。明清两朝的册封琉球都包含贸易因素，海商船户允许携带一定的货物作为"压钞"⑥。依前文所述，道光十八年册封琉球的准备活动，官府严禁船户、水手夹带私货。清廷为了维系中琉的宗藩关系，同意琉球使臣的请求，对封舟进行层层稽查，严禁船户不准逾额私带。五月十二日，册封使臣林鸿年、高人鉴发布告示，"封舟两号压载货物，每船额〔定〕粗重一千担，准以加二科息，如有额外多带以及抬价勒售，许评价

① 《福建沿海航务档案（嘉庆朝）》，第72页。
② 光绪《闽县乡土志》，《商务杂述一·商会》，海风出版社，2001，第257页。
③ 道光十八年《冠船付评价方日记》（上），《台湾大学图书馆典藏琉球关系史料》第4卷，第152~156页。
④ 《历代宝案》第9册，第24~25页。
⑤ 《历代宝案》第9册，第44页。
⑥ 帆船航行为增加稳定性，会在船底舱内贮石，避免翻船，或搭载一定重量的货物作为"压钞"。

馆据实禀究"①。可知，册封舟的额定货物为一千担。

　　然而，从册封使到琉球后发布的告示来看，邱大顺、金广发商船的压舱货物远不止清册记载的额定数量。邱大顺等船以"封舟压石"的名义，额外多载了二百担货物，包括苏木、明矾等物。据船户禀称，苏木、明矾、滑石等件，出发之前已经通过福州府海防厅的口头批准，请准入馆售卖。② 六月二十五日，金广发、邱大顺船主、商人以及师爷等12人前往评价馆，呈送清册，共同验货，进行价格查定。七月十二日经过查验发现，金广发船私自夹带了苏木两万斤、滑石四千斤；邱大顺船额外携带苏木一万五千斤，明矾四千斤。③ 最终，在册封使的调停下，评价方收购了这批货物。

　　此外，二船又陆续向评价馆提出售卖货物的请求。七月二十六日，金广发船主请求评价馆收购两千斤菜籽油。二十八日，金广发、邱大顺二船相继向评价馆恳请收购另一批额外压载货物，其中，头号船包括山归来、玳瑁、龙脑、沉香、虫丝、犀角、洋参等物；二号船包括大黄、桂皮、砂糖、槟榔、半山茶等物。④ 两船附搭携带的货物超过两万五千斤，且多为高价商品，超出琉球的购买力。其中，人参、肉桂等物是道光十七年接封使臣郑良弼明确禁止的商品，玳瑁、犀角、洋参在同治四年也被琉球列为禁止携带的物品。⑤ 再者，封舟船主请求评价方收购剩余货物，八月十九日，册封使遣通事前往评价方谈判，声称"若不清理剩余货物则难以回国，况且价格较福建行情低廉，又免除二成增额，望其收购"⑥。金广发、邱大顺二船以"压钞"为由额外运载了大量货物前往琉球，包括高价商品，并且超出的部分隐匿不报，地方官员对船户多带货物的问题心照不

① 道光十八年《冠船付评价方日记》（上），《台湾大学图书馆典藏琉球关系史料》第4卷，第72页。
② 道光十八年《冠船付评价方日记》（上），《台湾大学图书馆典藏琉球关系史料》第4卷，第108～110页。
③ 道光十八年《冠船付评价方日记》（上），《台湾大学图书馆典藏琉球关系史料》第4卷，第145～147页。
④ 道光十八年《冠船付评价方日记》（上），《台湾大学图书馆典藏琉球关系史料》第4卷，第168～171页。
⑤ 俞玉储：《三论清代中国和琉球的贸易——围绕册封活动所进行的贸易》，《第三届琉球·中国交涉史研讨会论文集》，冲绳县教育委员会，1996，第159～176页。
⑥ 道光十八年《冠船付评价方日记》（下），《台湾大学图书馆典藏琉球关系史料》第4卷，第192页。

宣。船户利用福州与琉球跨洋之隔，两地官文往来不便，以此逃避官府对夹带货物的限制。

福建商船作为册封舟前往琉球的贸易活动，并非由官府进行，[①] 而是经官方许可的海上贸易。邱时庵是与官府密切合作的合法海商，邱大顺被选为册封舟，与其在闽县注册船照有直接关联。此外，负责稽查封舟、护送弁兵有无携带货物的世袭一等男邱联恩[②]与邱时庵是同宗，均是邱葵后代，可以推测海商与地方官府之间有往来，邱大顺船在搭载货物方面存在可操作的空间。

结　语

由于海洋史料的大量遗失，我们已经难以重现邱大顺商船的历史面貌，仅能从残存的历史记载与历史遗迹中，尝试追寻邱大顺的海洋历史记忆。马巷小嶝澳民邱时庵在闽县领取牌照，牌名"邱大顺"，在中洲岛设有小嶝码头，从事沿海北艚贸易，航行于天津、大连、烟台等地。册封琉球是邱大顺船特殊的航海历程，也是大型的海外贸易活动。基于地理优势，邱大顺于道光十八年、同治五年两次充当册封舟前往琉球，利用官府雇商承运的契机进行附搭贸易，活跃于东亚海域。

邱大顺所处的 19 世纪是一个急剧变化的时代，经历福州开埠、马尾船政局创办等重要历史节点，大量西式轮船驶入中国海，清代木帆船的传统运输业务开始走向衰落，海关贸易报告称"帆船货运的黄金时代已成为历史"[③]。面对新式海上交通工具的冲击与挑战，传统木帆船并没有退出历史的舞台，以邱大顺为代表的福建商船依旧完成了册封琉球等重要使命，巧

---

① 册封舟不代表官船，如乾隆二十一年高得利船遭风触礁，闽浙总督喀尔吉善曾指出"至原去之船已在球邦损坏，此系船户应募而往，并非官物，令该国造送新船既请发还，则损商船，无可抵补，以应酬一估料价动支公项给还"。也就是说，册封舟系属租用，仍是私人商船。俞玉储也提到，册封琉球的目的并不是贸易，册封舟前往琉球进行的贸易，绝非由中国官府进行，而是由册封随行人员或船户，经政府许可，携带一定限额的货物在琉球进行交易。参见俞玉储《三论清代中国和琉球的贸易——围绕册封活动所进行的贸易》，《第三届琉球·中国交涉史研讨会论文集》，冲绳县教育委员会，1996，第 159～176 页。

② 金门后浦人，浙江提督邱良功之子，是邱葵的二十世孙。

③ 朱荫贵：《清代木船业的衰落与中国轮船航运业的兴起》，《安徽史学》2014 年第 6 期，第 5～17 页。

妙利用官府雇商承运的机会进行附搭贸易，邱大顺的海洋活动也一直延续到民国时期。

Crossing the sea in honor of the public: the canonization of the Fujian boatman "Qiu Dashun" in the Qing Dynasty and the trade with Ryukyu

Hong Yulin

Abstract: The preparation of sealing boats is a significant task in the enfeoffment of Ryukyu, and each envoy, upon receiving the appointment, is required to go to Fuzhou to prepare the maritime vessels. In contrast to the Ming Dynasty, a major change in the Qing Dynasty's enfeoffment activities is the substitution of warships and merchant ships for boat construction. In the mid-Qing period and onwards, ship owners from Min County, based on geographical conditions and technological advantages, were often conscripted for the enfeoffment missions to Ryukyu. The ship owner from Min County, "Qiu Dashun," went to Ryukyu twice as a sealing boat in the 18th year of Daoguang (1838) and the 5th year of Tongzhi (1866). Taking advantage of the opportunity provided by the government's hiring of commercial carriers, he engaged in transoceanic supplementary trade. Supplementary trade was a legitimate trade recognized by the authorities of both China and Ryukyu.

Keywords: Sealing Boat; Enfeoffment Trade; Merchant Ship; Shipping

博弈与管控：晚清皖南茶税征收实态研究[*]

盛海生　周晓光^{**}

摘　要：税收能力是政府治理能力的重要表现之一，亦是维系政权统治的基石。为确保晚清皖南茶捐厘税足额征收，自两江督抚至州县官员等官方试图建立利益纠葛调处机制以缓和茶叶收购、焙制和运销过程中各方的利益冲突。研究表明，因利益博弈，以两江督宪为首的地方官宪量力而行的持筹握算之举对解决皖南茶税征收弊病确有辅助，但在弹性机制环境下亦时显软弱无力，在利润压缩的市场范围内，有碍皖南茶捐厘税征收的各类"问题"治理难有起色，侧面透视出晚清政府治理能力的进一步弱化。

关键词：博弈　管控　恃强　官牙　有度

引　言

对于已年逾七旬的安徽巡抚邓华熙而言，光绪二十五年（1899）十月以来，仕途颇为周折，十月初三日（11月5日）奉调山西巡抚，尚未赴任，旋接邸抄调补贵州巡抚。光绪二十六年（1900）四月初五日（5月3日）交皖抚关防后舟车劳顿至京待诏。五月初一日（5月28日），君臣间（慈禧太后和光绪帝均在）就皖省财政收项有段探问：

---

* 本文为教育部人文社会科学重点研究基地重大项目"近代商业变迁与徽州商人研究"（19JJD770001）阶段性研究成果。
** 盛海生（1977— ），历史学博士，南宁师范大学法学与社会学院历史系讲师，研究方向为徽学、中国近代经济史；周晓光（1964— ），历史学博士，教育部人文社科重点研究基地安徽大学徽学研究中心教授、博士生导师，研究方向为徽学、明清史。

太后问："闻茶厘收数不少？"

对曰："皖南茶厘、盐厘及皖北五河、正阳盐厘，芜湖出口米厘，五大宗皆督臣派员抽收，数目不知，未能详细。"①

在此场涉及皖省财政的君臣答对中，邓氏以"督臣派员抽收"为由，并未正面回应太后皖南"茶厘收数"的财政关切。就地域而言，曾身为皖抚的邓华熙对皖南茶捐厘税抽收数额理应了然于胸，但结果却"未能详细"。不过，此举并非邓氏有意规避问题。那么，引起太后关切的皖南茶捐厘税每年抽额究竟几何？为何由督臣抽收？督臣到底如何抽收与管理？这些皆是茶税史研究值得厘清的问题。

据现有史料尚难确定晚清皖南茶税每年的具体征额。不过，宣统初年，清廷为仿行西方财政预算编制，曾开展过全国范围的财政监理，事后江苏编订的财政说明书标明皖南茶捐厘税每年征业户出产税银约21.8万余两，运商完缴捐银约10.8万余两，合计约32.6万余两。② 曾作为两江辖区新政农务科员主管茶叶改良的陆溁在民国初年对皖南出口茶捐厘税也有过调查统计并得出"每年征库平银三十三万余两"的结论。③ 事实上，晚清厘捐征收与地方财政（省级）及外销之款关系密切。④ 若以调查统计与监理所得之数为基，皖南茶捐厘税除为镇压咸同兵燹、"剿捻"、江苏留防军、长江水师等提供饷需外，还为赈济、水利兴修、洋款偿还、新政实业以及地方学堂开办等提供部分保障，甚至为洋款借款等提供必要的担保。⑤ 由

---

① 邓华熙著，马莎整理《邓华熙日记》，凤凰出版社，2014，第196页。

② 陈锋主编《晚清财政说明书》第5册，湖北人民出版社，2015，第63页。

③ 《陆溁关于安徽汉口茶叶调查报告稿》，《中华民国工商税收史料选编》第3辑，南京大学出版社，1996，第807页。

④ 王燕：《晚清杂税与杂捐之别刍论——兼论杂捐与地方财政的形成》，《清华大学学报》（哲学社会科学版）2018年第2期。

⑤ 参见（清）曾国藩《造报历年军需收支款目分四案开列清单奏请报销折》（同治六年二月初八日），《曾国藩全集》第9册，岳麓书社，2011，第364页；（清）曾国藩《湘淮各军剿捻军需报销折》（同治十年八月初一日），《曾国藩全集》第12册，第434页；（清）曾国藩《湘淮各军剿捻军需四年闰五月起至五年底止报销折》（同治九年二月二十一日），《曾国藩全集》第11册，第319页；（清）曾国藩《湘淮各军剿捻军需第二案报销折》（同治十年二月初二日），《曾国藩全集》第12册，第213页；（清）曾国藩《同治十年二月初三日日记》，岳麓书社，2011，第516页；（清）刘锦藻辑《清朝续文献通考》卷四十二《征榷十四》，光绪三十一年刻本；（清）李鸿章《江苏留防军需第二案报销折》（光绪元年二月初六日），《李鸿章全集》第6册，安徽人民出版社，2008，（转下页注）

此，担负如此重责的皖南茶捐厘税引起高层关注并不意外。然而，此"经制"款项却因咸同兵燹冲击而形成数年皖抚"数目不知"，"督臣派员抽收"的特殊格局。

近年学界对晚清皖南茶税税率演变、茶税征收与茶商兴衰关系及茶捐、厘照等有所关注。不过，目前既有成果多倾向微观点或面的剖析，而缺乏将皖南茶税征收置于近代社会变迁视阈下做综合考察的成果。如何从近代"内忧外患"的历史变革中梳理出皖南茶税征收过程中复杂的利益博弈与权力管控，尤其是揭示省级与州县的财政现实依存和矛盾，并努力通过晚清皖南茶税征收的实态考察透视近代中国商税征收特质和官方执行管理的制度性能力，仍是一项有待深入挖掘的工作。税收征管是考察社会关系演变的重要切入视角，对于美国社会学家迈克尔·曼（Michael Mann）"权力类型"学说下的基础性或专制性权力皆影响甚大。[①] 此外，美国政治社会学家米格代尔（Joel S. Migdal）认为，作为国家能力标志机要要素的提取能力的重要表现即为税收能力。[②] 因此，可以说，税收能力是政府治理能力的重要外在表现，亦是维系政权统治的基石。就茶税征收而言，政府征收能力的提升，不仅端赖人才培养、机构设置等基础条件，调融矛盾、疏通经营流程及税收有度等更是不可或缺的保障因素。本文以晚清皖

（接上页注⑤）第 243 页；（清）左宗棠《江苏留防军需第十案造册报销折》（光绪八年十二月十七日），《左宗棠全集》第 8 册，岳麓书社，2009，第 178 页；（清）马新贻《皖省江堤冲决筹款兴修以工代赈片》（同治八年十二月二十一日），《马新贻文案录》，中央民族大学出版社，2001，第 252 页；《度支部奏预筹本年应还本银片》（光绪三十一年正月初二日），《东方杂志》第 1908 年第 5 期；（清）端方《端忠敏公奏稿》，载沈云龙主编《近代中国史料丛刊》第 10 辑，文海出版社，1966，第 1389 页；《江南息借洋款收银实数并分饬司局认还折并附片二件》（光绪二十一年十一月十八日），中国社科院近代史研究所：《近代史所藏清代名人稿本抄本》第 2 辑第 152 册，大象出版社，2014，第 98 页；《江南息借洋款统筹归还之法折》（光绪二十二年正月初二日），中国社科院近代史研究所《近代史所藏清代名人稿本抄本》第 2 辑第 152 册，第 59 页；姜亚沙、经莉、陈湛绮编《晚清珍稀期刊汇编》第 9 册，全国图书馆文献缩微复制中心，2009，第 16 页；杨廷尉、袁中卺、朱俊主编《江苏财政史料丛书》第 2 辑第 1 分册，方志出版社，1999，第 523 页；《江南裕宁官银钱局借券》（光绪三十四年六月初三日），《民国外债档案史料》第 3 册，档案出版社，1989，第 396 页；（清）冯煦主修，陈师礼总纂《皖政辑要》，黄山书社，2005，第 504 页；徐慧子、李周整理《王振声日记》，凤凰出版社，2017，第 107 页。

① 〔美〕迈克尔·曼：《社会权力的来源》（第 2 卷），陈海宏等译，上海人民出版社，2007，第 68 页。

② 〔美〕乔尔·S. 米格代尔：《强社会与弱国家：第三世界的国家社会关系及国家能力》，张长东等译，江苏人民出版社，2009，第 70 页。

南茶税征收为例，利用部分新近发现的地方文书并结合官档等史料，试图对茶税征收实态演变过程做细致梳理，在此基础上，进一步管窥茶贸过程中群体间的利益纠葛与政府的治理和管控举措，以透视晚清政府政权治理能力的强弱嬗变。

一 恃强与垄断：利益纠葛背后的调处机制

晚清皖南茶叶经营过程中时常存在不利其产销的诸多因素，进而影响茶税征收，其中恃强揽拣和包揽垄断是官方利益调处机制中的两项核心问题。当然，对于地方官宪而言，利益纠葛背后调处机制的建立宗旨则为确保皖南茶税的正常征收。

恃强阻碍茶叶正常贸易为晚清皖南茶叶经营过程中引起官方重视的问题之一，主要包含恃强讹诈与揽拣两种形式。譬如，早在同治元年（1862）五月中旬，皖南新茶登市不久，有宝顺、宝泰及琼记等茶栈与洋商约为商伙并深入太平各地办茶，地棍王煊借机恃强讹诈，时任两江督宪曾国藩饬令鲍超按章查禁，以恤商贾。[1] 不过，恃强敲诈尚非阻碍办茶的最主要形式。咸同兵燹刚刚平靖，"徽属商务聚于屯溪"，[2] 与其同时，徽茶"上洋市面售茶风色颇佳，茶号每多获利。"[3] 由此，负责毛茶收购、加工等的茶号数量迅速攀升，以屯溪为例，光绪二十二年（1896），统计大小不等茶号约计136家。[4] 因制茶关涉采青、拣选、萎凋、发酵、杀青、揉捻、干燥、精制以及包装等诸多流程，每届新茶上市，茶号收买、拣选以及烘焙等需要大量人工，由此难免滋生事端。清末民初歙县芳坑茶商江耀华自幼随父营商，成年后赓续祖业，于休宁屯溪开办吉祥、吉恒及源泰等茶号，著有抄本《做茶节略》（下称《节略》），对做茶基本流程载述颇细。以拣选为例，拣场由看拣秤架之员和拣选妇女构成。其中妇女负责毛茶杂叶和茶朴等拣选，看拣秤架员则负责看拣和称量以确保无亏折之虞。《节略》对看拣职员和拣选妇女等人品与职责皆有规定，譬如：

---

[1] （清）曾国藩：《复姚体备》（同治元年七月十八日），《曾国藩全集》第25册，第276页。

[2] （清）刘汝骥撰，梁仁志校《陶甓公牍》，安徽师范大学出版社，2018，第222页。

[3] （清）毕体仁：《薛坑口茶行屋业本末》，载王振忠主编《徽州民间珍稀文献集成》第2册，复旦大学出版社，2018，第440页。

[4] 屯溪市地方志编纂委员会编《屯溪市志》，安徽教育出版社，1990，第141页。

拣场看拣秤架之人必须正气为主，不可与妇女谈笑搅舞，恐生是非口舌，进出之秤必要上两处校准，如收秤上少秤欠数即要上板摩来及地下排来补数，如补不足即要照数赔偿，计钱若干批票标名，将钱并票穿挂在秤架上以警将来偷窃之弊。①

上揭文中的"谈笑搅舞""是非口舌""偷窃之弊"等是皖南徽属六县新茶登市过程中难以避免的现实问题，影响徽茶的正常焙制、运销乃至茶税征收等。咸同兵燹平靖后，徽茶外销额不断攀升，茶号收购、焙制工作同步推进，"搅扰""口舌""偷窃"等弊也屡有发生。为此，同治六年（1867）五月初十日，休宁县正堂颁发告示，一面札委捕衙捕保前往屯溪巡查严稽故违定章匪徒的乘间窥探与扒窃之举；另一面告诫诸色不法之员切勿于茶号拣场等处窥窃滋事。② 不过，由于各方利益博弈等的掣肘，地方告示无法根除类似的弊病。同治七年（1868）四月上旬，区域新茶聚集屯溪，茶号亦全力烘拣装箱并请引运销，各号拣场雇工数量随之攀升。其间或地方棍徒借机"恃强揽拣""稍不遂意即行逞凶滋闹"；或闲杂人员"在场窥探，乘机窃取什物"。新署休宁正堂易令只好再颁告示饬令严稽"恃强揽拣"之举并示意毋开"在场窥探""乘机偷窃"之风。③ 不过，在地方官宪看来，扰害商旅把持包揽行为中"纵容妇女滋事及恃妇泼闹扰害地方最为恶习"。据同治八年（1869）六月二十六日坌厦分司颁发的告示看，屯溪地处卫衢，每届新茶登市，茶号揽买毛茶、发工开拣并焙制运销。因拣选之员多系妇女，为防借妇女恃闹垄断包揽和勒掯商民之举，屯溪"工价向有定章"。尽管如此，"强拣不遂，恃妇凶吵，借端扰害商旅"等弊依旧不可避免，坌厦分司为此不得不专设捕保督同弓兵并借助绅商、监生等督察新茶拣选工作。但无论定章抑或督察之举皆无法真正有效遏制类似事件的再次发生。譬如，是年休宁发生的邵福田恃母凶闹案就具有典

---

① （清）江耀华：《做茶节略》，载胡武林《徽州茶经》，当代中国出版社，2003，第163页。
② 《休宁县为新茶上市严禁在各行号烘拣处所窥窃滋事告示》（同治六年五月初十日），载封越健主编《中国社会科学院经济研究所藏徽州文书类编·散件文书》第4册，社会科学文献出版社，2017，第205页。
③ 《休宁县为禁止恃强揽拣茶斤乘机偷窃以安商贾告示》（同治七年四月初六日），载封越健主编《中国社会科学院经济研究所藏徽州文书类编·散件文书》第4册，第209页。

型性。据该县监生陈殿元禀称，屯溪周边新茶刚刚登市，有邵四宝企图包揽强拣不成，随声其母凶诈茶号，尽管该案终经坎厦分司查明并提交县署提讯。然不久又有十八都八图邵福田至坎厦分司指控源昌升号商伙私自捎茶，阻伊母拣选，理论未遂，又被该号陈草山等纵伙凶横，将其母推跌撞伤。然坎厦分司据陈殿元原词并调查分析后断定，邵氏所控情节不合情理，且其母伤势轻微，同时"供词支离且无见证"。为免于进一步诉端，坎厦分司随批饬销案并谕令邵氏携母归家自行调理。①

　　总之，皖南尤其是徽州府每届新茶登市，各地地棍常借"恃妇凶吵"企图恃强揽拣而阻碍茶贸正常发展，进而影响茶税征收。鉴于事实，地方官宪常以告示方式告诫各员务必遵章，恪守号规，切勿恃妇泼闹，扰害商旅，以官方强力介入调梳商贾贸易流程中存在的矛盾，进而为税收提供可依赖且更具持续性的保障机制。尽管调梳举措未必能够根治扰害商旅的不法行为，但作为解决商贸流程中矛盾的手段之一，不失为一种保护商旅活动的努力尝试。不过，阻碍皖南茶贸活动的因素绝非恃强拣选那么简单，行商勒索货价、居奇抬价、私顶朋充以及齐价垄断、霸市居奇等亦是各方不得不考虑的重要议题。

　　以行商齐价垄断、霸市居奇为例，皖南各地同样存在困扰茶贸发展的类似行为。同治六年七月初，钟聚茶号至休宁县正堂禀控，屯溪茶箱店业试图"齐行把持垄断"，搅扰茶贸发展。为此，休宁正堂不得不采取两点举措以防屯溪茶箱发展重蹈把持垄断之覆辙：其一，防该箱店等故智复萌及他业效尤，扰累商贾，及时颁布相应告示以便禁止齐价垄断，所有交易价格涨落等随客商婉约协定，不得"停工挟制"，假有客商"愿雇工自做该箱店"，亦听随客便；其二，阻禁并销毁箱店私议挟制勒索等规约，同时禀诉府辕刊刻规本，以为范例。② 除齐价垄断外，行商霸市居奇行为亦有碍贡茶采办和茶税缴纳，同为病商"咎戾"之举。譬如，休宁南北两源及西乡素因松萝茶斤而商贾云集，同治七年四月初，或无贴私牙盘踞产茶

①　《休宁县坎厦分司为屯溪地方新茶上市毋得包揽强拣扰害商旅告示》（同治八年六月二十六日），载封越健主编《中国社会科学院经济研究所藏徽州文书类编·散件文书》第4册，第213页。

②　《休宁县为茶号暨艺业人等买卖交易应听客便永禁把持垄断告示》（同治六年七月初一日），载封越健主编《中国社会科学院经济研究所藏徽州文书类编·散件文书》第4册，第206页。

庄口，执秤把持、收买、阻拦并囤贩茶斤；或藉贴移埠，包揽偷漏等，"为公私均害"，可见禁止私牙霸市垄断和藉贴移埠等已势在必行。① 值得一提的是，新旧茶行间执秤收买矛盾亦时常难以避免。屯溪系茶叶聚集之区，部分旧牙在此已开办有年，如同治三年（1864）王广丰号即捐有牙贴，一直在此经营；② 又如李新成号系道光年间徽州典商兼营，颇具实力。③ 同治十一年（1872），李新成行为当年值年茶行，奉官谕制备并申解端阳年贡珠玉、雨前进品。为防"私牙执秤在各乡镇恃强揽买囤贩偷漏出境，有误正贡"，休宁县正堂遵奉抚宪札饬，令李新成行协同捕保循章薰窨制备并指名禀控"滞商留难"地棍等。④ 尽管有官方示谕告诫，同年八月初，李新成、王广丰、程茂盛、程怡新等八家茶牙在实际经营中却依然遭遇意外"截阻诬控"。为此，八行不得不赴府呈控，据呈控内容看，李新成等八行奉前督办皖南牙厘总局刘氏示谕捐贴在屯溪开行办茶并缴纳茶捐厘税已历数年而无误。同治十一年八月，忽有已革局董汪家连以子名义在屯溪相连之榆村地方开办谦吉行。但汪氏谦吉行开张即试图霸市居奇，阻止八行代客买卖。府宪和牙厘总局查覆后认定，八行捐贴有年，遵章守规，为重厘捐，"诚为更张窒碍，循旧为妥"，准令八牙于榆村各乡地方继续买运。不过，因未"晓示通衢"，以致谦吉行依旧霸阻占市。在此背景下，李新成等八行不得不再次赴府呈控。为达成预期效果，八行在二次呈控过程中采取以退为进的策略。他们首先指出，屯溪现值夏茶贸易之时，若横遭阻误，必将"有关课款，亦且理法难平"，试图以"课款"和"理法"为辞抓住地方官宪最为关切的财政和规则意识。其次，针对谦吉行"藉贴移埠""私行冒贴"等指控，八行以成规为由严词辩驳，认为休宁屯溪非产茶之所，若禁其赴榆村买茶，则"生路已断"，茶捐厘税必致"贻误"。况且八牙每值新茶上市，遣店伙往榆村地方代客买卖并运屯请引出境，已历多年，各行所收茶斤属书贴迁伙收买，本系成规，谦吉行指控属企图

---

① 《休宁县为买卖茶斤务凭官牙不准私牙把持包揽垄断告示》（同治七年四月初八日），载封越健主编《中国社会科学院经济研究所藏徽州文书类编·散件文书》第4册，第210页。

② 同治三年（1864）《王广丰牙贴》，原件现存徽州博物馆。

③ 范金民、夏维中：《明清徽州典商述略》，《徽学》（第二卷），安徽大学出版社，2002，第129页。

④ 《休宁县为制备贡茶依限申解给各茶行商贩等候贡茶办足后再行收买新茶告示》（同治十一年三月初九日），载封越健主编《中国社会科学院经济研究所藏徽州文书类编·散件文书》第4册，第214页。

"独行霸市"，于公事茶税征收实属无济。此外，八行指出，各行书贴遣伙前往榆村收买茶斤尚兼有"杜偷漏而禁绕越"的官牙职责，以便监控偏僻山区无贴私牙私自投售和避行过秤，公然代客买卖，以图私漏税捐之举，同时对捏冒无贴私牙混入榆村并勾串地棍、私取牙用、私贩私囤、执秤把持等不法行为加以"指名具禀"。鉴于八行的禀控诉求和"茶税饷粮为重"的现实利益考量，府宪和牙厘总局经综合考虑认为"若以该八行而阻绝谦吉一行，固有碍于牙贴，若以谦吉一行而阻绝该八行，亦属不违时务"，故以告示形式示谕仍准八行于榆村各乡继续代客买卖并与汪氏谦吉行各安各业，各具结承办，不可随意阻禁霸市，即"以事可由旧，不必更张，如更张而能善于经理则复胜于前，如更张而辄起事端，不如照旧相安而于公事亦畅顺无碍也。"①

揆情度理，皖南地方官宪之所以如此关切茶叶收购和焙制等过程中地棍"恃强揽拣"及行商的"包揽垄断"等不法之举并试图构建相应的利益调处机制，无非是为了保障茶叶贸易过程的顺畅，进而为皖南茶捐厘税的征收提供可靠稳定的成规机理。不过，利益博弈中构建的成规机理不无临时性的特征。因此，每值新茶上市之际，这样的成规机理就会因各种偶发事件而显得单薄脆弱。尽管官权的介入对于调和各式矛盾有所作用，但受制于盘根错节的利益关联和茶捐厘税征收的实际基调，官方往往并未决心化解矛盾而仅限于调融现实的困境，以至于终究难以真正理顺各方博弈背后的利益纠葛。

二 官牙与私牙：茶叶落地税的征收与管理

在保障茶叶经营过程顺畅之余，实现对皖南茶捐厘税的有效征收则是政策管控的终极目的。牙行是传统社会分布于城乡市场为买卖双方说合贸易并抽取一定佣金的商行。魏光奇据其职责将牙行分为单纯从事贸易中介的经纪人、拥有商铺并从事包收包卖的商户和一定行业中的包税人三种类型。②

随着商品经济的发展，清季牙行并不仅局限于贸易说合，勘测等次、

---

① 《徽州府为休宁县屯溪李新成等八茶行照旧在榆村地方代客买茶，他行毋得借端阻误告示》（同治十年八月初三日），载封越健主编《中国社会科学院经济研究所藏徽州文书类编·散件文书》第4册，第215页。

② 魏光奇：《有法与无法：清代的州县制度及其运作》，商务印书馆，2010，第284～285页。

约估价格、秩序监督及包揽税收等已然成为其配合官方工作的重要职责。其中，皖南茶税依托茶牙代征汇缴也无例外。不过，皖南等地传统的茶牙请贴营业模式因咸同兵燹冲击而有所变化。咸丰初年，歙县薛坑口镇是茶贸集散地之一，该镇有固定营业茶行三家。咸丰十年（1860）中秋后不久，包括毕恒大在内的三行均遭遇兵燹，牙贴被毁。后经休整，毕氏茶行计划重新请贴营业。光绪二十三年（1897），茶行毕体仁撰有《薛坑口茶行屋业本末》一册，对该行同治初年请贴过程描摹详细，撮其精要如下：

> 其时又奉两江总督部堂曾国藩咨，奏皖南各行牙贴，仿照湖北、江西变通新章，上则库纹贰百两，中则库纹壹百两，下则制钱壹百千文，加贴本银壹钱，饬令随时赴牙厘总局禀报，照章捐请。其纹由局入库，以应解充军饷。等因。遍谕各府州县，前在藩宪捐请各色牙贴，概不行用，准将藩贴捐项照章补足，呈缴原贴，再行捐请。①

据毕氏描述并结合相关史料看，同治初皖南等地兵燹凶猛，为保障饷需，曾国藩特设皖南茶厘局，由皖南道督办，安庆牙厘总局综理，督署派员驻局特别经管，改变牙贴由藩宪颁发、税课起运户部的制度成规，将其经管之权收由两江督署直管并存留以供军需，为此后实际征管变革奠定基础。值得一提的是，早在乾隆五年（1740）九月，上谕已确立"民间懋迁有无，官立牙行以评物价"，胥役不准"顶冒把持""冒充牙行"等商贸规则。② 八年（1743）六月，谕旨进一步明确"衿监充行，其弊与胥吏等"，须"即行追贴，令其歇业"。③ 及至咸丰年间，官方依然重申商税征收不得"假手书吏"，以防"得贿营私""包揽恐吓"和额外"苛派"等弊。④ 因此，尽管曾氏鉴于兵燹饷需特设皖南茶厘局，但并未改变茶税由茶牙代征的传统模式。换言之，皖南茶厘局是三府茶税经管机构而非直接的征收机构。

---

① （清）毕体仁：《薛坑口茶行屋业本末》，载王振忠主编《徽州民间珍稀文献集成》第 2 册，第 431 页。

② 《著严禁衙门胥役捏充牙行上谕》，吕小鲜：《乾隆前期牙商牙行史料》，《历史档案》1991 年第 2 期。

③ 《著严禁衿监认充牙行上谕》，吕小鲜：《乾隆前期牙商牙行史料》，《历史档案》1991 年第 2 期。

④ 参见《皇朝道咸同光奏议》卷三十七《户政类·厘捐》，上海久敬斋石印本，1902；《清文宗显皇帝圣训》卷一百零七《筹饷二》，中华书局影印本，1986，第 625 页。

　　咸丰十一年（1861）底，时任广东巡抚觉罗耆龄奏请粤茶于产地抽收落地税，户部核议后咨文产茶省份统改落地税，但囿于时局，各地并未统一。在两江辖区，鉴于华洋茶商勾结拒不请奖或移奖戚友"流弊百出"等现实，同治二年（1863）三月，曾氏改弦更张于江西义宁等地改征茶叶落地税。所谓茶叶落地税"税单虽系茶庄经手，税银实系业户所出，与商贩绝不相干，洋商不得借口于子口半税而禁中国业户不完中国之地税，华商既免逢卡抽厘，亦免致纷纷私买运照，冒充洋商，以不失为持严之道"①。可见，落地税的显著特点在于变革征收对象，即改过去由茶商缴纳茶税改为责令业户承担，从而堵塞华洋茶商勾串逃避捐厘的各式灰色通道。但曾氏却以规章"未便朝令夕改"为由拒绝皖南一并统改落地税。② 在此背景下，逃避茶捐厘税现象在皖南依然频繁出现。譬如，同治三年十月，歙县南乡茶商代表联名公禀，粗茶贩运多无利可图，计划"请减捐厘"，即茶稗、茶末与霜采等茶以九十六文替代向例二两四钱八分每引税则，以便"商贾不搁血本，而产户得救饥寒，即厘捐所出亦可稍助军饷"。但官方在实际调查后发现，徽州等地茶商常以"袋装毛茶"等方式佯装小贩，试图出境烘焙后成箱贩运，以"希图巧漏正款"。以休宁县为例，为体恤小贩，督宪批饬毛茶每石抽收税费百文，结果是年该县报解毛茶高达七千余石，洋庄茶仅一百八十七引。在体恤商贾与影射偷漏矛盾下，休宁坆厦分司循例择机颁发告示，一面强调南乡茶商所呈三种样茶确与毛茶有异，不可强令请引完纳捐厘，只可照小贩条例抽厘百文每石；一面为防微杜渐，告诫茶行、船行及茶商不可于贩运稗、末以及霜采之茶中夹带"未拣可做洋庄毛茶"，违者究罚并处。③ 再如，休宁县南源榆村地处二十一都二图，毗邻屯溪，东北连歙邻浙，为数处歧路交会之区，咸同之际于此开行代客买卖茶叶经营活跃。为规范秩序，"剔私肥私充之弊"，地方官宪曾颁示谕，有贴之行按章捐换，无贴之行照章捐充，业户、茶商均须投行买卖并由行代客报数请引、纳税，严防私相收售或越境贩卖等影射偷漏之弊。不过，同

---

① （清）曾国藩：《江西遵办茶叶落地税片》（同治二年七月二十七日），《曾国藩全集》第 6 册，第 372 页。

② （清）曾国藩：《批景镇牙厘局禀遵示更章抽收洋华商茶税是否错误由》，《曾国藩全集》第 13 册，第 542 页。

③ 《休宁县坆厦分司晓谕各茶行船行茶商贩运茶末茶杆霜采等茶过境征收厘钱勿得夹带影射告示》（同治三年十二月初四日），载封越健主编《中国社会科学院经济研究所藏徽州文书类编·散件文书》第 4 册，第 134 页。

治四年四月，据捐中贴王中孚行禀称，南源榆村周边私牙不可胜数，尽管以新章尽力与其内陈原委，私牙竟以"由来已久"或藉屯溪牌记为搪塞继续私秤把持，以致"刁生益裕"，"商行魆办商魆"。休宁县沈令为"除奸剔弊"，杜绝偷漏，保障茶税与是年贡茶办储，只好颁布告示告诫园户、茶商等"务须凭同官牙采买，由行代客报数请引"①，同时对于私牙盘踞、私秤把持、拦阻囤贩、包揽买卖或捕保贿赂隐庇等弊予以查究责罚。事实上，类似情弊不仅在南源榆村等地存在，休宁南北源及西乡等地"无贴私牙及藉贴移埠"、垄断避税病商为公私均害等不法现象同样在新茶上市之际不可避免。②

鉴于茶商避税的现实，同治五年，署理两江总督李鸿章奏请将皖南茶引、捐、厘和公费银合并统征落地税，由业户缴纳，茶牙代办，茶局收讫。不过，初始不法园户、茶商往往置若罔闻，避行变通将茶运出屯溪并请照配运，后途经江西又避卡稽查，绕越偷漏，致"无从根查"，"有碍征款"。同治六年二月，徽州府梅宪在致休宁县刘令的札文中指出，屯溪为徽茶聚集之区，此地做茶并转沪发卖须就近请引配运，但自同治五年七月至今仅请引五千有余，显系奸商"隐匿偷漏"。为此，梅宪责成刘令由行传商，在屯做茶务必就近请引运销，对隐匿蒙混，运归他处请引领照之商予以究罚，以杜弊端，而重饷需。在此背景下，刘令遵札颁发告示催令并督促茶牙等妥议规则、出具甘结并传告业户、茶商在屯做茶按章就近请引，凭行执秤收买，由行扣存厘银颁照后方执照行运。③

需要说明的是，官方为自源头切断华洋茶商勾结避税而改征落地税，但转由业户缴纳捐厘最为被动的结果即官方应对的对象是散处乡居的零星散户。不过，为应对烦琐的稽查工作，相关配套管理工作亦在同步推进，主要举措即由官方主导并据现实需求招充足额官牙分布于产茶区域以监督

---

① 《休宁县为南源榆村贩茶园户茶商茶叶务须凭同官牙采买由行代客报数请引以杜偷漏告示》（同治四年四月初五日），载封越健主编《中国社会科学院经济研究所藏徽州文书类编·散件文书》第4册，第137页。

② 《休宁县为南北源及西乡地方茶贩商户买卖茶斤务凭官牙公平交易不准私牙把持包揽告示》（同治四年四月二十一日），载封越健主编《中国社会科学院经济研究所藏徽州文书类编·散件文书》第4册，第138页。

③ 《休宁县为买卖茶叶务须凭行执秤收买由行完缴厘银就近请领休照告示》（同治六年二月初四日），载封越健主编《中国社会科学院经济研究所藏徽州文书类编·散件文书》第4册，第199页。

工作与代办茶税。同治六年初始，皖南牙厘总局遵两江总督批饬，着手统筹安排招牙工作并制定规章，三月初一日正式颁布《皖南牙厘总局给茶庄等招牙办税禁弊条款告示》（下称《禁弊告示》）。通观《禁弊告示》，地方"奉招茶牙"的主要目的无非是将茶税代征与监管工作重心寄托于散处产茶各地的官招茶牙，以便有针对性地防止华洋勾结或其他避税之举。所谓皖南官招茶牙，即为管理之便，由官方主导招充且负责茶贸稽查与代办税收等行栈，即在"婺源茶号代缴引厘，歙县茶行本有五十余家，应照旧章办理，休宁茶行设于屯溪水次各乡要区，自应酌量招充"。

由官方指定招充的官牙的主要职责在于"由行经办税项，凡投行承买之商，无论是华是洋，一律先由业户、茶栈缴税领照，即填行户名号给商贩运"。鉴于曩日茶税征收中的种种弊病，《禁弊告示》采取规制举措试图予以遏制。其一，适度添补和招充官牙。《禁弊告示》责令婺、歙、休、祁、黟、建、太等县据情适度添补官行，以应急需，若前未经捐贴招充之区，则应遵饬即刻招充，以便堵塞偷漏税款的不法通道。其二，重申业户、茶商贸易等务必"凭行交易"。《禁弊告示》指出，各属管理官应严稽华洋客商、业户及私牙私相交易，遏制地方市侩把持或垄断代客入乡，私秤私贩；客商、业户及茶商务必"凭行交易"，以便"完缴茶税，庶有稽查"。其三，强化稽查力度。《禁弊告示》要求，官牙于新茶上市之际应据厘局所颁循环簿册逐日登记至行贸易茶斤，以此"按引报缴税项"并领照与客收执；同时尚需负担稽查征缴过程中"以多报少，或勾串瞒漏"等不法之举，同时责令"所漏之茶若干，饬令补税，加罚责惩，若有客商收买无税照之茶，即随时令茶行补请税照，或照与茶数不符，查明照章三倍加罚"。其四，堵塞缺漏。《禁弊告示》敦促官牙亲力亲为，以便"按斤计引，划扣税项"，若有稽查不力或索贿之举，"即唯该茶行是问"；同时，官牙务必洁身自好，对以多报少，匿不完税，"许该业户禀究"，对其故意刁难、压价或其他侵欺等不齿之举，"听业户另与他行交易"，以遏制茶牙贸易过程中的公权私用之弊。①

综上可见，为堵塞华洋勾结"影射偷漏"茶税的种种不法之举。在两

---

① 《清同治六年三月皖南牙厘总局给茶庄等招牙办税禁弊条款告示》（同治六年三月初一日），载封越健主编《中国社会科学院经济研究所藏徽州文书类编·散件文书》第4册，第201～203页。

江总督授意下，皖南牙厘总局颁布《禁弊告示》以招充足额官牙的方式为"中心"形成一个密布于皖南产茶地的严密管理与稽查网络。这些官牙在官方的授意下，承担着贸易说合、茶税征收、稽查和簿册登记以及发照"与客手执"等基本任务。从某种意义上而言，它是由官方设立并散处于产茶业户与贩茶客商之间具有代收代缴茶税职能的"半官方性质的代理机构"。换言之，两江总督将招充的官牙视为合法的民间商业组织，通过捐贴之法以别于未经许可而擅自经营的无贴私牙。因此，可以说他们既是经营过程中居中调停的商人，又是承担代官方部分工作的"官场人"。在督宪和此份具有统筹意义的《禁弊告示》的指引下，同年三月二十二日，屯溪茶厘总局亦遵示颁布《屯溪总局新定茶章》和《休宁县屯溪茶引总局遵章改为落地税给各乡茶贩经纪人等概令凭行交易告示》，试图进一步细化管理规则，落实茶叶落地税的有效征管。总体而言，为体现招充官牙的官权性质与特殊地位，屯溪厘局所颁告示和茶章是对《禁弊告示》的落实与补充，两者皆无例外地强调业户、茶商以及茶贩人等在贸易过程中务必遵章"投行买卖"，① 不可于贸易中包揽私售，偷漏厘金，妨碍茶务，亦不得"影射混弊"。同时，对于业户零星售茶做了必要的补充，即由屯溪茶厘局"另刊刷查票，由牙行发交茶贩收执作凭，积成引数，由行赴局请引，掣发引照，仍将查票销缴并按日登记，循环簿送局稽查"②。

客观而言，皖南牙厘总局和屯溪茶厘总局等机构所颁的茶税告示和新章所列各条，除却官商间的茶利博弈表象外，确也表明，晚清皖南茶税征收过程中势必要综合考量业户、茶商、茶行以及官方乃至洋商间的利益平衡问题，同时也要视国际市场等外在因素的变化而实时地做出政策的调适以应对变幻莫测、错综复杂的利益各方的切实需求。否则，利益驱使下的主体未必能够按部就班地请引纳税。尤其于每届新茶上市，绕越官牙监控，以避茶捐厘税行为依旧难以遏制。譬如，同治八年（1869）四月初三日，鉴于新茶登市，部分不法园户、茶贩等避牙过秤、包揽私售及私运他处请照或以零星为辞，私相买卖、偷漏厘金的现实，休宁县以《禁弊告

---

① 《屯溪总局新定茶章》（同治六年三月二十二日），载封越健主编《中国社会科学院经济研究所藏徽州文书类编·散件文书》第 4 册，第 431 页。

② 《休宁县屯溪茶引总局遵章改为落地税 给各乡茶贩经纪人等概令凭行交易告示》（同治六年三月二十二日），载封越健主编《中国社会科学院经济研究所藏徽州文书类编·散件文书》第 4 册，第 204 页。

示》为蓝本，再次颁布告示。此份告示在重点列举各类不法避税行为后，突出强调了休邑遵督宪札饬，统改落地税后，业户售卖茶斤务必就地凭行过秤、扣存税银交局并请照给客贩运的基本规则等。① 揆诸事实，以皖南牙厘总局所颁的《禁弊告示》为母本而衍生的休宁县颁布的子本茶税告示就具体内容与举措来看其实并无太多的创新之处，但若从改征落地税，休宁茶税征收过程中存在的弊病视角观之，休宁自同治六年遵督宪札饬征收茶叶落地税始，直至同治八年，因不法园户、茶贩等相互勾结，绕越牙行、藉贴移埠、阻拦囤贩等以更加隐蔽的方式逃避捐厘的弊病却始终无法得以有效根治。

总的来说，兵燹期间由曾国藩主导厘定的皖南茶税基本征收模式，后经李鸿章变革改征落地税，转换征收对象以及为之招充官牙所做的各种努力均为防范皖南茶税征收过程中的避税之举，以确保茶税足额征收，进而保障军需等的充足供应。然而，由两江督宪主导构建的茶税征收体系的本质在于确保茶厘、茶捐。亦因之，上至两江督宪下至地方厘局等试图多措并举地遏制经营过程中种种不法避税行为的举措势必与业户、茶商乃至洋商等具体利益主体产生现实的直接冲突。因而，为防避税，改征落地税进而招充官牙的举措依然更多地只能停留在理论层面的探讨和构思，在部分不法业户、茶商与私牙等各式偷梁换柱的经营实践中，《禁弊告示》等虽言"立挐究办"或"决不宽贷"，却在各类"隐匿蒙混"私相勾结下演变为附赘悬疣。因此，官方颁发的《禁弊告示》和新章等虽于各式避税行为有所遏制，但效果始终不尽如人意。故《禁弊告示》等各类规章最重要的意义不在于保障官方最后征收多少税款，而仅仅在于为皖南茶税征收提出了一套有待以后渐趋完善的理论上的管理机制而已。

三 有度与无度：晚清徽茶经营中的税收冲突

税收"度量"事关茶叶经营，除恃强垄断和私牙不法经营等需官方强力介入管控外，对于超额征收，两江督宪等地方官宪同样有所关注。茶税

---

① 《休宁县为买卖茶斤务须凭牙行议价过秤完缴税厘请领休照方准贩运出境告示》（同治八年四月初三日），载封越健主编《中国社会科学院经济研究所藏徽州文书类编·散件文书》第4册，第212页。

税收"有度"可为地方公事提供必要的经费保障，"无度"加抽则有碍商业正常经营。明清鼎革之际至咸丰初，皖南茶按引征课，每引三厘三毫，税课报部。① 后因咸同兵燹筹饷事例之需，除发行大钱、宝钞外，② "借资民力"开征厘捐逐渐成为户部公开或默许以应急需迫不得已的临时之举。传统的皖南按引征课税则逐渐被茶厘、捐税所替代。

同治元年，时任两江督宪曾国藩制定《徽宁池三府属洋庄茶引捐厘章程十条》（下称《十条》），明确三府之茶设局经管，以司马秤净茶（箱皮等不计）一百二十斤为一引，于办茶之商征引捐厘和公费四项，合计抽银二两零八分每引，后途经江西景德镇、饶州、吴城、湖口等卡或出长江经华阳镇、安庆、大通和荻港等卡，不再抽厘，若非经指定之卡，则逢卡抽厘，"零星不及石者，应免抽厘"；③ 次年，因海防之需，皖南茶捐每引加增四钱，征银增至二两四钱八分每引，④ 可见，十数年间三府茶税增长七倍有余，为保障军需，"借资民力，原系不得已之举"的捐厘抽收却逐渐演变为督宪财政持续供应的可靠保障。⑤ 在增广学额和捐输请奖举措淡化强制捐输本质的遮掩下，⑥ 本已溢出"原额"主义财政理念的滋扰累民的捐厘税费却在现实中逐渐演变为清廷默许的"合法"且"有度"的"乐捐"标准。

在此背景下，曾氏主持制定的《十条》税则一跃成为皖南茶税征收"有度"的参考标杆。为纾解部库竭蹶，光绪十年（1884），清廷诏令开源节流，茶叶运销试行"免厘增课"，但在茶商的呼吁下，徽茶并未遵诏令"开源"。⑦ 此后，国际市场上华茶价格低廉，捐厘税费占总价的比例"已逾四分之一"。⑧ 为缓解茶商困境，经督宪沈葆桢、刘坤一和曾国荃奏请，

---

① （清）冯煦主修，陈师礼总纂《皖政辑要》卷三十三《茶税》，第 345 页。
② 任智勇：《1850 年前后清政府的财政困局与应对》，《历史研究》2019 年第 2 期。
③ （清）曾国藩：《徽宁池三府属洋庄茶引捐厘章程十条》，《曾国藩全集》第 14 册，第 470 页。
④ （清）曾国藩：《安省茶引清侯军务肃清再复旧章片》（同治七年五月初八日），《曾国藩全集》第 7 册，第 134 页。
⑤ 鲁子健：《清代四川财政史料》上册，四川省社会科学院出版社，1984，第 307 页。
⑥ （清）裕诚等：《奏陈申劝捐输请加中额学额管见折》（咸丰三年三月二十三日），《清政府镇压太平天国运动档案史料》第 6 册，社会科学文献出版社，1992，第 122 页；（清）曾国藩：《皖南茶捐请奖折》（同治四年正月二十一日），《曾国藩全集》第 8 册，第 284 页。
⑦ 《光绪乙酉皖南茶税请免改厘增课全案录》，原件现藏南京大学历史系资料室。
⑧ 海关总税务司署：《浙海关税务司康发达申文》，《访察茶叶情形文件》光绪十四年，中文版第 62 页。

茶捐减至一两八钱八分每引。[①] 不久，甲午军需加抽二成捐，徽茶捐厘税费复增至二两二钱四分每引。可见，晚清皖南茶税征收的"有度"税率标准因时势变迁而偶或有所波动，但却始终未曾突破曾氏的"有度"原则。[②]

晚清徽茶除缴纳落地正税外，尚存部分并未遵循缴纳程序加抽的"无度"陋规。岩井茂树认为，晚清州县的财政收支与地方经费收支不能完全等同，如厘金局助力抽收的厘金捐税对充实督抚级财政确有裨益，但因其独立于州县财政管理系统之外，故对于解决州县财政困境意义不大。[③] 瞿同祖认为，陋规是解决有清"原额"主义结构性财政难以保障州县官收入或公费开支问题最重要的举措。因此，商民承担双重负担，即"政府征收的常规税及州县官或其衙门职员索取的陋规费"[④]。陋规通常包含地丁、漕粮等项浮收以及平余、契杂税等。[⑤] 因地域差异，全国大体上呈"北省差役，东南漕余，粤东米羡，川省契税盈余"的基本格局。[⑥] 但此通常"未被列入任何会计账目"[⑦]。

由于耗羡归公或养廉银等难以平衡公务开销，正税附征或改折的钱漕陋规在徽州各地同样存在，[⑧] 不过，在土地瘠确、谷粮犹虞的皖南等地，[⑨] 针对园户或茶商额外加抽的"无度"陋规更为频繁。光绪六年（1880）八月四日，《申报》刊登《红茶被累缘由》的茶商公启就颇具代表性。此份公启主要阐述祁门、浮梁等地红茶途经江西景德镇厘卡（上卡景字卡，下卡德字卡）遭遇司勇巡丁刁难并索取陋规的事实，指出祁、浮红茶本应按章执司马秤核算并完厘，然景卡人员或违规使用小秤，致过卡与请引原额

① 参见（清）刘坤一《皖南续增茶捐邀请重减片》（光绪七年七月二十日），《刘坤一集》第1册，岳麓书社，2018，第707页；（清）曾国荃《茶厘酌减税捐片》（光绪十四年三月二十一日），《曾国荃全集》第2册，岳麓书社，2006，第438页。
② 参见曹自强《皖南茶税税则述略》，载《黄山市文史》第3辑，黄山市文史资料委员会，1993，第45页；陈锋主编《晚清财政说明书》第6册，第40页；《督宪端札皖南茶税总局文》，《南洋官报》1908年第115期。
③ 〔日〕岩井茂树：《中国近代财政史研究》，付勇译，社会科学文献出版社，2011，第174页。
④ 瞿同祖：《清代地方政府》（修订译本），范忠信等译，法律出版社，2011，第50页。
⑤ 汤象龙：《鸦片战争前夕中国的财政结构》，《财经科学》1956年第1期。
⑥ 周健：《陋规与清嘉道之际的地方财政——以嘉庆二十五年清查陋规事件为线索》，《"中央研究院"近代史研究所集刊》2011年第75期。
⑦ 〔法〕谢和耐：《中国社会史》，黄建华、黄迅余译，江苏人民出版社，1995，第487页。
⑧ 陈支平：《从徽州文书看清末钱粮的私派陋规》，《安徽史学》2015年第1期。
⑨ 民国《婺源县志》卷四《风俗》，民国十四年刻本。

不符，"以此留难，存心索费"；或茶船至卡投票请验，扣引不发，"串同巡丁，索取规费"。茶商为防错失契机，遭"退盘割价之累"，只好"遂其所欲"。然而，过景卡经德卡又遭其所扼，"复查复秤，需索尤甚"。在艰难经过两卡后，又被古县渡卡所困，其"诈钱狠心，又甚一倍"。由此可见，"私索私加"，索取陋规之举已然为部分厘卡司巡人等习以为常，以致其被茶商视为"畏途"。① 再如，光绪七年（1881）八月十七日，《申报》以《古县渡卡》为题再次刊文，指出光绪六年因"各卡查验，稽延到埠，交货日迟，大半退盘割价，各商亏折甚巨"，后虽经茶商力争，春茶到卡，稍蒙体恤。但次年五月，该卡忽添江姓巡吏，"将规模复坏，箱茶船到，将票请验，守候不放，再三催请，复叫船人挡秤称较"。卡员坚称执司马之秤，但却操控"顿改制宪定章，不肯按加司秤，以至茶斤不符"。尽管有茶商"请见委员"，申明定制，但往返徘徊，错失业茶之机。为此，茶商或隐忍，或"用钱补厘票而行，有用小费而去"，定章横遇抵塞，经制之款被累。②

可以肯定的是，类似于此加抽"无度"之陋规，搅扰徽茶运销的不法行为绝非个例。譬如，赵大川的《龙井茶图考》收录一份光绪三十二年（1906）七月中旬的歙县茶商函件，函件双方为张泰和茶行和恒隆宝茶号。据函判断，恒隆宝号系在深渡附近开号的茶商，张泰和行应系官牙行。恒隆宝号请张泰和行助销粗茶一百五十件，但经厘卡时却遭遇内有"副两五十篓不能捐厘出境，着令请引方可出关"的困阻，尽管张泰和行努力解决问题，但茶局终不能相商。为此，该批茶只好发回深渡按章重做，然因回途未能及时赴局挂号，茶局将其移至街口司署处理。③ 该案最终如何处理，因史料缺乏，不得而知。徽茶贩运过卡是否时常遭遇类似情况？茶商如何处理？有无变通举措？抑或说有无卡员索取陋规？茶商有无贿赂嫌疑等等？事实上，部分茶商或借零星贩茶为辞，或以贩运茶末、梗为由逃避捐厘，甚或借端行贿而夹带茶斤情况确有存在。④ 正常例检中，茶商"馈送"，巡丁"留难""需索"等不法之举依然存在。譬如，歙县街口镇地

---

① 《红茶被累缘由》，《申报》1880 年 8 月 4 日，第 5 版。
② 《古县渡卡》，《申报》1881 年 8 月 17 日，第 5 版。
③ 赵大川：《龙井茶图考》（图 5·199），杭州出版社，2007，第 235 页。
④ 《休宁县有关茶叶贸易及纳税告示》（同治三年十二月初四日），载封越健主编《中国社会科学院经济研究所藏徽州文书类编·散件文书》第 4 册，第 134 页。

处新安江畔，茶商经营辐辏，为加强管理，朝廷设街口巡检所。光绪十七年（1891），户部饬令整顿茶务，以纾商困。皖南茶厘局遵饬制定条规，试图蠲除各式需索，前征十五文每引"无度"陋规，亦同时饬令拨归屯溪公济局举办保婴事宜。然而，该所巡丁等并未严格遵章办事，依然变相勒索陋规。光绪十八年（1892）五月，新茶正式上市，部分箱茶"被现任巡检张派差将茶船扣留，仍前需索，号商以此项陋规系奉督、抚宪批革，碍难照给，现在茶船被扣，进退维谷"。

为此，多家茶号联名禀叩局宪申饬禁阻。基于调查事实，厘局批饬指出，街口巡检所此举"实属故违禁令，扰累商民"，故一面"令将所扣茶船立即放行，不准留难阻滞"，一面"将张巡检本年四月后已收陋规钱若干查明，如数追出，拨归公济局"。① 其间，尽管以两江督宪为首的地方官宪一再申饬，但直至光绪二十年（1894），陋规索取依然是徽茶经营过程中的严重弊病，正如时人指出："分局既多，又难保无不肖之员与乎其间，即曰遴选委员，极为慎重，又难保所用司事、丁役一无私弊。"② 时任歙县知县何润生同样认为江西姑塘关等卡对经由其卡茶叶连皮（装箱）合并收税，同时，需索陋规虽叠经控诉并批饬严禁，然而"更换一员，则后来各司巡，茫然不知前禁，率多故态复萌"③。除加抽"无度"陋规外，业茶尚需缴纳五分至一厘不等的地方公务建设的捐外之"捐"。杭州中国茶叶博物馆现藏两份《捐照》，从内容看，这是两份同治十年（1871）徽州府颁发的茶商缴捐凭证，一为歙县瑞滩号每引缴捐五分，一为万记号交捐一厘每引，缘由为"收缴园捐专济郡工事"，或"以备工需"。④

总而言之，游离于官方"有度"征收标准与"无度"陋规加抽间的茶商非常清楚"正税乃国家军饷，虽巨出自甘心，小费饱卡丁私囊，数串亦数难舍"。⑤ 但求经营便利，"馈送"等法外手段在所难免，背后财政经制款项的流失亦属事实。对此，历任两江督宪皆相当重视，早在同治元年，曾国藩于《十条》中即已明确厘卡人员不可于正税外"多取丝毫"，茶商亦

---

① 《新安屯溪公济局征信录》光绪二十八年刊本，载李琳琦、梁仁志整理《徽商会馆公所征信录汇编》，人民出版社，2016，第909~910页。
② 《论保全茶叶》，《申报》1894年5月29日，第1版。
③ （清）何润生：《徽属茶务条陈》，《清经世文三编》卷三十二《户政十》，光绪二十四年刻本。
④ 《捐照》，原件现藏杭州中国茶叶博物馆。
⑤ 《古县渡卡》，《申报》1881年8月17日，第4版。

不得影射偷漏正税，违者"三倍议罚，如有重斤，一律照加照罚"，① 但此例规并未有效遏制"无度"陋规的加抽。同治六年十一月十四日，曾氏再颁告示，重申厘局、道、县衙门办公经费均在既定二两四钱八分每引正税之内，各式"馈送情事""借端需索"皆属"故违定章"，既需严防严控，亦应饬令"严提究办"。② 在督宪告示影响下，十一月二十八日，徽州牙厘分局同样申明茶局厘卡、官司勇丁不得于正项经费外"私取分毫"，对"需索不遂，借端留难"之举应"严查禁革"并且"立予究办"。③ 不过，虽经严饬，皖南等地"馈送""需索"之举依然"日久玩生，复蹈故辙"，同治八年三月，时任两江督宪马新贻不得不颁布告示"再出示严禁"，申明"借端需索""私行馈送"等皆属违规之举。④ 尽管官方申饬告诫，然而，"有度"正税与"无度"陋规间的官官、官商利益博弈始终未曾消停。甚至皖南茶叶途经同属两江辖区的江西同样有被厘卡人员刁难勒索的情况。⑤

为保障茶税正项，光绪二十三年（1897）春杪，久官江南的程雨亭奉两江督宪刘坤一疏请主管皖南茶业整治，就任初始，程氏调查发现，各地厘卡司巡勇丁名为稽查偷漏，实则徒索陋规，"阳奉阴违""扰累茶商"之举时有发生。而皖南茶商少有殷实，多为借重息贷，或以栈抵本，当茶价低廉时，"无度"陋规进一步加剧矛盾，致使牙贩多方逃避捐税。以婺源之茶为例，道出屯溪有休宁分局首验，后又经数处厘卡稽查，为司巡勇丁陋规勒索提供可乘之机。对此，程氏只好一方面大力裁撤厘卡，以简化繁。⑥ 为纲举目张，遏制"秤箱点验，不免零星小费"的传统陋习，将屯溪、深渡商号列为重点，遴选司巡、执秤，按次司事给洋一角，巡勇给洋五分并补助舟车、轿夫、饭食之资，对至局挂号茶商"切实面谕"，后勒

---

① （清）曾国藩：《徽宁池三府属洋庄茶引捐厘章程十条》，《曾国藩全集》第 14 册，第 470 页。
② 《两江总督曾（国藩）为皖南茶捐不准多取分文告示》（同治六年十一月十四日），载封越健主编《中国社会科学院经济研究所藏徽州文书类编·散件文书》第 4 册，第 207 页。
③ 《徽州牙厘分局为茶引正项经费之外不准额外私取分毫告示》（同治六年十一月二十八日），载封越健主编《中国社会科学院经济研究所藏徽州文书类编·散件文书》第 4 册，第 208 页。
④ 《两江总督马〔新贻〕为皖南茶捐各衙门暨各局卡不准多取分文告示》（同治八年三月），载封越健主编《中国社会科学院经济研究所藏徽州文书类编·散件文书》第 4 册，第 211 页。
⑤ 《江西翁方伯严禁茶厘陋规示》，《萃报》1897 年第 5 期。
⑥ （清）程雨亭：《整饬皖茶文牍》，杨守敬：《农学丛书》第 1 集第 20 册，江南总农会版。

石以禁需索或酒食纷扰；另一方面，程氏责令分局据实颁布章程，严防加抽"无度"陋规。以婺源、德兴为例，国家图书馆藏有婺德分局刊刻的《婺德茶税简明章程》一份（下称《章程》），首页有"光绪戊戌（1898）仲春之月，婺德茶税分局锓本"字样。据《章程》内容看，程氏抵皖后，调查发现皖南茶厘征收蛊毒尤深，婺源、德兴茶商时有贿赂司巡勇丁，隐匿税项，甚至将匿银均分司巡，以求过卡之便；执秤司巡亦时有不等规费需索，后压茶放斤，影射偷漏经制税项。鉴于此，婺德分局遵"认真整顿"之令，拟议章程，计划"勒石示禁"，以期"商户、司巡人等……革面洗心，划除蛊毒……不准通同贿串，巧取营私"。总之，《章程》各条简明扼要，明确税率、请引与挂号规则，饬禁勒索陋规、串通贿赂之举；同时，据茶号与近距离分卡管理原则，将婺、德茶号按区域分为东、南、西、北四乡，由城局、庄前、镇头和太白四卡分别管理，按照十里外"每里七文，准其雇轿秤茶，由茶号照锓本道里远近核付轿夫钱"规定，① 四乡茶号尚需缴纳额度不等的轿夫钱，相关统计如表1所示。

表1　1898年婺德茶号轿夫钱缴纳统计

地区	0～100文	100～200文	200～300文	300～400文	400～500文	500～600文
东乡	2家	8家	18家	7家	3家	1家
南乡	1家	2家	10家	1家	0家	0家
西乡	19家	13家	17家	0家	1家	1家
北乡	2家	41家	54家	7家	15家	1家

资料来源：据《婺德茶税简明章程》改编而成（国家图书馆藏清代税收税务档案史料汇编编委会：《国家图书馆藏清代税收税务档案史料汇编》，全国图书馆缩微文献复制中心，2008，第386～426页）。

备注：除本局司事、轿夫按道里远近，由该号代雇外，巡勇不得援司事之例，至司勇饭食每秤茶一次亦按道里远近均由本局酌给饭食钱文，嗣后毋庸该号再备大碗酒饭。

据统计知，《章程》共计罗列大小不等茶号242家，除一家茶号距茶局距离不明，十七家茶号距茶局距离在十里范围内，无须缴轿夫钱外，其余约占总数93%的224家茶号因距管理局卡距离超越十里，按章需相应缴纳一笔数十至数百文不等的轿夫钱，最远如"城坦茶号"、"镇头本镇茶

---

① 参见《婺德茶税简明章程》，国家图书馆藏清代税收税务档案史料汇编编委会：《国家图书馆藏清代税收税务档案史料汇编》，全国图书馆缩微文献复制中心，2008，第386～426页。

号"以及"周村坦茶号"等距离分管茶局九十余里，按章甚至需缴纳高达五百六十文的轿夫钱。不过，此笔轿夫钱较陋规和酒食纷扰确有所减轻。综上所述，《章程》是官方整治陋规，保障正项茶税岁入颇具代表性的实践举措之一。理论上说，如果确实按章执行，其对于陋规整治不无裨益。严格来说，如此细致地调查茶号与茶局间距离，"逐号分发"《章程》并按章缴纳数额不等的轿夫钱，实系应对"各号畸散"，司巡勇丁等"阳奉阴违""仍蹈故辙"的迫不得已之举。而在定额僵化的财政体制下，雍正年间建立起的耗羡和养廉银公费开销保障体系至迟在嘉庆年间已名存实亡。[①] 随着地方公费开支的逐渐浩繁，在经制体制外获取外销财政收入成为地方政府尤其是州县官保障公费开支或私人收入必不可少的手段。换言之，浮收或勒索陋规等时常成为地方解决公事经费不敷和中饱私囊的默契之举和有效手段。此举正是"于耗羡之外又增耗羡，养廉之中又私取养廉"[②]。而对陋规的有效整治除端赖于社会经济制度层面的顺畅外，尚需州县官及其僚属乃至于商民间的人为因素的通力合作。然而，官赖陋规保障，民赖"影射"便利，结果"经费有常"财政体制下的"有度"财税征收与"无度"陋规浮收形成不可调和的矛盾，整治陋规的举措时常被束之高阁。因此，需索留难的行径依然未能断绝，譬如，光绪二十七年（1901）五月，茶商汪克安等人禀称，祁门泸溪"倒湖以下各卡，日久玩生，仍复索费，饶州茶卡为尤甚，每帮索费至四元之多"。鉴于索取陋规难以禁绝的现实，时任两江督宪刘坤一只好再次申饬严禁扰商之举；同时颁发护照，"随同税照，发交该茶商收执"，试图以护照与税照并行的督宪权势强力介入对地方厘卡勒索陋规的整治。[③]

尽管程、刘两人试图对"无度"陋规予以切实整顿，但针对皖南茶商的陋规需索的不法行径依然不同程度地存在。直至光绪三十二年（1906）正月，上海商务总会在给两江总督周馥的呈文中指出，茶栈代客销售，交易端赖诚信，茶客以样寄栈，议价成交。近年茶质每与样品不符，"以致割价退盘之事层见叠出，非但失洋商之信服，且损华茶之声名。"对此，

①　刘凤云：《养廉银无以养廉——以乾嘉时期摊捐官员养廉银为中心的考察》，《史学月刊》2020 年第 11 期。

②　庄吉发：《清世宗与赋役制度的改革》，学生书局，1985，第 145 页。

③　《护照》（光绪二十七年五月十八日），载封越健主编《中国社会科学院经济研究所藏徽州文书类编·散件文书》第 4 册，第 452 页。

两江总督周馥高度重视，在致皖赣两抚咨文中要求示谕山户、茶客务必知悉；同时，周氏饬令"自三十二年起，不准先发茶样箱，俟全货抵埠，抽样发售，更不准茶样报关出口"①。追本溯源，周氏此举的本意在于隔断样货不一，以防割价退盘，而损华茶声名之弊，进而保护华茶出口。然而，"不准先发茶样箱"的整顿举措却给猾吏以可乘之机。光绪三十三年（1907）五月，祁门、浮梁等地茶商在给继任两江督宪端方呈递的联名公禀中指出："去岁公议更章不解样箱，概运大帮入市，所以阻洋商割价退盘之抑勒……从前凭样议价，大帮稍迟无妨，今则不解样箱，出售争先恐后，万一乘此机关要求益甚，谁敢不遂其欲，否则转运之迟速，生意之盈亏，操纵于各卡员之手。"质言之，为保鲜起见，茶叶运输不可耽搁，同时，"茶市交易瞬息万变，茶船稍迟，亏折匪浅"。有鉴于此，"司事视为千载难逢之会，益肆贪狠，巡丁增小费之名，划勇加漏规之目"。可见在祁门和浮梁等地，索取陋规即"不遵禁令，任意苛索"的现象依然存在。②

揆诸史实，晚清皖南外销茶叶税征收是较为棘手的问题，涉及官方的财政、茶商和园户以及司勇巡丁等方方面面的实际利益。除缴纳正常的落地税外，皖南茶叶尚需要承担诸如浙江捐厘、各色陋规、轿夫钱以及各种本地事务建设捐厘等费用。因此，晚清皖南茶叶销售与社会变迁的各色利益者之间的联系显得更加紧密，当在国际市场投机需求促进下，尽管有诸多的捐厘因素制约，茶商和园户等依然有一定的经营利润保障，皖南茶叶的实际经营自然顺畅；当国际市场需求不畅之际，各种捐厘和捐外之"捐"等往往就成为皖南茶叶经营的严重实际阻碍，茶商们的各种诉求和避税行动正是茶捐厘税负担较重的外在直接表现。

余　论

收购、焙制与运销是茶叶贸易中的主体环节，其通畅与否与茶捐厘税征收密切关联。在"征商胜于征农"思想指引下，③导源于咸同兵燹饷需筹措的皖南茶捐厘税是晚清两江督宪军饷、赔款及其他开支的重要饷需源

---

① 《江督周咨赣抚皖抚整顿华茶事宜文》，《北洋官报》1906 年第 907 期。
② 《祁浮建茶商上江督公禀并批》，《时报》1907 年 6 月 14 日。
③ 曾国藩：《复左宗棠》（咸丰十一年五月二十九日），《曾国藩全集》第 24 册，第 437 页。

流之一。因此，确保其顺利足额征收成为督宪思考的重要议题，亦是考量清廷尤其是督署税收执行能力的重要窗口。

为确保皖南茶捐厘税足额征收，上自督宪，下至府州县官在茶贸经营中试图建立某种利益纠葛的调处机制，以缓和茶叶收购和焙制过程中茶商、茶行、拣选之员及地棍等之间复杂的利益冲突。同时，两江督宪试图以改变征收对象的茶叶落地税杜绝茶商、种植园户与洋商勾串逃避捐厘的情况，但由此造成的园户"散处"征收格局是横梗在地方官宪调处机制中的重要难题。官方以招充官牙之举并试图以"亲往各乡，代客买卖"的方式予以克服，但不得不提的是，尽管招充官牙对于解决"散处"格局征收的不足和隔断"假手书吏"征收之弊确有辅助之功，但将茶捐厘税征收权力让渡于半官方性质的官牙自然也难以避免现实中的各式"需索""馈送"等弊病，如何实现对官牙的有效监督成为官宪必须正视的又一难题。因此，作为茶税征收监督的厘卡司勇巡丁尽管并未直接参与其征收过程，却依然可视为运销环节中官方的最后管控。此外，王业键在对晚清地方政府财政结构的"法定税"与"非法定税"双重结构的论述中提及的"各项规费""新添地方捐税"等事实上亦存在相对均衡的"有度"原则。① 不过，负有监督职责的厘卡巡丁时常并未遵循"有度"征收原则，"有度"征收体制背后的利益博弈往往表现为"无度"的"索取"，陋规索取背后的利益输送又进一步削弱了官方赋予其的监督职责。

综合而言，皖南茶捐厘税是在"有度"原则下为弥补僵化财政体制不足而无法满足军需的特殊产物，其征收过程将种植园户、茶商、官牙和厘卡司勇巡丁甚至是妇女及地棍等切实利益主体纠葛混杂在一起。官方试图调融各方矛盾以达到茶贸畅通、茶捐厘税足额征收的目的，但近代特殊的国内、国际背景造就的洋商参与其间并形成的贸易纠葛是两江督宪难以解决的时代缺陷。换言之，皖南茶捐厘税征收中形成的复杂利益纠葛，导致征收进程中官牙包揽、巡丁监督等正常征管机制被"无度"陋规所困扰。日本学者岩井茂树认为那些"名为自愿"实则"强制"的"陋规"虽难言"恣意而为"却具有"极大弹性"。② 因此，在缺乏有效监督的形势下，无论是官牙还是司勇巡丁皆无一不望在弹性机制环境下建立一套经制外的

---

① 王业键：《清代田赋刍论（1750—1911）》，高风等译，人民出版社，2008，第64页。
② 〔日〕岩井茂树：《中国近代财政史研究》，付勇译，第41~42页。

"财政"体制以实现茶捐厘税外个人利益的最大化。在此背景下，以两江督宪为首的地方官宪为实现财政经制内的皖南茶捐厘税而采取的量（制定"有度"原则，限制"无度"陋规）力（纠正私牙等不法行为）而行（调融与疏通茶贸中的矛盾环节）的持筹握算之举在现实中部分实现了皖南茶捐厘税"有度"征收体制下的既定目标。[①] 不过，以告示的形式试图去解决身处国际市场且销量与价格皆已受抑的皖南茶叶贸易中持续不断的"索取""馈送"等矛盾，而无缓解皖南茶叶贸易在国际竞争中不断下滑情况的良好举措，在利润空间不断压缩的市场中，皖南茶贸中出现的有碍茶捐厘税征收的各类"问题"治理恐终难有成效。

---

① 有学者认为陋规之所以为嘉道之际君臣所关注，在于其不仅仅是单纯的财政问题，更在于名为例禁，却无官不取的陋规往往易于引发吏治不清等政治危机。参见周健《维正之供：清代田赋与国家财政（1730—1911）》，北京师范大学出版社，2020，第64页。

Game and Control: A Study on the Real Situation of Tea Tax Collection in Southern Anhui in the Late Qing Dynasty

Sheng Haisheng   Zhou Xiaoguang

Abstract: Taxation ability is one of the important manifestations of government governance ability, and it is also the cornerstone of maintaining political power. In order to ensure the full collection of tea tax in southern Anhui in the late Qing Dynasty, officials from Viceroy of Liangjiang toprefecture or countytried to establish an interest dispute mediation mechanism to ease the interest conflicts of all parties in the process of tea purchase, baking, transportation and marketing. The research shows that, due to the interest game, the local officials, headed by Viceroy of Liangjiang, are really helpful to cut off the shortcomings of tea tax collection in southern Anhui, but they are sometimes weak in the flexible mechanism environment. In the market with reduced profits, it is difficult to improve the governance of various "problems" that hinder the collection of tea tax in southern Anhui, and the governance ability of the government in the late Qing Dynasty is further weak.

Keywords: Game; Control; Rely on the Strong; Middleman; Appropriate

20世纪前30年我国西南地区
能源供给转型研究[*]

徐　毅　梁婷婷[**]

摘　要： 明清时期的云南、广西和贵州就是一个向东部省份输送金属矿、木材和木炭等资源的重要地区。20世纪前30年，在东部地区工业化向中西部转移和扩散浪潮的推动下，这三个西南省份开始大规模开发和进口各种新能源，由此推进了由人力、畜力和水力等传统能源向煤、木炭、成品油和电力等新能源转型的进程，并逐步形成了三种不同的新能源供给组合。而当地各种新能源开发的规模和用途又对其工业化发展的水平、特征和趋势产生重要影响。这正好体现了后发大国在工业化赶超背景下能源供给转型的一般规律。

关键词： 20世纪前30年　西南地区　工业化　能源供给转型

在国际经济史学界有关工业革命的研究领域，从人力、畜力和水力等传统能源向化石能源和电力能源的转型一直是备受关注的核心议题。英国学者里格利提出，从有机经济向矿物能源的过渡是工业革命的基本前提，并以近代英国煤炭开发与工业革命爆发为实证案例构建了一个能源供给转型与工业化之间互为促进的理论框架。[①] 英国学者艾伦将英国这种由能源供给转型推动工业革命爆发的模式称为"高工资、低能源价格"的工业化模式。[②] 意大利学者保罗、比利时学者偌克博士和塞伦斯先后研究了欧洲

---

[*]　本文为用友基金会"商的长城"一般项目"20世纪30年代中国进口替代型工业产品的大流通研究及数据库建设"项目（编号：2022－Y02）阶段性成果。

[**]　徐毅，广西师范大学历史文化与旅游学院教授，研究方向为中国近代工业史、中西比较经济史；梁婷婷，广西师范大学硕士研究生，研究方向为中国近代经济史。

① Edward A. Wrigley, *Energy and the English Industrial Revolution*, Cambridge, 2010.

② Robert C. Allen, *The British Industrial Revolution in Global Perspective*, Cambridge, 2009.

各国乃至世界各个大区之间能源供给转型的区域差异以及对工业化发展的不同影响。① 近来，国内有学者开始涉及有关近代中国能源供给转型与工业化的关系问题，并重点聚焦东部省份，尤其是长江中下游地区省份能源供给转型及其与当地工业化之间的互动关系等问题的研究。② 也有学者关注区域的能源供给转型，指出近代江南正在经历从有机植物经济向矿物能源经济的转变，但是这种转变不是以本地或国内的能源供给为主，而是依靠着国外能源的输入，具有一定的"外源性"。③

明清时期，地处中国西南地区的云南、广西和贵州三省一直是向东部地区输送金属矿、木材、木炭的重要省份。19 世纪下半叶，随着这三个西南省份的开关，当地也引进了一定规模的工业化，由此开启了由人力、畜力和水力等传统能源向煤、木炭、成品油和电力等新能源转型的进程。20 世纪以降，随着东部地区工业化的西拓，尤其是广东工业化的集中辐射和带动，西南三省工业化逐步发展，进而推进了能源供给转型的进程。然而，目前学界的研究要么关注三省某一种能源开发和供应的历史，要么研究全面抗战时期三省能源发展的历史。④ 有鉴于此，本文尝试将 20 世纪前 30 年滇桂黔三省能源供给转型置于这一时期中国工业化的空间扩散进程之中，进而探讨工业化背景下三省能源开发和转型的时间、路径、特征以及与本地工业化之间复杂的互动关系等问题。

---

① Paolo Malanima, "Energy consumption in England and Italy (1560 – 1913): Two pathways toward energy transition," *Economic History Review* 69 (2016), pp. 78 – 103; Paolo Malanima, "The limiting factor: energy, growth, and divergence (1820 – 1913)," *Economic History Review* 73 (2020), pp. 486 – 512; Wouter Ryckbosch and Wout Saelens, "Fuelling the urban economy: A comparative study of energy in the Low Countries (1600 – 1850)," *Economic History Review* 76 (2023), pp. 221 – 256.

② 朱荫贵、杨大庆编《世界能源史中的中国：诞生、演变、利用及其影响》，复旦大学出版社，2020。

③ 裴广强：《近代江南的能源贸易 (1864~1937)》，《民国研究》2021 年第 1 期，第 205~221 页。

④ 如云南省委党史研究室编《云南电力九十年》，云南民族出版社，2001；危流渊、阮书期编《广西煤炭科技发展史》，煤炭工业出版社，2009；赵国壮、张守广《工业重塑》，陕西师范大学出版社总社有限公司，2019；刘萍：《抗战时期后方液体燃料工业发展评述》，载中国社会科学院近代研究所编《中国抗战与世界反法西斯战争——纪念中国人民抗日战争暨世界反法西斯战争胜利 60 周年学术研讨会文集》下卷，社会科学文献出版社，2005，第 91~119 页；等等。

一 西南地区开关以来能源供给转型的启动

云南、广西、贵州三个西南省份的自然资源向来丰富，长江水系、西江水系及横断山系诸水贯穿其间，水力充沛；宜林面积辽阔，天然林和人造林众多，所产木材除了用于建筑、木器制作，还被广泛烧制成炭；地表之下煤、铜、铅、锡等矿产分布尤广，储量十分可观。[①] 明清时期，西南三省已经普遍将这些丰厚的自然资源利用起来，一方面，水力、由煤和木炭提供的热力，以及人力、畜力等各种传统动力在各省手工业中得到广泛运用；另一方面，西南三省向东部地区供应木炭、铜、铅等资源，成为东部地区获取资源的重要地区。19世纪下半叶，西南地区开关以来，两次工业革命的重要成果——蒸汽机、内燃机、发电机、电动机等动力技术设备逐渐通过通商口岸向西南内陆地区扩散开来。这些技术设备能够将煤、木炭、石油等能源所包含的能量转化为机械动力。伴随西南地区工业化的起步，西南边疆三省的能源供给转型也由此启动。

与东部沿海省份一样，云南、广西、贵州三省在洋务运动和清末新政期间，纷纷成立了一批使用动力设备的近代工厂，以军工制造、矿产开采和冶炼、机器修造、金属用品制造以及印刷品制造等行业为主。为了解决动力问题，三省的这些工厂开始进口成品油[②]和煤，或自主采煤，烧制木炭，成为三省能源供给转型的开端。表1罗列了晚清滇桂黔三省部分近代工厂使用能源的情况。

表1　晚清西南三省部分工厂使用能源的情况

省份	开办时间	工厂	厂址	行业	主要动力设备	使用能源	来源
云南	1884~1945年	云南机器局	昆明	军事工业	蒸汽机	煤	本地
贵州	1886~1890年	青溪铁厂	青溪	矿业	蒸汽锅炉、发电机	煤	本省

[①] 详见蒋君章《西南经济地理》，商务印书馆，1947。

[②] 成品油主要是指柴油、煤油、汽油等石油产品。自19世纪下半叶以来，美国、俄国等国出口的煤油、汽油、柴油等成品油陆续通过各通商口岸进入西南地区。其中，柴油被普遍用作工厂的能源，少数情况下汽油和煤油也会为工厂生产供能。详见中国第二历史档案馆、中国海关总署办公厅编《中国旧海关史料（1859—1948）》，京华出版社，2001。

续表

省份	开办时间	工厂	厂址	行业	主要动力设备	使用能源	来源
广西	1899～1914 年	龙州制造局	龙州	军事工业	蒸汽机、发电机	煤	本省
广西	1902～1952 年	天和机器船舶修造厂	梧州	机器修造业	柴油机	油	进口
云南	1906～1937 年	云南造币厂	昆明	造币业	蒸汽机	煤	本地
广西	1906～1910 年	梧州炼锑厂	梧州	矿业	蒸汽锅炉	煤	进口为主，本省为辅
广西	1907～1914 年	富贺官矿局	西湾	矿业	蒸汽锅炉	木炭、煤	本地
贵州	1909～1952 年	文通书局	贵阳	印刷业	柴油引擎	油	进口

资料来源：（1）云南机器局：《云南省煤矿一览表》，载钟伟等编《云南矿产一览表》，实业厅，1942，第 350 页；民国《新纂云南通志》卷一百三十《军制考四·清代军制三》，第 24 页。（2）青溪铁厂：《黔矿告成记》，《申报》1890 年 3 月 27 日，第 1 版；贵州省文史研究馆校勘《贵州通志·前事志》第 4 册，贵州人民出版社，1988，第 791 页。（3）龙州制造局：《（民国）龙津县志》第 8 编《建置·局所》，1946，第 124 页；2023 年 8 月 16 日前往柳州市工业博物馆实地调查、采访整理所得。（4）天和机器船舶修造厂：《（民国）苍梧县志·民事篇·工商》，1959；广西壮族自治区地方志编纂委员会编《广西通志·机械工业志》，广西人民出版社，2009，第 14 页。（5）云南造币厂：《云南省城各工厂调查一览表》，《云南实业公报》1923 年第 13 期。（6）《关于富贺官矿局购用矿用机件情况的报告》，广西壮族自治区档案馆藏，档案号：L037 - 001 - 0217 - 0046；丁文江：《中国官办矿业史略》，地质调查所，1928，第 50～51 页。（7）《梧州炼锑厂的调查》，广西壮族自治区档案馆藏，档案号：L037 - 001 - 0223 - 0001；《（民国）苍梧县志·经政篇·公厂》，1959。（8）张肖梅：《贵州经济》，中国国民经济研究所，1939，第 L113 页。

从表 1 可知，晚清云南、广西、贵州三省引进的动力设备既有第一次工业革命的成果——蒸汽机，也有第二次工业革命的成果——内燃机和发电机。其中，以蒸汽机为主要动力设备的工厂数量占多数。对于使用蒸汽机的工厂而言，它们主要以煤和木炭作为能源，其中梧州炼锑厂使用的煤主要来自进口，云南机器局、云南造币厂、青溪铁厂、龙州制造局、富贺官矿局等厂使用的煤来自本地或本省其他地区。同时，富贺官矿局还使用了来自本地的木炭。对于使用内燃机的工厂而言，它们主要以柴油为能源，其中天和机器船舶修造厂和文通书局等厂使用的动力油料来自进口。青溪铁厂是三省最早使用发电机的工厂，龙州制造局则是广西最早使用发电机的工厂。

这一时期，云南的工厂以开采使用本地的煤为主。明清时期云南各地都有煤矿开采，尤以滇中和滇东北一带为最，但主要是供给土法冶炼以及当地手工业生产和居民生活所用。[①] 云南机器局、云南造币厂分别于1884年、1906年成立之后，直接派人承办或者委托商人承办昆明近郊的烟子哨煤矿、厂口尖山煤矿以及昆阳煤矿，使两个厂拥有了相对稳定、廉价便捷的能源供应，因此这两厂一直延续至民国。此外，据不完全统计，在1905～1910年，昆明及邻近的昆阳、晋宁、呈贡等县新开办了20余处煤矿为这两厂供煤。[②] 从总体上看，晚清云南的煤炭开采基本能满足本省工厂的能源需求，而这些工厂的开办也在一定程度上带动了周边地区煤矿的开发。

广西的工厂以使用本省所产的煤和木炭为主，进口煤、柴油为辅。明清时期广西开始小规模地开发煤矿，主要集中于桂东北富贺钟地区、桂北罗城地区以及桂南龙州一带，但是产煤数量不多，用途也多为冶炼、手工业生产和家庭生活燃料。[③] 1899年龙州制造局成立后，使用的煤主要来自周边地区，但能源供应并不稳定，而且采购和运输成本往往所费不赀，致使龙州制造局经营维艰。1905年，龙州制造局面临能源短缺问题，"向用煤，以乱故久不开采，存煤尽罄，以薪代之，价倍于煤，而机器受其损"，即便是重新寻觅、开采合用于机器的煤矿，也因距离颇远、交通不便以及运输成本高昂等问题而作罢。[④] 能源问题一直悬而未决，使得龙州制造局一度停产。此时，晚清广西当局逐渐意识到稳定的能源对于工厂的重要性[⑤]，于1907年成立富贺官矿局，较早地使用蒸汽锅炉、蒸汽绞车以及抽水机等设备在西湾开采煤炭，产品既外销至广东盈利，也供应本省的工厂使用。1906～1910年，梧州炼锑厂所需的部分能源便是产自富贺官矿局的西湾煤矿。[⑥] 但是，由于富贺官矿局在开发煤矿的过程中遇到了重重困难，

---

① 《中国煤炭志·云南卷》编纂委员会编《中国煤炭志·云南卷》，煤炭工业出版社，1996，第3～4页。

② 《云南省煤矿一览表》，载钟伟等编《云南矿产一览表》，实业厅，1942，第349～351、385～386页；陆复初编《昆明市志长编》卷七《近代之二》，昆明市志编纂委员会，1984，第171～174页。

③ 《中国煤炭志·广西卷》编纂委员会编《中国煤炭志·广西卷》，煤炭工业出版社，1997，第3～4页。

④ 孟森：《广西边事旁记》，商务印书馆，1906，第46～47页。

⑤ 正如广西巡抚张鸣岐所言："广西地瘠民贫，善后要政，首在为民兴利，而利之最丰者，莫如开矿。广东及港澳等处近来轮船、铁路与各项制造厂日益增多，无不需煤，销路愈广，煤价愈昂。"详见《桂抚张奏勘富贺煤矿拨款开办折》，《申报》1907年11月21日，第10版。

⑥ 另据富贺官矿局呈报：光绪三十三年（1907）运往梧州炼锑厂的燃料煤共值2230.60元。详见郑家度编《广西金融史稿》，广西民族出版社，1984，第67～68页。

梧州炼锑厂所需的能源仍以进口洋煤为主。① 可见，晚清广西的煤炭开采并没有能够满足本省工厂的能源需求，因而不得不较早地使用木炭、柴油作为能源。其中，富贺官矿局与天和机器船舶修造厂为典型代表。可以说，广西本土能源开发和供应不足，促使广西通过进口的方式来满足工厂的能源需求，但能源问题仍旧严重地制约了工厂的发展。这一时期成立的工厂多半都未能延续至民国。

与广西相似，贵州的工厂以开采使用本省的煤为主，进口柴油为辅。贵州煤田虽分布极广，但明清时期除黔中的安顺、瓮安一带有小规模开采以外，其余多属零星开采，所采煤炭用作当地居民的生活燃料，也有少数用于冶炼和其他手工业生产。② 1886 年青溪铁厂开办，至 1890 年建成投产，从瓮安县购进煤，此为贵州所产的煤用于本省工厂之始。该厂作为洋务运动时期第一个官商合办的近代民用钢铁企业，比汉阳铁厂整整早了 4 年，其"规模之大，在当时全国中亦为仅见"，是以需煤尤多，而当时瓮安县出产的煤炭不仅量少，煤质亦差，引发炼铁"炉塞"，难堪使用。因此，该厂尝试用 300 华里之外的湾水煤矿，囿于"山路崎岖，运煤费昂，致有亏折"而作罢。可以说，本地产煤质量不佳、外地煤炭运输成本过高等问题，直接加剧青溪铁厂能源供应不足，使得青溪铁厂投产仅一个半月便宣告停产。③ 此后，贵州近代工业的发展以及能源的开采陷入较长时段的停滞当中，即便"煤矿独美"，但"本地既不能行销，只可用民船运载出外，然成本既重，牟利愈艰"。④ 1909 年，文通书局成立，为贵州第二家使用动力设备的企业，选择引进内燃机，并通过进口柴油来供给动力。不难看出，尽管贵州煤炭储量极丰，但也与广西一样存在着本土能源开发和供应不足的问题，致使工厂未能延续。

总之，晚清云南、广西、贵州三省成立了一批工厂，由此开启了本省开发和使用煤、木炭以及引进煤、柴油作为能源的进程，也就是开启了用煤、木炭、柴油等能源取代人力、畜力和水力等传统能源的转型进程。但

---

① 《梧州炼锑厂的调查》，广西壮族自治区档案馆藏，档案号：L037 - 001 - 0223 - 0001。

② 《中国煤炭志·贵州卷》编纂委员会编《中国煤炭志·贵州卷》，煤炭工业出版社，1994，第 2 页。

③ 贵州省文史研究馆校勘《贵州通志·前事志》第 4 册，贵州人民出版社，1988，第 791 ~ 792 页。

④ 汪敬虞编《中国近代工业史资料（1895—1914 年）》第 2 辑上册，科学出版社，1957，第 114 页。

是由于当时资金、交通、设备、基础设施和技术人才等各种条件的限制，这些工厂并没有引发三省大规模的能源开发；反之因为本土能源供应不足，不少工厂经营不善而停产、倒闭。可以说，除云南以外，当时的广西和贵州两省面临着"能源供应不足—制约工厂发展—能源开发有限"的困境，而这一困境，直至20世纪以后才逐渐被打破。

二 20世纪前30年东部工业化的西拓 与西南地区工业化的重启

尽管晚清西南三省开关以来的首批使用动力设备的工厂未能促进当地工业化的兴起，但是20世纪最初10年东部省份出现的办厂热潮，辐射到了西南省份，从而再次启动了当地工业化发展进程。

首先，东部工业化的发展对西南省份提出了大量原材料的市场需求，从而导致三省兴起了一批出口型手工业[①]。据统计，20世纪以来茶叶、烟草、桐油、皮革与矿产等产品常居云南出口商品的前十五位[②]；糖、烟、茶、桐油、纸和矿产也成为广西大宗的出口产品[③]；纸、生丝、桐油、茶和矿产则是贵州的主要出口产品[④]。三省的主要出口产品大部分供给广东、香港、上海等东部省市。在出口贸易发展的刺激下，三省的榨油、制烟、制茶、制糖、造纸和采矿等手工产业不断扩展。一方面，三省形成了一批上述手工业产业的集聚中心。如昆明、梧州、柳州、贵阳等城市就集中了多种出口型手工业；宜良、大理、思茅、保山等城市是云南重要的茶叶生产和外销中心[⑤]；桂林、都安、融县、贺县等城市是广西生产出口纸张的中心[⑥]；铜仁、玉屏、松桃、镇远等城市则是贵州桐油的大宗生产和出口

---

① 本文涉及的"出口"指省内产品运销至国外市场和国内其他省份市场。
② 民国《续云南通志长编》卷七十四《商业一·进出口货品》，第578～584页。
③ 广西省政府统计局编《广西统计数字提要》（民国二十四年），1935，第3～4页；广西省政府统计局编《广西统计数字提要》（民国二十七年），1938，第6～7页；周汝沆：《武鸣烟叶栽培及运销实况》，《广西农业》1940年第3期。
④ 张肖梅：《贵州经济》，中国国民经济研究所，1939，第十章《地质构造与矿产及其蕴藏量》、第十一章《工商业概况》、第十二章《工商业调查》；何伟福：《清代贵州商品经济史研究》，中国经济出版社，2007，第117～178、237～253页。
⑤ 许新民、康春华译著《近代云南海关十年报告译编》，云南人民出版社，2018，第86页。
⑥ 广西统计局编《广西年鉴》第一回，1933，第320～321页。

中心①；等等。另一方面，与纺织、碾米、木器等手工业不同，榨油、制烟、制茶、制糖、造纸和采矿等手工产业在生产和加工过程中需要耗费大量的热能，这就为煤、木炭的大量开采和烧制提供了强劲的市场需求。如柳州的制烟、榨糖、榨油等手工产业颇为兴盛，极大地刺激了当地对煤、木炭的消耗和开采，当时除了从三江、融县等处大量输入木炭，还一度筹划开采当地的煤矿。② 云南采矿业遍及各地，无论是熔炼铜、铁、银、铅、锡各矿，还是煮盐，无一不燃用木炭、薪柴和煤。一度使得这些矿区附近"燃料之价值日昂"③。

其次，三省受益于以广东为主的东部省份华商或华资企业的投资，新办了许多工厂。如 1910 年，广东商人周杰延在云南昆明投资 4000 元创办广同昌铜铁机器公司，配置钻机、车床、台钳等设备，以电力发动。④ 1919 年，黎竹林、麦宪平、麦郎初等多位粤桂商人集资 4 万元在广西梧州开办了梧州火柴厂，配置 15 匹马力柴油机 1 座及若干作业设备，以柴油为动力能源。⑤ 1921 年，利和、利方汉等粤商合资近 2000 元，在梧州成立广安机器厂，配置 8 匹马力柴油机 1 座及若干铸造设备，以柴油为动力能源。⑥ 1929 年，香港永发公司投资 3000 余元在梧州设立分厂，配置若干印刷设备，以电力驱动。⑦ 1929 年，粤商朱其辉投资数千元在贵县成立了民生面条厂，厂内置柴油机 1 座及面条制造的全套设备，以柴油为动力能源。⑧ 1932 年，广西硫酸厂在广西省政府和广东省政府各注资 10 万元的基

---

① 李德芳、林建曾编《贵州近代经济史资料选辑（上）》第 2 卷，四川社会科学院出版社，1987，第 279 页。
② 民国《柳江县志》卷二《物产》，刘汉忠、罗方贵点校，广西人民出版社，1998，第 75、108 ~ 112 页。
③ 许新民、康春华译著《近代云南海关十年报告译编》，云南人民出版社，2018，第 32 页；云南省档案馆、云南省经济研究所合编《云南近代矿业档案史料选编（1890—1949 年）》第 3 辑，内部资料，1990，第 374 ~ 377 页。
④ 民国《昆明市志》，《产业·工业》，1924，第 105 页；云南省地方志编纂委员会编《云南省志·机械工业志》，云南人民出版社，1994，第 30 页。
⑤ 广西统计局编《广西年鉴》第一回，1933，第 314 页；钟杰生：《梧州火柴厂》，《梧州文史资料选辑》第 1 辑，中国人民政治协商会议梧州市委员会文史资料组，1982，第 19 页。
⑥ 广西统计局编《广西年鉴》第二回，1935，第 418 页；邓端、利京、利桂生等提供资料，王敬宽整理《清末以来各个时期开办的机器厂》，《梧州文史资料选辑》第 3 辑，中国人民政治协商会议梧州市委员会文史资料组，1982，第 33 ~ 34 页。
⑦ 广西省政府统计处编《广西年鉴》第三回，1948，第 618 页。
⑧ 黄滨：《近代粤港客商与广西城镇经济发育：广东、香港对广西市场辐射的历史探源》，中国社会科学出版社，2005，第 109 页。

础上，改组成为两广省办硫酸厂，此时资本合计56万元，厂内有各式先进的制酸设备，并配置了蒸汽发电机组自行发电，供给生产和照明。[1]

最后，西南三省新办的工厂还得到了东部省份在技术、设备、人才和原材料等方面的支撑。1922年，云南昆明设立亚细亚烟草公司，其机器设备除了本省制造外，还从上海引进"大型卷烟机二部（一为日本造、一为美国造）、切烟机一部、压梗机一部、炮筒炒丝机一部、动力燃煤气机一座、马力三十匹、蒸汽机一座、马力十五匹、锅炉一座、马力七十匹，同时从上海聘来卷烟技师二人，一名张锡耕、一名孙香泉，还附有压制包装锡纸小型机器一部，聘宁波人阮楚湘为技师，规模初具"[2]。广西的新办工厂也是如此。1910年，南宁第一家机器碾米厂从"广州购买1台30匹马力的煤气机，1台2号磨米机，6台大号磨面机，运回南宁安装，用于碾米"[3]。1936年，贵县的民生碾米厂从广州协同和机器厂买来柴油机和附属碾米设备，并在其技术支持下成功开张营业。[4] 再如贵州，1915年，贵阳开办永丰造纸厂，一方面从日本购入机器设备，另一方面从"上海聘来技师，自行绘画、设计，仿制损坏的零部件。并将造模翻砂，车、钳、刨、铣、冷补等整套工序及有关设备引进贵阳，这也是贵州机器修理和制造业的萌芽"[5]。

可以说，东部沿海地区通过原料市场需求、产业转移，以及技术、设备、人才和原材料等方面的支撑，带动西南边疆三省迎来了当地工业化发展的第一个小高潮。据统计，1912～1937年，不包括公共电厂在内，云南一共成立了23家工厂，这些工厂主要集中在机器修造业、金属用品制造业、印刷业、棉纺织业、制烟业和面粉制造业等产业[6]；广西开设了30家

---

[1] 千家驹等撰《广西省经济概况》，商务印书馆，1936，第101～102页。

[2] 孙天霖：《昆明机制卷烟工业概述》，《云南文史资料选辑》第9辑，中国人民政治协商会议云南省委员会文史资料研究委员会，1989，第135页。

[3] 南宁市政府地方志编纂办公室编《南宁之最》，广西民族出版社，2002，第101页。

[4] 黄滨：《近代粤港客商与广西城镇经济发育：广东、香港对广西市场辐射的历史探源》，中国社会科学出版社，2005，第109页。

[5] 李金顺：《贵州企业史话》，贵州人民出版社，2005，第18页。

[6] 孟晋：《报导与特写：从战时兴起的云南机制面粉业》，《工商新闻》1948年第72期；张永帅、吴波：《晚清云南新式工矿业布局析述》，《历史档案》2021年第3期；《云南省城各工厂调查一览表》，《云南实业公报》1923年第11期；《云南省城各工厂调查一览表》，《云南实业公报》1923年第12期；陆复初编《昆明市志长编》卷七《近代之二》，昆明市志编纂委员会，1984，第85页；张肖梅《云南经济》，中国国民经济研究所，1942，第031、041－046、051－052页；民国《续云南通志长编》卷七十三《工业·电力工业》，第339～355页；陆复初编《昆明市志长编》卷十二《近代之七》，昆明市志编纂委员会，1984，第293～296页。

工厂，集中在机器修造业、棉纺织业、锯木业、印刷业、金属用品制造业、火柴制造业、酸碱制造业和制革业等产业①；贵州也设立了 5 家工厂，主要分布在军事制造业、面粉制造业、印刷业和造纸业等产业②。值得注意的是，当时对于西南三省起到带动辐射作用的东部沿海地区主要是广东省，也就是说，广东工厂在市场需求、产业转移，以及技术、设备、人才和原材料的支撑等方面，对于西南三省的影响力相对突出。

三　20世纪前30年西南边疆能源供给转型的逐步深化

无论是在东部地区工业化的带动下兴起的出口型手工业，还是在东部工厂产业转移和各种要素支撑新办的工厂，对西南三省的能源开发都提出了远较清末强大的市场需求，导致当地能源供给的转型呈现出深化的趋势。

首先是三省对烟煤的开发与供应。如前所述，清末西南三省首批工厂的开办只是非常有限地带动了周边地区烟煤的开采。20 世纪前 30 年，在东部省份工业化和当地工厂的双重能源需求下，三省掀起了较大规模的煤矿开发，供给本地和销往东部。其中贵州产煤最多，其次是云南，广西最少。这一时期贵州煤矿的开发由黔中、黔北向黔西拓展。20 世纪 20 年代中叶以前，贵州煤的开采集中在黔中安顺和黔北赤水、桐梓一带，产品除供给本地消费，还出口至四川、重庆、上海等周边及东部省份③；20 世纪 20 年代中叶以后，贵州逐渐形成黔中、黔北、黔西三大主要产煤区，④ 至 1937 年更是开办煤矿 98 家，遍及 58 县，煤的年产量也从 1927 年的 12 万

---

① 广西统计局编《广西年鉴》第一回，1933，第 308 页；广西壮族自治区地方志编纂委员会编《广西通志·机械工业志》，广西人民出版社，2009，第 13 页；南宁市地方志编纂委员会编《南宁市志·经济卷》上册，广西人民出版社，2018，第 109 页；《梧州市电力厂概览》（1932），广西壮族自治区档案馆藏，档案号：L070 - 001 - 0048 - 0001；中国工程师学会广西考察团编《广西考察团报告·电力》，1937，第 4～12 页。

② 李金顺：《贵州企业史话》，贵州人民出版社，2005，第 16～36 页。

③ 贵州省图书馆编《贵州矿产资料辑录》，贵州人民出版社，1984，第 24 页；民国《桐梓县志》卷二十四《实业志·矿业》，1929，第 49～54 页。

④ 其范围"北起松坎，经桐梓、遵义、息烽、修文而达贵阳；西起盘县，经水城、安南、大定、黔西、普安、安顺、织金、清镇、贵阳、贵定而达黄平"。详见张肖梅《贵州经济》，中国国民经济研究所，1939，第 A25 页。

吨增至 26 万吨，增长逾一倍。[①] 贵州开采出来的煤或经陆路，或水陆联运经长江、珠江两大水系被源源不断地运至四川、湖南、广西、云南等周边省份以及湖北、上海、广东、香港等东部地区。[②] 根据上述煤的运销路线，我们估计大约有一半以上的煤用于出口，以供应东部地区和周边省份工业化发展的需要，其余约有 10 万吨的煤用于本省工业消费和其他消费。云南的煤矿业集中分布在滇越铁路的北段及昆明附近等产煤区，宜良和嵩明间的可保村、大煤山及洗羊塘都是重要的烟煤田。至全面抗战爆发前，云南的煤产量年均为 13 万吨，多则一年可产 15～16 万吨，少则 12 万吨左右。[③] 其中，大约有 25% 的煤供应云南各矿、工厂生产生活所用，有 25% 供民众日常消费，此外有 40% 的煤销往滇越铁路公司和个碧石铁路公司，剩余 10% 的煤用于出口。[④] 需要注意的是，自从 1920 年开始，煤在云南蒙自关有出口，但是其出口数额呈现逐渐下降的趋势，至全面抗战之前降至最低。[⑤] 相反，由于云南本省工业生产需求的日益扩大，从 1933 年逐渐增加进口越南等地的煤。[⑥] 广西对烟煤的开发与供应也渐成规模。20 世纪以来，桂中和桂东北地区集中涌现了许多小规模的民办煤矿厂，所产的煤主要供给本地和外销至广东。如迁江、柳州、罗城、柳城、榴江、忻城、兴安、全州等地的民办煤矿厂，或将煤销往附近地区，供给日常生活消费；或运煤至梧州、广东等地，供汽轮和工厂燃用。[⑦] 1927～1937 年广西还成立了 6 家较大规模的煤矿公司，煤产数量由 1932 年的 2430 吨增加至 1937 年的 35800 吨，增产将近 15 倍。[⑧] 我们根据 19 世纪 90 年代和 20 世纪 30 年代的各种资料，估计了三省在这两个时期产煤用途的占比情况（见表 2）。

---

① 侯德封编《中国矿业纪要》（第四次民国十八年至二十年），实业部地质调查所，1932 印，第 58 页；贵州省地方志编撰委员会编《贵州省志·煤炭工业志》，贵州人民出版社，1989，第 2 页。
② 严新农编《贵州省》，商务印书馆，1933，第 18 页；《黔省矿产调查》，《实业杂志》1935 年第 208 期。
③ 朱熙人、袁见齐、郭令智：《云南矿产志略》，云南财政厅印刷局，1940，第 122 页。
④ 李春昱编《中国矿业纪要》（第七次民国二十四年至三十一年），经济部中央地质调查所，1945，第 538～550 页。
⑤ 见中国第二历史档案馆、中国海关总署办公厅编《中国旧海关史料（1859—1948）》，京华出版社，2001，第 89 册第 648 页、第 111 册第 453 页。
⑥ 中国第二历史档案馆、中国海关总署办公厅编《中国旧海关史料（1859—1948）》第 88 册，京华出版社，2001，第 257 页。
⑦ 广西统计局编《广西年鉴》第一回，1933，第 297 页。
⑧ 杭长松编《广西矿产资源开发史》，广西人民出版社，1992，第 87～88、91 页。

表 2 西南边疆三省产煤用途占比

省份	19 世纪 90 年代			20 世纪 30 年代		
	为本省工业提供动力	为本省手工业和日常生活提供热能	出口	为本省工业提供动力	为本省手工业和日常生活提供热能	出口
贵州	1%	90%	9%	10%	35%	55%
云南	5%	90%	5%	25%	65%	10%
广西	1%	90%	9%	15%	60%	25%

资料来源：19 世纪 90 年代三省产煤用途占比估计系根据三省的民国方志、文史资料及各县各业的统计调查等资料而得；20 世纪 30 年代三省产煤用途占比估计据《贵州经济》、《云南经济》、《广西年鉴》第二回、《中国旧海关史料（1859—1948）》、第五次《中国矿业纪要》等资料而得。

其次是木炭大规模开发与供应。明清以来，广西是西南边疆三省开发和使用木炭最多的省份。明清时期，广西的木炭从北流、藤县、岑溪、昭平、蒙江等地运往梧州。梧州是广西柴炭出口广东的最大集散地。通过梧州，广西的木炭被销往至广东的广州、江门、顺德等埠，用于烧炼、烤饼、烘制蚕茧等。[1] 20 世纪以来，广西出产木炭的县份逐渐增加到 60 个，几占全省三分之二，而且还形成了桂东北、桂东南和桂北这几个大的木炭主产区，合计年产木炭约 375 万担。[2] 据估计，20 世纪 30 年代木炭年产量较 20 年代初翻了一番以上。这些木炭大约有 80% 用于省内消费，包括供应各工厂作为现代能源、民用燃料和轮船燃料，剩余 20% 的木炭则是供应外省。[3] 当时，广西这一颇为庞大的木炭产量吸引了不少广东商人来桂投资成立或入股商号、公司，他们共同营建起从乡村到市镇、从区域中心到各大城市的木炭层级收购和运输网络，将分散于省内各地的木炭统一调度，一部分运往省内桂林、柳州、南宁、梧州等各大城市，另一部分经由经梧州关、北海关出口至广东、香港和澳门一带。[4] 此外，还有一部分木炭不经海关直接出口，如怀集所产木炭"经沿怀溪河运粤"[5]。云南对木炭

---

[1] 广西僮族自治区通志馆编《太平天国革命在广西调查资料汇编》，广西僮族自治区人民出版社，1962，第 31 页。

[2] 广西省政府民政厅编《民国二十二年度广西各县概况》，大成印书馆，1934。

[3] 中国第二历史档案馆、中国海关总署办公厅编《中国旧海关史料（1859—1948）》，京华出版社，2001，第 95 册第 656 页、第 115 册第 115 页。

[4] 梁桢：《梧州柴炭产销》，《广西统计季报》1938 年第 5 期；张先辰：《广西经济地理》，桂林文化供应社，1941，第 87～90 页；陈铁：《柴炭出口业琐记》，《梧州文史资料选辑》第 3 辑，中国人民政治协商会议梧州市委员会文史资料组，1982，第 75 页。

[5] 广西统计局编《广西年鉴》第二回，1935，第 336 页。

的开发与供应也在持续发展。明清时期云南普遍将木材烧制成炭，为手工生产、矿冶提供热力。20世纪以来，滇中、滇东北的木柴产量盛极一时，仅嵩明一县"木炭全年出口约七万余斤"①。这些木炭还被广泛用作工厂的动力能源之一。② 贵州对木炭的开发更多是为了供应东部地区。贵州形成了榕江流域和清水江流域两大木材和木炭产区，这些木材和木炭或"南入桂省之柳江，而通珠江流域各省，其上游交易中心为榕江为下江，第二站交易地点为柳州，第三站交易地点为佛山，然后再分销于珠江下游之粤港诸埠"；或东流入湖南沅江，而通长江下游各省，并形成洪江、常德、汉口、南京、镇江等几大交易中心。③ 依据19世纪90年代和20世纪30年代的各种资料，本文估计了三省两个时期的木炭用途占比（见表3）。

表3 西南边疆三省木炭的用途占比

省份	19世纪90年代			20世纪30年代		
	为本省工业提供动力	为本省手工业和日常生活提供热能	出口	为本省工业提供动力	为本省手工业和日常生活提供热能	出口
广西	1%	60%	39%	35%	45%	20%
云南	1%	98%	1%	10%	80%	10%
贵州	1%	80%	19%	10%	70%	20%

资料来源：19世纪90年代三省木炭用途占比估计系根据三省的民国方志、文史资料及各县各业的统计调查等资料而得；20世纪30年代三省木炭用途占比估计据《广西年鉴》第二回、《广西经济地理》、《云南经济》、《贵州经济》、《中国旧海关史料（1859—1948）》等资料而得。

再次是三省对成品油的大量进口。三省除了自主开发本省能源——煤和木炭之外，还兼进口柴油。其中广西最多，云南和贵州较少。据统计，1932年广西"汽油柴油入口约值百万元，煤油约值四百万元"④。这些柴油主要来自英、美和俄罗斯等国，基本经由梧州关和北海关再转运至各大城市代销。据记载，20世纪20~30年代广西进口的柴油等成品油除有一

① 民国《嵩明县志》卷十六《物产》，1945，第240页；民国《姚安县志》卷四十四《物产志》，1948，第7页；民国《昭通县志稿》卷五《物产》，1938，第33页。
② 《云南省昆明市德昌工厂民国二十四年度厂务报告书》（1935），云南省档案馆藏，档案号：1077-001-04558-008。
③ 胡敬修：《黔东木业概况》，《启光月刊》1941年第2卷第2~3期；民国《台拱县文献纪要·林业》，1919，第42页。
④ 潘载生编《民国二十二年广西省进出口贸易概况》，广西统计局，1934，第30~31页。

小部分复出口至云南、贵州以外，大约有 70% 被用作省内工厂的能源，剩余 30% 则供应其他消费。① 云南也进口少量的柴油作为本省工厂的能源。20 世纪以来，蒙自关开始进口柴油，且出现逐年增长的趋势，从 1931 年的 6 吨增长到 1935 年的 900 多吨。② 贵州也通过长江、珠江两大水系从汉口、重庆、常德、梧州、广州和上海等地进口少量的柴油，用于本省的工业和民用消费。

最后，随着对煤、木炭的开发和对成品油的进口，西南三省在这些一次能源的基础上，实现了对电力能源的开发，一方面是集中涌现了一批公共电厂；另一方面则是各个工矿产业通过引进发电、输电、用电设备和系统，自主发电，兴办一批工业电厂。如上所述，早在 19 世纪 90 年代贵州青溪铁厂和广西龙州制造局利用发电机辅助生产，由此成为西南三省最早的一批工业电厂。但是西南三省对电力资源的开发却随着两厂的快速倒闭而停滞下来，至 20 世纪 10 年代才进入真正开发阶段。

在这一时期，云南是三省中最早建立公共电厂的省份。1912 年，云南开始利用丰富的水资源开发电力，建成了中国第一家水力发电厂——耀龙电灯公司。该公司修建的石龙坝水电站是世界上第一批水电站，只比法国修建的世界第一座水电站晚了 30 年。③ 以此为滥觞，蒙自大光电灯公司、开远通明电灯公司等公共电厂相继在云南各地成立，但这些电厂均是以煤炭为燃料的火电厂。④ 同时，云南也相继成立了一批工业电厂。其中，个旧锡务公司是云南最早实现自主发电的工厂，该公司于 1912 年利用从上海德商洋行购买的发电机进行发电，至 1925 年又附设发电厂，专供洗砂和矿区照明。⑤ 据估计，至 1937 年，云南先后建成了 7 家公共电厂、7 家工业

① 广西统计局编《广西年鉴》第二回，1935，第 301、551 页；千家驹等撰《广西省经济概况》，商务印书馆，1936，第 60 页；广西统计局编《广西年鉴》第一回，1933，第 180 页；中国第二历史档案馆、中国海关总署办公厅编《中国旧海关史料（1859—1948）》第 110 册，京华出版社，2001，第 437 页。

② 见中国第二历史档案馆、中国海关总署办公厅编《中国旧海关史料（1859—1948）》，京华出版社，2001，第 115 册第 317 页、第 117 册第 281 页、第 119 册第 449 页。

③ 《郑鸾锵关于审查云南耀龙电灯公司情形报告书》（1914），云南省档案馆藏，档案号：1077 - 001 - 06859 - 002。

④ 民国《续云南通志长编》卷七十三《工业·电力工业》；张肖梅：《云南经济》，中国国民经济研究所，1942，第 047 ~ 048 页。

⑤ 彭泽益编《中国近代手工业史资料（1840 - 1949）》第二卷，生活·读书·新知三联书店，1957，第 391 页；民国《续云南通志长编》卷七十三《工业·电力工业》。

电厂。广西以成立火力发电厂为主，其燃料以木炭为主。1914 年，广西利用本省丰富的木炭资源开发电力，在南宁成立本省第一家火力发电厂——南宁电灯公司。① 此后，梧州、柳州、桂林、龙州、百色、平乐、贵县、玉林、容县、北流等地相继成立公共电厂。1927 年成立的广西硫酸厂则是广西最早进行自备发电的工厂，该厂从德国购置 175 匹马力蒸汽机 2 座、100 千瓦发电机 1 座及各式马力的电动机 11 部，自行发电，供给本厂生产和照明使用。② 据估计，至 1937 年，广西先后成立了 11 家公共电厂、8 家工业电厂。③ 贵州尽管早在 1890 年青溪铁厂投产期间曾短暂地使用煤来发电，但在 1917 年才正式筹设第一家发电厂，并且一度中辍，至 1926 年成立贵州电气局筹备处才得以赓续。④ 此后，黔北桐梓、赤水两个重要产煤大县也相继开办了发电厂。此外，1924 年投入使用的贵州赤水兵工厂是贵州最早自备发电的工厂之一，该厂从上海引进德国、英国、日本出产的车床、铣床、刨床，还购买了一套 5 千瓦的柴油发电机组。⑤ 据估计，至 1937 年，贵州先后成立了 3 家公共电厂、3 家工业电厂。⑥ 我们根据 20 世纪 10 年代和 20 世纪 30 年代的各种资料，估计了三省在这两个时期两种类发电厂发电量用途的占比情况（见表 4）。

表 4　西南边疆三省发电的用途占比

省份	20 世纪 10 年代		20 世纪 30 年代	
	供给照明	供给动力生产	供给照明	供给动力生产
云南	95%	5%	80%	20%

---

① 南宁供电志编纂委员会编《南宁供电志（1915—1988）》，广西人民出版社，1990，第 3 页。
② 广西省修志局：《广西各县工厂官营事业汇抄》（1933～1934），广西壮族自治区档案馆藏，档案号：L037 - 001 - 0204 - 0001。
③ 广西统计局编《广西年鉴》第二回，1935，第 402～418 页；广西统计局编《广西年鉴》第一回，1933，第 337 页；中国工程师学会广西考察团编《广西考察团报告·电力》，1937，第 2、8 页。
④ 《贵阳电气股份有限公司卅七年度总报告》，《贵阳电厂》（1947 年 8 月—1948 年），"中央研究院"近代史研究所档案馆藏"资源委员会·电业事业单位"档案，档案号：24 - 11 - 35 - 001 - 01。
⑤ 李德芳、林建曾编《贵州近代经济史资料选辑（上）》第 2 卷，四川社会科学院出版社，1987，第 539～540 页。
⑥ 李金顺：《贵州企业史话》，贵州人民出版社，2005，第 16～36 页。

省份	20 世纪 10 年代		20 世纪 30 年代	
	供给照明	供给动力生产	供给照明	供给动力生产
广西	100%	0%	85%	15%
贵州	100%	0%	90%	10%

资料来源：20 世纪 10 年代三省发电用途占比估计系根据三省的民国方志、文史资料及各县各业的统计调查等资料而得；20 世纪 30 年代三省发电用途占比估计据《云南经济》、民国《续云南通志长编》、《广西年鉴》第二回、《广西考察团报告》、《贵州经济》、《贵州近代经济史资料选辑》建设委员会关于三省的电业档案等资料而得。

值得注意的是，在各种能源大规模开发与供应的推动下，三省也开始探索能源产业的上游产业，即仿制用于生产的动力设备。如上文所述，早在洋务运动时期，西南三省就开始从德、英、法、美等国引进了蒸汽机、内燃机和发电机等动力设备。随着 20 世纪以来西南三省能源的大规模开发，云南和广西开始尝试自主仿制动力设备，如云南的华安工厂"机械设备有：煤烟引擎一座，马力二十五匹，该厂自制；车床五座，其中十二尺者一座，从安南购来，八尺者二座，六尺者二座，均系自制"①。广西从 1924 年开始先后有广成兴、安兴和天和等三家机器厂陆续自制 100～180 匹马力船用低速柴油机，供内河船舶作动力。② 而三省中产煤和用煤最多的贵州却囿于交通、技术与人才等因素的影响，在全面抗战之前并未成功自主仿制动力设备。这一时期云南、广西、贵州三省动力设备制造水平的差异，也反映了它们在能源开发和供应方面有着不同的路径选择。

总之，20 世纪前 30 年在东部省份产业转移、要素支撑和本地兴办工厂热潮的推动下，无论是煤、木炭还是电力能源都较开关以来得到了前所未有的开发，并且还进口成品油作为补充能源，这些无不为当地工业化和东部地区工业化供应了相对稳定的能源。遗憾的是，这一时期，西南三省开发能源的机械化水平还很低。绝大多数的烟煤和木炭开采和烧制依然沿用土法，使用人力和畜力作为动力。即便是对电力能源的开发，三省基本上都选择引进低成本、小规模、易操作的发电机组和电力系统，技术设备效率和规模都非常有限。可以说，全面抗战爆发前，西南三省对能源的大

---

① 张肖梅：《云南经济》，中国国民经济研究所，1942，第 O31 页。
② 广西壮族自治区地方志编纂委员会编《广西通志·机械工业志》，广西人民出版社，2009，第 33 页。

规模开发主要是以市场驱动为主，技术力量的驱动则非常有限。

四 全面抗战之前西南新能源供给组合的形成及其局限

如前所述，云南、广西、贵州三省在明清时期主要使用煤、薪柴等能源，为手工生产和日常生活提供热能，并未转化为机械力。当时三省的生产动力仍是由人力、畜力、水力等构成的传统能源供给组合。随着20世纪以来西南三省本地工业化再次发展，煤、木炭被用作工业生产的能源而得到前所未有的开发，不仅供给本地，还兼出口东部省份。同时，成品油沿各通商口岸城市输入广大的内陆地区，也被用作能源之一，以补充煤、木炭的不足。除了以上两大变化，更重要的变化在于对新能源——电力能源的开发。随着煤、木炭的规模开发和成品油的进口，这些一次能源为西南三省电力能源的开发奠定了坚实的基础。可以说，在东部省份工业化和当地工厂的双重能源需求下，全面抗战之前云南、广西、贵州三省形成了以煤、木炭、成品油和电为主的新能源供给组合，并经历着由这一新能源供给组合取代传统能源供给组合的过程。

具体而言，云南煤的储量丰富，不仅直接供给当地工厂作为能源，还支撑了发电厂和工业电厂的发展。据估计，20世纪30年代初在云南的工厂中，大约有60%是直接使用电力作为能源；剩下的30%左右的工厂直接使用了当地所产的煤，还有10%的工厂是用进口的柴油。[①] 可以说，云南的新能源供给组合是以开发本省的电与煤为主，并以从国外进口少量的油和煤为辅。从全国的情况来看，云南的新能源供给组合非常接近于当时东部沿海省份，尽管云南工厂的数量远远不及上海。[②] 广西煤的储量是三省中较少的，但是木炭资源是较为丰富的，沿西江水道进口成品油也较为便捷，因此在20世纪30年代初的广西工厂中，大约有70%是直接使用当地

---

① 依据《云南经济》、民国《续云南通志长编》、民国《昆明市志》、《云南实业公报》、电厂档案等资料，我们估计1933年前后云南使用动力设备的工厂有100余家，其中工人数在30人以上的工厂有10余家，工人数在30人以下的工厂有90余家。

② 1933年上海有1200余家30人以上的工厂，其中约80%的工厂以电为生产动力，剩余20%的工厂以煤和油为生产动力。详见刘大钧《中国工业调查报告》中册，中国国民经济研究所，1937，第三表《动力来源》、第四表《动力机（数量）》、第五表《动力机（能力）》、第六表《马达》。

所产的木炭和进口的柴油作为能源，只有 30% 左右的工厂使用了电和煤。[1]
依此而论，广西的新能源供给组合以开发本省的木炭以及从英、美等国进
口柴油为主，辅以开发电和煤。从全国的情况来看，广西的这种新能源供
给组合非常接近于当时的福建。[2] 贵州煤的储量在三省中最丰富，因此在
20 世纪 30 年代初的贵州工厂里，大约有 80% 的工厂是直接使用本地和本
省其他地区所产的煤作为能源，只有 20% 左右的工厂使用了电和进口的柴
油。[3] 由此观之，贵州的新能源供给组合以开发本省的煤为主，辅以自发
电和从汉口和重庆进口的少量柴油；只是大部分的煤用于供应东部地区和
周边省份的工厂动力和其他消费，剩下一部分供应本省。贵州的新能源供
给组合与当时的华北地区非常相似。[4] 更为重要的是，随着三省不同的新
能源供给组合的形成，三省之间出现了在能源开发和流通上的互动趋势。
如广西的电厂除了使用本省的木炭和煤之外，还使用了部分来自贵州的木
炭和云南的煤。[5] 贵州电厂的创办得到了云南、广西电厂技术人员的支
撑。[6] 可以说，西南三省形成的三种不同的新能源供给组合恰好体现了近
代中国能源供给转型的三种普遍模式。

　　西南三省这些不同的新能源供给组合在一定程度上推动了当地的工业
化进程。从产业结构来看，伴随着各种新能源组合的形成与运用，云南、

---

[1]　依据《中国工业调查报告》中册、《广西年鉴》第一回、《广西年鉴》第二回等资料，我
　　们估计 1933 年前后广西使用动力的工厂有 60 余家，其中工人数在 30 人以上的工厂有 20
　　余家，工人数在 30 人以下的工厂有 40 余家。

[2]　1933 年福建有 10 余家 30 人以上的工厂，其中将近 60% 的工厂直接使用当地所产的木炭
　　和进口的柴油作为能源，40% 左右的工厂使用了电和煤。详见刘大钧《中国工业调查报
　　告》中册，中国国民经济研究所，1937，第三表《动力来源》、第四表《动力机（数
　　量）》、第五表《动力机（能力）》、第六表《马达》。

[3]　依据《贵州经济》、《贵州近代经济史资料选辑（上）》第 2 卷、《贵州企业史话》等资
　　料，我们估计 1933 年前后贵州使用动力设备的工厂不到 10 家，其中工人数在 30 人以上
　　的工厂有 5 家，工人数在 30 人以下的工厂有两三家。

[4]　如山西，1933 年有 30 余家 30 人以上的工厂，其中 70% 左右的工厂是直接使用本地和本
　　省其他地区所产的煤作为能源，30% 左右的工厂使用了电和进口的柴油。详见刘大钧
　　《中国工业调查报告》中册，中国国民经济研究所，1937，第三表《动力来源》、第四表
　　《动力机（数量）》、第五表《动力机（能力）》、第六表《马达》；实业部国际贸易局编
　　《中国实业志（山西省）》，实业部，1937。

[5]　详见《邕宁县机器工业工厂调查表》，广西壮族自治区档案馆藏，档案号：L037 - 001 -
　　0200 - 0001；《南宁电气公司》（1935 年 12 月—1937 年 10 月），"中央研究院"近代史研
　　究所档案馆藏"建设委员会·电业"档案，档案号：23 - 25 - 24 - 003 - 01。

[6]　《贵州建设厅电气局公务人员一览表》，《贵州建设公报》1930 年第 2 期。

广西、贵州三省使用动力设备的产业不断扩展。与 19 世纪末 20 世纪初相比，至全面抗战爆发之前，云南使用动力设备的产业在军工、造币等产业的基础上，还新拓展了机器修造、金属用品制造、供水、面粉、榨油、制烟、糖果、棉织、服用品、洋碱、制革、印刷和制纸等 13 个产业。这一时期，云南的矿业也在使用动力进行开采、洗砂等生产活动。同样地，广西使用动力的产业也得到极大的拓展。虽然广西动力生产较早地出现在矿业，但在全面抗战爆发前夕，广西的军工、机器修造、供水、锯木、火柴、制酸、酒精、制革、服用品、棉纺织、面粉、制烟、碾米、清凉饮料、印刷和土制煤油等 16 个产业均已使用动力进行生产。贵州使用动力的产业虽然不如云南、广西广泛，但也不再局限于矿业和印刷业，军工、面粉、造纸等产业陆续使用动力生产。从产业布局来看，三省使用动力的工业多集中于昆明、梧州、南宁、贵阳等通商口岸城市或省会城市。关键在于这些城市及其附近地区是煤、木炭的大宗产区或集散中心，如昆明和贵阳及其周边地区向来是滇中、黔中煤的重要产区，南宁和梧州自明清以来成为木炭的重要集散中心，能够便利工厂获取相对稳定、廉价、丰富的煤或木炭能源，降低生产成本。① 同时，除贵阳以外，昆明、梧州、南宁均为西南地区重要的通商口岸城市，同样能够便利工厂获取相对廉价的成品油作为动力能源。

　　20 世纪前 30 年西南三省的煤、木炭、成品油、电等能源得到了较大规模地开发，但是与同时代的东部省份相比，西南三省的能源供给转型仍存在明显的局限性。第一，无论哪一种新能源供给组合，它们在开发的数量上仍比较有限。据统计，全面抗战爆发前，云南和贵州的煤储量较为丰富，远在安徽、江西等省份之上，但两省的煤产量十分有限，不足安徽和江西煤产量的 30%。② 木炭的产量在一定程度上受季节和运输的制约。尽管广西是全国木炭出产大省之一，但是木炭的烧制旺期仅有短短数月，产量相对有限。③ 电力能源的开发也是如此。据统计，至 1935 年，云南、广

---

① 详见张肖梅《云南经济》，中国国民经济研究所，1942，第 J37 ~ J38 页；张肖梅：《贵州经济》，中国国民经济研究所，1939，第 A25 页；张先辰：《广西经济地理》，桂林文化供应社，1941，第 87 页。

② 侯德封编《中国矿业纪要》（第五次民国二十一年至二十三年），实业部地质调查所、国立北平研究院地质学研究所，1935，第 3、41 ~ 42 页。

③ 中国工程师学会广西考察团编《广西考察团报告·电力》，1937，第 21 页。

西的年发电量维持在 400 万度以上，贵州则逊色许多，年发电量仅维持在 37 万度左右，三省年发电量合计不及广东的 10%。① 第二，上述三种新能源供给组合对于三省工业化发展的促进作用也十分有限。如上文所述，这一时期三省无论是煤，还是木炭，一多半都是用于出口或者当地手工业和居民生活消费，只有不到 40% 的产量用于当地工厂。电的使用更是以居民照明为主，仅有 10% ~ 20% 的电用于三省工厂生产。进口的成品油在工厂的使用比例尽管高于上述三种能源，但是仰给于国外，容易受到国际石油市场价格波动、交通运输条件和地缘政治等因素的影响，供给非常不稳定。②

上述能源供给转型的局限性可以从需求与供给两个方面来解释。首先，与东部省份相比，西南三省的工业化还处于起步阶段，工厂不仅数量少，而且仅仅集中在少数省会城市或口岸城市，由此对于本省能源的需求也就十分有限。其次，西南三省的能源开发利用技术远远落后于东部省份。如对煤、木炭的开发和烧制基本还是沿用土法，机械化水平很低、产量十分有限；对电力能源的开发以小型、低成本的公共电厂和工业电厂为主，电力技术薄弱、发电规模小、用电价格贵、电气化水平低。在西南三省从国外进口的成品油也尚未形成价格低廉和供给稳定的供应渠道。更重要的是，西南三省新能源供给组合的形成主要依托民营企业的自主开发，以及当地军阀政府应对政治与军事需要而临时开发，缺少对能源开发利用的统一布局和长远规划。总的来说，20 世纪前 30 年西南三省对能源的开发利用还处于自发性、低水平阶段，资金投入不足，技术力量薄弱，尚未形成统一、高效和安全的能源供给体系。

余　论

国际经济史学界普遍认为，自 19 世纪英国的煤开始大规模为工业提供机械能，世界各地逐渐开启了能源供给转型的进程。这一主要变化的根源

---

① 详见国民党中央党部国民经济计划委员会主编《十年来之中国经济建设·电气事业及其他》，扶轮日报社，1937，第 3 页。

② 正如 1928 年广西梧州电厂厂长张延祥所评价的，梧州市电厂"燃料来源，仰给香港，不仅漏卮堪虞，有亏国计民生，且若航运阻滞，断绝供应，或乃价格被其操纵，飞腾昂贵，在在足致患害，以故扩充时决不可再采用油渣为燃料，而宜采用本省出产之烟煤"。详见张延祥《梧州市电力厂扩充情形》，《广西建设月刊》1928 年第 6 期。

是蒸汽机的发明，即将热能转化为机械能的技术基础。19 世纪下半叶第二次工业革命又发明了内燃机、发电机和电动机，煤、木炭、石油蕴含的能量进一步被这些机械利用，从而深化了能源供给转型。至此，使用化石能源和电力能源产生的机械动力逐步取代了人力、畜力、水力以及由煤和木炭提供的热力等各种传统动力。[①] 然而，除了英国是使用了廉价丰富的煤而产生工业革命之外，世界上大多数国家都是先引进蒸汽机、内燃机、发电机和电动机等动力设备，建立工厂，尔后才推动各种新能源的开发，以及能源供给转型。近代中国的情况亦是如此。东部沿海省份早在 19 世纪六七十年代由外商或华商在通商口岸城市从国外购置蒸汽机而兴办了工厂，进而推动周边地区和省份各种新能源的开发以及能源供给转型。西南三省工业化与能源供给转型的启动时间比东部沿海省份晚了近 20 年，大致是从 19 世纪 80 年代开始。但是与东部沿海省份不同的是，19 世纪 80 年代西南三省的工业化启动没有引发当地煤、木炭，乃至电力能源的大规模开发，反而是当地各种能源供给的限制导致三省的第一批工厂大多数走向倒闭。20 世纪以降，随着东部地区工业化的西拓，尤其是广东工业化的集中辐射和带动，西南三省的工业化重启，进而深入推进了由人力、畜力和水力等传统能源向煤、木炭、成品油和电力等新能源的转型进程，由此三省形成了三种不同的新能源供给组合。值得注意的是，西南三省新能源供给主要来自当地，少量依靠国外进口，具有鲜明的自给性；而江南地区与之相反，所需的煤炭、石油等新能源主要从日本、英国、美国、俄国等国进口，少量来自国内东、中部省份的支持，"外源性"显著。反过来，三省能源供给转型的加快也促进了当地的工业化发展，体现在机械化水平的提高和产业集聚趋势的增强。这些变化趋势都为 1937 年之后西南抗战大后方的工业发展和能源体系建设提供了坚实的基础。可以说，像云南、广西和贵州这样能源丰富、经济落后的西部省份，从国外引进工业化还不足以真正带动当地能源供给的转型，需要经过本国东部省份工业化辐射和带动，才能持续进行这些西部省份能源供给转型；而当地各种新能源开发的规模

---

① Paolo Malanima, "Energy, Productivity and Structural Growth The Last Two Centuries," *Structural Change and Economic Dynamics* 58 (2021), pp. 54 – 65; "Energy consumption in England and Italy, 1560 – 1913. Two pathways toward energy transition," *Economic History Review* 69 (2016), pp. 78 – 103; "The limiting factor: energy, growth, and divergence, 1820 – 1913," *Economic History Review* 73 (2020), pp. 486 – 512.

和用途又对其工业化发展的水平、特征和趋势产生重要影响。这正好体现了后发展大国在工业化赶超背景下能源供给转型的一般规律。

A Study of Energy Supply Transformation in the Southwest Region in the First Three Decades of the 20th Century

XuYi   Liang Tingting

Abstract：During the Ming and Qing dynasties, Yunnan, Guangxi and Guizhou were an important region for transporting resources such as metal ores, timber and charcoal to the eastern provinces. In the first three decades of the 20th century, driven by the transfer and spread of industrialization from the eastern region to the central and western parts of the country, these three southwestern provinces began to develop and import various new energy sources on a large scale, thus advancing the transition from the traditional energy sources of manpower, animal power and water power to new energy sources of coal, charcoal, refined oil and electricity, and gradually formed three different new energy supply combinationsThe scale and use of the various new energy sources developed locally, in turn, had a significant impact on the level, characteristics and trends of their industrializationThis precisely reflects the general pattern of energy supply transition in large post-developing countries in the context of industrialization catching up.

Keywords：First Three Decades of the 20th Century；Southwestern Provinces；Industrialization；Energy Supply Transition

抗战后长江流域机构在湘防洪工程
发包问题发覆（1945～1949）

刘长林*

摘　要：抗战胜利后，为挽救民生及重建经济，国民政府长江流域机构亟待进行防洪工程建设，选择合适施工组织方式是流域机构首要任务。湖南是长江流域机构防洪的重要区域，因汛期将近，流域机构管理人员不足，央、地利益不一及联合国善后救济粮食的援助，工程发包制度被流域机构广泛采用。长江流域机构在湘防洪工程发包具有完整的组织程序，严格执行招标、投标、评标、定标流程。承包商在具体施工过程中遭遇执行困境。防洪工程发包制度属单项承发包制，承包商在建设过程中遭遇的困境，不仅是战争环境所导致，单项承发包制所具有的特性与国民政府现实情况之间的张力也是防洪工程难有成效的重要因素。

关键词：工程发包　抗战后　水利建设　流域机构

抗战胜利后，水利建设是国民政府经济建设的重点，防洪工程是其重要组成部分。长江沿岸干堤多残损不堪，且汛期将至，为恢复民生，江堤防洪工程成为国民政府长江流域治理的首要工程。[①] 江堤防洪工程主要包括堵口复堤与涵闸建设。这一时期，各流域机构进行的堵口复堤工程，不论是堤坝高度、厚度还是夯土紧实度，都并非传统堤防工程所能比拟。不过，在缺乏专业工程机械的现实条件下，以用土运输和填筑作业为核心的防洪工程需要大量劳动力参与。当时，有关人力的征调与动员主要有四种

---

* 刘长林，湖南常德人，历史学博士，湖南理工学院马克思主义学院讲师，研究方向近现代水利史。

① 《复员以来长江水利工程概况》，《长江水利季刊》1947 年第 1 期，第 9 页。

形式：地方政府代为雇工、征工、工程发包及以工代赈。① 学界对于地方政府雇工、征工、以工代赈等人力征调方式研究较多，强调了国民政府基层组织建设、地方士绅介入对确保工夫征调所起的作用。② 工程发包同样被广泛应用在工程建设中，但抗战后防洪工程建设为何会选择发包、防洪工程发包制度的使用有着怎样的流程、发包在具体的建设过程中遭遇怎样的困境、发包在现代工程建设中属于何种性质及发包对于抗战后防洪工程建设存在怎样的影响，学界研究较少。湖南是长江流域防洪要区，本文拟通过对抗战后长江流域机构③在湘防洪工程发包动机、发包程序及运行中存在的问题进行全面梳理，尝试回答以上问题，并以此探讨抗战后国民政府经济恢复与重建过程中工程组织方式的选择对重建效果产生的影响。

一 工程发包制度与抗战后流域机构 在湘防洪工程组织方式的选择

民国工程发包制度是以招、评标为主要手段的工程组织方式，目的在于实现工程成本的最小化，是近代"西风东渐"过程中，西方制度在中国传播与实践后的结果。其并非近代企业经营中的包工制，也并非针对甲、乙方内部组织结构及形态，而是指工程项目中甲、乙双方间围绕工程结成以合同为核心的"发—承"关系。晚清时期租界工部局已经在市政建设中采取发包制。④ 张之洞创办湖北皮革厂选择的公开招商比价，是国人较早将发包制度应用于工程建设。⑤ 民国时期，政府基础建设中，以公开招、

---

① 鲍梦隐：《黄河决、堵口问题研究（1938 年 6 月—1947 年 9 月）》，山东大学博士毕业论文，2013，第 168 页。
② 相关研究主要有：张景平：《水利、政治与区域社会——以民国鸳鸯池水库建设为中心》，《近代史研究》2021 年第 5 期；戴维·艾伦·佩兹：《工程国家：民国时期（1927—1937）的淮河治理及国家建设》，江苏人民出版社，2011。
③ 本文的长江流域机构主要指南京国民政府针对长江流域治理设立的扬子江水利委员会，以及其后改组而成的长江水利工程总局。文中所指的湖南区堵口复堤工程处、长江堤闸工程处湖南区工务所（后文简称"湖南区工务所"）、洞庭湖工程处均属于扬子江水利委员会（长江水利工程总局）下设在湖南的派驻机构，同属长江流域机构范畴。
④ 杨小燕：《近代西方经济制度思想在华传播与实践的比较研究——以市政招标制度思想为例》，《贵州社会科学》2016 年第 6 期。
⑤ 阎强、陈于仲编著《招标投标概论》，中国财政经济出版社，2006，第 5 页。

投标形式开展的发包制度得到广泛应用。① 民国工程发包制的运用是近代工程技术化的体现。发包本身采取投标方法，有利于促进建设单位与承包方的分工合作，是社会化大生产的客观需求。

同时，营造厂是参与政府基础建设公开投标的项目乙方组织机构，即承包人。民国初期，各地政府就相继出台营造厂注册条例，在法律条例上对营造厂进行规范化与制度化管理。南京国民政府成立后，上海、武汉、南京等城市都相应出台营造厂登记章程。以湖北为例，1927 年 9 月，湖北省政府委员会第 21 次会议通过《湖北省属营造厂及泥水木作注册条例》，其中对营造厂的注册条件、批复机构、资质评定办法等进行了规定。② 可见，战前工程发包制已逐步完善且广泛运用，为抗战后长江流域机构在湘防洪工程中采取发包制奠定了基础。

抗战后，长江流域机构在湘防洪工程建设中多采用发包制度，"其施工全采取包工制，分段发包给营造商人，商人转包给工头、棚头，棚头各带工夫 50 人左右工作"③。关于抗战后长江流域机构在湖南的防洪工程中选择采取发包制，《长江堤闸工程处湖南区工务所 1949 年工作计划》中给出了一种说辞：

> 包工制之利，在经管方便，无需购工具、拨工棚、管理工人。其弊在包商、工头克扣工人的工粮，且包商易于偷工减料。复堤处改成堤闸处后，水闸工程仍采取包工制。今年冬季至明年春季是农闲的季节，加以今年滨湖大水灾，被灾人民特多，所以宜采用征工制，以利用农闲期农民的劳力，并用以工代赈的制度（工赈制）以救济大批的灾民，使免于流离失所，引起社会不妥。但征工制及工振制管理较困难，应有妥善完整的管理办法与干练慎重的管理人员。堤工与闸工中的土方工程，技术较简单，故一般人民一见即能采作，故可以采用征

---

① 参见：《谭宝路工程近讯：桥梁之发包》，《实业杂志》1922 年第 62 期，第 12～13 页；孙科：《呈省政府遵查奉发包承梅溪汕头出口河道第一期挖浚土方拆筑石璃工程规约尚无不合请察核由》，《广东建设公报》1927 年第 7 期，第 104 页。

② 《湖北省属营造厂及泥水木作注册条例》，《建设月刊》第 1 卷第 1 期，1928，第 73～77 页。

③ 《扬子江水利委员会湖南区堵口复堤工程处关于令补送第二期工程施工成果及施工计划图表等件给长江水利工程总局堵口复堤工程总处的代电，附 1949 年度工作计划图表、历年工程实施概况、涵闸工程办理情形一览表》，1947 年 5 月 24 日，湖南省档案馆藏，档案号：00089－001－00025－00057。

工工赈制，惟一较高技术的开工，则仍宜采用包工制。[①]

上述所见，流域机构防洪工程中采取发包制度，主要是征工制需用工单位征调人员对工夫进行管理，需要充足的人手与完整的管理办法，相比发包制更为繁琐。抗战后长江流域机构在湘派驻机构明显编制紧缺，人员不足。具体以湖南区堵口复堤工程处驻各段监工编制来看，因难以满足临湘、华容两工程段的需求，导致二期工程开始前，谢志安不得不呈请南京方面，请求添置临时监工员。不过，扬子江水利委员会堵口复堤工程总处以条例规定，认为"可尽先在规定人数以内遴用派任监工员之工作，所请酌派临时监工员应毋庸议"，对添置一事予以搁置。[②] 监工尚且人员不敷，若采取征工制必然无法进行有效的管理。同时，现代水利工程技术含量也高于传统工程，需专业的队伍建设。以涵闸工程为例，其工程建设过程中需使用水泥、灰浆，且有科学配比。其条石采用英式丁字间砌法，直缝与压缝间的距离都有严格的标准。同时，拱架、翼墙结构都需进行科学验证，由工程师负责查验曲度是否合格。[③] 其复杂程度自然非土方工程所能比。更重要的是民国时期国民教育程度偏低，小学文化可充为工程处工役，征募工夫学历更低，自然难以胜任工程。

不过，便于管理与工程门槛的因素是否足以解释抗战后流域机构在湘防洪建设多采用发包制，则尚需进一步探讨。事实上，征工制本是扬子江水利委员会在战后长江堵口复堤工程中的既定方针，"堵复工程，由堵复总处负责设计；工夫之征募，由地方政府协助进行；工粮由善后救济总署随时供给"[④]；"复员伊始，中央统筹水利善后，……利用善后救济粮食，以工代赈先谋堤防之修复。"[⑤] 可见，在既定方针中工程处、地方政府与善

---

① 《扬子江水利委员会湖南区堵口复堤工程处关于令补送第二期工程施工成果及施工计划图表等件给长江水利工程总局堵口复堤工程总处的代电，附1949年度工作计划图表、历年工程实施概况、涵闸工程办理情形一览表》，1947年5月24日，湖南省档案馆藏，档案号：00089－001－00025－00057。

② 《扬子江水利委员会堵口复堤工程总处关于酌情调派临时监工员15人及呈送职员名册临时监工员给所属湖南区堵口复堤工程处的代电》，1946年11月7日，湖南省档案馆藏，档案号：00089－001－00012－00043。

③ 《砌石工程施工规范》，湖南省档案馆藏，档案号：00089－001－00038－00010。

④ 《扬子江水利委员会重要工程消息》，《水利通讯》第2期，1947，第26页。

⑤ 《长江干支流堵口复堤工程报告》，《长江水利季刊》1948第1卷第4期。

后救济总署各司其职。其中，地方政府的征募与善后救济粮无疑是工程实施的关键所在。但长江流域机构在湘防洪工程中发包制盛行，其原因有三。

其一，抗战后湖南防洪工程时间紧迫。以长江湖南段堵口复堤第一期工程为例，抗战胜利后，"扬子江干支流之堤防，为华中各省民命所寄。抗战以来修防失时，加以人为之破坏，残破不堪，胜利后，扬子江水利委员会即奉上令，赶办堵口复堤工程。……其最急要工程，尽先于三十五年六月大汛以前，抢修完竣"①。战后百废待兴，又正值汛期将至，是时，负责湖南堵口复堤工程的扬子江水利委员会湖南区堵口复堤工程处于1946年4月8日启用关防②，主任谢志安4月初以聘函到任，并拟4月20日启印视事③。4月26日，堵口复堤工程总处处长朱士俊在给谢志安的电文中写道："奉此查时逾谷雨各区工程均已开展进行，该区步调应取一致，合行令仰迅将工程处组织成立开工具报为要。"④ 可见，极为迫切的开工时间是刚刚成立的湖南区堵口复堤工程处面临的最重要的问题。

其二，工程规划之初，扬子江水利委员会主张由地方政府协助征工，但实际进行中难以实现。同时，湖南区堵口复堤工程处作为国民政府长江流域机构派驻在湘的职能部门，其与县政府之间的互通有无，主要通过湖南省建设厅下达指令或从中斡旋。作为技术性机构，湖南区堵口复堤工程处在地方并无行政权，地方政府难以给予其足够的重视，甚至多有掣肘。以临湘县政府警察局逮捕第二工程段工棚排头傅润身一案为例，1947年2月13日晚，在未通报湖南区堵口复堤工程处的情况下，第5大队排头傅润身被临湘县陆城的警察分所拘押，因事实真相不明，而县府未公布案情，以致"棚内工夫咸认为棚头无故被拘，群情忿忿不平"。湖南区堵口复堤工程处不得不电呈建设厅，恳转省府令饬临湘、华容两县府，希望之后对

---

① 《扬子江水利委员会重要工程消息》，《水利通讯》第2期，1947，第26页。

② 《扬子江水利委员会堵口复堤工程总处关于将各关防印模拓留并报告转发启用日期的代电》，1946年4月16日，湖南省档案馆藏，档案号：00089 - 001 - 00011 - 00004。

③ 《扬子江水利委员会湖南区堵口复堤工程处关于遵令筹备成立并启印视事请鉴核备查并转报扬子江水利委员会备查给扬子江水利委员会堵口复堤工程总处的呈，附给湖南省政府建设厅、善后救济署湖南分署的代电及给湖南省华容县、临湘县政府的公函》，1946年5月7日，湖南省档案馆藏，档案号：00089 - 001 - 00011 - 00005。

④ 《扬子江水利委员会堵口复堤工程总处关于已知谢志安为湖南区工程处长电令迅将工程处组织成立开工具代电》，1946年4月26日，湖南省档案馆藏，档案号：00089 - 001 - 00011 - 00006。

工程处所属工段工夫之逮捕，事先通知主管工段，会同办理。[①] 由此可见，湖南地方县政府与驻湘流域机构之间张力明显。若依靠县政府协助招募工夫，难免存在矛盾，导致影响工期。同时，县政府招募工夫，需要稳定社会秩序，岳阳属沦陷区，基层组织破坏严重，加之水患影响，百姓流离，依靠县政府招募工夫，不具备征募条件。[②]

其三，雇用工人需要大量的薪金，联合国善后救济为战后重建带来大量的粮食援助。其中，就水利重建而言，依照善后救济计划预算，分配工款 121.18 亿元，其中拨款 28.36 亿元，以工赈粮食 44315 吨作价抵充。[③] 湖南堵复第一、二期工程分别计划拨付 1200 吨、1909 吨。[④] 抗战以来，国民政府金融体系紊乱，法币贬值严重。以 100 元法币购买力为例，1937 年可购买两头牛，1946 年只能购买一个鸡蛋。[⑤] 粮食这一基本物资作为"硬通货"存在，对招募工人或承包公司极具吸引力。因而，在联合国战后重建计划支持下，大量联合国善后救济粮使得抗战后流域机构在湘防洪工程建设中采取发包制成为现实。

二 抗战后长江流域机构在湘防洪工程 发包程序及其运行困境

招标投标是发包制的核心问题，民国时期的招标投标已经具有明确的概念与范围，其建立有相对完善的诚信体系、失信惩罚机制及担保制度。以涵闸工程为例，抗战后国民政府长江流域机构在湘防洪工程建设过程中的发包程序如下。

---

① 《扬子江水利委员会湖南区堵口复堤工程处第二工程段关于湖南省临湘县政府拘押第二工程段棚头傅润身一案给扬子江水利委员会湖南区堵口复堤工程处的代电》，1947 年 2 月 18 日，湖南省档案馆藏，档案号：00089 - 001 - 00015 - 00014。

② 《扬子江水利委员会湖南区堵口复堤工程处关于聘请郑伯魁为第六大队队长、曾庆昌为第七大队队长对第二工程段指令》，1947 年 1 月 5 日，湖南省档案馆藏，档案号：00089 - 001 - 00013 - 00043。

③ 《长江干支流堵口复堤工程报告》，《长江水利季刊》1948 年第 1 卷第 4 期。

④ 《湖南区堵口复堤工程处关于第一、二期工粮应补足表一份申请鉴核迅饬补发给善后救济总署湖南分署的代电》，1947 年 10 月 17 日，湖南省档案馆藏，档案号：00089 - 001 - 00018 - 00059。

⑤ 中国人民大学农业经济系编《中国近代农业经济史》，中国人民大学出版社，1980，第 203 页。

其一，对于招标投标，先由湖南区工务所拟定价位，即标底。抗战后防洪工程发包以粮食作为计算标准，长沙政府所规定的每日粮食价格信息成为工程发包底价的依据。同时，湖南区工务所还邀请兄弟单位作为监工，共同参与底价制定，如芝湖堤（1）、芝湖堤（2）、万家垸、白杨垸等四处涵洞工程发包前，湖南区工务所就去函长江堤闸工程处朱处长，由朱处长面请洞庭湖工程处派员前来共同核定底价并予以监标。① 底标确定后，再对各登记厂商资力、经验及信用等项，进行调查清楚，确定参与投标的厂商资格。② 严格的资格审查，使得无财力的营造厂被排除在外，进而保证工程能够顺利进行。其后，则是拟具包含招商时间、地方以及所需事项的通知，再通知符合条件的参与投标各营造厂。③ 除以通知形式发给各营造厂外，同时以代电方式，电呈长江堤闸工程处、洞庭湖工程处以及湖南省建设厅。④

其二，投标阶段。投标前湖南区工务所虽然已经确定参与投标的厂商，但通知发放后，其投标时间、投标厂商的变动权皆由湖南区工务所掌握。如砖桥涵闸工程，原本定于七日下午，由陆安等6家营造厂比价，但因临时加增2家营造厂，导致预定的图表不敷，从而使得原定比价日期延迟，且图样文本费增加。⑤ 正式投标开始后，先由主办机关宣读报标须知，有关其内容以华容县长宁、砖桥两水闸工程比价须知为例，该比价须知对工程地点、款项、物料、完成时间进行了说明，并强调承包人应预交银洋300元作承办工程押款，作为给予甲方的保证金，规定时间内不能完工，

---

① 《长江水利工程总局长江堤闸工程处湖南区工务所关于芝湖堤等处涵洞亟待开工请派员准时莅临会同核定底价以便定期开标代电》，1949 年 3 月 19 日，湖南省档案馆藏，档案号：00089 - 001 - 00039 - 00016。

② 《黄卤文关于已查清各等级厂商之资力、经验及信用等项，并选送陆安营造厂等调查表的签呈》，1949 年 1 月 4 日，湖南省档案馆藏，档案号：00089 - 001 - 00039 - 00003。

③ 《湖南区工务所关于定期定点进行临湘新港海底修理工程及易家湾运输石料招商比价事项并请携款前来领取说明书及估价单给利民营造厂等的通知》，1949 年 1 月 15 日，湖南省档案馆藏，档案号：00089 - 001 - 00039 - 00007。

④ 《长江水利工程总局长江堤闸工程处湖南区工务所关于举行临湘新港水闸海底工程及易家湾运输石料等项招商比价时间及地点并莅临监视给湖南省建设厅、长江水利工程总局洞庭湖工程处的代电》，1949 年 1 月 17 日，湖南省档案馆藏，档案号：00089 - 001 - 00039 - 00006。

⑤ 《湖南区工务所关于呈报举行涵闸工程招商比价事项并请派员莅临监视给湖南省建设厅、长江水利工程总局的代电》，1949 年 1 月 5 日，湖南省档案馆藏，档案号：00089 - 001 - 00039 - 00004。

损失概由承包商负责。① 可见，该项须知对承包人具有一定的约束力。同时，规定投标人需投 1 至 2 标，但中标后只能承做其中一标。在开标后，湖南区工务所须再次验证参与投标的营造厂资格，须丙级资质及其以上者，方能继续参与投标。参与投标者在参与投标后，不能有任何异议或要求，以及对所报标价做任何复更的请求。投标人填取报价，不得随意修改估价单，否则作无效处理。同时，工程处将各营造厂估价公布。② 工程处采取现场公开报价，虽并非严格意义上的密封投标定价法，但其核心原则是一样的。

其三，评标阶段。在所有投标者中，往往报价最低的投标者中标，他的报价就是承包价格。抗战后长江流域机构在湘防洪工程投标中，同样遵循这一原则。表 1 反映了岳阳长宁闸与荆湖闸工程的竞标情况。

表 1　岳阳长宁闸与荆湖闸工程竞标标价情况

单位：市石

厂商	长宁闸标价	荆湖闸标价
利民营造厂	1761.60	1352.77 *
振记公司	2085.29	1509.01
黄协记营造厂	2189.85	1493.88
炳记大同公司	1681.68	1268.68
吴庆记营造厂	1692.35	1293.19
文绍记营造厂	1832.40	1313.52
展筑营造厂	1934.51	1350.39 **
陆安营造厂	2387.19	1704.48

资料来源：《湖南区工务所发包华容砖桥荆湖、长宁二水闸工程比价须知》，1949 年 4 月 19 日，湖南省档案馆藏，档案号：00089‑001‑00039‑00005。

注 * 荆湖闸总价原估单校核结果应改为 1359.27；

　　** 展筑原估单校核结果应改为 1245.094。

湖南区工务所根据报价，采取一种典型的最低评标价法，即在各投标厂商满足招标要求的前提下，根据统一的价格要素评定最低报价，以提出最低报价的投标人作为中标候选供应商或中标供应商的办法。经过第一轮

① 《湖南区工务所发包华容砖桥荆湖、长宁二水闸工程比价须知》，1949 年 1 月 12 日，湖南省档案馆藏，档案号：00089‑001‑00039‑00005。

② 《长江水利工程总局长江堤闸工程处湖南区工务段长宁垸及荆湖水闸工程开标会议记录》，1949 年 1 月 12 日，湖南省档案馆藏，档案号：00089‑001‑00039‑00005。

投标报价，炳记大同营造厂、利民营造厂、吴庆记营造厂、文绍记营造厂以最低报价进入决标环节（展筑营造厂原估单的校核结果改为1245.094，但未进入决标环节，可能存在低于成本或明显不合理的报价）。1月10日下午3时，在湖南区工务所办公厅再次举行决标环节，因文绍记营造厂中途退席，以弃权论处。吴庆记营造厂减低夯工，以原价照底价1.585市石（齐米）得以承包长宁闸；炳记大同公司则允许减低凿工，以原价照底价1.248市石（齐米）承包荆湖闸。①

在水利工程发包评标过程中还有一种"折包"的现象存在，即并非将工程全部承包给单独某家营造厂，而是拆分开之后，分别承包给几家营造厂。以新港海底工程为例，因工程浩大，湖南区工务所所定底标过大，并非一家营造厂能够单独承办。工程处将新港海底工程拆分为砌做工、南津港运输块石、丁字湾条石购运三包。其中，利民营造厂以报价最低，得以承包砌做工。丁字湾条石购运分别由李益泰、李荣记、方裕兴三家比价，李益泰给价106.41石，李荣记给价109.95石，方裕兴给价113.5石，以李益泰报价为最低。南津港运输块石工程分别由谢记、光记、李允记三家营造厂分别进行比价，谢记给价75.66石，光记给价77.6石，李允记给价87.3石，以谢记营造厂为最低。因此，利民营造厂承做砌做工，丁字湾条石购运一项由李益泰石商承做，南津港运输块石一项，交谢记营造厂承做。相比专给一家独包，"拆包"所需低36%。同时，评标阶段由洞庭湖工程处粟宗嵩、建设厅熊世平全程监票。②

其四，定标阶段。中标厂商确立后，湖南区工务所虽并未向社会公示，但由湖南区工务所、洞庭湖工程处分别将结果及监视情形具文呈送长江堤闸工程处，同时将中标单位的执照种类、号数等一并呈送。③ 同时，中标厂商确立后，则是湖南区工务所与厂商签订合同，以炳记大同与湖南区工务所签订的石料运输合同为例，合同中对石料数量、种类、价款以及付款方法、开工期限、逾期罚款、保证责任等都有详细的介绍，以下选取

---

① 《湖南区工务所长宁、荆湖二闸决标会议记录》，1949年1月12日，湖南省档案馆藏，档案号：00089-001-00039-00005。

② 《湖南区工务所发包新港修理海底工程及运输石料招商比价决标记录》，1949年1月28日，湖南省档案馆藏，档案号：00089-001-00039-00015。

③ 《长江水利工程总局洞庭湖工程处关于核准新港海底工程及易家湾运石比价开标、决标记录与新港海底工程采取拆包办法并监视比价情形等给长江水利工程总局长江堤闸工程处的代电》，1949年2月2日，湖南省档案馆藏，档案号：00089-001-00039-00022。

重要合同条款予以具体的介绍：第二条规定，就石料种类而言，以麻石或青色石灰石为标准，并对尺寸进行规定；第四条将付款办法则分为四期，按照工程进度，分批付款，付款以齐米折合金圆券支付，并以当日《中央日报》报价随时调整折合率；第七、第八条逾期罚款与保证责任，对乙方违约后罚金以及担保人的责任进行了规定；第八条则规定甲方有随时更改碎石数量的权利，乙方不得异议，且单价仍按照原定估价计算。① 从合同整体而言，各项条款对乙方的约束性更强一些，无疑有利于甲方对工程的监管。

由以上发包程序来看，合同的订立更偏重于甲方规避工程中可能出现的风险，而乙方为能中标，则忽略掉了合同中的不完全性。水利工程的兴建情况复杂，致使合同存在诸多的不确定性，合同中的当事人，尤其是乙方因处于弱势地位，更不可能在合同中载明这种不确定性，从而导致合同履行过程中问题较多。对于工程发包运行中所遭遇的问题，此处以吴庆记承包长宁闸工程为例，做一窥探。

长沙吴庆记营造厂以照底价 1.585 市石（齐米）中标。1 月 10 日决标，1 月 16 日动工。可以说，时间相当紧凑。然而，开工不久吴庆记营造厂便遭遇两大困境。首先，对长沙、岳阳两地粮价掌握不清，导致折算中亏损。工程发包以粮食作为标准，吴庆记前往岳阳施工，但在长沙领取粮食。据吴庆记 3 月 15 日笺函，其 1 月 12 日订立合同，14 日领到齐米 317 市石。因长沙至砖桥路途较远，又因荆河一段水流湍急，不便于运输，且湖南省政府禁止米粮运输出境。为避免运输周折，贻误工期进展，吴庆记决定将在长沙所领取的齐米在长沙就地兑换银元，然后在砖桥购置齐米发放。然而，吴庆记很快发现长沙出售齐米每石银元 4 元 7、8 角，而在砖桥每石售卖到银元 8 元 1、2 角，折算后长沙一市石之粮价仅能在砖桥购买齐米 5 斗 7、8 升。据吴庆记称，其签订合同时，中标价已经是按照最低数估算，即使长沙与砖桥粮食价格一致，去除管理费外，其利润不过一成。营造厂领取超过一半的粮食后，以此折算，"此中赔累之巨，颇出人意料"。与此同时，自 1 月 23 日吴庆记正式开工以来，已经开挖土方 3900 余立公方、淤泥 2700 余立公方以及连日春雨，日夜排水，所用车工不下 400 人，打桩 400 根，除拨付齐米尽数用尽外，还垫付工款 1200 余元（银元），致

---

① 《湖南区工务所与炳记大同营造厂关于订购石料的购料合同》，1948 年 11 月 9 日，湖南省档案馆藏，档案号：00089 - 001 - 00039 - 00028。

使吴庆记营造厂有破产之虞，因此请求湖南区工务所能够以砖桥米价将此前所领折算齐米补发，且以后照砖桥米价调整发放，以使工程能够顺利进行。对于吴庆记的报告，湖南区工务所极为重视，认为吴庆记所称基本属实，涵闸地基受侵蚀严重，此时正是工程关键时期，若厂商破产势必影响工期，因此，就如何调整发放办法请长江堤闸工程处决定。[①] 然而，此际正值战争，南京方面根本无暇顾及来自湖南的请求。[②]

其次，所订合同与现实环境存在巨大差异。诸如在合同中未出现挖掘涵闸基的任务，但是不开挖基础闸土，工程无法正常进行。据吴庆记营造厂在 1949 年 3 月 6 日砖桥工程段函称：基础挖土工程原不在合同之中，但工期在即，为赶工需要，因此先行自行开挖基础，业已完成。只不过相比预估的 3500 立公方，因地基松软，实际先行开挖土方已经超过约 2000 立公方。[③] 与此同时，因 3 月 3、4 日两日大雨，又将业已完成的土方崩塌，致使工作无法开展，且工程成本进一步增加。同时，因水闸的沟外水位高于闸基，闸内有浸水多处，浮土含水甚多，日夜抽水难以应付，闸基多次坍塌，导致其不胜其烦。因此，吴庆记一方面希望工程处能将坍塌土方按照实际方数追加，以免亏损严重；另一方面则是希望在周边改加打木桩一排，内衬芦柴，上面另开便沟，则浮土不致下塌。对于吴庆记的请求，湖南区工务所虽然积极转请长江堤闸工程处，请求迅将塌方工款及加做挡土排桩工程款签发，以利于工程推进。不过，长江堤闸工程处对打木桩用于挡土一事并未允诺，只不过言土方塌陷不过是边坡太陡，将边坡改以 1：1 的比例重新培面，并将湖南区工务所呈送的补给塌方工款与加做挡水木排的原件退还。[④] 需要指出的是，吴庆记先前开挖土方，只是得到湖南区工

---

① 《湖南区工务所关于转赍湖南区工务所砖桥工程段报告之长砖两地米价悬殊影响工款过巨，恳请改善发放办法给长江工程总局长江堤闸工程处的代电，附原报告》，1949 年 3 月 21 日，湖南省档案馆藏，档案号：00089 - 001 - 00028 - 00026。

② 《长江水利工程总局长江堤闸工程处湖南区工务所关于长宁垸土方工程业已完竣请派人协同前往验收给洞庭湖工程处的代电》，1949 年 5 月 11 日，湖南省档案馆藏，档案号：00089 - 001 - 00028 - 00028。

③ 《湖南区工务所关于转赍湖南区工务所砖桥工程段报告之长砖两地米价悬殊影响工款过巨，恳请改善发放办法给长江工程总局长江堤闸工程处的代电，附原报告》，1949 年 3 月 21 日，湖南省档案馆藏，档案号：00089 - 001 - 00028 - 00026。

④ 《砖桥工程段杨嗳馨关于请派员将塌方数量详细测量绘制图表并检同吴庆记打桩估价表等件乞迅将塌方工款及加做挡土排桩工程工款签发给副主任尤德梓等的报告》，1949 年 3 月 6 日，湖南省档案馆藏，档案号：00089 - 001 - 00028 - 00029。

务所书面通知，允许将来再凭实做土方转报工程处，但是此通知并未写进合同中，致使承包商承担极大的风险。而据吴庆记在长宁闸工程底脚完工后，给湖南区工务所的信函中所言，"本项工程内有挖基抽水工、捶节水泥工、搭盖堆灰棚及加打挡土排桩工料起运水泥工、转运水泥工及购备存料等，……尚有欠领 340.42 市石"。可见，长江堤闸工程处和吴庆记之间可能未能达成有效协议。与此同时，湖南区工务所准备的石料不能按时运抵，因雨水倾灌，所挖淤泥也未在原发包合约中，而 4 月 28、29 日两日狂风暴雨，致使不能施工。[①] 5 月 13 日，砖桥兵变，"人民留存砖桥货物尽为劫掠"，湖南区工务所第一工程段段长杨瑷矗避住乡下。[②] 恰逢工人索要工资，致使工程不得不停顿。所订合同与现实环境存在巨大差异，导致承包商受损严重，同时影响工程的正常进展。

三 工程发包性质及其对抗战后长江流域机构防洪工程建设的影响

工程发包合同在执行过程中遭遇现实困境，某种程度上是因为合同的不完全性，而这种不完全性正是由工程发包的性质所决定。关于抗战后长江流域机构在湘防洪工程发包制是何性质的讨论，则可先对防洪工程发包的组织结构进行认识。以堵口复堤工程为例，长江水利工程总局下设堵口复堤工程总处，下又设立江苏、江西、安徽、湖南及南京五个分处，分别承担所在地省份长江干堤的堵口复堤工程，各营造厂则是与各省份工程处签订分包合同，与各省工程处发生直接关系，再由各省工程处将合同交由总处审核与批准。因此，堵口复堤工程的委托主体应该是长江堵口复堤工程总处，各省工程处受到总处委托与承包商签订合同。

如果认为堵口复堤工程总处属于业主，各省份工程处则是受业主方委托担任业主方的项目管理任务，营造厂作为代建单位，三者呈现的关系是

① 《吴庆记营造厂关于呈报长宁堤闸工程完工数量、支领工米情形及所受各项损失给长江堤闸工程处湖南区工务所的呈》，1949 年 3 月 3 日，湖南省档案馆藏，档案号：00089－001－00028－00034。

② 《湖南区工务所关于请通知湖南省华容县政府转饬当地砖桥地方人民不能挖掘驻军移用之绞纹铁管或收存铁管给湖南省建设厅的代电，附杨瑷矗报告》，1949 年 6 月 1 日，湖南省档案馆藏，档案号：00089－001－00030－00021。

否完全符合代建制的概念，以下同样以湖南区堵口复堤工程处（湖南区工务所）为例进行分析。湘省防洪工程发包中，湖南区堵口复堤工程处负责制定发包程序，通过发包形式选择代建单位（营造厂），并与之签订合同。同时，还需协同当地主管地政机关依法征收土地，进行地价补偿。① 此外，湖南区堵口复堤工程处（湖南区工务所）还需设置工程段、监工所派出工程师，随时对代建单位（营造厂）的质量、安全、进度、发放工粮情况进行监督检查，并做好上级部门的检查与审计工作。工程竣工后，还负有组织或参与验收的职责。以上职能属于水利工程代建制度中项目管理单位的主要职责。营造厂从湖南区堵口复堤工程处承接项目，按照合同规定组织项目实施，则属于代建单位性质。反观工程总承包制，其工程总承包单位从业主手中承包工程勘测、设计及施工任务，属于承包性质，而堵口复堤工程总处与各省份工程分处的关系显然并不是承包关系。堵口复堤工程中，设计由总处负责，工粮、医药由善后救济组织负责。②

从资金的使用来看，代建制中的资金由投资方按照项目的进度拨给代建单位。以《湖南区工务所涵闸发包细则》中付款办法来看，其根据营造厂进度，将工款按五期分别支付。③ 一定程度上，防洪工程采取的发包制中资金使用情况，也符合代建制的概念。不过，流域机构防洪工程中的发包制度并非代建制。水利工程代建制应具有以下条件：（1）上级水利机关；（2）项目管理单位；（3）代建单位；（4）施工单位（勘测设计、监理、材料供应商等）。④ 显而易见，水利工程发包中的营造厂属于施工单位，并不存在根据代建合同，再组织招投标选择监理、施工、材料供应商的职能。如果将湖南区堵口复堤工程处作为代建单位，则其与堵口复堤工程总处的关系并不是一种承包关系，也并未签订代建合同，也并不收取代建费。因此，防洪工程发包制并非代建制，更不是总承包制。

事实上，总承包制属于承发包制中的一种。建设承发包制中存在三种

---

① 《湖南堵口复堤工程处关于奉令发修正征收土地应注意事项给临湘、华容工务总段的代电，附征收土地应注意事项》，1946年10月9日，湖南省档案馆藏，档案号：00089 - 001 - 00017 - 00001。

② 《扬子江水利委员会重要工程消息》，《水利通讯》第2期，1947，第26页。

③ 《工程发包细则》，湖南省档案馆藏，档案号：00089 - 001 - 00038 - 00001。

④ 《湖南区工务所关于转赉湖南区工务所砖桥工程段报告之长砖两地米价悬殊影响工款过巨，恳请改善发放办法给长江工程总局长江堤闸工程处的代电，附原报告》，1949年3月21日，湖南省档案馆藏，档案号：00089 - 001 - 00028 - 00026。

承发包制，分别为建设单项工作承发包、建设全过程承发包以及建设过程多项工作承发包制度。总承包制属于建设全过程承发包制。除了建设全过程承发包外，建设单项工作承发包制是指勘查、设计或施工的承发包，以施工承发包最为广泛。在实行承发包过程中，建设单位即发包方，也就是甲方，而承包商为乙方。单项工作承发包由建设单位（甲方）组织进行，发包方负责工程项目的组织、设计等职能，还直接承担项目的监督与管理职能。建设过程多项工作承发包则是建设单位，委托工程承包公司对建设项目的工作进行部分分包，相比单项承包，其承包范围扩大，但实质上并未摆脱单项承包方式的利弊。① 就抗战后长江流域机构在湘防洪工程建设中的分包制度来看，其应属于单项承发包制度。湖南区堵口复堤工程处（湖南区工务所）都属于直接建设单位，作为长江水利工程总局堵口复堤工程处（长江堤闸工程处）的分设机构，直接承担着防洪建设的任务，同时由其发包，因此作为单项承发包制度中的甲方，至于各签订合约的营造厂，单独承担建设施工、采石、运输等各单项职能，签订单项合同，则是作为项目的乙方存在。同时，湖南区堵口复堤工程处（湖南区工务所）设立有工务组，工程设计由总处或各分处负责，如荆湖垸堵口复堤中的涵闸工程，就是由湖南区堵口复堤工程处工务组根据荆湖口泄水量的多少，来进行设计水闸图，并呈堵口复堤工程总处核验。② 工程施工虽然发包给各营造商，但是对于工程进度的日常监管，则是由湖南区堵口复堤工程处在工程驻地设置监工所，由监工进行日常管理。当然，除了日常监工外，工程在发包完成后，工人同样是以"段—大队—队—排"的组织形式进行施工，每日工粮发放按照《工棚细则》规定，则是由湖南区堵口复堤工程处按照当地生活情形核定每1土方单价，其后通知大队长遵照督率工人依价工作，再按土方拨发粮食，湖南区堵口复堤工程处借此完成对整个工程项目进展的控制与管理。③ 因此，抗战后长江流域机构在湘防洪工程中的发包制应属于单项承发包制。

---

① 魏宪忠：《矿区建设宜实行监理——承发包制》，《煤炭经济研究》1990 年第 4 期。
② 《扬子江水利委员会堵口复堤工程总处关于湖南省华容县政府转荆湖垸堤请配物资建闸一案仰遵指示拟具计划编造预算呈核给扬子江水利委员会湖南区堵口复堤工程处的代电》，1947 年 5 月 28 日，湖南省档案馆藏，档案号：00089 - 001 - 00025 - 00008。
③ 《扬子江水利委员会湖南区堵口复堤工程处工棚组织细则》，1946 年 6 月 25 日，湖南省档案馆藏，档案号：00089 - 001 - 00019 - 00007。

工程单项承发包制对抗战后防洪工程建设的具体影响，表现在如下几个方面。首先，合同不完全性的影响。单项承发包制属于建设合同的一种，具有建设合同所具备的不完全性。所谓的合同不完全性是指建设工程合同因外部环境复杂，存在大量的不确定性，签订合同的双方的信息既不对称也不完全，从而现实情况下，建筑合同都是不完全的。[①] 吴庆记与湖南区工务所签订的合同正是不完全合同。吴庆记与湖南区工务所的不断互动，正是反映不完全合同随着施工进度的推进，信息量随之不断增大，这一过程中，发包方与承包商需要在多元目标中不断地调整与权衡。至于合同条款中为何不能将更多不确定事件纳入合同中，则在于交易成本的存在。事实上，弹性的不完全合同能够有效降低发包方与承包方之间的交易成本，从而提高合同的效率，在湖南区工务所与吴庆记合同签订中，尽管条款出现许多漏洞，但其从决标到开工不过短短 6 日，不完全合同的签订正是加快了工程的推进速度。只不过不完全合同需要通过完善的法律、声誉以及惯例加以不断补充，才能有效地提高建筑工程合同对不确定事件的适应能力，民国后期的社会环境与国民政府的治理能力，难以满足以上要求，导致不完全合同难以维持工程的进行，尤其对于承包方而言，其承担的巨大风险往往使工程难以为继。换言之，抗战后流域机构防洪工程建设所签订的合同并不是双方博弈后的结果，而是一种初始化的不完全状态，其注定合同的执行过程中，本就需要不断地补充与修改，而一旦出现违约情况，发包方想要按照合同规定采取措施，则难免遭遇执行困境。

其次，单项承发包制特有弊病的影响。单项承发包制中，所有工程建设基本由建设单位（发包方）组织，所有职能建设单位一体包揽，从而形成了封闭式的小生产管理模式，管理水平低下，具体表现如下：1. 建设单位项目管理专业化程度较低，大型水利工程建设往往规模庞大、内容复杂、协作更为广泛，但是建设单位往往多为临时组建，单位职员的专业素质以及管理组织能力相比工程建设而言存在差距，这种管理者的非专业化往往是导致建设水平低下的重要因素；2. 对于发包方而言，一方面人才匮乏，属于临时组建，另一方面则是项目结束时往往呈现一种"散"的状态，即项目结束后往往进行人员裁撤，导致专业人才的流失，难以形成对专业甲方人才的培养；3. 承包方对于项目的施工，多处于经验探索阶段，

---

① 郑宪强：《建设工程合同效率研究》，东北财经大学年博士毕业论文，2008，第 44 页。

尚未形成完整的规范化的管理经验与水准。^①

具体以涵闸工程为例,据1949年3月的统计,作为直接承担涵闸工程的建设单位,长江堤闸工程处湖南区工务所职员仅有42人,其中主任1人,副主任1人,工务组长1人,总务组长1人,会计1人,助理工程师3人,工程人员5人,事务员6人,雇员2人,监工人员5人,测工7人,公役9人,其成员或是由原湖南区堵口复堤工程处留用(1948年2月19日,该机构改组为长江堤闸工程处湖南区工务所),或是湖南区工务所成立后选用。从履职时间来看,其中留用人员仅15人,仅占职员中的34.8%,其余则是1948年9月1日后陆续到来。^② 在涵闸工程前的堵口复堤工程中,因监工人员匮乏,时任湖南区堵口复堤工程处主任谢志安也曾电请堵口复堤工程总处增派临时监工员,但总处以该区处人员充足为由,予以拒绝。^③ 其后,堵口复堤工程总处同意增补10名,则是湖南区堵口复堤工程处自行酌派,已成为既定事实后的结果。但工程紧张,仍势必耽搁工期。堵复第二期工程结束后,该处人员则随之部分裁撤、遣散。^④ 可见,从湖南区堵口复堤工程处到湖南区工务所的机构演变中,人员配置正是呈现一种"匮""散"状态,即临时组建管理人员,工程结束后则又予以裁撤或调动。与此同时,各工程段人员匮乏,以砖桥工程段为例,其人员配置如表2所示。

表2 长江堤闸工程处湖南区工务所砖桥工程段人员配制

职别	姓名	担任事项	备考
代段长	杨㻛翟	综理全段一切事宜	
工程员	萧济寰	负责工程监督及考核事宜	
工程员	曹光荣	同上	

---

① 魏宪忠:《矿区建设宜实行监理——承发包制》,《煤炭经济研究》1990年第4期。

② 《长江堤闸工程处湖南区工务所1949年3月份实有员工清册》,1949年3月,湖南省档案馆藏,档案号:00089-001-00029-00002。

③ 《扬子江水利委员会堵口复堤工程总处关于酌情调派临时监工员15人及呈送职员名册临时监工已代删除给所属湖南区堵口复堤工程处的代电》,1946年11月7日,湖南省档案馆藏,档案号:00089-001-00012-00043。

④ 《长江水利工程总局堵口复堤工程总处关于遣散人员一律在9月底遣散及应发遣散费按指示办理给扬子江水利委员会湖南区堵口复堤工程处的代电》,1947年10月15日,湖南省档案馆藏,档案号:00089-001-00013-00034。

续表

职别	姓名	担任事项	备考
事务员	宋韵琴	负责事务会计等事宜	由岳阳仓库调用
监工员	冯正一	负责工地管理及建造等事宜	
监工员	白玉海	同上	
测目	詹选青	负责测量及杂务事宜	由工务所调往
公役	周进端	负责炊务通讯及杂务事宜	
公役	黄春生	负责炊务通讯及杂务事宜	由岳阳仓库调往

资料来源：《长江水利工程总局长江堤闸工程处湖南区工务所关于编具砖桥工程段及滨江监工所员工组织表给长江水利工程总局长江堤闸工程处的代电，附滨江垸监工所组织表、砖桥工程段组织表》，1948年12月21日，湖南省档案馆藏，档案号：00089-001-00029-00003。

　　是时，工役不敷，对此湖南区工务所呈请长江堤闸工程处朱处长，要求增补工役，满足业务需要。而该处派驻各垸涵闸工程的监督人员分配如表3。

表3　长江堤闸工程处湖南区工务所派驻各垸涵闸工程的监督人员分配表

监修地点	监工人员
长宁垸	曹光荣、冯正一
荆湖垸	胡与民、白玉海
新港水垫土木工程	萧济寰、屈庆年
万家垸、白杨垸	禹永年、黄炳坤
芝湖（1）（2）工程	王祖华
芝湖（1）（2）涵洞	张祥

资料来源：《长江水利工程总局长江堤闸工程处湖南区工务所职员工作分配表》1949年3月，湖南省档案馆藏，档案号：00089-001-00029-00012。

　　其中，监工王祖华是湖南工务所从第222测量队借调。因塔市驿涵洞工程至少需要成立3个工务所方能满足需求，而湖南区工务所工程人员奇缺，张镛才电请长江堤闸工程处朱处长，请求借调222测量队工程技术员王祖华来所工作，并由工务所支给薪金。[①] 湖南区工务所作为建设单位，

[①] 《湖南区工务所关于请借调222测量队工程员王祖华来湖南区工务所工作及职员工作表分配给长江水利工程总局长江堤闸工程处的代电，附长江水利工程总局长江堤闸工程处湖南区工务所职员工作分配表》，1949年3月3日，湖南省档案馆藏，档案号：00089-001-00029-00011。

其职能众多，以监工为例，各垸工程皆需监工人员，然其人员不足，则必将影响工程进度。

此外，需要指出的是，湖南区工务所虽然作为建设单位，执行诸多职能，但不论是设计图纸，还是变更合同，都需要向长江堤闸工程处报备，并得其授权同意，表明国民政府以"命令—服从"为特征的垂直式水政管理体系已经构建。此种体系中，建设单位缺乏完全的权力，则必然致使公函往返过程中，耽搁工程的进展，诸如吴庆记因现实施工环境与合同相差甚远，致使亏空严重，请湖南区工务所设法予以补助，但湖南区工务所需向南京去函，由长沙到南京的往返代电可知，湖南区工务所处处受制于南京方面，而不完全合同本就需要不断地根据具体环境进行修正。故而，这一机制下，工程受阻成必然之势。同时，需要指出的是，营造厂作为承包商，虽有一定承包经验，但对于承包施工尚且处于探索阶段，尚未形成一套完整与规范化的管理体系。以吴庆记营造厂为例，1949 年 1 月，其在湖南省建设厅获批建字甲等第 120 号登记执照，虽获甲等资质，但是其合同中所写历次承办工程经历并不丰富。①其与湖南区工务所以低价签订合同，而对施工情况缺乏了解，导致亏损严重，此虽为发包方招标时间迫切所致，亦是承包商经验不足的体现。此外，回到发包合同本身来看，建设单位（湖南区堵口复堤工程处、湖南区工务所）因工期紧张，亟待开工，又受制经费与技术原因，选择发包给承包商施工。其选择竞争性招标，且以最低价作为中标的条件。可见，建设单位（发包方）为了尽可能地节约成本，一味地追求低成本，从而容易忽视工程建设的其他目标。承包商为了中标，迎合发包方的低成本目标，相互之间过度竞争，致使中标后出现事后机会主义行为，同时发包方与承包方信息并不对称，施工后的问题随之而来，吴庆记与工务所呈文中所见诸多停工原因，则难以逃离这一因素的影响。②

---

① 《长江水利工程总局长江堤闸工程处湖南区工务段长宁垸及荆湖水闸工程开标会议记录》，1949 年 1 月 12 日，湖南省档案馆藏，档案号：00089 - 001 - 00039 - 00005。

② 《湖南区工务所关于转赍湖南区工务所砖桥工程段报告之长砖两地米价悬殊影响工款过巨，恳请改善发放办法给长江工程总局长江堤闸工程处的代电，附原报告》1949 年 3 月 21 日，湖南省档案馆藏，档案号：00089 - 001 - 00028 - 00026。

结　语

学界多认为内战引发的混乱局势是影响抗战后国民政府基础设施重建的主要因素。不可否认，内战因素对抗战后经济重建的影响无法回避。抗战后长江流域机构在湘防洪工程建设中，也受战争因素影响。不过，抗战后长江流域机构在湘防洪工程建设的困境，不仅是战争环境导致的，国民政府长江流域机构为实现投入的最优化与收益的最大化，选择工程发包模式进行防洪工程建设与战后现实环境之间存在的巨大张力，也是流域机构在湘防洪建设成效不显著的重要因素。首先，体现在建设合同本身的特性上，单项承发包合同属建筑合同的一种，属延期合同，即有工期的存在。同时，也是一种不完全合同。工程建设期间内，合同不确定性随时出现，这是建筑合同不可避免的特性。不过，合同的不确定性本身具有经济性，因为有限的合同内想要尽可能多地纳入不确定性因素，势必增加发包商与承包商之间的交易成本，尤其是时间成本，其对于迫切需要动工的长江流域机构而言，无疑是难以接受的。同时，合同的不确定性本可以通过外部的法律、惯例等加以补充，从而减少交易成本。其次，则是单项承发包制封闭型、小规模生产方式的影响。抗战后防洪工程建设采取发包制度，一定程度上是因长江流域机构对工程实施缺乏有效管理与人才支持，单项承发包制实施过程中的设计、日常监督与管理工作仍由建设方（工程处）负责，只能是增加湖南区堵口复堤工程处（湖南区工务所）的负担。换言之，征工制中需由工程处解决的管理办法与人员的问题，仍未随着工程发包而消失。此外，流域机构在湘防洪工程建设中还存在承包商垫资的情况，垫资施工是承包商投标竞争的砝码，一定程度上破坏了市场竞争。同时，民国时期缺乏对承包商垫资行为的法律保护条文，承包商在合同中更是处在弱势地位。采取单项承发包制后，长江流域机构仍过于主导与控制工程进展，但机构临时组建，项目管理人员与管理经验都不足。这一情况的出现表面看似战后重建过程中官与商争利，其实也表明主张工程发包的技术官僚们"专家治国"与现实国情之间的张力，技术理论对具体施工具有指导意义，但理论本身并不是具体的施工现场，施工过程相比技术理论更具有复杂性，若水利专家无法理解这种复杂性，结果必然是理念与现实脱轨。

The Issue of Contracting Flood Control Projects in Hunan Province by Institutions in the Yangtze River Basin after the Anti-Japanese War （1945－1949）

Liu Changlin

Abstracts：After the victory of the Anti-Japanese War, in order to save people's livelihood and rebuild the economy, the Yangtze River Basin institutions urgently need to carry out flood control project construction, and choosing the appropriate construction organization method is the primary task of the Yangtze River Basin institutions. Hunan Province is an important area for institutional flood control in the Yangtze River Basin, due to the approaching flood season, the lack of management personnel of the river basin organization, the different interests of the central and local governments, and the large amount of food aid provided by the United Nations for aftermath relief, the project contracting system has been widely adopted by the river basin organization. The Yangtze River Basin Organization has perfect organizational procedures for awarding contracts for flood control projects in Hunan Province, and strictly implements the procedures of bidding, bidding, bid evaluation and bidding. The contractor encountered execution difficulties during the specific construction process. The difficulties encountered by the contractor in the construction process are not only caused by the war environment, also the tension between the characteristics of the construction of the single contract system and the actual environment is an important factor for the mid-stop of the flood control project in the river basin.

Keywords：Engineering Contracting; After the Anti-Japanese War; Water Conservancy Construction; River Basin Agencies

近代东北货币交易与货币市场整合
（1905~1931）[*]

李裕威[**]

摘　要：本文基于东北货币流通和货币交易的特点，考察货币市场间的联系，探讨东北货币市场整合的形成机制。研究表明，东北地区银钱等金属货币较少使用，且政府时常限制运现，"银点套利"机制无法发挥作用。货币交易发达，尤其是期货交易盛行，使货币供求和价格信息传递快速，各地通过货币买进卖出，并与汇兑买卖相结合，套取利差，加强了货币市场间的联系。进一步分析大连、哈尔滨、安东、营口等城市的货币价格数据，结果表明各地货币价格高度相关，货币市场联系紧密。与此同时，日本对中国货币主权的破坏，进一步增加了货币市场整合难度。

关键词：货币市场　货币交易　市场整合　近代东北

市场整合的意义在于地区市场间供求的平衡，在金属货币为主导的体系下，通过金属货币的流动调节地区间供求，实现货币市场整合。近代中国在银钱并行的货币体系下，形成了"大数用银，小数用钱"的交易习惯，但各地银两平色各异，货币种类繁多，货币流通呈现区域性分割化特点。虽然各地银两平色不同，但整体上仍以银为本位，通过白银的流动和改铸，货币市场可进行供求调节。

目前对货币市场整合的研究主要基于金本位或银本位货币制度，从金点套利或银点套利的角度，讨论市场整合。赵留彦、隋福民通过考察外汇

---

[*]　本文为国家社科基金重大项目"近代中国金融市场发展与运行研究"（批准号：16ZDA133）阶段性成果，同时受"上海财经大学中央高校基本科研业务费专项资金"和上海财经大学创新团队项目"中国经济转型发展的历史与思想研究"（2020110932）资助。

[**]　李裕威，南昌大学经济管理学院助理研究员，主要研究领域为近代中国货币金融史。

汇率与银价的关系，探讨清末民国时期中国与国际市场的整合程度，认为"银点套利"保证了汇率和国际银价之间的长期稳定关系，表明中国外汇市场与国际市场联系紧密。[1] 同时，赵留彦利用清末民国上海、天津、北京、汉口等城市的洋厘和汇兑数据，研究这些商埠之间的货币市场整合，结果发现与清末相比，民国时期津沪两地市场的整合程度有所提升。[2] 但也有部分学者认为近代中国货币紊乱，种类繁多，造成了货币市场的分割。杜恂诚利用上海、汉口、镇江、苏州四个城市的旬平均银拆和洋厘数据进行检验，结果表明即使是在经济联系比较密切的大城市之间，货币市场仍基本处于相对分割状态。[3] 货币流通的区域性是否造成了货币市场分割，对此，彭凯翔认为如果货币行市是有效的，那么即使各地行用的虚货币不同，也并不意味着货币市场的分割。并利用一百多个县的银钱比价数据验证了这一论断。[4] 可见，货币流通的区域性未必是货币市场分割的充分条件，即使地区间的货币实现了统一，资金供求仍可能无法实现均衡。

总体而言，现有关于近代中国货币市场整合的研究，大多从现银流动的角度考察货币供求的调节。但在以纸币流通为主导的体系下，金属货币的流动实现供求平衡难以达成，且各地纸币不同，相互之间只有市场兑换价格，难以比较市场价格和汇兑平价之差异。东北地区在晚清时期，随着日俄势力的入侵，货币流通愈加紊乱，不仅本国货币种类繁多，日俄等外国货币也充斥其中。货币种类增加，而且以纸币为主，这类纸币由中外银行、银号发行，以金币、银币、铜钱为基础，但并非完全锚定金属货币，不同于金本位制度。同时这类纸币大多不兑现，但也未完全脱离金属货

---

[1] 赵留彦、隋福民：《从汇率与国际银价关系看清末民国外汇市场整合》，《中国经济史研究》2015 年第 1 期；David S. Jacks, Se Yan, Liuyan Zhao. "Silver points, silver flows, and the measure of Chinese financial integration," *Journal of International Economics*, Vol. 108, 2017, pp. 377 – 386.

[2] 赵留彦：《银点套利与清末民国的货币市场整合——沪津洋厘市场的证据》，《经济学（季刊）》2015 年第 4 期；Debin Ma, Liuyan Zhao, "A silver transformation: Chinese monetary integration in times of political disintegration during 1898 – 1933," *Economic History Review*, vol. 73 (2), May 2020, pp. 513 – 539；Nuno Palma, Liuyan Zhao, "The efficiency of the Chinese silver standard, 1920 – 33," *Journal of Economic History*, vol. 81 (3), September 2021, pp. 872 – 908.

[3] 杜恂诚：《近代中国货币市场的整合与分割》，《中国社会经济史研究》2018 年第 3 期，第 8～100 页。

[4] 彭凯翔：《从交易到市场：传统中国民间经济脉络试探》，浙江大学出版社，2015，第 194 页。

币，产生过量发行（除奉票等少数纸币外），也不属于完全不兑现的法定货币。由于金属货币极少被使用，而且政府经常采取禁止现银和铜钱流动的措施，难以通过银钱流动实现供求平衡。东北各地逐渐建立了货币交易市场，进行多种货币交易，包括当地货币、外地货币，以及各地共同使用的货币，形成了货币行市，而且主要在交易所内交易，期货交易发达。与上海、天津等地洋厘行市不同的是，交易所内的货币期货交易在价格信息的形成和传递上更加快速。期货买卖使价格对供求的变化更为敏感，更有助于促进地区间货币供求的调整和货币市场整合。

本文基于东北各地的货币交易和货币行市，考察货币市场的整合程度和形成机制，不仅为我们理解货币市场整合提供一种新的视角，也能使我们重新认识近代中国货币市场的整合及其形成机制。

一 货币流通的特点

（一）纸币为主流通格局的形成

东北自辽金时代开始即有铜钱与纸币流通，由于制钱供给不足，金代于贞元年间设立交钞库，发行大钞和小钞两种纸币。此后，交钞的流通额日益增多，铜钱渐居次要地位，此种情形经元明两代，直到前清时期，并未发生太大变化。嘉庆五年（1800），清政府鼓励汉人移居东北，随后东北商业逐渐发达，对货币的需求也日益增加。由于铜钱短缺和携带不便，东北逐渐发展出各类记账货币或信用制度，用于商业交易及结算，如过炉银、抹兑银、抹兑钱、过码帖等记账货币。这类记账货币通过记账和转账的形式进行债务清偿，大幅减少现金的使用。至咸丰年间，官厅之交易逐渐改为以银为主，普通商民则仍以铜钱为主。随着人口不断增加，商业交易日盛，货币短缺日益严重。吉林和奉天两省因铜钱缺乏，乃改铸宝银，并发行银票，但官方信用不足，商民拒绝使用官方银票，使其流通不畅，未能普及。为了弥补货币供给不足，民间商户遂发行各种私票，反受青睐，私票充斥市场。同治初年，广东商人至营口进行贸易活动，输入白银，由此白银逐渐在东北各地扩散开，成为与铜钱并行的重要货币。1887年，吉林省设立宝吉局，铸造铜钱，1894年，俄国货币侵入东北，其势力渐涨，为了抵制俄国货币的流通，东三省当局于1898年开始铸造小洋，并发行官帖，同时禁止发行私帖。1900 年后，小洋的流通额逐渐减少，为了应对货币供给不足，吉林、奉天两省开始铸造铜元。最初铜元广受欢迎，信用极好，但此后因政府当局企图以铸造铜元获利，致使铜元信用渐失，1908 年 2 月停止铸造。同年 9 月，奉天省再次铸造铜元，此后，东三省各处流通之铜元均为奉天造币厂所铸。①

为了禁止私帖通行，官府开始发行官帖。1904 年，黑龙江将军仿照吉林官帖式样，发行黑龙江官帖。1905 年，奉天当局成立奉天官银号，以小洋为兑换准备，发行一角、二角、五角的小洋票。此后，官帖或官票流通日益增多，民间私票被官方禁止，流通量逐渐减少。各类银行也效仿官银号发行小洋票。1916 年后，各类纸币发行量逐渐增加，1920 年后，奉天当局采取了一系列措施，试图统一东三省货币，但终因政府信用不足，难以维持纸币价值，均以失败告终。直到 1931 年 "九·一八" 事变后，日本完全侵占东三省，区域货币被伪币占领。②

（二）货币流通的区域性

东三省货币种类繁多，既相互交错流通，也形成各自的分区。从省级层面来看，由各省官银钱号所发的银元票或铜钱票，是各省流通较为广泛的官方货币，也是形成省际货币分区的主要货币。奉票主要由东三省官银号发行，流通于奉天全省；吉林官帖由吉林永衡官银钱号发行，流通于吉林全省；黑龙江官帖由黑龙江广信公司所发，流通于黑龙江全省。除各省通行之货币外，各大城市还有各自流通的其他货币，这些货币由中外银行、民间银钱号等机构发行。营口以银炉发行和管理的过炉银作为大宗交易的主要货币，安东以镇平银为主要货币，哈大洋票主要以哈尔滨为中心，同时在哈尔滨附近及中东铁路沿线各地流通。"关东州" 及 "满铁" 沿线附属地则以金票为法定通货，大连以金票和钞票为主要通货，进口商品以金票计价，特产物交易则大多以钞票计价。③

从各主要商业城市的货币流通来看，哈尔滨主要通行货币有哈大洋票、金票、羌帖、大洋、铜元、江帖、奉票等。1905 年之前，哈尔滨主要

---

① 蓝维先：《满洲金融及财界之现状》，《东三省官银号经济月刊》1930 年第 1 期，第 3～4 页。
② 蓝维先：《满洲金融及财界之现状》，《东三省官银号经济月刊》1930 年第 1 期，第 3～4 页。
③ 若莲：《东三省通行之我国货币》，《中东半月刊》1931 年第 3 期。

货币以俄国卢布为主，以及以卢布为准备而发行的纸币——羌帖。1905 年后，虽然逐渐有中国货币通行于此，但大多数交易仍以卢布为主。1914 年，"一战"爆发后，由于战争需要，俄国政府大量发行大额卢布纸币，造成卢布急剧贬值。1917 年，俄国爆发革命，卢布遂成废纸，不再使用。1916 年，日本横滨正金银行在哈尔滨设立分行，发行金票，试图统制哈尔滨金融。1919 年 11 月，为收回货币流通利权，哈尔滨中国银行和交通银行率先发行哈大洋票，此后，东三省官银号、广信公司、吉林永衡官银号、边业银行也相继发行哈大洋票，形成与日本金票竞争之势。发行之初，保持与现大洋兑换，无甚轩轾，且流通甚广，是吉林、黑龙江一带贸易往来的常用货币。1921 年，受中国银行、交通银行挤兑风潮的影响，哈大洋票成为不兑现纸币。1924 年，第二次直奉战争时，哈大洋票的价值快速跌落，12 月遭遇重大危机，直到公布《哈券维持办法》，价值渐趋稳定。[①] 此外，黑龙江官帖也在哈尔滨流通。1919 年，齐齐哈尔广信公司与黑龙江官银号合并，称为黑龙江广信公司，发行黑龙江官帖，简称江帖。[②] 江帖主要用于日常零售交易，除黑河等沿边地区外，流通于黑龙江省大部分地区。因此，1920 年后直到"九一八"事变前，哈尔滨流通的货币以哈大洋票为主。

长春原本使用外省流入的铜钱，后由于铜钱缺乏，逐渐产生了民间信用货币——抹兑钱，但抹兑钱由部分商户发行，流通范围较小。随着抹兑钱流通量的增加，也规定了卯期和决算事宜，到民国元年，官方禁止发行抹兑钱，抹兑钱逐渐被官帖取代。1898 年，吉林官帖局发行银元官帖，进入长春市场，1900 年，改为制钱官帖，元宝银逐渐被官帖取代。1908 年，吉林官帖局内又设官钱局，发行小洋票，专供征收关税、地租、厘金之用，故长春也有流通，但为数甚少。之后东三省官银号虽然在长春设立分号，发行小洋票，但是由于现银和小洋票之间的差价较大，在信用方面始终不如吉林官帖，且由于省界所限，吉林官帖流通较广。小洋比纸币的信用更好，因而流通情况一度较好，但"一战"期间银价上涨，小洋流出外省较多，逐渐被纸币替代。长春也一度行用铜元，但自 1908 年停止铸造

---

① 枥仓正一『満州中央銀行十年史』満州中央銀行、1942、41－42 頁。

② 杨端六：《东三省的货币》，《国立武汉大学社会科学季刊》1931 年第 3 期；若莲：《东三省通行之我国货币》，《中东半月刊》1931 年第 3 期；《东三省之货币概况》，《钱业月报》1925 年第 10 期；何孝怡编《东北的金融》，中华书局，1932，第 19～22 页。

后，市面流通大为减少，到"一战"期间，铜价上涨，铜元大量流出，流通更为稀少。1920年后，哈大洋票流入长春，也得到了市场认可，迅速通行，凡北满特产物之交易，均使用哈大洋票。此外，长春市面上还有俄国羌帖、日本钞票、金票等外国货币。① 总之，长春的主要通行货币为吉林官帖，各类商品及货币交易，以吉林官帖之吊文为计价单位，"凡中国商人之资本，物价及其他一切之物品，皆以官帖为评价，而小银币不过为官帖之补助币，日常零碎之买卖使用之而已。而特产物及百般之买卖，均用吊文"②。但在进出口货物贸易中则主要使用俄国羌帖及日本的金票和钞票。

开原通行货币以奉票和金票为主，此外，钞票和大洋票也有少量流通。奉票跌落、发行量减少的"毛荒"现象发生后，各商户手中均无余存，到结算期往往向官银号贷款用以周转，而官银号在金融紧迫时十分谨慎，有时不放贷款。此时，商铺大多向日商银行（如朝鲜银行、横滨正金银行和正隆银行）息借金票，兑换为奉票，作为周转资金。③ 可见，即便商户临时向日资银行借入金票，也会及时换成奉票，奉票在开原市场上仍居主要地位。

大连和"南满铁路"附属地区受日本方面控制，通行货币以外国货币为主。1905年后，横滨正金银行发行钞票，收回军用手票。1907年前后满铁的运价以及"关东都督府"的收入改为以金本位货币标价，在东北的日本人之间也开始使用金票。1913年，横滨正金银行获得金票发行权。在大连的日本人日常交易中，全部使用金票，税收、铁路运价、涉及日本的进出口贸易等也都用金票计算。货币流通市场有所变化，在大连的中国人之间，经常使用小洋和铜元。日本人偶尔也使用中国货币，但基本只在支付劳动者工资或购买农产品时使用。

营口货币以过炉银为主。在奉票产生前，过炉银与现洋同时流通。奉票产生后，取代了现洋，与过炉银并行流通。过炉银不仅用于营口市场主要进出口商品的交易结算，一般工商企业的资本金也使用过炉银。日本商人在营口采购的大豆、豆粕、豆油等商品全部以过炉银计价，所以需要

---

① 蓝维先：《满洲金融及财界之现状》，《东三省官银号经济月刊》1930年第10期，第1～7页。
② 蓝维先：《满洲金融及财界之现状》，《东三省官银号经济月刊》1930年第10期，第5页。
③ 周宪武：《开原商业之概况》，《东三省官银号经济月刊》1929年第1期，第8页。

通过金票筹措过炉银。同时，中国商人购买日本商人销售的棉丝布、杂货等以金票交易，须以过炉银换取金票。金票和过炉银是营口进出口贸易使用的主要货币。此外，在日常零星小额交易中，小洋和铜元也发挥了重要作用。安东自开埠以来，通用的银两为镇平银，产生于1889年，每锭重53.5两，最初是靠收买外埠的碎银块熔炼而成。随着安东对外贸易的发展，镇平银逐渐成为安东地区的本位货币，各种大宗交易都以镇平银计算。安东陆路贸易均用小洋或奉票，海上贸易则用镇平银。此外，金票也在安东货币市场中占有一定地位，中国商人购买日方进口商品，通常使用金票支付，而日本商人购买东北的大豆、豆粕等特产物，则须以金票兑换成镇平银。①

虽然东北地区的货币流通总体上可按省界分为三大货币区，但一省内部的各大城市又包含各自独有的区域性货币，这些城市或地区间的独占货币将各大货币区进一步分为若干小货币区，辽宁省内部的细分货币区最为显著。各货币区之间还存在共同货币，虽然共同货币在各地的使用范围有限，但可将各货币区连接起来，并用于各地间的资金汇兑与货币兑换，如金票和钞票，还可用于东北各地向国外的汇兑。共同货币使各货币区之间建立起某种联动机制，但各货币区内部皆有各自的货币行市，各货币区之间的独占货币也未能形成固定汇率，并非单一货币区。

二　钱钞交易与各地货币市场的联系

虽然东北地区货币流通纷繁复杂，且形成了分区流通的特点，但同时也形成了货币交易市场，为各类货币交易提供了便利，并通过货币行市，使各类货币的价格及供求信息的传递更加快速。货币交易市场既有日方建立的交易所，也有本国商人设立的钱钞市场，前者以期货交易为主，后者以现货交易为主，同时暗地里也进行期货交易。期货交易不仅为各类货币价格的走势提供了参照，而且到期后可不交割，通过买进卖出，进行投机套利交易，有助于缩小不同货币市场的价格差。

---

① 安东官银分号：《安东镇平银之沿革》，《东三省官银号经济月刊》1929年第1期，第1~2页。

（一）期货交易盛行

期货交易是东北货币市场的重要特点。与当时国内大多数地区不同，1905 年后，随着日本当局在东北的势力扩张，商品和货币交易所相继建立，使东北货币交易发达，并以期货交易为主，促进了货币价格的形成和信息传递。1907 年，大连开埠，作为日本对华贸易的自由港，逐渐超越营口，成为东北地区的主要贸易港和金融周转中心。由于出口的特产物主要以银本位货币计价，出口商主要使用金本位货币，进口商品则以金本位货币计价，金银两种货币的兑换需求由此产生。1914 年 2 月，日本当局成立大连钱业公所。1917 年 6 月，钱业公所解散，钱钞交易纳入大连重要物产交易所（1913 年成立）内进行。[①] 大连钱钞市场也成为东北各地货币市场的中心。

钱钞交易的品种有现货交易和期货交易，现货交易的货币包括钞票和俄帖（卢布），钞票以金票和小洋交易，俄帖以钞票购买。俄帖对钞票的现货交易通常一手为 500 卢布以上，价格以 100 卢布需支付的钞票数额表示。钞票对金票和小洋的交易规定，"一手最低为钞票 500 元，以 100 元为单位递增；钞票对小洋也以一手 100 元为单位，标价以钞票 100 元合金票和小洋的数额表示"。期货交易的品种也是钞票和俄帖。钞票仅以金票交易，俄帖仍以钞票购买，交易单位为钞票 5000 元，俄帖 5000 卢布，标价方式和现货相同。大连重要物产交易所最重要的交易品种是钞票对金票的期货交易。"虽然规定交易单位是钞票 5000 元，但很少有 5000 元的交易。为了避免交易损失，一般以钞票 10000 元为交易单位，以 5000 元为单位递增。"期货交易的套期保值和规避风险功能，使期货交易额及交易单位都远大于现货。[②]

开原是东北南部重要的特产物交易市场，1916 年开原交易所便开始进行钱钞交易。交易品种主要是金票对奉票和现大洋票的期货交易，其次为钞票对奉票，交割日为每月 15 日和月末。大豆和高粱等期货交易本来是通过奉票进行，1930 年 3 月 25 日开始了金票对现大洋票的交易。奉票逐渐

---

① 篠崎嘉郎『満洲金融及財界の現状』下巻、大阪屋号書店、1927、158－159 頁。

② 満鉄調査課編『大連を中心として観たる銀市場と銀相場の研究』南満洲鉄道株式会社、1930、7 頁。

退出市场，现大洋票在奉天商品交易中的地位越来越重要。此外，开原信托会社也进行货币交易，其由中日商人集资合办，主要进行粮食和货币交易，每日金票交易量，多的时候可达两三百万元，少时有七八十万元，每日平均交易量在一百万元左右。①

奉天的货币交易主要在日方所设的奉天交易所进行，在金票对奉票以及金票对现大洋票上的期货交易规模较大，与开原交易所一起被认为是东北最大的货币交易市场之一。1919年2月奉天交易所成立，开始进行金票和奉票等货币的交易。奉天交易所最初也进行钞票交易，但由于奉天交易所不进行特产物交易，钞票交易未能持续。后来主要进行金票对奉票的期货交易，1929年现大洋票发行后，又开始金票对现大洋票的期货交易。交易方式是以现大洋票和奉票买卖金票，以金票1000元为交易单位，标价以金票100元需现大洋票或奉票若干元表示。以金票为交易标的物，足以显见金票在奉天的重要地位。②

期货交易的期限通常不超过一个月，交割日为每月14日和28日两天。每月14日交割的期货，从前一个月的22日起开盘交易，截止日期是当月13日；28日交割的期货从当月7日起开盘，截止日期为当月27日。因此，每月月初到6日，只能进行当月14日为交割日的期货交易；7日到13日可以进行14日和28日为交割日的两种交易。③ 当可以购买两个交割日的期货时，相邻较近的那个交割日的期货称为"近期期货"，否则称为"远期期货"。"近期期货"和"远期期货"的价格差称为卯利，交易商经常利用两个交割日的差价，通过转卖赎回或品种转换进行套利。卯利受银行以及市场利率的影响较大，若价差高于市场利率，则通过借贷筹集资金进行期货交易就有利可图。反之，此类套利交易随即消失。期货交易使市场对于货币价格的波动极为敏感，通过套利交易使价格差快速缩小，以免大幅震荡。

长春是东北北部特产物的集散地，也是钱钞交易的重要市场。长春设

---

① 周宪武：《当地信托会社之营业近况》，《东三省官银号经济月刊》1929年第1期，第8页。

② 满铁调查课编『大連を中心として観たる銀市場と銀相場の研究』南満洲鉄道株式会社、1930、55頁。

③ 满铁上海事务所研究室『上海市場の圓爲替と満洲の通貨』（上海満鉄調査資料第4編）、南満洲鉄道株式会社上海事務所、1927、129-130頁。

有日方交易所和中方交易所。长春交易所进行的钱钞期货交易包括钞票对官帖、钞票对金票、金票对哈大洋票、钞票对哈大洋票四种。长春是除大连外，东北进行钞票交易的主要场所。虽然长春主要通行货币为吉林官帖，但长春交易所的特产物以钞票计算，因此，钞票对官帖的期货交易是长春最为重要的货币交易。钞票对官帖的标价方式为钞票1元换官帖的吊数，交易单位为钞票1000元；钞票对金票的标价方式为钞票100元需付金票若干元，交易单位为钞票1000元；金票对哈大洋票、钞票对哈大洋票的标价方式是以金票和钞票100元需付哈大洋票若干元表示，交易单位为金票或钞票1000元。钞票对金票、金票对哈大洋票、钞票对哈大洋票的交易开始较晚，前者始于1930年3月，后两种交易始于同年6月。钱钞期货的契约期限为一个月以内（最多不超过三个月），交割日为每月13日和28日。长春中方交易所于1919年设立，是以吉林官帖买卖哈大洋票、奉票、金票、钞票的现货市场。由于仅限于现货，实力雄厚的交易商更倾向于在日方交易所交易。[①]

吉林市的货币交易市场为吉林省城银钱货币有价证券交易市场，该货币市场内原来进行的期货交易于1921年被禁止后，只剩下现货交易。交易品种有金票、哈大洋票、奉票、永衡大洋票等，有时也进行钞票的交易。哈大洋票对吉林官帖的交易较少，永衡大洋票对官帖的交易也基本处于停滞状态。这些交易品种的价格以奉大洋票、吉大洋（永衡大洋票）、哈大洋票各1元以及金票、钞票各1元折合官帖的数量标价。[②] 安东的货币交易市场包括日方的安东交易所株式会社和中方的钱钞市场。钱钞交易主要是镇平银对金票的期货交易，以每月13日和28日为交割日。交易方法是以镇平银1000两为交易单位，标价以镇平银1000两合金票若干元表示。[③] 安东钱钞市场是安东的中方货币交易市场，又称银市，由总商会经营。该市场主要进行金票、奉票、上海规元、现大洋票，以及现小洋交易。钱钞标价以金票1元、奉票1元、现大洋票1元、现小洋1元所需的镇平银金

---

① 満鉄調査課編『大連を中心として観たる銀市場と銀相場の研究』南満洲鉄道株式会社、1930、68－69頁。

② 満鉄調査課編『大連を中心として観たる銀市場と銀相場の研究』南満洲鉄道株式会社、1930、70頁。

③ 満鉄調査課編『大連を中心として観たる銀市場と銀相場の研究』南満洲鉄道株式会社、1930、79頁。

额表示。各类货币交易主要为现货交易，日本商人如需现货交易，也常通过银市进行。[1]

哈尔滨的货币交易主要在中方经营的滨江货币交易所进行，交易品种主要是通过金票、奉票、吉林官帖、黑龙江官帖以及永衡大洋票等货币买卖哈大洋票。交易所内仅限于现货交易，但暗地里也进行为期一至两周以及一个月的期货交易，其中最重要的交易是哈大洋票对金票的交易，以金票表示哈大洋票100元的价格标价，交易单位为哈大洋票500元。但实际交易中，通常是以1000元为最低单位。奉票、吉林官帖、黑龙江官帖、永衡大洋票与哈大洋票的交易，皆以哈大洋票1000元为单位，标价方式是哈大洋票1元需奉票、永衡大洋票若干元，以及吉林官帖、黑龙江官帖若干吊。奉票出现在哈尔滨市场的历史很短，哈大洋票对奉票的交易始于第一次直奉战争。[2]

营口缺乏专门的货币交易所，其货币交易主要在钱庄、银炉、银行等金融机构进行。营口货币一直以过炉银为主，金票和奉票在内外贸易中起着重要作用。日本商人在营口采购的大豆、豆粕、豆油等商品皆以过炉银标价，故需要以金票兑换过炉银。同时，日本商人销售的棉丝布、杂货等商品需以金票进行交易，中国商人必须将过炉银兑换成金票。金票和钞票对过炉银的价格以金票或钞票1元所需的过炉银数额表示，交易单位一般以100元为准。金票对过炉银的交易大多是现货交易，有时也会出现期限20天的期货交易。[3] 此外，四平街和公主岭也有日方的交易所，交易规则与其他交易所类似。四平街交易所以金票对奉票的期货交易为主，公主岭交易所以金票对奉票的期货交易为主，其次为钞票对奉票的期货交易。

从东北各地货币交易可看出，除营口等少数地区未设立交易所外，大多数地区均设有交易所或钱钞市场，交易所中以期货交易为主，交易期限大多为一个月，交割日通常设在月中和月末两个日期。由于金票在东北对外贸易和汇兑中的独特作用，各地货币交易所大多都有金票对各类货币的交易。"按金票之流通于华人间也，用为交易媒介者少，用为储蓄器用者

---

① 黎小生：《安东之货币市场》，《中东经济月刊》1932年第6期，第110~111页。
② 满铁调查课编『大連を中心として観たる銀市場と銀相場の研究』南満洲鉄道株式会社、1930、64–65頁。
③ 满铁调查课编『大連を中心として観たる銀市場と銀相場の研究』南満洲鉄道株式会社、1930、74頁。

亦少，而其最大之用途，厥为供调动汇项之器使。……而各种纸币，如奉票、官帖等，对于外币又皆无直接比价，所有汇兑行市，须从日币换算而来，遂使一般向外调汇款项者，在势不能不以纸币易金、钞，然后再借外银行转汇外方。"① 这种汇兑功能，使金票成为连接东北各处货币市场的重要纽带。虽然不同地区的当地货币之间并无直接的兑换行市，但通过金票与当地货币的兑换，可间接建立兑换比价。如大连钞票和哈尔滨哈大洋票并无直接交易，但两者分别在大连和哈尔滨与金票进行交易。

（二）货币行市的形成加强了各地市场的联系

货币市场形成了各类货币行市，使各类货币可直接或间接进行兑换，当各地货币价格出现偏差时，通过货币行市的信息传递，便可在货币市场通过买进卖出进行套利交易，轧平差额。东北各地货币交易大多由商品交易而产生。商品交易的季节性，使各类货币的价格也随之呈现季节性波动。如每年4月到5月正值棉丝布等进口商品结算期，中国商人需要以金票支付给日本商人。此时，奉天交易所卖出现大洋票和奉票，买入金票的数量增加，从而出现金票价格近期高远期低；而秋冬时节，特产商品上市交易之时，外国出口商为收购特产物需要奉票或现大洋票，则卖出金票买入现大洋票或奉票的数量增加，这时又会出现近期低远期高的现象。② 这种周期性波动，易使地区间货币价格产生差异，为套利交易创造空间。

开原是除奉天外，较大的奉票交易市场，其交易量虽然逊色于奉天交易所，但在奉票交易中占有较大比重。开原奉票的价格以奉天交易所为转移。开原和奉天两地市场联系紧密，不仅体现在钱钞市场，还体现在开原特产物市场与奉天钱钞市场的相互关系上。开原特产物价格在奉天交易所开市期间，每隔30分钟通讯社就会播报一次。若开原的特产物市场交易活跃，以奉票计价的特产物价格上升，金票价格也随之上涨；反之，若特产物价格下降，金票价格也随之下跌。开原金票价格的变化将会传导至奉天钱钞市场，使奉天金票价格也随之涨落。同时，奉天交易所金票价格的涨

---

① 候树彤：《东三省金融概论》，太平洋国际学会丛书，1931，第185页。
② 满铁调查课编『大連を中心として観たる銀市場と銀相場の研究』南満洲鉄道株式会社、1930、59頁。

跌也将影响开原特产物的交易价格。当两地金票价格产生差异时，投机商将会利用两地价格差异进行套利交易。例如，奉天金票价格下跌时，奉天的交易商会以奉票买入金票，然后在开原卖出；反之，奉天金票价格上涨时，开原交易所的交易商将买入金票，然后在奉天卖出。[①]

安东的中国商人主要使用镇平银或现小洋，而草河口以西的安奉沿线以及鸭绿江上游地区，则以奉票和新现大洋为主。安奉线及东北内地发往安东的货物需通过现大洋票或者奉票进行支付，而从日本或其他地区进口经安东运往奉天的棉丝布、军需品等，需以金票支付。而且由于奉票和现大洋票在奉天和开原的价格较低，在安东价格较高，在奉天买进奉票，卖出金票，然后在安东卖出奉票，并通过镇平银买入金票便可获取两地利差。因此，奉票和金票因贸易以及投机套利需要，产生大量间接交易。日本的出口商卖出金票，买入镇平银，再以镇平银买入奉票，支付购买特产物的货款；进口商则卖出奉票，买入镇平银，再以镇平银买入金票，购买进口商品。[②]

汇兑是地区间资金流动的重要方式，将汇兑与货币买卖相结合，更有助于货币市场之间的套利交易。比如，本国银行在进行哈尔滨向南方的汇兑交易时，根据长春的哈大洋票对官帖、钞票对官帖的价格，计算得出哈大洋票对钞票的价格。同时根据哈尔滨向大连的汇兑价格，以及哈大洋票对官帖、金票对官帖的价格，计算出哈大洋票对金票的价格，结合哈大洋票对钞票的价格，得到哈尔滨钞票对金票的价格，并与大连钞票对金票的价格，以及上海的金银货币比价进行比较，从中计算利差。投机商通过这种方式，在哈尔滨、长春、大连、上海等地之间进行套利交易。[③] 在此过程中，金票充当了重要汇兑媒介，金票不仅是连接各地货币的桥梁，也是对外汇兑时的重要工具。哈尔滨汇往大连的金票总额每年高达 2000 万元，1926 年，受哈大洋票市价维持政策影响，现大洋输出和向南方汇兑都变得十分困难。当地山东人若要汇款回乡，需将哈大洋票兑换成金票，然后再

---

① 満鉄調査課編『大連を中心として観たる銀市場と銀相場の研究』南満洲鉄道株式会社、1930、59 - 60 頁。

② 満鉄調査課編『大連を中心として観たる銀市場と銀相場の研究』南満洲鉄道株式会社、1930、86 頁。

③ 満鉄調査課編『大連を中心として観たる銀市場と銀相場の研究』南満洲鉄道株式会社、1930、69 頁。

向大连、奉天或者营口汇兑。①

　　20 世纪 20 年代，奉票因发行数量不断增加，价格波动剧烈，成为投机商追逐的对象。奉票在哈尔滨主要作为哈尔滨和"北满"其他地区投机套利的工具，以及被用于向奉天省的资金汇兑。由于奉票在"北满"地区的用途有限，商民利用奉票的投机交易，甚至使奉票在该地区的价格低于"南满"地区。哈尔滨的钱铺经常利用南北两地的价差进行套利，在哈尔滨低价买入奉票，然后汇往"南满"地区卖出奉票，赚取差价。如 1930 年 5 月 27 日奉天市场奉票价格为现货 9940 元（金票 100 元），哈尔滨钱钞市场的哈大洋票对金票价格为 52.30 元（哈大洋票 100 元），哈大洋票对奉票的价格为 52.20 元（哈大洋票 1 元），则哈尔滨金票 100 元折合奉票 9980 元，金票价格较奉天高 40 元，即奉票价格较奉天低。② 商民利用奉票在"南北满"地区的价差，通过汇兑市场进行的投机交易，一定程度上缩小了两地货币价格的差异。

　　营口与东北内地也存在套利交易。营口是东北南部重要的贸易港口，东北内地与中国南方及国外的贸易很大一部分需要经营口中转，营口与东北内地之间的商品贸易通常以过炉银和奉票结算，因此，过炉银和奉票的交易也是营口重要的货币交易品种。奉票对过炉银的比价以过炉银 1 锭 53.5 两所需支付的奉票数额表示。金票和奉票无法直接交易，需要交易的商人可委托钱铺完成，钱铺收到金票对奉票的交易请求时，将其送往奉天、开原等交易所进行交易。两者的价格可通过金票对过炉银以及过炉银对奉票的价格换算得到，进而可与东北内地金票对奉票的价格比较。例如，若营口市场上金票对过炉银的价格为 360 两，过炉银对奉票的价格是 1575 元，则金票对奉票的价格为 10598.13 元。如果奉天市场金票对奉票的价格为 10360 元，低于营口金票的价格，则营口商人会卖出金票，买入奉票，使金票价格下跌。这种交易还会进一步影响上海规元的价格，以及大连钞票的价格。③ 总之，营口和大连、上海及东北内地之

① 南満洲鉄道株式会社庶務部調査課『哈爾浜大洋票流通史』（満鉄調査資料第 90 編）、南満洲鉄道、1928、114 頁。

② 満鉄調査課編『大連を中心として観たる銀市場と銀相場の研究』南満洲鉄道株式会社、1930、65－66 頁。

③ 満鉄調査課編『大連を中心として観たる銀市場と銀相場の研究』南満洲鉄道株式会社、1930、76－78 頁。

间通过各种货币的交易，形成货币和汇兑市场的联动机制，推动各市场间的整合。

此外，安东与大连钱钞市场联系紧密，投机商可在两地间进行买卖套利。由于安东和大连皆有申汇以及金票的交易，而且安东与大连的贸易和资金往来也极为密切，因此，两地商人可通过两地申汇行市以及镇平银和钞票对金票的价格进行换算，进而比较两地银价的高低，为交易商在安东和大连之间进行汇兑套利奠定了基础。吉林和长春之间，由于永衡官银钱号发行的官帖首先在长春流通，长春经常沉积大量官帖，使官帖价格低于吉林，随之出现两地买进卖出的套利交易。总之，通过各地货币市场间的套利交易，进一步加强了货币市场间的一体化程度。

三　货币市场的整合

由前文分析可知，东北各地货币市场形成了多种货币交易行市，交易商通过在货币市场买进卖出各类货币，进行套利交易，加强了货币市场之间的联系。货币价格是反映各地货币市场相互联系的重要指标，下文选取东北若干重要城市的货币价格数据，进一步检验货币市场的整合性。

（一）大连与哈尔滨货币市场的联系

大连与哈尔滨分别是东北南北两部重要的商业金融中心，而且形成了各自的货币交易市场，并辐射至周边地区的货币与商品交易。钞票和哈大洋票均是以银元为本位发行的纸币，两者较为相似，金票乃大连和哈尔滨两地共用货币。哈大洋票与金票，以及钞票与金票的交易价格，分别反映了两地金银两种货币价格的变化，是考察两地货币市场相互关系的重要指标。

1. 数据说明与统计分析

本文选取 1920 年 3 月至 1931 年 12 月大连钞票兑金票和哈尔滨哈大洋票兑金票的月度价格数据，由于哈大洋票于 1919 年 11 月开始发行，哈大洋票兑金票的价格自 1920 年 3 月后，方有记录，为了与哈大洋票相匹配，大连钞票兑金票的价格也选取从这一时期开始。两地的货币价格皆以每百元银票（哈大洋票或钞票）可兑换金票数量为准，当其中一地银票兑金票的价格扣除交易成本后高于另一地时，则存在套利空间。投资者可低价买入金票，卖出银票，然后于金票价格较高之地进行反向操作，以此获利。图 1 表示大连与哈尔滨 1920 年 3 月至 1931 年 12 月的金票与银票比价的变化趋势。从中可看出，两地金票与银票比价的变化趋势基本一致，而且 1920 年至 1923 年，两者几乎完全重合，这表明哈大洋票发行初期，价格基本与现大洋保持一致。而 20 世纪 20 年代中后期，哈尔滨哈大洋票的价格略低于大连钞票的价格，主要是由于 1924 年后，受直奉战争影响，哈大洋票发行量有所增加，价格略有下跌。从总体趋势上看，两地银票的价格都趋于下降，最大值都在 1920 年 3 月达到，随后便逐渐下跌。这与世界银价的变化趋势基本一致。自 1916 年至 1920 年初，国际银价始终处于上升趋势，而 1920 年后直到 20 世纪 30 年代初，银价基本处于下跌趋势。

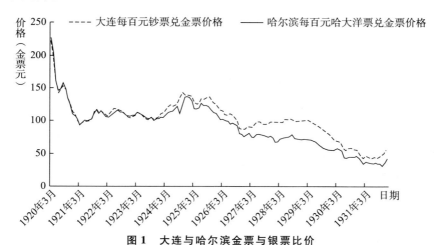

图 1　大连与哈尔滨金票与银票比价

资料来源：満鉄経済調査会編『満洲通貨統計 B 貨幣相場編』南満洲鉄道株式会社、1932、31－32、39－43 頁。

进一步统计分析可知，大连金票与银票比价的最大值小于哈尔滨的最大值，最小值大于哈尔滨的最小值，平均值也大于哈尔滨的平均值，而且标准差和离散系数都小于哈尔滨，这表明大连金票与钞票的比价波动幅度更小，更为平稳。两地银票价格之差的平均值约为 10.499 金票元，离散系数为 0.9383，虽然价格差的平均值较小，但波动幅度较大。此外，两地银票价格的相关系数高达 0.9594，T 检验得到的 t 值为 0.00513，表明大连与哈尔滨两地银票价格并未有显著差异，货币市场联系紧密（见表 1）。

表 1　大连与哈尔滨每百元钞票兑金票价格的描述性统计

	最大值（金票元）	最小值（金票元）	平均值（金票元）	标准差（金票元）	离散系数	相关系数	t 值
大连	220.695	43	102.374	29.024	0.2835	0.9594	0.00513
哈尔滨	226.06	31.86	91.876	33.330	0.3628		
大连与哈尔滨之差	30.24	−9.595	10.499	9.851	0.9383	——	——

　　从大连与哈尔滨两地银票价格之差的变化趋势可知，1924 年之前，两地价格差较小，且波动幅度也较小。在此之后，价格差逐渐扩大，且波动幅度较大，但 1930 年以后，价格差又逐渐缩小。这表明，当受到外生冲击时，两地价格差将扩大，产生一定的套利空间，而两地市场整合程度较高，投资者通过货币交易进行套利，又使两地价格差逐渐缩小。通过对大连与哈尔滨的银票价格做一阶差分，得到图 2 所示趋势图，一阶差分显示了银票价格的变化趋势。由图 2 可看出，两地的价格变动趋势也基本一致，相关系数高达 0.8337，表明两地银票价格变化率也高度相关。

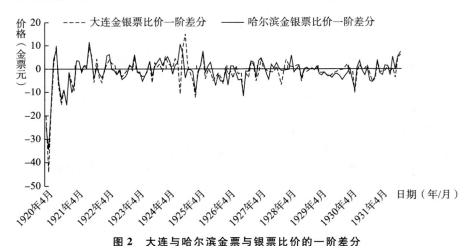

图 2　大连与哈尔滨金票与银票比价的一阶差分

　　价格差虽然可以初步反映两地市场整合情况，但由于交易成本的存在，价格差扩大并不意味着市场整合程度下降。为了进一步揭示两地市场整合的变化趋势，对两地银票价格差的绝对值做一阶差分，求得其变化率。如果变化率为正数，则表示两地价格差在扩大，市场整合程度日趋下降；反之，则表示两地价格差逐渐缩小，市场整合程度趋于上升。由图 3

可知，1924 年之前，两地价格差的变化率波动幅度较大，且大部分为正数。而 1925 年以后，其变化率逐渐缩小，几乎都在 0 附近小幅震荡。虽然 1925 年之后，两地价格差有所扩大，但价格差的变化率却逐渐减小，表明两地价格差的波动幅度逐渐减小，市场整合程度有所提升。

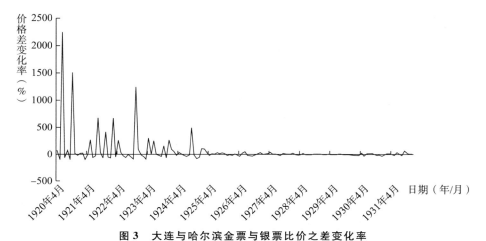

图 3　大连与哈尔滨金票与银票比价之差变化率

2. 市场整合的再检验

为了进一步检验大连和哈尔滨之间货币市场的整合程度，通过协整分析考察两地银票价格是否存在紧密的相互关系。若两者存在协整关系，则表明两地银票价格联系紧密。进行协整分析之前，首先需进行单位根检验，对大连与哈尔滨两地银票价格的 ADF 单位根检验结果如表 2 所示。从中可知，两地银票价格序列均在一阶差分后平稳，表明存在单位根。

表 2　大连与哈尔滨银票价格的 ADF 检验结果

城市	水平值		一阶差分后	
	t 统计量	P 值	t 统计量	P 值
大连	− 0.731	0.8385	− 3.305	0.0147
哈尔滨	0.173	0.9707	− 4.095	0.0010

注：表中的 P 值为 MacKinnon approximate p-value。

由于 ADF 单位根检验的原假设为有单位根，为了避免出现第 2 类错误（即备择假设"H_1：无单位根"为真的情况下，却接受原假设"H_0：有单位根"），进一步采用 KPSS 方法进行平稳性检验。检验结果与 ADF 检验结果一致。根据 Engle and Granger（1987 年）提出的"EG-ADF 检验"方法，对大连和哈尔滨两地银票价格进行协整分析。采用"EG-ADF 检验"所得到的协整方程是：

$$DL = 25.61518 + 0.8354669HEB + e_t$$

此外，使用 Johansen 的最大似然估计法所得到的协整方程如下：

$$DL = 22.17765 + 0.795331HEB + e_t$$

表 3　两种方法的协整检验结果

估计系数	EG-ADF 检验			Johansen MLE 方法		
	系数估计值	标准差	t 值	系数估计值	标准差	z 值
HEB 系数	0.8354669	0.0207501	40.26	0.795331	0.1363573	5.83
截距项	25.61518	2.027995	12.63	22.17765		

　　根据表 3 所得到的结果，无论是采用"EG-ADF 检验"，还是 Johansen 的最大似然估计法检验，结果都表明大连与哈尔滨的金票与银票比价存在长期均衡关系。前一种方法得到大连对哈尔滨的回归系数约为 0.84，后一种方法得到的系数约为 0.80，两者差异不大，而且与前文得到的相关系数 0.9594 也较为接近。进一步印证了大连与哈尔滨的银票价格的协整关系。

　　大连银价行情是影响哈大洋票价格的主要因素。大连与哈尔滨两地货币市场的紧密关系，还同时受上海货币市场的影响。上海标金市场是当时国内金银比价的风向标，大连与哈尔滨金票与银票的比价受上海标金市价的影响较大。1931 年 1 月，"标金最高冲出七百五十五两以上，较上月平均涨七八十两有余，钞对金之换算率，竟打破五十元之大关，最低落至四十四元六……"[①]。同时，哈大洋票兑金票的价格也逐渐下降，"本月承去年收盘时之价格，最初行市为四十四元五十钱，后因卖银买金之风甚盛，九日乃落为四十元，后来更因银贱而现物少之故，月末则落为三十七元八十五钱"[②]。2 月，标金价格继续上涨，最高达 799 两，大连钞票兑金票落至 41.3 元，而哈大洋票受增发之影响，价格急剧下降，低至 35 元。3 月，

---

①　李清浦：《一年来大连市场各种货币价格之变动》，《中东半月刊》1931 年第 13 期，第 22 页。

②　祖崇詟：《一九三一年哈大洋价格腾落情形》，《中东半月刊》1932 年第 10 期，第 9 页。

标金价格渐行低落，约在 712 两，大连钞票兑金票涨至 46.6 元左右，而哈大洋票也受南方银价上涨之影响，11 日上涨至 40 元，但月末受南方银价转跌之影响，又跌至 37 元左右。4 月，标金又略微上涨，钞票兑金票平均价为 45.48 元。4 月 4 日，日本滨口首相去世，传言日本将政变，故哈大洋票兑金票价格由 35 元涨至 37 元。4 月 14 日，日本若槻内阁成立，日本政府恢复稳定，哈大洋票又有下降之势，"然以华商大买之故"，并未大跌，仍旧维持在 37 元左右。5 月下半月，标金又涨至 780 余两，钞票兑金票价格随之跌落，平均价为 44.12 元，哈大洋票受南方银价跌落影响，5 月末跌至 33.5 元。[①]

1931 年 1 月至 5 月，从大连钞票价格和哈尔滨哈大洋票价格的波动可以看出，两地银票兑金票的价格均受上海标金和银两价格的影响，且波动方向基本一致。虽然两地价格存在差距，但基本维持在一定区间内。同时，这也表明上海作为国内金融中心，其货币行市对东北货币市场影响极大，东北内部市场也因此产生联动，促进整合程度的提升。

（二）东北其他各地区间货币市场的联系

1. 安东与大连的货币市场

安东主要通行货币是镇平银，货币市场上主要进行的是镇平银与金票的交易，镇平银对金票的价格也成为安东货币市场上金银比价的代表。安东与大连两地货币市场的联系通过汇兑市场实现，安东镇平银对金票的价格与大连钞票对金票价格的比较，是投机商进行套利交易的参照标准。此外，安东和大连都与上海市场联系紧密，两地均设有申汇市场，通过申汇行市，为镇平银和钞票价格的比较搭建了桥梁。安东与大连之间的汇兑通常通过外国银行使用金票进行，这种汇兑方式也是投机商套利交易的基础。若安东镇平银对金票价格上涨，则投机商可在安东卖出镇平银，买入金票，同时在大连买入金票，卖出钞票，促使安东银价下跌，大连银价上升，从而使两地银价趋于一致。

通过比较安东与大连两地银价的变化趋势，可进一步理解两地货币市场之间的关系。图 4 表示 1908 年 1 月至 1931 年 12 月安东镇平银与大连钞

---

① 李清浦：《一年来大连市场各种货币价格之变动》，《中东半月刊》1931 年第 13 期，第 22 页；祖崇誉：《一九三一年哈大洋价格腾落情形》，《中东半月刊》1932 年第 10 期，第 9～10 页。

图4 1908～1931年大连钞票与安东镇平银对金票的价格

资料来源：満鉄経済調査会編『満洲通貨統計 B 貨幣相場編』南満洲鉄道、1932、35－43 頁。

票的月度价格，从中可知，两者的变化趋势几乎完全一致。由于镇平银为银两货币，而钞票以银元为兑换准备，因此，镇平银的价格通常远高于钞票。两者的相关系数高达 0.98，足以说明安东与大连两地货币市场的整合程度已达到较高水平。通过协整分析，采用 Johansen 最大似然估计法得到大连关于安东货币价格的协整方程：

$$DL = 7.878246 + 0.7775935 \ AD + e_t$$

其中，DL 表示大连钞票兑金票的价格，AD 表示安东镇平银兑金票的价格。协整检验结果表明，大连与安东两地货币价格存在显著的协整关系，大连钞票价格对安东镇平银价格的变化系数约为 0.78，两地货币市场已达到较高的整合程度。

2. 营口与大连的货币市场

营口和大连货币市场的关系与安东和大连的关系类似，都是通过当地货币与金票的交易行市，以及申汇行市进行两地货币价格的比较。营口与大连之间也主要通过汇兑和商品贸易建立资金往来关系，交易商通过两地钱钞市场和申汇行市的变化，比较两地银价差异。当两地银价出现较大差异时，交易商即可通过在营口买进或卖出过炉银，同时在大连买卖钞票的方式，套取利差。

通过比较营口与大连两地银价的变化趋势，考察两地货币市场的关

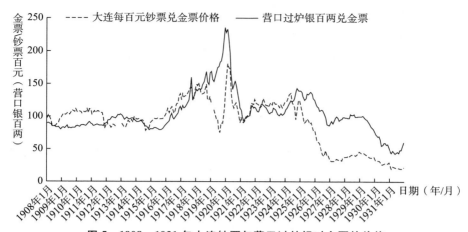

图5　1908～1931年大连钞票与营口过炉银对金票的价格

资料来源：满铁経済調査会編『満洲通貨統計 B 貨幣相場編』南満洲鉄道、1932、7－10、39－43頁。

系。图5表示1908年1月至1931年12月营口过炉银对金票以及大连钞票对金票的价格，总体而言，过炉银和钞票价格的变化趋势基本一致，但过炉银价格在1918年末至1919年初出现大幅下降，这与大连钞票价格以及当时世界银价整体上升的趋势相反。这种反常波动主要是过炉银自身信用危机所致。1919年西义顺银号破产，使过炉银信用受到严重冲击，这是造成这一时期过炉银价格下跌最主要的原因。营口过炉银价格与大连钞票价格的相关系数为0.58，低于安东与大连两地银价的相关性，其原因主要是过炉银自身信用衰落，使过炉银价格偏离银价的变化方向。一阶差分后，两者变化量的相关系数为0.33，表明两者增量的变化趋势相关性程度也较低。但如果剔除过炉银在某些特定时期因信用危机所产生的价格下跌，营口与大连两地银价的变化趋势仍保持基本一致，两地货币市场的联系也较为紧密。为了进一步检验两地货币市场的关系，采用协整检验，由于营口过炉银价格存在部分缺失，剔除1912年9到12月，以及1919年2月共5个月的缺失值，得到Johansen最大似然估计法的协整方程如下：

$$DL = 30.10893 + 0.7971386 \, YK + e_t$$

其中，DL表示大连钞票兑金票的价格，YK表示营口过炉银兑金票的价格。结果表明，大连和营口两地货币价格存在显著的协整关系，营口货币价格每变动1单位，大连货币价格的变动约为0.8，高于两地货币价格的相关系数 0.58，表明两地货币市场达到较高的整合程度。

综上所述，虽然东北各地货币各异，各类纸币之间也很难计算其汇兑平价，但金票在各地货币市场均有交易，为各地货币价格的比较搭建了桥梁，通过各类货币的买进卖出，套取利差，缩小两地货币价格差异。这表明即使不通过运送金银进行"金点套利"或"银点套利"，借助货币市场的买进卖出操作，也可调节地区间货币供求，实现货币市场整合。

四 结论

近代东北地区纸币繁多，流通广泛，货币分区流通的特征也较为突出，这也使我们通常认为近代中国货币市场是相对分割的。目前对近代中国金融市场整合的研究主要基于"银点套利"的思想，考察整合程度的变化，而在白银流动受阻或白银极少使用的情况下，通过运送现银套利较为困难，但这并不意味着货币市场就一定分割。

清末民国时期，东北纸币运用甚广，银钱等金属货币较少使用，而且政府经常限制银钱流出，通过"银点套利"的机制实现市场整合并不适用。东北货币交易发达，各地相继建立了交易所，期货交易盛行，并形成了货币行市。期货交易的价格发现功能，使各地货币市场的供求和价格信息传递快速。交易商通过各类货币的买进卖出，进行套利交易，加强了各地货币市场的联系。同时还将货币交易和汇兑买卖相结合，在各地货币市场间进行套利交易，缩小价格差异。进一步运用东北各地货币交易价格的数据，考察各地货币市场的整合程度。研究表明，各地货币价格的变化趋势高度相关，货币市场相互联动，已达到较高的市场整合程度。大连和哈尔滨两地货币行市的相关系数达 0.96。协整分析进一步印证了两者高度相关的结论。此外，通过对大连和安东、大连和营口等货币市场的分析表明，这些地区货币市场的联系也极为紧密。

但从长期来看，上述地区遭到日本等国货币的影响，造成货币主权破坏，整合难度持续提高，进一步强化了货币市场分化。东北货币市场的相对整合表明，当"银点套利"套利机制无法发挥作用时，货币市场仍可通过货币行市的信息传递和货币买卖，调节地区间货币供求，实现市场整合。市场整合的意义在于调节供求平衡，虽然现银流动是调节货币供求的重要手段，但货币行市的信息传递和汇兑也极为重要。发达的货币交易市场，可加速供求和价格信息的传递，使各地货币市场通过买进卖出做出调整，促进货币市场间的联动。

Money Transactions and Money Market Integration in Northeast China in Modern Times

Li Yuwei

Abstract: Based on the characteristics of currency circulation and currency transactions in Northeast China, this paper examines the connection between money markets and explores the formation mechanism of the integration of money markets in Northeast China. The study shows that metal currencies such as silver money are seldom used in Northeast China, and the government often restricts the transportation of cash, so the mechanism of "silver point arbitrage" can not work. Due to the developed currency transaction, especially the prevalence of futures trading, so that the currency supply and demand and price information transmission fast, through the currency buy and sell, and with the exchange trading, narrowing the price difference, and strengthened the link between the currency market. Further analysis of currency price data from Dalian, Harbin, Andong, Yingkou and other cities shows that currency prices are highly correlated across the region, and the currency market is closely linked. Meanwhile, Japan's undermining of China's monetary sovereignty further complicates the integration of currency market.

Keywords: Money Market; Money Transactions; Market integration; Northeast of Modern China

从外引到内化：改革开放前株洲
国营企业技术创新研究[*]

刘　琦　易棉阳^{**}

摘　要： "一五"以前，株洲工业仍处于工场手工业水平。株洲国营企业技术能力由零起步，经历技术外引到内化的技术创新路径，逐步形成企业自主技术创新能力。外引技术包括生产设计、设备、技术工艺等，主要有从苏联引进硬质合金、航空动力、电力机车、电力等技术；从波兰引进选煤、车辆生产等技术；从日本引进纺织技术。技术内化途径有优化生产工艺、革新和研制生产设备及工具、吸取创新失败经验教训。株洲国营企业技术创新推动了株洲及国家制造技术的进步与发展，改革开放前实行的举国体制为企业技术创新起步提供了相适应的发展环境，创新实践经验为深入推进新时代制造强国战略提供了宝贵的历史经验。

关键词： 技术外引　技术内化　株洲国营企业　技术创新

一　引言

新中国成立以后，为改变工业落后的局面，国家集中力量进行了由苏联帮助我国设计的 156 项工程、694 个全国限额以上项目组成的工业建设规划，以建立我国社会主义工业化的初步基础。株洲是 1953 年国家确定的

---

　* 本文为湖南省自然科学基金项目（2022JJ50071）、湖南省教育厅科学研究重点项目（21A0359）的阶段性研究成果。

　** 刘琦，管理学博士，湖南工业大学经济与贸易学院讲师。易棉阳，经济学博士，湖南工商大学经济与贸易学院教授。

八大新建工业城市之一。[①] 156 项工程中，601 厂（株洲硬质合金厂）、331 厂（南方航空动力机械公司）、株洲电厂安排在株洲市兴建。694 个全国限额以上项目中有田心机厂（株洲电力机车厂）、株洲车辆工厂、株洲冶炼厂、株洲化工厂、株洲苎麻纺织印染厂、株洲玻璃厂、株洲桥梁厂等 7 个建在株洲。[②] 株洲选煤厂建设项目不属于 156 项工程和 694 个全国限额以上项目，属于波兰援建项目。[③]"一五"以来建设的这批株洲国营企业从建成投产发展至今成就斐然，其中轨道交通装备、中小航空发动机、先进硬质材料三个领域的研发制造技术领跑全国乃至全球。

目前关于改革开放以前国营企业是怎样进行技术创新的研究涉猎甚少，现有相关文献的研究时段主要从 1980—1998 年开始，[④] 一是从宏观视角探讨中国工业创新机制，[⑤] 论述了 156 项工程建设项目触发了短期内大规模技术进步，为后期吸收引进西方技术打下基础。[⑥] 二是从企业微观角度的研究，分析汽车工业企业"土洋结合"的技术发展路径的优劣势，[⑦] 论述上海纺织工业技术在计划经济时代，政府指令性的技术发展路径只能停留在技术革新状态，企业无法实现技术创新。[⑧] 鲜有回答改革开放前国营企业技术从哪里来，又是如何消化吸收，如何提高技术能力的。本文

---

① 中华人民共和国国家经济贸易委员会：《中国工业五十年（1949 - 1999）》，当代世界出版社，1999，第 1440 页。

② 株洲市地方志编纂委员会：《株洲市志》（第二册），方志出版社，2017，第 780 页。

③ 易棉阳等：《"一五"和"二五"时期的株洲工业发展质量》，《中国经济史研究》2022 年第 3 期。虽然株洲选煤厂不属于"156 项工程"和"694 个限额建设项目"，但它的建成及投产为当时国家"一五"计划实施及株洲工业布局做出了巨大贡献。新中国成立后的第一个经济建设五年计划期间，钢铁冶炼工业迅速发展。为与正在兴建的武汉钢铁基地配套，国家决定在湖南省株洲市建设一座大型机械化选煤厂，以入选江西萍乡和湖南资兴两地的焦原煤，供应武钢作炼焦用的精煤。因此本文将其列为研究对象之一。

④ 尹西明等：《新中国 70 年技术创新研究知识图谱分析与展望》，《科学学与科学技术管理》2019 年第 12 期。

⑤ 王曙光等：《科技进步的举国体制及其转型：新中国工业史的启示》，《经济研究参考》2018 年第 26 期；方书生：《计划经济时期中国工业的创新机制（1949—1978）》，《上海经济研究》2021 年第 3 期。

⑥ 赵学军：《"156 项"建设项目对中国工业化的历史贡献》，《中国经济史研究》2021 年第 4 期；莫兰琼：《"156 项工程"的确立及历史贡献》，《上海经济研究》2023 年第 9 期。

⑦ 彭南生等：《中国汽车工业发展早期阶段的技术路径——以上海汽车工业基地为例》，《湖北社会科学》2014 年第 11 期。

⑧ 朱婷：《1950 年代上海国营企业技术发展的路径及特点——以国营纺织企业为例》，《上海经济研究》2014 年第 4 期。

选取改革开放前国家 156 项工程、694 个全国限额以上项目建设规划中在株洲布局的国营企业以及波兰援建的企业为研究对象，从微观视角围绕改革开放前株洲国营企业技术从何而来、如何发展两个核心问题，敷陈改革开放前株洲国营企业技术创新历程，以期总结国营企业在技术起步阶段的创新实践经验。

二　技术外引：株洲国营企业的技术起源

回溯世界技术变迁史发现，先发国家主要凭借自主创新提高技术水平，后发国家主要是依靠技术引进及模仿实现技术升级。[1] 1953 年以前的株洲工业技术体系与手工业时期和工场手工业时期的技术体系相对应，电力、电子、冶金、化工等技术没有得到普遍工业化应用，[2] 且与其他重点建设的大工业城市相比较，株洲工业基础最薄弱。[3] 由于当时国内不具备硬质合金、航空发动机、电力机车等技术密集度高的工业制造技术能力，因此，601 厂、331 厂、株洲电力机车厂等株洲国营企业通过引进苏联、波兰、日本等国技术完成技术的原始积累。工业企业的技术反映于有形的工具装备、机器设备等实体物质，及无形的工艺方法规则等知识技能等方面。[4] 鉴于当时的"零起点"技术现状，株洲国营企业外引技术主要有生产设计、生产设备、生产工艺等。

（一）引进苏联技术

战后国内外形势发展使得新中国于 1949 年确立了向苏联"一边倒"的外交方针，相应形成了从苏联引进资金和主要核心技术的经济建设方针。[5] 因此，株洲国营企业技术主要来源于苏联。

---

① 林毅夫等：《后发优势、技术引进和落后国家的经济增长》，《经济学（季刊）》2005 年第 4 期。

② 株洲市科学技术局、中共株洲市委党史办：《株洲科技发展史》，内部资料，2007，第 8 页。

③ 中共株洲市委党史工作办公室、株洲市经济委员会：《株洲工业发展史》，内部资料，2010，第 36 页。

④ 朱婷：《1950 年代上海国营企业技术发展的路径及特点——以国营纺织企业为例》，《上海经济研究》2014 年第 4 期。

⑤ 陈夕总主编《中国共产党与 156 项工程》，中共党史出版社，2015，第 6 页。

　　引进苏联生产设计技术的有 601 厂、331 厂、株洲电厂、株洲苎麻纺织印染厂。601 厂建厂设计是根据 1953 年 5 月 15 日中苏两国签订的技术援助协定和 1953 年 8 月 20 日签订的第 102245 号合同，于 1954 年 3 月 8 日经国家计划委员会第 5401017 号文批准，委托苏联铝镁设计院莫斯科分院编制初步设计。中苏双方议定厂外上下水平构造物、厂外供电系统等 9 项设计项目由我国自己承担设计任务。① 331 厂属于扩建项目，最初生产设计由苏联专家指导完成，在其被确定为 156 项工程之前，曾有苏联专家苏宾等 10 人于 1951 年 4 月起相继来厂帮助勘测厂址、指导建设和生产。② 株洲电厂一期工程，由苏联莫斯科电力设计院设计编定，经国家计划委员会 1955 年 11 月 17 日以（55）计燃彭字第 8 号文件批准的 410 号设计进行的。③ 株洲苎麻纺织印染厂第一期工程的整体设计工作在纺织工业部苏联专家组长布留亨指导下进行。④

　　引进苏联生产设备有的 601 厂、331 厂、株洲电厂。601 厂设计投产时，设备总重量 2111 吨，其中国内制作 1165 吨，苏联提供 946 吨。⑤ 331 厂是扩建项目，它是将原有的、121 厂调来的和从苏联进口的生产设备，按工艺要求调整成新的生产线。⑥ 株洲电厂一期工程 2 台 6000 千瓦汽轮发电机和 3 台 35 吨/时中温中压煤粉锅炉，设备全由苏联提供。⑦

　　引进苏联生产工艺技术的有 601 厂、331 厂、株洲电厂、株洲电力机车厂。苏联为 601 厂提供了苏联当时最先进的工艺技术，用苏联驻厂生产专家组长谢苗诺维贺的话说："贵厂的设计比我们的一些厂子还要先进得多，采用工艺流程系当今第一流，有些还是我们用重金从资本主义国家刚

① 株洲硬质合金厂志编纂办公室：《株洲硬质合金厂志（1953—1980）》，内部资料，1983，第 3~4 页。
② 国营南方动力机械公司编志办公室：《国营南方动力机械公司史（1951—1983）》，内部资料，1986，第 1 页。
③ 株洲电厂志编纂委员会：《株洲电厂志（1957—1997）》，内部资料，1997，第 71 页。
④ 株洲市科学技术局、中共株洲市委党史办：《株洲科技发展史》，内部资料，2007，第 18 页。
⑤ 株洲硬质合金厂志编纂办公室：《株洲硬质合金厂志（1953—1980）》，内部资料，1983，第 6 页。
⑥ 国营南方动力机械公司编志办公室：《国营南方动力机械公司史（1951—1983）》，内部资料，1986，第 2 页。
⑦ 中共株洲市委党史工作办公室、株洲市经济委员会：《株洲工业发展史》，内部资料，2010，第 59 页。

买来的专利。"株洲硬质合金技术的引进，使中国生产硬质合金技术在短短5年时间内就达到世界先进水平。[1] 331厂航空发动机的工艺技术来源于修理。1960年以前331厂主要使用和依托苏联技术进行了航空发动机的维修和研制。1951年工厂接受哈尔滨121厂转来待修的苏制 M–11ΦP 型活塞式航空发动机，装用于苏制雅克18教练机上。工厂虚心向苏联专家学习，当年修好 M–11ΦP 航空发动机54台。至1952年年底，基本掌握了该机种的全套修理技术，修理发动机165台、附件 AK–50 空气压缩机92台。[2] 株洲电厂机电安装是在苏联专家现场指导下完成。[3] 株洲电力机车厂的工艺技术引进从起步时就本着独立自主发展的态度。1958年1月15日，由一机部[4]、铁道部和部分高等院校派人联合组成的考察团赴苏联考察学习。在诺伏契尔克斯克机车制造厂4个月的考察中，考察团首先对苏制 H60 型电力机车的设计、结构做了全面了解，随即进行国产电力机车的技术设计。在技术设计过程中，考察团成员根据国内批准的设计原则，以 H60 型电力机车为原型，并注意到该车在原设计和使用中固有或暴露出的缺陷，再结合中国具体情况，做了必要的修改。如 H60 型电力机车网侧电压原设计为20千伏，改为25千伏；转向架原为铸件焊接结构，改为型钢焊接结构；机车最大高度（车顶高点至轨面距离）为5.15米，按中国机车界限4.780米进行修改。[5] 机车最大高度按原型设计有较大变化，导致车体各部以及车钩高度等多处的变化。其他如总体布置、制动装置、牵引电动机、电器设备、电气系统原理图等均做了修改。在设计过程中，考察团成员对诺厂机车生产工艺、企业管理、测试手段等方面做了全面考察，搜集了诺厂 H60 型电力机车试制全套设计图纸及有关技术工艺文件，并寄回国内。1958年7月15日至20日，以国家技委技

---

① 株洲市科学技术局、中共株洲市委党史办：《株洲科技发展史》，内部资料，2007，第16页。
② 国营南方动力机械公司编志办公室：《国营南方动力机械公司史（1951—1983）》，内部资料，1986，第1~3页。
③ 中共株洲市委党史工作办公室、株洲市经济委员会：《株洲工业发展史》，内部资料，2010，第59页。
④ "中华人民共和国第一机械工业部"的简称。一机部的前身是"中华人民共和国重工业部"，成立于1949年。
⑤ 株洲电力机车厂志编纂委员会：《株洲电力机车厂志（1936—1999）》，内部资料，2001，第148页。

术审查委员会和各专业组成员全面审查考察团提出的仿苏 H60 型国产电力机车的设计任务书和技术设计方案，一致肯定考察团的设计是优良的，方案考虑了中国的能源状况，符合中国运输条件和气象条件。与苏制 H60 型电力机车原车比较，有 78 处做了重大修改，优于苏制 H60 型机车原设计水平。①

（二）引进波兰技术

由于苏联专家对工业建设项目选址十分严谨，部分项目未能列入苏联援建项目，但考虑到工业建设整体布局需要，国家决定从波兰引进选煤技术。1954 年 12 月，苏联煤炭工业部对外联络司司长楚库洛夫来华具体商谈立项时，提出株洲选煤厂项目煤源不落实的异议，因此株洲选煤厂未能列入苏联援建项目。煤炭部和中南煤管局的领导决定另辟蹊径，在株洲建选煤厂与武钢工程配套。1955 年 9 月经国家批准，确定由波兰斯大林诺格勒德选煤设计院承担设计任务，由波兰采考普公司负责提供成套选煤设备和派出专家现场指导施工、安装、调试。② 1956 年 3 月至 7 月，以株洲选煤厂筹备处主任万迁一行 4 人考察组赴波兰考察其选煤技术和生产组织情况。在波兰专家的现场指导下，共计完成了电动机 257 台、附属设备 416 套（件）、非标准设备 130 吨动力和操纵电缆近 40 公里等安装铺设任务。③

株洲车辆工厂的主要生产设备由波兰成套提供，共 1399 台，价值 2567 万元。其中金属切削机 366 台，锻压设备 70 台，铸造设备 51 台，木工设备 6 台，其余为电炉、空压机、起重运输机械以及电器设备。④ 1959 年 5 月 30 日，第一批波兰设备到达株洲站，1962 年基本到齐。⑤

① 株洲电力机车厂志编纂委员会：《株洲电力机车厂志（1936—1999）》，内部资料，2001，第 147~149 页。
② 中共株洲市委党史工作办公室、株洲市经济委员会：《株洲工业发展史》，内部资料，2010，第 60~62 页。
③ 中共株洲市委党史工作办公室、株洲市经济委员会：《株洲工业发展史》，内部资料，2010，第 65 页。
④ 株洲车辆工厂厂志编辑委员会：《株洲车辆工厂厂志（1954—1986）》，内部资料，1988，第 32 页。
⑤ 中共株洲市委党史工作办公室、株洲市经济委员会：《株洲工业发展史》，内部资料，2010，第 74 页。

（三）引进日本技术

20世纪50年代初，我国既无使用自动化先进设备进行苎麻纺织的先例，也缺乏大规模机械苎麻纺织生产管理经验。[1] 1955年4月，纺织工业部纺织科学研究院院长张方佐赴日考察，时遇早年留学日本时的同学石津信一。石津在日本从事麻纺织研究工作，他表示可为中国提供全套苎麻纺织自动化设备。[2] 从日本"明和"洋行引进生产设备的过程十分波折，引进的设备主要有RMC型纺纱设备、平野44织机及石津式苎麻脱胶、梳麻自动化设备。引进设备运抵上海后，除留一部分在上海国棉九厂安装试车外，其余转运株洲，从1957年10月3日起株洲苎麻纺织印染厂一边土建一边安装。在上海国棉九厂安装试运中，脱胶头和二、三道水理机、自动圆梳机均达不到设计要求，尤以圆梳机为甚，梳成率只有20%～35%。经过30多位中国专家和苏联专家布留亨·基里谢尼可夫讨论研究，认为日本脱胶和梳麻设备设计思想先进，但关键部分结构不成熟，达不到设计要求，不能使用。纺纱、织布设备先进成熟，可以使用。据合同，纺纱织布设备按价买下，而脱胶、梳麻设备不引进。专家把关避免了盲目引进，避免了经济损失，并及时调整工艺。从日本引进部分设备的试车失败，使工程建设陷入被动。通过纺织工业部统筹全国技术资源，1958年4月1日工厂开始试车生产。[3]

（四）引进西欧、美国技术

1960年国际关系发生变化，株洲基本上没有从国外引进技术项目。[4]但331厂、株洲电力机车厂这两个技术密集度高的企业技术能力在当时还不足以支撑企业自主技术发展和生产需要，因此，以测绘、仿制等方式继续引进西欧、美国先进技术。株洲电力机车厂为提高国产电力机车质量，

---

① 株洲苎麻纺织印染厂编纂委员会：《株洲苎麻纺织印染厂厂志（1956—1981）》，内部资料，1986，第1页。
② 株洲苎麻纺织印染厂编纂委员会：《株洲苎麻纺织印染厂厂志（1956—1981）》，内部资料，1986，第4页。
③ 中共株洲市委党史工作办公室、株洲市经济委员会：《株洲工业发展史》，内部资料，2010，第83页。
④ 株洲市地方志编纂委员会：《株洲市志》（第四册），方志出版社，2017，第2726页。

更加完善技术性能，对引进的法国 6Y$_2$ 型电力机车做了全面分析，了解了法国 6Y$_2$ 型电力机车的设计规范、技术参数、性能特点，从而为国产电力机车的改进提供了技术借鉴。[①]

1964 年，三机部[②]（64）三二字 2063 号文要求 331 厂与 120 厂[③]、410 厂[④]共同测绘设计分析研究英国罗尔斯罗易斯公司（RR 公司）设计生产的达特（Dart7 - 525F）航空涡轮螺旋桨发动机，用于英国子爵号等客机和运输机动力；1966 年 6 月至 1967 年 12 月，工厂又先后测绘了美制直升机动力、无人机动力、T56 残骸，使设计人员开阔了眼界；1970 年工厂研制的涡浆 - 7 是以法国阿都司特 - 3B 型涡轴发动机改装的。[⑤]

由上可见，株洲国营企业技术外引充分展现出当时苏联专家的无私技术援助，也体现了国营企业在技术起步阶段就树立自主创新发展的技术创新原则。改革开放前株洲国营企业技术引进情况见表 1。

三　技术内化：株洲国营企业的技术革新

技术内化是技术受让方对引进的技术进行系统、深入地科学分析，反向研究其性能、结构、设计、制造以及其他与之有关的重要因素，并能通过与技术受让方的新环境及其技术能力进行整合、调适，进而达到吸收消化的目的。[⑥] 株洲国营企业"因地制宜"地消化吸收国外技术，不断优化生产工艺，革新并研制生产设备，积累创新经验，所有外引技术均内化为企业技术能力，推动了技术创新能力的提升。

（一）优化生产工艺

株洲国营企业根据实际生产运行情况不断优化生产工艺，研发出大量

---

① 株洲电力机车厂志编纂委员会：《株洲电力机车厂志（1936—1999）》，2001，第 151 页。
② 全称第三机械工业部，原国务院部委之一，是现在的中国航空工业集团公司和中国航空发动机集团公司共同的前身。
③ 1964 年起，我国中西部三线地区建设的大规模的军工企业"三线厂"，原四川广元广明无线电厂。
④ 1964 年起，我国中西部三线地区建设的大规模的军工企业"三线厂"，原沈阳黎明发动机厂。
⑤ 国营南方动力机械公司编志办公室：《国营南方动力机械公司史（1951—1983）》，内部资料，1986，第 34～37 页。
⑥ 吴静：《近代上海民营企业的技术引进（1895—1937）》，上海人民出版社，2021，第 9 页。

表 1 改革开放前株洲国营企业技术引进情况

建设项目	企业	引进技术类型			
		生产设计	生产设备	生产工艺	
156 项工程项目	601 厂	苏联	苏联、国内	苏联	
	331 厂	苏联	苏联、国内	1. 1960 年以前引进苏联技术 2. 1960 年后引进英国、美国、法国技术	
	株洲电厂	苏联	苏联	苏联	
694 个限额以上项目	田心机厂 （株洲电力机车厂）	国内	联合国筹后数济总署在英、美、加等国订购设备，部分日本赔偿	1. 1960 年以前引进苏联技术 2. 1960 年以后引进法国技术	
	株洲车辆工厂	国内	波兰	国内	
其他	株洲苎麻纺织印染厂	苏联、国内	部分技术源自日本，其余采用国内技术	国内	
	选煤厂	波兰	波兰	波兰	

新技术、新工艺，节约了生产成本，提高了生产效率，积累了技术经验。601 厂原设计钨酸钠溶液净化工序是分两个步骤，即先用盐酸和氯化铵调整溶液的碱度，待调到一定的范围时，使矽酸钠成偏矽酸沉淀析出；然后经过滤再加氯化镁生成磷酸铵镁和砷酸铵镁沉淀。但这样的净化方法在按生产上所规定的技术条件下，沉淀出的渣中含钨量高，一般在 15% ~ 20%，为了降低渣中三氧化钨含量，以氯化镁代替氯化铵同时进行除矽除磷砷，该方法除矽、磷、砷，渣中不溶的三氧化钨曾降到 5% 以下，提高了金属回收率，并且由于缩短了处理时间，故可大大提高该工序的产量。[①]

株洲电力机车厂的国产第一台电力机车试制过程中遇到大量工艺技术难题和生产关键，如齿轮锻造、加工、热处理与装配，轴箱拉杆橡胶件和金属件的黏合工艺，高锰钢铸件的冶炼与加工，滚珠轴承的组装工艺，转向架焊接加工，车体底架的焊接与组装等。工厂集中力量攻克了电力机车车体和转向架组焊生产技术难关，从质量和进度上确保了试制需要。首创了电力机车齿轮外圈自由锻造新工艺，解决了齿轮圈自由锻造的重大课题。由于全厂干部、工程技术人员、工人共同努力，电力机车试制当中的一些重大技术工艺问题基本获得解决。[②]

331 厂在苏联专家指导下制定了锻压工艺规程，锻造出我国第一台航空发动机用的 81 种锻件，初步掌握了锻件工艺规程的编制和锻模的设计，学会了解决现场工艺问题。[③] 1965 年，工厂在工艺资料的编制上，用总工艺规程或生产说明书和简明而标准化的单卡，代替了繁琐的苏联资料。同时大上新技术，如国内首创辉光离子氮化、露点仪控制渗碳时的碳势、叶片形变热处理等，在三机部系统内首先用于生产，是当时具有世界先进水平的热处理技术。这个时期还掌握了新的热处理工艺 8 种，如导弹产品的磁场热处理，真空或氨分解气氛保护退火，碱浴等温淬火，氩气保护加热等。[④]

---

① 株洲硬质合金厂志编纂办公室：《株洲硬质合金厂志（1953—1980）》，内部资料，1983，第 32 页。

② 株洲电力机车厂志编纂委员会：《株洲电力机车厂志（1936—1999）》，内部资料，2001，第 148 页。

③ 国营南方动力机械公司编志办公室：《国营南方动力机械公司史（1951—1983）》，内部资料，1986，第 102 页。

④ 国营南方动力机械公司编志办公室：《国营南方动力机械公司史（1951—1983）》，内部资料，1986，第 106 页。

20世纪60年代中期，株洲电厂的发电机自动调整励磁有的直接来自苏联，有的照搬照抄苏联技术，整流装置采用硒整流器，工作起来非常麻烦，调试前必先充整，一片片地充，费时费力，气味难闻，后来继电保护人员大胆地用硅二极管代替了硒整流片，彻底改变了这一被动局面，这在当时是一个"敢于向洋设备开刀"的大胆行动。[1] 1963～1966年，电厂相继改装#5、6、7、8机为调相机，为电网充分利用水能、节约燃煤做出了贡献。自1964年#4机缩小动静叶片间隙，改进后效率有显著的提高，在额定负荷时，效率由30.2%提高到30.5%，超过设计值，达到全国同类型机组效率先进水平，尔后陆续将各机进行了缩小动静叶片间隙加装阻汽片的改进工作，提高了运行经济性。[2]

株洲苎麻纺织印染厂为了从根本上改变苎麻绢纺圆梳工艺的落后状况，促进生产力的发展，分别进行过自动剪麻、自动落麻、自动圆梳、自动切梳等革新试验，摸索苎麻梳理新工艺的改革途径。从1969年8月起，工厂辗转往复地进行苎麻梳理新工艺的系统试验。1970年1月在黄麻梳麻机、罗拉梳麻机、毛纺B311精梳机等设备上连续进行了两次全套工艺试验，纺出了几批中支细纱。经纱支鉴定和织布试验，其质量都接近老工艺同品种质量标准，技术革新获得初步成功。[3]

（二）革新、研制生产设备及工具

株洲国营企业持续革新、自主研制生产设备及工具，提高了生产效率，积累了技术经验。601厂原采用苏联设计的棱形制粒机成粒，但效果差，不适应生产。1960年5月改成压团制粒，但还存在粒子硬不好压制等缺陷。后经继续改进，成功试制了倾斜式圆筒制粒机。此机使用效果良好，成粒完全，粒子松软，班产由600公斤提高到1000公斤，解决了制粒生产中的困难。1973年工厂制成了混合料红外线振动干燥炉代替蒸汽干燥柜，使干燥过程连续，劳动条件改善，干燥效率提高2～3倍。在生产设备革新的基础上，601厂还着手进行"混合一条线"的设计与施工。设计制造了混合料提升机和相应的衔接设备，将混合料掺胶混合器、提

① 株洲电厂志编纂委员会：《株洲电厂志（1957—1997）》，内部资料，1997，第267页。
② 株洲电厂志编纂委员会：《株洲电厂志（1957—1997）》，内部资料，1997，第243页。
③ 株洲苎麻纺织印染厂编纂委员会：《株洲苎麻纺织印染厂厂志（1956～1981）》，内部资料，1986，第112页。

升机、红外线干燥炉、擦碎筛、圆筒制粒机和振动筛等单机设备连成一条机械化作业线，并将工艺条件做了相应的调整。此线投产后，工效提高2倍。生产了一段时间后，由于混合器掺胶（蜡）控制不准，达不到工艺要求，1979年拆除混合器和提升机等部分，其他部分继续使用，给生产带来很大方便。①

1960年8月，331厂接受604号航空发动机试制任务。工厂在不增添设备的情况下，解决了技术上的48个难题，修复了811台有不同程度故障的设备。用改装原有设备与自制相结合的办法，解决了62项95台专用机床、非标设备与试验仪器的缺口。在工装制造方面，自行制造工具9122种，满足了零件试制的需要。1961年2月开始零件试制，于年底完成全台零件制造。1962年6月4日，经国家鉴定合格，批准投入批量生产。②

株洲电力机车厂备料分厂工艺简单，工序少，生产设备仅有英国产柴油退火炉1台、加拿大产剪床1台、日本产联合剪冲机1台、匈牙利产6毫米剪板机1台、国产压力机、刨边机、牛头刨床、普通车床各1台。70年代中后期，工厂大搞技术革新和创造，自制了光电跟踪切割机、翻板折弯机、1200吨水压机、数控切割机、九辊板材矫平机等大型设备，下料生产能力大大提高，工艺、设备更加先进，为工厂全面转产电力机车奠定了基础。③

株洲苎麻纺织印染厂主要生产设备由日本进口，主要机配件尺寸为公、英制，导致国内无配件供应，随着生产的发展，新工艺的采用，设备的修配与改造尤显重要。1959年，为解决生产中前后设备不平衡的矛盾，工厂制造出生产上急需的拷麻机、大切机、开绵机、验布机等设备，……改装了多刀切削装备。这些自制机器性能虽不甚佳，但在当时的历史条件下对加强设备维修能力，保证生产设备的正常运转起到了积极作用。60年代以后，工厂生产能力逐步提升，关于生产工艺革新的研究也加快了速度，工厂改进设计了机动车间制造的抖麻机，……对SZF10 – 13 – W2型锅

① 株洲硬质合金厂志编纂办公室：《株洲硬质合金厂志（1953—1980）》，内部资料，1983年，第60页。
② 国营南方动力机械公司编志办公室：《国营南方动力机械公司史（1951—1983）》，内部资料，1986，第16页。
③ 株洲电力机车厂志编纂委员会：《株洲电力机车厂志（1936—1999）》，内部资料，2001，第119页。

炉进行了改造，在生产中发挥了较好作用。一些项目，还为全国苎麻纺织设备的选型、定型做出了有益贡献。[1]

株洲车辆工厂的侧架是货车转向架上的一个大型铸钢件，有 20 个加工面，需经划线、刨、插等多道工序加工，4 个人一个班只能完成 4~5 个。为此，工厂设计制造了侧架加工组合机床，通过操纵台控制可自动完成全部加工过程，每 15 分钟完成一个工件。侧架加工组合机床是工厂自行设计制造的第一台组合机床，1978 年获全国铁路科学大会科技成果奖。[2]

（三）吸收创新失败经验

技术能力的形成需要企业持续探索和积累，株洲国营企业的技术内化过程并非"一帆风顺"，由于技术经验不足、创新能力不强，出现企业技术创新失败等现象，但株洲国营企业不畏困难，勇于挑战，不断吸收技术创新失败经验，技术内化能力持续增强。

盲目更改技术工艺，造成原材料巨大浪费，影响了生产效率。由于受到"大跃进"中的高指标、浮夸风等"左"的干扰，601 厂不讲科学态度，一味追求工艺服从产量。1960 年 3 月，在未作充分试验的情况下，匆忙在 YG_{15}、YG_8、YT_5、YT_{15} 产品中采用铁镍代钴作黏结金属。1960 年 8 月，这些不用铁镍代钴的四个牌号又采用水代酒精，导致工艺管理紊乱和产品质量下降。1960 年半成品杂质增高，合格率下降幅度很大：三氧化钨合格率由 1959 年平均 93.58% 下降到 1960 年的 56.81%；煅烧损失由年平均 0.315% 增加到 0.819%；氧化钴合格率由 90.75% 下降到 50.95%；钴粉合格率由 95.98% 下降到 82.27%；碳化钨合格率由 97% 下降到 95%。成品车间合金断面的脏污严重，金相检查断面的污垢度年平均达到 238 微米，最高的达到 1400 微米。用户反映这期间的产品合金不耐磨，脆性大，刃磨时刀刃发黄，例如 YYT_{15} 产品掉刃尖，崩刃多，表面氧化裂纹，光洁度差，毛刺多，弯曲大。盲目更改技术工艺的后果是铁镍代钴合金统统报废；水代酒精生产的合金统统报废；次钢皮管装的莱立特产品统统报废。对检查报废的产品按每公斤 6 元、7 元、9 元予以回收。1961 年 2 月，工

---

[1] 株洲苎麻纺织印染厂编纂委员会：《株洲苎麻纺织印染厂厂志（1956—1981）》，内部资料，1986，第 118 页。

[2] 株洲车辆工厂厂志编辑委员会：《株洲车辆工厂厂志（1954—1986）》，内部资料，1998，第 96 页。

厂采取果断措施，决定生产上不再用水代酒精，不采用铁镍代钴，以确保产品质量和工艺上的稳定。①

技术内化是一个长期且持续的过程，企业要尊重创新规律，持续发力探索和积累。从 1961 年至 1966 年，株洲电力机车厂试制的国产干线电力机车从 1 号至 7 号车的基本性能、主要技术参数，虽然基本达到设计要求，担负了部分电气化铁路运输牵引任务，但是由于原型机车设计上留有缺陷，加之试制工艺、测试手段都刚刚起步，缺乏经验，各种原材料性能不佳，外协件工艺上一时未能过关等因素，机车可靠性差，在运用中暴露出不少质量问题，如存在引燃管失燃次数多，逆弧时有发生，损坏和不能使用的管子比重较大；调压转换开关分断能力低，触头易烧损，触头焊接、凸轮松动及角度不准确等 5 大缺陷。② 1968～1976 年，工厂对制成的 8 号电力机车（韶山 1 型）分别进行了三次重大技术改造，直至 1979 年，工厂按照标准化、简统化、通用化的要求，对韶山 1 型电力机车的技术图纸做了全面整顿，1980 年整图完毕报铁道部审批后，从同年生产的韶山 1 型 221 号机车起一律按部批图纸组织生产，国产干线电力机车正式定型。③

四　株洲国营企业技术创新的成效

株洲国营企业持续吸收和消化外引技术，生产研发技术逐渐内化形成较为成熟的各自工业门类独立的技术体系，同时以技术扩散的形式带动了株洲及国家工业经济发展，也为国家"三线建设"、技术援外工作贡献了力量。

（一）带动株洲工业经济的繁荣和发展

改革开放前株洲国营企业技术创新极大地推动了株洲地方工业发展壮

---

① 株洲硬质合金厂志编纂办公室：《株洲硬质合金厂志（1953—1980）》，内部资料，1983，第 262～264 页。
② 株洲电力机车厂志编纂委员会：《株洲电力机车厂志（1936—1999）》，内部资料，2001，第 152 页。
③ 株洲电力机车厂志编纂委员会：《株洲电力机车厂志（1936—1999）》，内部资料，2001，第 154 页。

大，形成了工业群体。① 自 "一五" 计划以来，株洲工业产值逐年增加。1952 年末株洲市完成工业总产值 2625 万元。② 1960 年完成 72389.84 万元；1977 年完成 139829 万元，比 1976 年增加 26625 万元；1978 年完成 176304 万元，又比 1977 年增加 36475 万元。③ 1979 年株洲完成 196985 万元。④

带动株洲地方工业发展。根据党中央的指示精神，株洲市政府提出 "地方工业要围绕大工业，城乡结合，因地制宜，因陋就简，就地取材，自力更生，大搞原材料生产，积极发展轻化工业、区办工业和社办工业" 的方针开展建设，使株洲地方工业迅速发展壮大。株洲市发展地方工业主要途径是 "大厂办小厂" "大厂带小厂"。一是承接大厂外委加工，直接为大厂生产配套的零部件，创办了一批机械加工厂，按大厂所需组织生产。如围绕 331 厂、601 厂、株洲电力机车厂等大厂兴办了株洲机械厂、田心机械厂、筛网厂等小厂。二是创办为大厂生产的产品作深度加工的小厂，如株洲市东方工具厂、株洲市有色金属压延厂、株洲塑料厂。东方工具厂用 601 厂生产的硬质合金刀片，加工成一字形、十字形钻头，曾一度成为国内抢手货，并销往国外。三是利用大厂生产的剩余材料或废弃物而创办的小厂。如株洲电机厂是利用田心机厂剩余的矽钢片生产小型电机。株洲市制镜厂利用株洲玻璃厂切装下来的小块玻璃片生产不同品种规格的镜子。同时，对大厂的 "三废" 进行综合利用，创办了株洲市粉煤砖厂、株洲市矸石砖厂、株洲市灰渣砖厂等。四是利用大厂的富余生产能力，利用供电、供水、供气或其他生产条件，就近创办小厂，如株洲市合成氨厂、郊区化肥厂、株洲市保险粉厂、株洲市石英材料厂等。五是借助大厂技术或技术力量、企业管理人才等，发展了一批与某些大厂相近似的小厂或跨行业的中小企业。当时，株洲市地方工业主管部门及新办的市办工厂中的领导、管理人员、技术骨干大多来自各大工厂。大厂输出的人才，成为株洲地方工业发展的骨干力量。通过 "大厂办小厂" "大厂带小厂" 的工业发展模式，株洲的工业结构发生了可喜的变化，全市逐步形成了大、中、

---

① 中共株洲市委党史工作办公室、株洲市经济委员会：《株洲工业发展史》，内部资料，2010，第 97 页。
② 株洲市地方志编纂委员会：《株洲市志》（第二册），方志出版社，2017，第 78 页。
③ 中共株洲市委党史工作办公室、株洲市经济委员会：《株洲工业发展史》，内部资料，2010，第 147 页。
④ 中共株洲市委党史工作办公室、株洲市经济委员会：《株洲工业发展史》，内部资料，2010，第 148 页。

小型企业的群体，成为拥有机械、冶金、化工、建材、轻纺、电子等门类比较齐全的综合性工业城市。①

推动株洲工业形成四大支柱产业。第二个五年计划时期，株洲市委、市政府决定一手抓好支援大工业建设，一手抓地方工业的发展，号召全市人民发扬艰苦创业精神，打破常规，因地制宜，创办地方工业。通过全市人民继续顽强拼搏，努力加快工业基本建设步伐，又一批中央、省属企业完成新建和扩建任务，陆续开工生产。大批地方工业如雨后春笋般破土而出。至 1965 年，株洲已形成 7 个工业小区，全市工业企业总数达 402 个，产品达4000 多种。其中地方骨干企业发展到 100 多个。以全民所有制大型企业为骨干，以地方工业和为大工业服务的中小企业为辅，使株洲工业形成了机械工业、冶金工业、化学工业、建材工业四大支柱产业，工业新城初具规模。②

机械工业方面，至 1965 年，全市地方机械工业企业已发展到 18 家，其中全民企业 14 家、集体企业 4 家。大型企业的机械产品和一大批地方工业的机械产品被列入国家计划，原材料供给有保障，产品不愁销路。电焊条、电焊机、汽车配件等产品被列入国家重点支持发展的产品，株洲内燃机配件厂、拖拉机配件厂等曾一度被原第八机械工业部吸收为直属厂，重点投资发展。此时，地方机械工业企业的职工人数达 5121 人，固定资产原值达 3685.8 万元，成为株洲经济的重要支柱。③

冶金工业方面，株洲市于 1956 年开始筹建的株洲冶炼厂，1957 年破土动工，1959 年局部投产，形成 1 万吨铜和 5 万吨铅的生产能力，之后又开发了锌、金、银等产品，1958 年全国大办钢铁，株洲市重工业局组织筹建了株洲钢铁厂，经改建扩建，发展成为省属中型企业。1960 年后，市重工业局又筹建了株洲市东风冶炼厂（原喻家坪冶炼厂），采用土法回收粗铅、粗铜等有色金属，用电热法生产人造金红石，并随之纳入国家计划。之后又发展钛铁生产，形成了年产 1800 吨的能力。至 1965 年底，株洲市黑色金属工业和有色金属工业的职工达 2 万多人，年产值超亿元，使冶金

---

① 中共株洲市委党史工作办公室、株洲市经济委员会：《株洲工业发展史》，内部资料，2010，第 97 页。

② 中共株洲市委党史工作办公室、株洲市经济委员会：《株洲工业发展史》，内部资料，2010，第 97 页。

③ 中共株洲市委党史工作办公室、株洲市经济委员会：《株洲工业发展史》，内部资料，2010，第 98 页。

工业成为株洲工业另一大支柱。[①]

　　化学工业方面，1956 年 5 月，中央、湖南省在清水塘地区筹建株洲化工厂，1959 年 10 月第一期氯碱工程建成投产，后经不断扩建，生产硫酸、盐酸等多种产品。1957 年筹建湘江氮肥厂，投产后生产合成氨、尿素等，成为株洲市第二家大型化工企业。在株化、湘氮两家全国重点骨干企业的带动下，从 1958 年起，一批地方化学工业厂家应运而生。如株洲市橡胶厂、株洲市轮胎厂、株洲市烧碱厂、株洲市有机化工厂、株洲市碳酸钙厂（后改名株洲市湘中化工厂）。60 年代，为支援农业生产，先后新建了株洲市农药厂、株洲市杉木塘化工厂、株洲市化肥厂等企业。同时，化工机械、橡胶加工、化学原料、化工研究所等企业和科研单位相继建成。全市发展化工企业达 33 家（全民企业 21 家、集体企业 12 家），职工达 2 万多人，固定资产原值达 3 亿多元。株洲形成了一个拥有生产酸、碱、化肥、农药、化学原料、橡胶加工等品种齐、规格多、产量大的化工基地，化学工业成为株洲工业的又一大支柱。[②]

　　建材工业方面，由于建材工业是国民经济中急需优先发展的基础工业之一，在株洲被定为国家重点建设的工业基地后，一批大厂纷纷落户株洲建厂。株洲市委、市政府把发展建材工业放在重要位置，利用本地资源，首先新建了 1 家国营机砖厂和 1 家国营采砂场，还新建了 3 家私营石灰厂和 1 家石料场。从 1956 年开始，株洲市建材工业蓬勃发展。株洲玻璃厂和株洲桥梁厂相继建成投产成为株洲建材工业的骨干企业。与此同时，株洲市创办了石棉瓦厂、铸铁管厂、水泥管厂、水泥厂、耐火材料厂、煤矸石砖厂、建材厂、灰渣砖厂等。在国家建材局倡导"大家办建材"的方针鼓舞下，许多厂矿、乡、村也创办了一批水泥、石灰、砖瓦、预制件等建材生产企业，解决了水利建设、道路交通建设、农民建房所需。1965 年株洲市建材工业从业人员达 5710 人，年工业总产值达 5007 万元，建材工业成为株洲工业的一大支柱。[③]

[①] 中共株洲市委党史工作办公室、株洲市经济委员会：《株洲工业发展史》，内部资料，2010，第 99 页。

[②] 中共株洲市委党史工作办公室、株洲市经济委员会：《株洲工业发展史》，内部资料，2010，第 99 页。

[③] 中共株洲市委党史工作办公室、株洲市经济委员会：《株洲工业发展史》，内部资料，2010，第 97 页。

（二）推动国家工业技术发展

株洲国营企业以支援三线建设、生产民品、技术转移等形式将技术扩散到全国，为国家工业技术发展做出巨大贡献。

601 厂建设 764 厂①。1964 年 9 月，冶金工业部根据党中央关于加速内迁建设的指示，确定 601 厂内迁建设 764 厂。先后下达《关于搬迁工作的几项规定》《关于坚决保证完成迁建任务的指示》等特急电。10 月底，工厂成立"设计队"，后逐步扩大为"764 厂筹备处"，负责选址、设计、人事调配、设备调迁、订货、职工培训和内迁职工思想动员及组织等项工作。自 1964 年至 1972 年，工厂为 764 厂调配齐全了从党委书记、厂长、中层干部、技术人员到全套技术工种工人骨干共 815 人，其中干部 240 人（包括厂级干部 4 人，中层干部 36 人，技术干部 108 人）。为 764 厂培训两批新职工 800 余人，受培职工基本达到二级工的水平，绝大部分能够上岗位进行独立操作，为新厂建设打下了良好的基础。764 厂的设计资料全部是 601 厂提供的，并且在总结苏联设计和工厂实际经验的基础上有所发展，如一车间白钨矿酸分解工艺就是工厂主持试验，提供给 764 厂的。工厂投产以来的技术资料、图纸和图书均分一部分或复制一部分供给 764 厂，1965 年 4 月移交各类资料计 1036 本，提供设备 265 台套，总重 194.55 吨。②

331 厂援建汉中 202 厂。③ 1966 年 6 月，工厂根据部（65）三计字 1024 号及（66）三计字 123 号、976 号文件关于在汉中地区尽快建成 202 厂的要求，抽调 34 人赴汉中地区投入 202 厂的筹建工作。并提供了一些用于基建的简易设备，有鼓风机 4 台、交流电焊机 1 台、鳄式碎石机 1 台，以及犬盘锯、水泵等数台。工厂在 1966 年至 1968 年期间向 202 厂输送各类人员 186 名，其中干部 46 名，工程技术骨干 20 名，管理骨干 20 名，生产工人 100 名。提供产品试制用工具 3500 套，专用电子仪器 58 种。提供霹雳-2 号产品的全部技术资料。202 厂建厂过程中，正值"文化大革命"时期，331 厂虽然本身有不少困难，但仍然履行自己所承诺的任务，向 202

---

① 1964 年起，我国中西部三线地区建设的大规模的军工企业"三线厂"，764 厂为原自贡硬质合金厂。

② 株洲硬质合金厂志编纂办公室：《株洲硬质合金厂志（1953—1980）》，内部资料，1983，第 401 页。

③ 原国营南峰机械厂。

厂提供了全部霹雳－2号产品技术资料、全套工艺装配和专用电子仪器。并输送了成套干部共144名，使202厂能很快建成投产。[1]

331厂民用技术向全国扩散。1958年至1960年期间，工厂在确保完成军品任务的前提下，提出"干天上的活，吃地下的饭"的口号，本着"不厌其繁，不厌其小，不厌其难"的精神，积极发展民品生产，如生产长江－750摩托车发动机、长江－46吉普车发动机、吊风扇、航模发动机、万能磨床等机床设备、电动机、伐木机等民用机械零件及五金工具，民品产值最高年份时占全厂工业总产值的48.5%。1963年，工厂根据实际生产能力，完成当年的65台任务后，将长江－46吉普车发动机技术资料转往南京307厂。[2]

（三）为国家技术援外贡献力量

技术援外过程不但促进了株洲国营企业技术内化，也为国家技术援外工作做出了贡献。

331厂技术援助朝鲜等国家。自1965年5月起，先后完成了"4020""60－9""6509""P721"等项目，以及1970年10月开始执行的57个援助朝鲜项目。受援国家有阿尔巴尼亚、越南、巴基斯坦、朝鲜。[3]

601厂技术援助越南等国家。为发展我国硬质合金和钨、钼、钽、铌冶金工业，工厂从1966年起，先后成功地制备了"援越三氧化钨标样""援朝基准物质""援罗三氧化钨、碳化钨、YT_{15}混合料标样""援罗硬质合金金相标准图片""援罗硬质合金标准硬度块""钨、钼光谱标准样品""铌铁精矿标准样品""钽、铌氢标样"八个标准样品。援外标准样品制备工作的开展，不仅支援了国外建设，同时很大的促进了工厂分析检验技术发展。[4]

株洲电力机车厂技术援助越南。1952年，株洲电力机车厂接受越南第

---

[1] 国营南方动力机械公司编志办公室：《国营南方动力机械公司史（1951—1983）》，内部资料，1986，第328页。

[2] 国营南方动力机械公司编志办公室：《国营南方动力机械公司史（1951—1983）》，内部资料，1986，第74页。

[3] 国营南方动力机械公司编志办公室：《国营南方动力机械公司史（1951—1983）》，内部资料，1986，第85页。

[4] 株洲硬质合金厂志编纂办公室：《株洲硬质合金厂志（1953—1980）》，内部资料，1983，第202页。

一批实习生 18 人，这批越南实习生学习修理蒸汽机车技术，1956 年回国。1957 年 3 月，接受第二批越南实习生 21 人来厂实习。1959 年，工厂接受第三批越南实习生 21 人。第二、三批实习生于 1960 年元月回国，分配在越南河内嘉林机车车辆修理工厂工作，绝大部分担任了领工员、车间主任、科长、副总工程师等职务。①

结　语

技术是制造企业的生命线，技术创新是企业发展的驱动力。株洲国营企业技术创新能力起步于引进的国外技术，发展于引进技术的内化，且由点及面地带动了株洲及国家制造技术的蓬勃发展。

株洲国营企业外引技术来源呈多元、多样化特点。成套引进的整体工艺技术主要来源于苏联，从波兰、日本、英国、美国等国也相继零散引进了生产设备、生产工艺等技术。株洲国营企业技术外引并非盲目引进，或全盘照抄照搬国外技术，而是结合我国实际情况消化吸收外引技术，并同步内化形成原始技术。

技术密集型企业的技术"革新"是实现技术"创新""自主创新"的必经之路。株洲国营企业技术内化以技术革新为主，主要途径有优化生产工艺、革新和自主研发生产设备及工具、吸收创新失败经验教训。计划经济时期政府生产指令的下达，明确了企业技术发展方向，推动了企业持续技术革新。虽然以提高劳动生产率为目的的技术"革新"未达到技术"创新"的程度，但这一进程是技术密集型企业技术内化进程中的必经阶段，为企业技术能力厚积薄发打下坚实基础。

举国体制是助推株洲国营企业技术创新发展的加速器。在党中央领导下，国家相关部委统筹调配技术创新资源，集中力量解决了技术外引和内化过程中的困难和问题，为株洲国营企业技术创新起步提供了相匹配的发展环境，其创新实践经验为深入推进新时代制造强国战略提供了宝贵的历史经验。

---

① 株洲电力机车厂志编纂委员会：《株洲电力机车厂志（1936—1999）》，内部资料，2001，第 418 页。

From Importation to Internalization: Research on Technological Innovation of State-owned Enterprises in Zhuzhou before the Reform and Opening-up

Liu Qi   Yi Mianyang

Abstract: Before the 'First Five-Year Plan', the industrial technology level in Zhuzhou was at the level of manual labor in workshops. Zhuzhou's state-owned enterprises gradually developed their own capacity for independent technological innovation, started from a zero base in technology capability and formed through technology importation to internalization. Technology import includes production design, equipment, and technological processes, mainly including technology for hard alloy, aviation power, electric locomotives, electricity, etc. from the Soviet Union, coal preparation and vehicle production technology from Poland, and textile technology from Japan. Technology internalization includes optimizing production processes, innovating and developing production equipment and tools, and learning from unsuccessful innovation experiences. Zhuzhou's state-owned enterprise's technological innovation has driven the progress of manufacturing technology and national industrial technological development. The implemented nationwide system before the reform and opening up has provided a suitable development environment for enterprises to start their technological innovation, and the practical experience in innovation has provided valuable historical reference for further promoting the strategy of manufacturing power in the new era.

Keywords: Technology Importation; Technology Internalization; State-Owned Enterprises in Zhuzhou; Technological Innovation

中国农村信用社的改革与转型

宋　博　宋士云*

摘　要：改革开放以来，农村信用社的改革与转型大致经历了三个阶段，即1979~1992年恢复合作制的初步改革；1993~2002年规范合作制的改革探索；2003年至今的深化改革全面展开，并逐渐向中小商业银行转型。目前，与新时代中国特色社会主义相适应的、比较完善的农村金融服务体系已基本形成，其中农村信合机构已经成为实施乡村振兴战略和发展普惠金融的主力军。未来要从优化农村金融体系结构入手，大力支持农村信合机构持续健康发展，即在发展战略定位上，促进农村信合机构回归当地、回归本源；在公司治理框架上，加快建立有效的治理制衡机制；在业务发展上，增强金融的普惠性和金融科技服务水平。

关键词：农村信用社　合作制　股份制改革　农村商业银行

农村信用社（全称"农村信用合作社"，简称"农信社"）是一种主要由农村社员入股组成，实行民主管理，服务于"三农"的地方性、银行类金融机构，是我国金融体系的重要组成部分，是农村金融服务的骨干力量。改革开放以来，随着农村经济的发展和金融体制改革的深化，我国农村信用社在改革中发展，在发展中转型，目前已经形成以农村商业银行为主体，包括农村合作银行、农村信用联社在内的多类型、多层次的农村信用机构体系，并在服务"三农"和乡村振兴中发挥着主力军作用。在新发展阶段、新发展理念和新发展格局背景下，本文对我国农村信用社的改革与转型进行历史考察，旨在探寻其变迁路径与逻辑，在总结经验的基础

*　宋博（1992—　　），山东聊城人，青岛理工大学商学院副教授，经济学博士，研究方向：金融理论与实践；宋士云（1966—　　），山东阳谷人，聊城大学商学院教授，经济学博士，研究方向：中国近现代经济史。

上，提出未来进一步发展的对策建议。

一 农村信用社恢复合作制的初步改革
（1979～1992年）

改革开放以前，国家对农村信用社性质和功能的定位是，在国家银行的领导下，由农村社员自愿组织形成，具有合作性质，实行独立核算、自负盈亏的集体所有制金融组织，其经营业务宗旨是为"三农"提供金融服务。但是，在农信社发展过程中，由于"左"的思想影响，对信用合作问题在认识上存在摇摆与偏差，致使农信社失去了经营自主权和集体经济组织性质，走上了"官办"的道路，变成了中国人民银行在农村的基层机构，也削弱了合作金融组织的固有特点。

1978年12月，中共十一届三中全会拉开了改革开放的序幕。随着农村家庭联产承包责任制的实施和多种经营的大力发展，农民收入迅速提高，乡镇企业崛起，农村金融市场发生了深刻变革。为适应农村经济改革和发展的需要，1979年2月，国务院《关于恢复中国农业银行的通知》提出：中国农业银行"领导农村信用合作社，发展农村金融事业"；农信社既是集体所有制的金融组织，又是农业银行的基层机构。此后，农信社转为由中国农业银行领导和管理。为把农信社办成集体金融组织，促使其独立核算、自负盈亏、灵活经营，发挥民间借贷的作用，1982年10月，中国农业银行党组研究确定了农信社改革的重点，即恢复"三性"（组织上的群众性、管理上的民主性和业务上的灵活性），不再走"官办"的老路。比如，积极吸收农民入股，增强群众基础，把农信社和农民的经济利益紧密联系起来；对领导干部，由任命制改为选举制。同时，调整了中国农业银行和农信社的分工，扩大农信社的经营自主权。1984年8月，国务院批转中国农业银行《关于改革信用合作社管理体制的报告》，指出信用社管理体制要通过改革，恢复和加强"三性"，要把农信社办成群众性合作金融组织，在国家方针政策指导下，实行独立经营、独立核算、自负盈亏。[①]到1984年底，进行恢复农信社"三性"改革的县已达2115个，占全国总

[①] 陈飞、刘飞鹏：《中国农村信用社六十年回眸》，《中国金融》2009年第19期。

县数的 90%；已恢复"三性"的农信社达 48365 个，占全国农信社总数的 82%。[1]

在中国农业银行的领导下，农信社管理体制改革取得了初步成效。一是恢复和充实民主管理制度。农信社召开了社员代表大会，选举产生了理事会、监事会或管理委员会，其机构体制、业务经营、人事分配、财务管理等重大事项，均由民主管理组织讨论决定。社员按制度行使民主管理权力，发挥应有的管理和监督作用。二是理顺中国农业银行与农信社的业务关系。在资金管理上，从 1984 年开始，农信社吸收的存款要按一定比例向中国农业银行缴存存款准备金，其余资金可由其自主运用。在贷款管理上，农信社贷款不再经中国农业银行审批，自身就有审批的权力和责任，多存多贷、自求平衡，并可根据国家政策和行业的不同情况，实行区别对待，执行不同利率，即在国家银行贷款基准利率的基础上浮动 20% ~ 50%。1991 年，农信社信贷资金开始实行比例管理与规模控制相结合的管理办法。[2] 在资金结算方面，为了减少城乡之间的结算环节，不少农信社在县农业银行开立了辅助账户，一些城郊的农信社还参加了银行组织的全市范围内的票据交换。三是普遍实行和完善经济责任制。伴随中国农业银行企业化改革，农信社也沿着自主经营、独立核算、自负盈亏、自担风险的方向继续推进，进一步完善了多种形式的经营责任制，健全了财务、会计等各项管理制度，[3] 把提高经济效益放在首位。比如在综合考核的基础上实行奖金制度，在承包者完成有关经济指标的条件下实行利润分成或超利润分成的办法，对亏损农信社实行"亏损包干、减亏分成、超亏不补"，对职工实行合同用工制度和岗位责任制以及"工效挂钩"等。四是建立农村信用社县联社。县联社是由农信社自愿联合而形成的县域性合作金融组织，具体负责对农信社的日常管理，在对农信社的管理服务、改进结算、调剂融通资金和培训职工等方面发挥了重要作用。到 1992 年底，全国已建立县联社 2249 个，独立核算的农信社发展到 52763 个，不独立核算的农信社机构有 46158 个。[4] 县联社成立后，中国农业银行对农信社的管理主要通过县联社来实现。

---

① 尚明主编《当代中国的金融事业》，中国社会科学出版社，1989，第 459 页。
② 中国金融学会编《中国金融年鉴（1992）》，中国金融年鉴编辑部，1992，第 89 页。
③ 中国金融学会编《中国金融年鉴（1987）》，中国金融年鉴编辑部，1988，第 3 ~ 47 页。
④ 中国金融学会编《中国金融年鉴（1993）》，中国金融年鉴编辑部，1993，第 482 页。

随着农村经济的改革与发展，农信社各项业务稳步增长、结构逐步优化，自身效益也渐趋好转。到1992年末，全国农信社各项存款余额达3477.7亿元，比1985年末增长了3.80倍，其中集体农业存款、乡镇企业存款和农户储蓄分别增长了1.99倍、3.19倍和4.08倍；各项贷款余额达2453.9亿元，比1985年末增长了5.13倍，其中集体农业贷款、乡镇企业贷款和农户贷款分别增长了4.38倍、7.95倍和2.91倍。在农信社各项贷款中，1985年集体农业贷款、乡镇企业贷款和农户贷款分别占比10.35%、41.10%和48.55%，1992年为9.07%、59.98%和30.95%。[①]这说明农信社的服务对象、资金来源、资金投向和业务内容都发生了根本性变化：一是农户储蓄作为农信社的主要资金来源，其地位越来越重要；二是在服务农民生产生活需要的同时，对乡镇企业贷款已成为农信社最主要的资金投向，即农信社已成为扶持乡镇企业发展和推动农村工业化的重要力量。

这一阶段是我国由计划经济体制向市场经济体制转轨的初期，农信社改革存在的问题主要有：一是改革未能达到预期目标。农信社改革的目标是要恢复合作金融属性，即"三性"特征。但是，由于改革是在不改变农信社是国家银行基层机构的框架下进行的，因而恢复合作制的改革并没有取得实质上的进展。[②]虽然农信社的名义产权归属农民，但实际控制权在政府手中，特别是在重要人事任命和信贷投放上受地方政府控制和干预较严重。相当多的农信社失去了合作性质，背离了主要为"三农"服务的发展方向。二是中国农业银行与农信社"合署办公"模式不符合农信社改革的方向。两者均为营利性金融机构，业务相似，虽然通过改革在一定程度上理顺了两者的业务关系，但中国农业银行管理和控制着农信社，搭中央政府的便车，乘机谋求本部门利益，必然会与农信社产生利益冲突。因此，为了依法管理农信社，保证其稳定健康发展，1990年10月，中国人民银行发布《农村信用合作社管理暂行规定》，重申农信社是集体所有制性质的合作金融组织，是实行自主经营、独立核算、自负盈亏、自担风险的企业法人，基本任务是服务"三农"、发展农村商品经济。

---

① 根据《中国金融年鉴（1993）》（中国金融年鉴编辑部，1993）第457页的数据计算。

② 陈俭：《农村信用社变迁的阶段性特征及其改革指向》，《江汉论坛》2016年第10期。

二 农村信用社规范合作制的改革探索

（1993～2002年）

1993 年 11 月，《中共中央关于建立社会主义市场经济体制若干问题的决定》不仅勾画了市场经济体制的基本框架，而且提出了加快金融体制改革的任务和设想。同年 12 月，国务院颁布《关于金融体制改革的决定》，提出"根据农村商品经济发展的需要，在农村信用合作社联社的基础上，有步骤地组建农村合作银行"，"先将农村信用社联社从中国农业银行中独立出来，办成基层信用社的联合组织"，国有商业银行可以向农村合作银行参股，但不能改变农村合作银行的"合作金融"性质。① 这是在建立市场经济体制过程中，国家专业银行向国有商业银行转换背景下，为农信社指明了改革思路和方向。1996 年 8 月，国务院颁布《关于农村金融体制改革的决定》，进一步指出"改革的核心是把农村信用社逐步改为由农民入股、由社员民主管理、主要为入股社员服务的合作性金融组织。改革的步骤是：农村信用社与中国农业银行脱离行政隶属关系，对其业务管理和金融监管分别由农村信用社县联社和中国人民银行承担，然后按合作制原则加以规范"②。为此，国务院设立了农村金融体制改革部际协调小组及办公室，省、地、县也设立了相应的机构，以指导和协调农信社管理体制过渡时期的改革与发展。到 1996 年底，全国有 30 个省、自治区、直辖市的农信社与中国农业银行顺利"脱钩"，包括近 5 万个农信社、2300 多个县联社。1997 年 4 月，中国人民银行总行成立了农村合作金融监督管理局，与国务院农村金融体制改革协调小组办公室合署办公，承担对农村合作金融的体制改革、金融监督、行业管理职能。同年 6 月，国务院办公厅转发《中国人民银行关于进一步做好农村信用社管理体制改革工作的意见》，提出要坚定不移地把农信社办成合作金融组织，按合作制原则改革农信社管理体制，加强农信社县（市）联社的建设③，防范和化解农信社的风险，进一步改进金融服务。此后，在中国人民银行的组织和领导下，各地农信

---

① 《国务院关于金融体制改革的决定》，《中华人民共和国国务院公报》1993 年第 31 期。
② 《国务院关于农村金融体制改革的决定》，《中华人民共和国国务院公报》1996 年第 26 期。
③ 陈飞、刘飞鹏：《中国农村信用社六十年回眸》，《中国金融》2009 年第 19 期。

社坚持改革和管理两手抓，农村合作金融事业得到进一步巩固与发展。

第一，坚持合作制改革方向，把农信社办成合作金融组织。各地农信社按照合作制的原则进行规范，朝着合作金融组织的改革方向努力。一是规范股金结构，积极发展新社员。坚持按"自愿平等、利益共享、风险共担"的原则，把辖区内所有愿意参加农信社且承认信用社章程、承担社员义务的农户、承包户、个体工商户、中小企业、乡镇企业等尽可能吸收进来，并适当提高了社员最低和最高持股数量限额，充实了资本金。二是规范民主管理组织，发挥社员代表大会、理事会、监事会的作用。坚持把社员代表大会作为农信社的最高权力机构，广泛吸收有较高文化水平和管理能力的人加入，按照"一人一票"履行职责。三是规范财务管理，实行股金公开、贷款公开、账务公开，对股金按股分红，接受社员民主监督。四是规范农信社的服务方向。坚持"为本社社员服务、为本地农业和农村经济发展服务"的办社宗旨，加大了支农力度，改进小额农业贷款方式，支农主力军作用日益显现，农民"贷款难"的问题开始有所缓解。到1998年底，全国已有60%的农信社和80%的县联社按合作制原则完成了规范工作。①

第二，加强金融监管，防范化解金融风险。从1997年下半年起，各级农村合作金融管理部门围绕防范和化解农信社金融风险，开展了调查摸底，初步摸清了农信社风险的形式、分布、程度和形成的原因，提出了一些防范化解风险的措施办法。1998年12月，国务院办公厅转发《中国人民银行关于进一步做好农村信用合作社改革整顿规范管理工作的意见》，指出"改善农村信用社的经营状况，防范和化解金融风险，是当前农村信用社改革整顿规范管理工作的中心任务"。中国人民银行全面加强了对农信社的金融监管，促进其强化内部管理，防范、控制和化解金融风险。一是开展农信社清产核资，做好分类指导和处置工作。通过清产核资，到2000年基本摸清了农信社的家底，掌握了农信社的总体风险状况。在此基础上，把农信社分成五类，分别采取不同的监管措施。对不能有效控制风险的高风险农信社，让经营较好的农信社将其兼并，取消高风险农信社法人资格，将其降格为分社进行管理。在高风险农信社比较集中的地区，取消基层农信社的法人资格，全县农信社实行一级法人、统一核算，适当调

---

① 中国金融学会编《中国金融年鉴（1999）》，中国金融年鉴编辑部，1999，第61~62页；中国金融学会编《中国金融年鉴（2000）》，中国金融年鉴编辑部，2000，第60页。

减机构营业网点。二是把高风险农信社作为现场检查的重点，全面检查和专项检查相互配合。检查内容包括农信社内部控制制度建设落实情况、高级管理人员任职资格情况、新增贷款质量和管理情况、支农再贷款使用情况等。对查出的各类违法违规行为，依法进行处罚。三是制定化解金融风险三年目标规划，督促落实风险防范化解任务。中国人民银行提出到 2002 年底，即用三年左右的时间大幅度降低农信社的金融风险，三分之二以上省份的农信社实现扭亏为盈。① 四是认真做好支付风险的防范和化解工作。在积极配合地方政府做好清理整顿农村合作基金会的同时，密切关注和分析农村合作基金会清理整顿情况及其对农信社的影响，落实支付风险防范责任制，制定防范风险预案，以及时化解可能出现的支付风险，维护农村金融稳定。

第三，积极探索农信社管理新模式。为加强农信社的自律管理和行业管理，1999 年 6 月，中国人民银行决定进行组建农信社市（地）联合社的试点，到年底，浙江绍兴、广东茂名、江西赣州等市（地）级农信社联合社成立。市（地）联社由农信社县联社自愿出资入股组成、实行民主管理，是具有独立法人地位的合作金融组织。市（地）联社主要从事行业管理，向县联社提供资金清算和调剂服务，不对居民和企业办理存贷款业务，不设立分支机构。2000 年，中国人民银行又开始进行组建省级农信社联合社的试点。同年 8 月，经国务院批准，江苏省农信社改革试点开始实施，即将各为法人的基层农信社、县（市）联合社合并为一个法人。通过清产核资、明细产权，统一法人可以助推增资扩股，完善法人治理结构，转换经营机制，改进和提高支农服务。② 到 2001 年，改革试点工作基本完成，并在县（市）为单位统一法人的基础上，成立了江苏省农信社联合社；对张家港、江阴、常熟三市的农信社，按股份制原则进行了产权制度改革，试点成立了农村商业银行。③

到 2002 年末，全国农信社法人机构共有 35544 家，其中信用社 33020 家、县级联社 2460 家、市（地）联社 58 家、省级联社 6 家。④ 一是存贷

---

① 中国金融学会编《中国金融年鉴（2001）》，中国金融年鉴编辑部，2001，第 56 页。
② 谢庆健：《在实践中创新 在探索中丰富——对江苏省农村信用社改革试点的几点思考》，《中国金融》2003 年第 18 期。
③ 中国金融学会编《中国金融年鉴（2002）》，中国金融年鉴编辑部，2002，第 74 页。
④ 中国金融学会编《中国金融年鉴（2003）》，中国金融年鉴编辑部，2003，第 71 页。

款业务实现较快增长，支农主力军作用进一步增强。2002 年末，各项存款余额达 19875.47 亿元（比 1997 年增加 9319.72 亿元），占金融机构存款总量的 11.63%；各项贷款余额 13937.71 亿元（比 1997 年增加 6664.50 亿元），占金融机构贷款总量的 10.62%；农业贷款余额 5579.28 亿元，占金融机构农业贷款余额的 81.04%。① 二是不良贷款余额和占比实现"双降"，经营效益进一步好转。2000 年，全国农信社比 1999 年亏损减少 51 亿元，遏制了连续三年增亏的势头，经营状况出现重大转机。② 2002 年，全国农信社不良贷款余额比上年减少 148.68 亿元，不良贷款占比下降 7.26 个百分点。盈利社比上年增加 3047 家，盈利金额比上年增加 19.29 亿元；亏损社比上年减少 5664 家，亏损金额比上年减少 51 亿元。③ 三是内部管理水平和抵御风险能力逐步提高。部分农信社实行了理事长、主任分任制度，对高级管理人员履职情况和离任高级管理人员实行审计制度。普遍加强了信贷、债券投资管理等方面内控制度建设，规范了操作流程，落实了管理责任。增资扩股工作取得一定成效，2002 年全国农信社资本总额达到 1047 亿元，比上年增加 93 亿元；股本总额达到 489 亿元，比上年增加 156 亿元。④

这一阶段是我国社会主义市场经济体制建立时期，由于深层次体制机制的弊端没有得到根本解决，管理体制不顺、管理职权和责任不明确⑤，加之农村地区经济落后和行社"脱钩"时被动承担了大量呆账等原因，农信社在自身发展和服务"三农"方面还存在一些比较突出的问题。一是产权关系不明晰、法人治理结构不完善。农信社股金是资格股，股东（社员）可以凭借款随时退股，而且农民社员入股金额小，股权过于分散，没有建立起体现社员所有权的产权制度。虽然"三会"作为农信社决策和监督机构已普遍建立，但其作用未得到有效发挥，甚至一些农信社的"三

---

① 中国金融学会编《中国金融年鉴（2003）》，中国金融年鉴编辑部，2003，第 458、561 页；中国金融学会编《中国金融年鉴（1998）》，中国金融年鉴编辑部，1998，第 621 页。
② 中国金融学会编《中国金融年鉴（2001）》，中国金融年鉴编辑部，2001，第 55 页。
③ 中国金融学会编《中国金融年鉴（2003）》，中国金融年鉴编辑部，2003，第 71 页。
④ 中国金融学会编《中国金融年鉴（2003）》，中国金融年鉴编辑部，2003，第 71 页。
⑤ 自 1997 年行社"脱钩"以来，中国人民银行确立了对农信社的风险监管和投向监管以及对农信社经营指导的总体管理政策，这对化解农信社风险、遏制区域性风险形成起到了关键作用，但一个主体同时履行行业发展指导与金融监管职能，既当裁判员又当运动员，会导致职能冲突、缺少制衡机制。

会"流于形式，对高级管理人员难以形成有效制约，内部人控制问题长期得不到妥善解决。二是受地方政府干预较深。虽然农信社已转变为自负盈亏的经营主体，但仍然受到地方政府的控制，形成一种"半市场化"的合作金融制度。由于控制者与风险承担者不是同一主体，地方政府经常要求农信社向基层政府创办的乡镇企业发放贷款，但当贷款收不回来时，地方政府却不履行担保责任，损失则由农信社自身来承担。[1] 三是商业化经营倾向较重。农信社的大量贷款投向了乡镇企业或其他经济组织，农业资金流失和农民贷款难、贷款贵等问题没有得到实质性解决。据调查统计，从农信社得到贷款的社员占有贷款需求社员的比例仅 10%，大部分社员的贷款需求要通过民间借贷甚至高利贷解决。[2] 四是整体性资产质量差，潜在风险大。到 2002 年末，全国农信社资不抵债额已达 1740.80 多亿元，资本充足率为 - 8.29%，资本净额 - 1217 亿元；不良贷款 5147 亿元，不良贷款占比 36.93%，历年亏损挂账近 1313.92 亿元。[3] 农信社作为支农主力军，它的全面亏损意味着整个农村金融已陷入危局。这说明，农信社要在明晰产权、理顺管理体制和消化历史包袱等方面进行深化改革。

三　农村信用社深化改革全面展开与转型（2003年至今）

根据中共十六大提出的全面建设小康社会的奋斗目标和第二次全国金融工作会议精神，2003 年 6 月，国务院印发了《深化农村信用社改革试点方案》（国发〔2003〕15 号），提出深化农信社改革要以服务"三农"为宗旨，按照"明晰产权关系、强化约束机制、增强服务功能、国家适当支持、地方政府负责"的总体要求，加快农信社管理体制和产权制度改革，把农信社逐步办成由农民、农村工商户和各类经济组织入股的社区性地方金融机构，充分发挥农信社农村金融主力军和联系农民的金融纽带作用。[4]这标志着以市场化、商业化和股份制为导向的深化农信社改革试点正式启

① 赵爽：《我国农村合作金融制度变迁：历程、规律与趋势》，《高校马克思主义理论研究》2019 年第 2 期。
② 何梦笔、陈吉元：《农民金融需求及金融服务供给》，《中国农村经济》2000 年第 7 期。
③ 刘明康主编《中国银行业改革开放 30 年》，中国金融出版社，2009，第 94 页。
④ 《深化农村信用社改革试点方案》，《中华人民共和国国务院公报》2003 年第 22 期。

动。经国务院批准，吉林、浙江、山东、江西、贵州、陕西、重庆和江苏8省（市）率先进行改革试点。2004年8月，国务院办公厅下发了《关于进一步深化农村信用社改革试点的意见》，将试点范围扩大至北京、河北等21个省（区、市）。2006年12月，海南省也被纳入试点范围，至此，深化农信社改革已在全国范围内展开。到2010年，深化农信社改革工作已经取得了重大进展和阶段性成果。

第一，产权制度改革稳步推进，法人治理结构逐步完善。农信社改革的核心是产权制度改革。按照改革试点方案提出的"明晰产权关系、强化约束机制"要求和"因地制宜、分类指导"原则，各地农信社遵循市场经济规则，自主选择了适合自身特点的产权制度模式（股份制、股份合作制、合作制）和组织形式，同时积极开展增资扩股工作，补充资本金。有条件的农信社改制组建为农村商业银行、农村合作银行等银行类机构或实行以县（市）为单位的统一法人社，逐步取消乡镇农信社法人地位。2003年4月，全国第一家农村合作银行——宁波鄞州农村合作银行开业。同年9月，中国银监会出台了《农村商业银行管理暂行规定》《农村合作银行管理暂行规定》《关于农村信用社以县（市）为单位统一法人工作的指导意见》等规范性文件，积极协调地方政府注入优质资产，引导农信社实施统一法人社兼并重组；对少数出现较为严重支付风险、救助无望的农信社，果断依法实施撤销。2005年8月，上海农村商业银行成立，这是我国第一家由农信社改制的省级农村商业银行。随着产权制度改革的推进，农信社股权改造和经营机制转换加快，职工和自然人持股得到规范，股权委托代理和转让机制渐趋完善，中小企业法人股和投资股比重提高，产权关系逐步明晰，投资者在公司治理结构中的地位强化，初步建立起股东（社员）代表大会、董（理）事会、监事会、高级管理层的组织架构，农信社治理模式开始发生根本性变化。此外，按照有关规定，健全了内部管理制度，加强了信息披露，内部人控制问题逐步得到解决。2010年12月，重庆农村商业银行在香港交易所挂牌上市，成为首家登陆资本市场的农村中小金融机构。截至2010年末，全国已组建农村商业银行84家、农村合作银行216家，组建以县（市）为单位的统一法人社1976家。[1]

---

[1] 中国金融学会主办《中国金融年鉴（2011）》，中国金融年鉴杂志社有限公司，2011，第553页。

第二，新的监督管理体制框架基本形成。将农信社管理权下放，交由地方政府管理负责，是此轮改革的重要目标之一。2004年6月，国务院办公厅转发《关于明确对农村信用社监督管理职责分工指导意见的通知》，就各方责任做了明确分工：省级人民政府负责农信社经营宗旨、党的领导、自律性管理、防范和处置金融风险以及外部环境建设；中国银监会依法承担金融监管职能，组织制订风险处置方案，并对省级人民政府管理农信社情况进行评价；中国人民银行依法履职，改革期间重点加强专项票据和借款监督检查以及对支付风险和机构清偿予以资金支持。到2007年8月，全国农信社的省级管理机构组建完成，主要有三种模式：一是27个省（区、市）组建了省级联社；二是北京、上海在原市联社的基础上改制为全市统一法人的农村商业银行；三是天津市选择了市、区（县）两级法人的农村合作银行模式，成立天津农村合作银行①履行行业管理职能。根据2003年9月中国银监会印发的《农村信用社省（自治区、直辖市）联合社管理暂行规定》，省联社是由所在省（自治区、直辖市）内的农信社市（地）联合社、县（市、区）农村信用联社、农村合作银行和农村商业银行自愿入股组成，实行民主管理的企业法人，通过下设派出机构办事处，履行行业自律管理和服务职能。省联社具有省级人民政府管理农村信用社平台、企业法人和行业自律管理组织"三位一体"的特点，不具体经营存贷款业务。省级政府、省联社和监管机构的分工合作，标志着国发〔2003〕15号文件提出的管理体制改革，即"国家宏观调控、加强监管，省级政府依法管理、落实责任，信用社自我约束、自担风险"的框架基本建立。省联社和其他形式的省级管理机构通过建章立制、加强改革推动、稽核审计以及中后台服务，将农信社的控制权和风险承担责任统一于地方政府，扭转了过去农信社管理体制多年动荡、运作效果较差的局面。各级监管机构纵向联动，建立市场准入标准，加强现场检查和非现场监管，提高监管效率和执行力，为防范农信社单体机构和区域性风险，保护广大农村存款人利益提供了保障。

第三，历史包袱得到有效化解，"花钱买机制"的政策效应初步显现。按照改革试点方案提出的"国家适当支持"要求，历史包袱由中央、地方和农村信用社三方共同化解。其中，中央扶持政策包括中国人民银行的资

---

① 2010年，天津农村合作银行改制为全市一级法人体制的农村商业银行。

金支持、财政和税收三个方面。到 2010 年末，中国人民银行采取专项票据和专项借款两种方式共计对农信社安排支持资金 1718 亿元；财税部门减免企业所得税和营业税 760 亿元、拨付保值贴补息 88 亿元。以上合计，中央安排用于农信社化解历史包袱的资金额度累积超过 2500 亿元，占全国农信社 2002 年末实际资不抵债数额的比例超过 80%。截至 2010 年末，共消化历史亏损挂账 788 亿元，亏损挂账额较改革之初降幅达到 60%，共有 1770个县（市）已全额消化了历年亏损挂账。① 中国人民银行还综合利用支农再贷款、差别存款准备金率、利率市场化改革等政策，增加支农资金来源，改善农村金融服务。地方政府也出台并落实了多项扶持政策，主要包括直接或间接出资、提供优质资产置换不良贷款和帮助农信社清收不良贷款等。通过实施上述扶持政策，加上农信社实施股份制改革，通过股东购买方式化解不良资产，其历史包袱逐渐得到有效化解，资产质量和经营状况显著改善，不良贷款余额和比例同时持续下降。按照贷款五级分类口径统计，全国农信社的不良贷款比例从 2006 年末的 27.93% 下降至 2010 年末的 7.4%。2004 年，全国农信社实现了近 10 年来首次轧差盈余后，连续七年保持盈利，其中 2010 年盈利 678 亿元。② 2010 年末，全国农信社资本充足率为 8.7%、资产利润率为 0.72%，③ 全国绝大部分县（市）的农信社具备了一定的商业可持续发展能力。

第四，资金实力明显增强，支农力度进一步加大。深化改革试点以来，农信社的资产负债规模增长较快，市场份额有所提高，资金实力明显增强。2007 年末，全国农信社总资产已达 55991 亿元，比 2003 年末增加 29097 亿元，占我国银行业金融机构总资产的比重从 9.7% 提高到10.54%；实收资本规模为 2221.08 亿元，比 2003 年末增加 1595.55 亿元；存贷款余额分别为 35167.03 亿元、24121.61 亿元，其中农业贷款为12321.42 亿元，分别比 2003 年末增加了 11456.87 亿元、11042.92 亿元和5265.04 亿元。④ 农信社农业贷款占其各项贷款的比例由 2003 年的 41.56%

---

① 中国金融学会主办《中国金融年鉴（2011）》，中国金融年鉴杂志社有限公司，2011，第553 页。
② 中国金融学会主办《中国金融年鉴（2011）》，中国金融年鉴杂志社有限公司，2011，第553 页。
③ 李德主编《新中国金融业发展历程》（下卷），人民出版社，2015，第 660 页。
④ 中国金融学会主办《中国金融年鉴（2004）》，中国金融年鉴编辑部，2004，第 487 页；中国金融学会主办《中国金融年鉴（2008）》，中国金融年鉴编辑部，2008，第 533 页。

提高到 51.08%。2010 年末，全国农信社存、贷款余额分别为 8.8 万亿元和 5.9 万亿元，其中涉农贷款余额和农户贷款余额分别为 3.87 万亿元和 2 万亿元，比 2007 年末分别增长 77% 和 68%，① 农信社支农服务主力军地位进一步巩固。

从改革效果来看，这一轮"花钱买机制"的农信社改革方向正确、成效显著。但同时也要看到其存在的问题，诸如法人治理结构不完善、激励约束机制不健全、经营管理粗放，农信社早已不是合作制但以合作制名义长期运行，省级联社行政化管理倾向严重等。为此，中国银监会正式确立了农信社的股份制改革方向。这是因为，合作制立足于熟人社会的基础之上，而当时的农信社经营范围已超出了熟人社会的范畴，与其试图将已经不是合作制的信用社回溯成合作制，还不如顺其自然地将其改造成名副其实的商业性银行，同时积极发展新型的合作金融机构。② 从 2010 年起，中国银监会陆续制定实施相关制度办法，推动资格股向投资股转化，支持组建农村商业银行或股份制的农村信用社；指导农信社引进新的优质合格股东，优化产权结构，改善公司治理。对于高风险农信社以及经营管理水平较差的机构，鼓励支持银行业金融机构和优质企业对其实施兼并重组，允许民间资本阶段性控股。同时强化金融监管，督促农信社改进贷款管理和推进全面风险管理机制建设，加大对违法违规问题的查处力度，促使农信社大幅提升风险控制能力。③ 中国银监会提出，从 2011 年开始，要通过五年左右的时间达到如下目标，即高风险机构全面处置，历史亏损挂账全面消化，股份制改革全面完成，现代农村银行制度基本建立，主要监管指标达到并持续符合审慎监管要求，农村金融服务功能与核心竞争力显著提升。④

2012 年 11 月，中共十八大召开标志着中国特色社会主义进入新时代，我国经济转入高质量发展阶段。在新时代，全国农信社积极贯彻党中央、国务院决策部署，坚持服务"三农"市场定位和股份制改革方向，大力推

---

① 中国金融学会主办《中国金融年鉴（2011）》，中国金融年鉴杂志社有限公司，2011，第553 页。

② 马九杰、吴本健：《农村信用社改革的成效与反思》，《中国金融》2013 年第 15 期。

③ 中国金融学会主办《中国金融年鉴（2012）》，中国金融年鉴杂志社有限公司，2012，第254 页。

④ 中国金融学会主办《中国金融年鉴（2012）》，中国金融年鉴杂志社有限公司，2012，第256 页。

进以做实县域为基本要求、以完善管理体制和经营机制为基础的结构性改革，不断提升金融服务能力和可持续发展能力。一是深化农信社产权改革。在坚持县域法人稳定、确保改制质量的前提下，全面取消资格股，严格审慎遴选股东，提高法人股占比，按照"成熟一家、改制一家"的原则，积极稳妥推进将农信社改制组建为农村商业银行，进一步解决所有者缺位问题。此外，不仅不再组建新的农村合作银行，而且合作银行也要改制成为商业银行。二是推动农村商业银行完善公司治理。针对股权管理不到位、关联交易不规范、绩效考核不科学等突出问题，2017年中国银监会印发《关于加强农村商业银行股东股权管理和公司治理有关事项的意见》，推动农村商业银行补齐公司治理短板，提升治理效能。2018～2020年组织开展了股东股权专项排查整治行动，重点整治股东资质不合理、股权管理不到位、违规变更股权和恶意"掏空"机构等乱象，着力夯实农村商业银行公司治理基础。三是持续推进全面风险管理、资本管理和流程银行建设。越来越多的农村商业银行以标杆银行为引领，加强人才队伍建设，优化业务结构，健全内部控制和审计体系，建立全面风险管理体系，并借助科技手段测算风险与收益，不断推进资源配置精细化。四是稳妥推进农信社省联社改革试点。2012年1月，全国金融工作会议提出"省联社要淡出行政管理职能，强化服务职能"。近年来，积极推进省联社去行政化和履职规范化，由管理部门逐步向服务和监督平台转型，对辖内农信合作机构履行"管理、指导、协调、服务"职能；推进省联社加快构建行业审计体系，推动省联社地市办事处改制组建区域审计中心。省联社在人事、财务、业务等方面的行政管理职能逐渐淡化，信息科技管理、农村信合机构风险处置和支农战略定位引导等专业化服务功能日渐突出。到2022年末，25个省（自治区）由法人农信社出资设立省级联社；宁夏回族自治区组建黄河农商银行，由其持股辖内农信社，建立股权纽带；北京、上海、天津、重庆4个直辖市组建了全市统一法人农商银行。

截至2022年末，全国农村信合机构共有2142家，其中农村商业银行1604家、农村合作银行23家、农村信用联社515家。全国农村信合机构的资产规模、资产质量和营利能力都得到了显著提高，总资产已达47.8万亿元，占银行业金融机构的12.60%；总负债44.4万亿元，占银行业金融机构的12.76%；各项存款余额37.5万亿元，各项贷款余额26.2万亿元；

不良贷款率 3.48%，资本充足率 12.02%，全年累计实现净利润 2188 亿元。[①] 虽然农村信合机构风险总体可控，但受历史性、周期性、体制性等多种因素影响，其未来发展面临着以下亟待解决的矛盾与问题。一是服务"三农"与实现盈利的二元目标冲突。尽管农村信合机构是服务"三农"的主力军，但在追求盈利目标的引导下，其支农效果开始受到一定影响。随着农信社的合并重组与改制，农村信合机构数量大幅减少，同时地市级法人农村信合机构数量增长迅速，出现了"离乡进城"现象。由于远离县域市场，部分农村信合机构偏离了主业，难以充分发挥自身支农的功能优势。部分农村信合机构战略定位不够科学、清晰，未能充分运用地缘、血缘和人缘优势对农民进行有效的信用等级甄别与筛选，仍主要采取抵押担保方式发放贷款，而农民贷款缺乏抵押担保品，导致农民对信用贷款的大量需求无法得到满足。二是法人治理现状与现代公司治理机制要求存在较大差距。尽管农村信合机构已建立起了现代公司治理架构，但普遍存在公司治理薄弱、"三会一层"形同虚设和决策流于形式等问题。由于中小股东数量众多、持股分散，相当一部分董事不懂银行业务，农村信合机构经营管理易被高管和少数关键人控制，或被个别股东直接操纵，股东大会、监事会、独立董事无法发挥有效监督制衡作用。三是农村信合机构面临新的挑战和风险。随着网络信息技术和现代农业的发展，农村家庭和新型农业经营主体对农村金融产品和服务模式提出了新的要求。除了传统的存、贷、汇等业务外，农村经济主体已开始参与到风险金融市场中来。同时，农村金融市场竞争态势日趋激烈，地市级农村信合机构在市场竞争中直面大型商业银行分支机构和城市商业银行的竞争压力，获取优质客户的难度较大。部分农村信合机构仍存在规模情结和速度冲动，利用同业业务和高风险投资盲目扩张，致使其资产质量问题凸显，由高风险偏好演变为事实上的高风险机构。四是省级联社职能定位不清。现行体制下，省级联社的行业管理职责边界模糊，履职越位、缺位、不到位现象并存，"责、权、利"不对等问题较为突出，甚至直接干预农信社经营自主权。

[①] 中国人民银行金融稳定分析小组：《中国金融稳定报告（2023）》，中国金融出版社，2023，第 17~20 页。

四　经验总结与发展展望

改革开放 40 多年来，农村信用社的改革与转型大致经历了三个阶段，即 1979~1992 年恢复合作制的初步改革，1993~2002 年规范合作制的改革探索，2003 年至今的深化改革全面展开，并取得了显著成效。其间，管理体制几经更迭，从由中国农业银行领导和管理到与中国农业银行脱钩、归中国人民银行管理，再到明确由省级政府承担管理的主要责任；产权制度和组织形式不断变革，从官办化的农村金融基层机构到集体所有制的金融组织、恢复"三性"改革，从合作制、股份合作制和股份制的改革探索到逐渐向中小商业银行转型。目前，与新时代中国特色社会主义相适应的、比较完善的农村金融服务体系已基本形成，其中农村信合机构已经成为实施乡村振兴战略和发展普惠金融的主力军，也是新时代做好"三农"工作的重要抓手。

40 多年来，农村信用社改革发展取得了显著成效，值得总结的经验主要有以下三个方面。

第一，改革的根本目的是为"三农"发展提供更好的金融支持。农信社姓"农"，它立足的根基和服务的对象都是"三农"，因农而生、因农而兴、因农而强。农信社改革与转型虽然历经挫折，存在的问题也不少，但发展总态势是沿着为"三农"服务的方向，健全组织管理机构体系、改进服务方式和完善服务功能，并在这个过程中逐渐发展壮大。2002 年以前，进行恢复农信社"三性"的改革探索，农信社产权关系模糊，这反而有利于政府控制农村资金。在地方政府的控制下，农信社不仅重点支持乡镇企业和农村工业化的发展，还长期履行着一部分政策性的支农职责。2003 年以来，党和国家开启全面建设小康社会新征程，提出深化农信社改革要以服务"三农"为宗旨，加快农信社产权制度和管理机制改革。各地农信社大都选择了适合自身特点的产权制度和组织形式（以股份制商业银行为主体），逐步构建起内在营利性要求与政策性支农任务相互补充、相互促进的经营发展模式。2019 年 2 月，中国人民银行等五部委联合发布《关于金融服务乡村振兴的指导意见》，提出农村信合机构要坚持服务县域、支农支小的市场定位，保持县域农村金融机构法人地位和数量总体稳定，强化支农主力军作用。[1]

第二，坚持市场化改革方向，因地制宜、分类实施、渐进式推动改革。市场化改革，就是按照市场经济规则，把农信社从原来的官办化合作金融组织，改造成为自主经营、自我约束、自我发展、自担风险的市场主体和具有现代公司治理特点的社区性地方金融企业，以增强其市场化经营管理意识，充分发挥市场机制在资源配置中的决定性作用。农信社改革采取了因地制宜、分类实施、渐进推动的方式方法，即根据我国经济基本面和农村金融发展需要进行改革探索、分类实施，既要解决当前问题又要考虑长远发展，更要考虑各地农信社的具体情况和对改革的适应能力，与时俱进地把握改革力度与节奏，不急于求成，不一蹴而就。20世纪80年代恢复"三性"的改革、90年代规范合作制的探索和2003年以来的多元化模式改革等，都是先行试点，总结经验后再推广，渐进推动农信社建立完善的法人治理结构和激励约束机制，提升可持续发展能力和防范风险能力。目前以农村商业银行为主体包括农村合作银行、农村信用社在内的多类型多层次的农村信合机构体系，也是因地制宜、分类实施、渐进式推动改革的产物。

第三，把政府职能转变作为改革的重要抓手，更好发挥政府的作用。农村信用社改革变迁的轨迹呈现出政府主导下强制性变迁的特征，但在不同的改革阶段，政府主导改革进程和发挥职能作用有所差异。1996年以前，为把官办化的农信社办成真正的集体所有制金融组织，农信社交由中国农业银行管理。中国农业银行主动"放权"与"赋权"，理顺行社的业务关系，并运用经济手段引导农信社的业务活动。1996年行社脱离行政隶属关系后，中国人民银行承担了对农村合作金融的体制改革、金融监督和行业管理职能，农信社经营的独立性和规范化逐步提高。2003年以来，农信社改革开启多元化模式，农信社的管理交由省政府负责并承担风险处置责任，中国银监会履行金融监管职能。农信社省联社或其他形式的省级管理机构，代理省政府对农信社进行管理、指导、协调和服务，在推动农信社改革、改进内控机制等方面发挥了积极作用。同时，各级政府部门出台了多项扶持、优惠政策，提供良好的制度环境，帮助农信社解除历史包袱

---

[1] 中国人民银行金融稳定分析小组：《中国金融稳定报告（2019）》，中国金融出版社，2019，第99页。

和化解不良资产，以提高其资产质量和盈利能力。

当前，在新发展阶段、新发展理念和新发展格局背景下，实施和推进乡村振兴战略需要农村信合机构的支持。因此，要在总结经验的基础上，从优化农村金融体系结构入手，大力支持农村信合机构持续健康发展。

第一，在发展战略定位上，促进农村信合机构回归当地、回归本源。农村信合机构立足和发展的根基在"三农"，不宜搞业务多元化和跨区域经营。明确农村信合机构"立足县域市场，坚持服务'三农'"的发展战略定位，明确信贷资金源于当地、用于当地、小额分散的原则，并加强对其涉农业务监管指标的考核。这一方面可以最大限度地避免改制后农村信合机构出现盲目追求城市、大项目的倾向，避免其将大量资金投向虚拟经济领域；另一方面，可以促使农村信合机构更好地服务乡村振兴战略，为农业现代化和普惠金融发展发挥金融支持作用。当前乡村振兴和农村信合机构的金融业务有一个很好的契合点，即支持实体经济发展。农村信合机构要适应农业现代化和农村经济结构调整对金融部门的需求，从各地实际出发，注重业务本地化，充分利用自身地缘、血缘和人缘的独特优势，下沉服务重心，着眼于支持种植业、养殖业以及农产品加工业发展，特别是对具有一定规模、有一定品牌效应的农民专业合作社、家庭农场和种养大户给予重点支持，也要采取多种措施，如优化办事流程、改善服务方式等，扶持涉农小微企业和贫困农户，把金融服务送到田间地头和农民家门口。

第二，在公司治理框架上，加快建立有效的治理制衡机制。深化农村信合机构改革，促使其实现商业可持续健康发展，必须牢牢抓住公司治理这个"牛鼻子"，明确并强化农村信合机构的独立法人地位，不断完善其治理机制建设。首先，在持续推进产权改革的基础上，农村信合机构要建立健全包括党委会、社员大会、理事会、高级管理层、监事会和利益相关者"六位一体"的决策、执行和监督相互制衡、相互融合的现代公司法人治理机制。[1] 其次，进一步完善内部经营管理机制。包括完善内控机制和风险预警机制，健全和落实全面风险管理体系；加强人力资源队伍建设，按照"政治强业务精"的标准选聘高管团队，提升员工素质和管理水平；

---

[1] 吴刘杰、张金清：《乡村振兴战略下农村信用社改革目标与实施路径》，《江淮论坛》2018年第3期。

建立健全科学的激励约束机制，切实调动广大员工的积极性；完善信息披露制度，探索不合格股东退出机制等。最后，加强股东股权管理，突出治理重点，依法严格管控关联交易、大额授信和异地业务，严防内外勾结套取资金等违法违规行为，及时矫正和纠偏风险，确保合规合法与稳健经营。

第三，在业务发展上，增强金融的普惠性和金融科技服务水平。农业属于弱质性产业，面临的自然风险和市场风险较大，这使得农村信合机构承担着较大的政策性成本。为推动农村信合机构更好地服务"三农"，深度融入乡村振兴战略，原有针对农信社的优惠政策不仅不能取消，还应适当加大政策扶持力度，允许改制后的农村信合机构同样享受原有的优惠政策，以增强其金融发展的普惠性。同时，农村信合机构要紧紧抓住科技和互联网金融发展的良机，加快电子化、网络化建设，提高自身金融科技服务水平和市场竞争力。

第四，积极探索农信社省级联社改革路径。坚持市场化和法治化改革原则，"一省一策"推进省级联社管理体制改革，将其"管理、指导、协调、服务"职责进一步明确为"加强党的领导、规范股权关系、提供行业服务、强化风险管控"，并严格规范其履职行为；将其改制为持有限牌照的省级农商联合银行，或组建全省统一法人的农商银行，也可采取省级机构与若干家实力较强的农商银行并行发展等模式。[①] 但无论采取哪种改革模式，省级政府都应在保持县域农村金融机构法人地位和数量总体稳定的基础上，建立服务县域经济、小法人分类治理、机构风险处置、行业服务和监督约束等机制安排，并明确承担部门和责任。

---

① 中国人民银行金融稳定分析小组：《中国金融稳定报告（2023）》，中国金融出版社，2023，第20页。

The Reform and Transformation of Rural Credit Cooperatives

Song Bo   Song Shiyun

Abstract：Since the reform and opening up, the reform and transformation of rural credit cooperatives have roughly experienced three stages. The first stage is the preliminary reform of restoring the cooperation system from 1979 to 1992. The second stage is the reform exploration of the standardized cooperation system from 1993 to 2002. The third stage is the deepening reform and gradually transforming to small and medium-sized commercial banks since 2003. At present, a relatively perfect rural financial service system that is compatible with socialism with Chinese characteristics in the new era has been basically formed, and rural credit cooperative institutions have become the main force in implementing the rural revitalization strategy and the developing inclusive finance. In the future, we should start from optimizing the rural financial system structure and vigorously support the sustainable and healthy development of rural credit cooperative institutions. It means that, in terms of the strategic positioning of development, we should promote rural credit cooperation institutions to serve the local areas. And in terms of corporate governance framework, we should accelerate the establishment of an effective governance checks and balances mechanism. In the terms of business development, we should enhance the inclusiveness of finance and the level of financial technology services.

Keyword：Rural Credit Cooperatives; Cooperative System; Shareholding Reform; Rural Commercial Bank

改革开放以来国内企业史研究的
范式与反思[*]

曲冠青　武　力[**]

摘　要： 考虑到中国当下发展阶段的特征，国内企业史研究空间广阔。改革开放以来的国内企业史研究可以划分为历史学范式和社会科学范式，历史学范式侧重对企业发展过程的实证和叙述，社会科学范式则在此基础上通过学科交叉寻求理论创新。结合范式划分形式，国内企业史研究主要存在三个问题：研究选题多从材料出发；忽视企业经营；缺乏成熟的理论建构方法。三个问题有不同改进方式。当代中国企业史是研究领域内的短板，并且契合相应改进方式，值得进一步开拓。

关键词： 企业史　改革开放　范式　反思

企业在经济社会，乃至人类发展中扮演了普遍而重要的角色。合伙制企业的诞生可以追溯至文艺复兴时期的意大利，距今已有700余年历史。[①]有限责任公司被称为19世纪下半叶最伟大的发明，甚至比蒸汽机和电力还重要。[②] 科斯认为企业与市场的边界取决于交易成本——如果企业配置资源的成本低于市场，资源即由企业进行配置，反之则由市场进行配置——

---

[*] 本文为国家社会科学基金重大项目"'156项'建设工程资料整理与相关企业发展变迁研究"（19ZDA224）阶段性成果。

[**] 曲冠青，中国社会科学院历史理论研究所博士后、助理研究员，研究方向：工业化与现代化。武力，中国社会科学院当代中国研究所研究员，研究方向：中华人民共和国经济史。

① John F. Padgett, Paul D. McLean, "Organizational Invention and Elite Transformation——The Birth of Partnership Systems in Renaissance Florence," *American Journal of Sociology*, Vol. 111, No. 5, 2006, pp. 1463 – 1568.

② 〔美〕艾伦·格林斯潘、阿德里安·伍尔德里奇：《繁荣与衰退：一部美国经济发展史》，束宇译，中信出版集团，2019，第113页。

"市场经济"从另一个角度而言也是"企业经济"。[①] 从美第奇银行，到福特、苹果，企业既接近大众，是现代生活的重要组成部分，又在很大程度上重塑了世界，给人类发展带来深远影响。

结合中国当下发展阶段，国内企业史研究更应大展拳脚。经济层面，中国目前的主要任务是实现转型升级和创新驱动。市场经济条件下，企业是主要的生产主体、重要的创新主体，是转型升级和创新驱动的具体实践者。技术、创新是企业史研究的传统领域，企业史研究可以为中国经济转型提供助力。社会层面，企业与人民生活的关系越发紧密，特别是随着国内互联网产业的发展，人们一方面享受着大企业提供的各种便利，一方面也对大企业抱有疑虑，希望了解大企业的运行逻辑。企业史研究的相关成果是社会了解企业的一个重要窗口。学术研究层面，在经济社会领域专家座谈会上，习近平提出"把论文写在祖国大地上"[②]。如今众多中国企业快速成长，在世界经济体系中发挥重要作用，不仅为企业史研究提供了丰富的对象和素材，也使企业史研究具备实现"中国学派"理论创新的潜力。

国内企业史研究前景广阔，但是现阶段企业史研究的成果尚不能满足各层面需求。改革开放以来国内企业史研究有何不足、如何改进，以及在提出相关不足之前怎样认识国内企业史研究，是本文关注的问题。

一 改革开放后国内企业史研究的两种范式：
历史学范式和社会科学范式

反思改革开放以来的国内企业史研究，首先需要对国内企业史研究有一个总体认识，"范式"是认识国内企业史研究的一个可行视角。"范式"概念由托马斯·库恩提出，库恩将范式定义为"科学实践的公认范例"，"以共同范式为基础进行研究的人，都承诺同样的规则和标准从事科学实践"。[③] 虽然学界对"范式"能否应用于社会科学存在不同意见，但就历史学研究，尤其经济史研究而言，范式已经成为一种被广泛接纳的学术概

---

① R. H. Coase, "The Nature of the Firm," *Economica*, Vol. 4, No. 16 (November 1937), pp. 386 – 405.

② 习近平：《在经济社会领域专家座谈会上的讲话》，《人民日报》2020 年 8 月 25 日，第 2 版。

③ 〔美〕托马斯·库恩：《科学革命的结构》（第四版），金吾伦、胡新和译，北京大学出版社，2012，第 8～9 页。

念。左玉河、徐秀丽分别探讨了中国近代史研究中革命史和现代化史两种范式之争。① 孙圣民将经济史研究划分为历史学和经济学两种范式，着重分析了经济学范式应用于经济史研究的若干问题。② 具体到企业史研究中，"范式"已经得到国内外学者的普遍认可。最具代表性的企业史学者艾尔弗雷德·钱德勒的企业史研究被归纳为"钱德勒范式"。高超群、林立强和陈守明均应用范式概念对中国企业史研究进行梳理，第一届中国企业史研究 Workshop 的主题同样为"范式与方法"。③ 本文沿用范式概念作为认识国内企业史研究的视角。

（一）历史学范式、社会科学范式：国内企业史研究两种范式的划分

国内企业史研究存在不同范式划分形式。高超群率先梳理了国内企业史研究范式，其中 20 世纪七八十年代的企业史研究侧重民族资本企业性质问题，20 世纪 90 年代后企业制度和公司治理问题更受学者关注。④ 林立强和陈守明认为目前国内企业史研究主要可分为历史学范式和经济学范式两类，呼吁开展管理学范式的企业史研究。⑤ 巫云仙提出改革开放后国内企业史研究呈现起初与经济史研究相融合，继而寻求与之分立的发展趋势。⑥ 上述对企业史研究范式的划分，一方面存在共同点，比如均具备鲜明的历史色彩，另一方面各种划分形式之间难以直接对话，不利于形成对国内企业史研究的总体认识。

参照经济史研究范式，可以将改革开放后国内企业史研究划分为历史

---

① 左玉河：《中国近代史研究的范式之争与超越之路》，《史学月刊》2014 年第 6 期；徐秀丽：《中国近代史研究中的"范式"问题》，《清华大学学报》（哲学社会科学版）2015 年第 1 期。

② 孙圣民：《对国内经济史研究中经济学范式应用的思考》，《历史研究》2016 年第 1 期。

③ 高超群：《中国近代企业史的研究范式及其转型》，《清华大学学报》（哲学社会科学版）2015 年第 6 期；林立强、陈守明：《中西比较视域下的中国企业史管理学范式研究》，《东南学术》2020 年第 1 期；林立强：《中国企业史研究的新起点——"范式与方法：首届中国企业史研究 Workshop"综述》，《中国经济史研究》2018 年第 1 期。

④ 高超群：《中国近代企业史的研究范式及其转型》，《清华大学学报》（哲学社会科学版）2015 年第 6 期。

⑤ 林立强、陈守明：《中西比较视域下的中国企业史管理学范式研究》，《东南学术》2020 年第 1 期。

⑥ 巫云仙：《中国企业史百年研究：融合与分立的发展逻辑》，《东南学术》2021 年第 6 期。

学范式和社会科学范式两类。

企业史与经济史研究的相同之处在于，二者都是交叉学科，都与历史学关系密切，并且企业史研究的历史学范式业已得到学者们的普遍认可，是企业史范式划分中的题中应有之义。历史学范式的企业史研究侧重于对企业发展过程的实证和叙述。历史学研究向来强调实证，同时"史学就是要再现往事，叙述得好，任务已经完成过半"①。诸如沙逊集团、招商局、大生等国内早期企业史研究著作，整体内容均按照时间顺序排列，对企业发展各个方面分别展开讨论，其叙述方式以及所蕴含的实证方法基本一致。② 后续国内企业史研究著作大多承继了这种对实证和叙述的重视。可以将"实证和叙述"归纳为历史学范式企业史研究的特征，或者说含义。

企业史与经济史研究的不同之处在于，企业史研究交叉性更强，与若干社会科学学科存在联系。经济学、管理学自然是企业史研究经常需要对话的学科。在国家与企业关系的研究中，政治学理论发挥了重要作用。而以社会资本理论为基础的企业史研究"网络"视角则是企业史研究应用社会学理论的例证。③ 并且，无论是经济学、管理学还是政治学、社会学，社会科学领域的学术创新主要指理论创新。孙圣民认为"经济理论是经济学的灵魂"。④ 林立强和陈守明也指出"强调理论贡献"是企业史研究管理学范式的重要特征。⑤ 社会科学范式的企业史研究不是抛弃实证和叙述，而是在实证和叙述的基础上，通过与其他社会科学学科交叉，主动寻求理论创新。除历史学范式外，将企业史领域的另一种研究范式概括为社会科学范式，不仅体现了企业史研究多学科、跨学科的外在特征，同时与社会科学追求理论创新的内在意旨相契合。是否借助学科交叉寻求理论创新，是区分历史学范式企业史研究和社会科学范式企业史研究的标准。

在涵盖现有企业史研究的情况下，由历史学范式和社会科学范式构成的企业史研究范式划分简单明了，并且内涵不同、各有侧重，有助于不同

---

① 吴承明：《论历史主义》，《中国经济史研究》1993 年第 2 期。

② 张仲礼、陈曾年：《沙逊集团在旧中国》，人民出版社，1985；张后铨主编《招商局史（近代部分）》，人民交通出版社，1988；《大生系统企业史》编写组主编《大生系统企业史》，江苏古籍出版社，1990。

③ 皇甫秋实：《"网络"视野中的中国企业史研究述评》，《史林》2010 年第 1 期。

④ 孙圣民：《对国内经济史研究中经济学范式应用的思考》，《历史研究》2016 年第 1 期。

⑤ 林立强、陈守明：《中西比较视域下的中国企业史管理学范式研究》，《东南学术》2020 年第 1 期。

企业史研究成果的比照、交流。

（二）历史学范式企业史研究的演进

历史学范式企业史研究是国内企业史研究的主流。改革开放以来，历史学范式的企业史研究稳中有进，大致可分为三个阶段：20 世纪七八十年代，相关成果逐步脱离革命史语境，产生企业史研究的自觉；20 世纪 90 年代到 21 世纪初，企业史研究的学术水平不断提升，问题意识凸显；2010 年后，受新档案、新材料推动，历史学范式企业史研究的成果越发丰富。

20 世纪七八十年代，历史学范式企业史研究奠定了国内企业史研究的基础，张后铨主编的《招商局史（近代部分）》可以视为其中代表。改革开放前国内已经开始企业史研究，改革开放后相关成果集中面世。从时间段看，近代企业是这一时期较为适宜的研究对象；从学术史看，此时企业史研究一方面没有完全脱离革命史语境，另一方面则开始体现出企业史研究的自觉，"正是这些成果真正开启了关于中国近代企业史的研究"[①]。张后铨主编的《招商局史（近代部分）》涵盖了招商局从创办到新中国成立前的发展历史。方法方面，该书系统梳理了档案、报刊、著作等材料，对招商局的资本募集、官督商办、管理制度、市场竞争等问题进行了考证。叙述方面，该书以时间顺序划分章节，章节中对特定内容进行阐发，重要人物首次出现时多补充其小传，颇具传统史学风格。相较于研究沙逊集团、大生等的相关著作，《招商局史（近代部分）》没有回避盛宣怀等人的阶级属性，但也没有特别强调招商局与近代革命的关系，总体上围绕招商局发展过程展开，内容丰富全面，文笔平实清晰，开启国内企业史研究风气之先。

20 世纪 90 年代后，国内企业史研究进入新阶段，问题意识体现于历史学范式企业史研究之中。如果说上一阶段的企业史研究多接近"通史"性质，20 世纪 90 年代后，学者们开始以选取特定视角、提出特定问题的方式进行企业史研究。朱荫贵借助轮船招商局和三菱·日本邮船会社的比较，探讨了国家干预对中日两国近代化的不同影响。[②] 张忠民系统考察了

---

① 高超群：《中国近代企业史的研究范式及其转型》，《清华大学学报》（哲学社会科学版）2015 年第 6 期。
② 朱荫贵：《国家干预经济与中日近代化：轮船招商局与三菱·日本邮船会社的比较研究》，东方出版社，1994。

近代中国公司制度的演进，特别是现代西方制度与中国经济社会传统相协调的过程。① 问题意识凸显的背后，体现出国内企业史研究开始追求学术价值——国家干预所蕴含的政府与市场关系问题，公司制度所蕴含的组织问题和激励问题，都是学术界普遍关注的理论问题（当然这些问题与中国经济改革密切相关，同样具备实践意义）。不过，这一阶段的企业史研究虽然提出了具有理论价值的问题，但并没有进行系统的理论创新，从方法和内容来看，这些研究依然属于历史学范式，正如张忠民所言，"本书所能做的实际上也只是有限度地利用一些现代企业的基本理论……在总体上还是一本历史性，或者说经济史性质的著作"②。

2010年后，历史学范式企业史研究更加重视新档案、新材料的搜集，成果越发丰富。对历史学而言，新档案、新材料是学术创新的重要环节。近年来国内各类资源开放程度提高，为档案、材料搜集提供了便利。冯筱才借助上海档案馆和其他地区档案馆的美亚企业档案，以及美亚厂刊、报纸和私人资料，对美亚织绸厂的兴起与发展问题、20世纪30年代美亚织绸厂科学管理与劳资冲突问题进行了较为系统的研究。③ 赵晋和张玲玲依托杭州档案馆档案对新中国初期不法商人的研究，④ 严鹏依托重庆档案馆档案对民生机器厂的研究，⑤ 杜恂诚依托《北华捷报》对英商业广地产公司的研究，⑥ 都反映出新档案、新材料对国内历史学范式企业史研究的促进作用。

（三）社会科学范式企业史研究的类型

社会科学范式的企业史研究在国内发展时间较短，尚无法归纳其演进阶段，但是可以将现有社会科学范式的企业史研究细分为两类：解释导向

① 张忠民：《艰难的变迁：近代中国公司制度研究》，上海社会科学院出版社，2002。
② 张忠民：《艰难的变迁：近代中国公司制度研究》，上海社会科学院出版社，2002，第8页。
③ 冯筱才：《技术、人脉与时势：美亚织绸厂的兴起与发展（1920—1950）》，《复旦学报》（社会科学版）2010年第1期；冯筱才：《科学管理、劳资冲突与企业制度选择——以1930年代美亚织绸厂为个案》，《史林》2013年第6期。
④ 赵晋、张玲玲：《新中国初期的不法商人及其审判（1949—1952）——以杭州市营造业何宝珊、高依仁案件为中心的考察》，《党史研究与教学》2018年第4期。
⑤ 严鹏：《战争与幼稚工业保护理论——基于抗日战争时期中国民生机器厂演化的检验》，《财经问题研究》2019年第1期。
⑥ 杜恂诚：《以造房出租为主业的英商业广地产公司》，《中国经济史研究》2021年第3期。

的和规律导向的。解释导向社会科学范式既包含和已有理论的对话，又考虑历史情景，最终形成对特定问题的充分解释和系统认识。规律导向社会科学范式则希望获得更为普遍化的理论成果，在假设条件下相关成果如同规律一般可推广。

对上述两类理论形式，社会科学领域有过相应探讨。罗伯特·毕夏普在社会科学哲学中将理论区分为诠释方法下的和经验方法下的。[①] 扎根理论则将理论归纳为两类：第一类来自解释学传统，强调对现象的理解，优先考虑联系和过程性；第二类来自实证主义传统，将理论看作抽象概念之间的关系，强调一般化和普遍性。[②] 过程追踪法包括了两种应用变体，解释结果型过程追踪和理论建构型过程追踪：前者偏重个案，目标是对特定结果做出基本的充分解释，"有时更接近于历史学者的工作"；后者有超越单一个案、建构中程理论的抱负，"令其在个别个案之外、有限处境之内能一般化、可推广"。[③] 从历史学视角来看，唐宋变革论、晚清政治"内轻外重"接近解释导向理论，"生产力决定生产关系，经济基础决定上层建筑"接近规律导向理论。

关于解释导向社会科学范式的企业史研究，卞历南所著的《制度变迁的逻辑》可作为其中代表。[④]《制度变迁的逻辑》从新中国国营企业制度的来源出发，提出中国现代国营企业制度如何形成的问题。援引新制度经济学的路径依赖、思想模型、资源禀赋等概念，结合抗日战争爆发后国民政府兵器工业企业、重工业企业的扩张和国营企业治理、管理等制度的建立和演变，该书对这一问题的回答是：日本侵华使中国面临持续而全面的危机，进而导致国民政府建立现代国营企业；在此过程中，伴随着对资源禀赋的承继和思想模型的转变，国营、官僚组织等方面由于路径依赖得以强

---

① 〔美〕罗伯特·毕夏普：《社会科学哲学：导论》，王亚南译，科学出版社，2018，第21～27页。
② 〔英〕凯西·卡麦兹：《建构扎根理论：质性研究实践指南》，边国英译，重庆大学出版社，2009，第158～160页。
③ 过程追踪法还包括一种应用变体，即"理论检验型过程追踪"。参见〔丹麦〕德里克·比奇·拉斯穆斯·布伦·佩德森《过程追踪法：基本原理与指导方针》，汪卫华译，格致出版社、上海人民出版社，2020，第16～20页。
④ 卞历南现任教于美国奥本大学，考虑到他的成长、教育经历，此处仍将其著作视为国内企业史研究的一部分。参见〔美〕卞历南《制度变迁的逻辑：中国现代国营企业制度之形成》，〔美〕卞历南译，浙江大学出版社，2010。

化，会计、福利等方面则表现出路径独立的特征；上述要素综合，最终形成"单位"概念以及一个强调发展、集中的现代国营企业制度。《制度变迁的逻辑》综合经济学概念和历史过程，系统回答了中国现代国营企业制度形成的问题。

关于规律导向社会科学范式的企业史研究，路风的《光变》是为数不多的代表。①《光变》以国内知名企业京东方为例，探讨后发国家的工业发展和经济发展问题。该书与新古典主义经济学、熊彼特创新理论和以格申克龙为代表的后发国家发展理论三者进行对话，路风认为新古典主义模型没有阐明创新，正如熊彼特所言，创新需要打破均衡，后发国家经济发展的动力并非来自市场机制，而是政治性的和历史性的。在此基础上，《光变》回顾了京东方的发展历史，重点在于其不断克服困难，打破外国垄断，成为全球知名液晶面板企业的过程。结合京东方企业史，该书提出了具备规律色彩的理论创新：创新型企业包括若干特点，比如采取甘冒风险的进取性战略，拥有内部选拔、任职稳定、抱负远大的领导人等；国有企业的运作模式使其容易满足这些条件，同时国有企业的特殊身份与后发国家发展要求相适应；因此，国有企业可以成为后发国家工业发展的核心力量。这一结论明显带有一般化、普遍化的理论抱负。

二 国内企业史研究的主要问题与相应改进

一般而言每个研究领域中总会存在许多问题，区分什么问题是主要的、什么问题是次要的，应当关注哪些问题更具意义，结合历史学范式和社会科学范式的划分，改革开放以来国内企业史研究有三个主要问题。首先，选题是任何研究的第一个问题，国内企业史研究选题多从材料出发。这一问题在历史学范式的研究中更为突出。其次，两种范式在研究内容方面均存在偏差，表现为忽视企业经营的问题。从企业自身角度来看，经营是企业生存发展的核心，经营问题应当是企业史研究的立足点。最后，社会科学范式以理论创新为目标，但是现阶段企业史研究缺乏成熟的理论建构方法。三个问题对应不同的改进方式。

---

① 路风：《光变：一个企业及其工业史》，当代中国出版社，2016。

（一）研究选题多从材料出发

部分企业史研究选题单纯从材料出发，是当下企业史研究的突出问题，在历史学范式中尤为明显。

在历史学范式企业史研究前两个阶段中，企业史研究的选题问题并不突出，然而到第三个阶段，选题从材料出发的问题迅速凸显。20 世纪七八十年代，作为近代中国历史中重要而具有代表性的企业，有关单位组织了招商局、大生的企业史编写。① 20 世纪 90 年代后，朱荫贵对轮船招商局和三菱·日本邮船会社的比较研究和张忠民对近代中国公司制度的研究，都是企业史领域的重要问题。② 2010 年后，新档案、新材料的搜集反而导致企业史研究选题转向从材料出发。前文引用的第三个阶段的企业史研究代表性成果，已经或多或少存在选题从材料出发的问题，况且相关学者属于企业史领域乃至历史学领域的知名学者。如今大量企业史研究以短时段、小区域、个别企业为研究对象，部分选题明显来自对特定材料的发掘，研究意义模糊。

对新材料的发掘和运用，是历史学学术创新的重要环节，但新材料的学术价值各不相同，发掘、运用新材料，不等于完成学术创新。研究选题从材料出发的问题背后存在多种原因，并且不仅是企业史领域，可以说整个历史学科均面临这一问题，不过这一问题在企业史领域尤为突出——企业原本就是经济社会中的微观单位，企业史研究内在具有微观倾向，从材料出发的研究选题使研究成果更容易产生琐碎之感。中国近代史开端距今已有 180 余年，其间经济社会发展历经波折，企业种类、数量庞杂，许多企业实际上没有研究价值。优秀的成果和普遍的影响力不可能仅仅来自对材料的发掘，选题从材料出发的问题，令企业史研究难以形成高质量的学术对话，也无法满足经济社会需求。

如果说《招商局史（近代部分）》《大生系统企业史》的编纂由上级

---

① 张后铨主编《招商局史（近代部分）》，人民交通出版社，1988；《大生系统企业史》编写组主编《大生系统企业史》，江苏古籍出版社，1990。

② 朱荫贵：《国家干预经济与中日近代化：轮船招商局与三菱·日本邮船会社的比较研究》，东方出版社，1994；张忠民：《艰难的变迁：近代中国公司制度研究》，上海社会科学院出版社，2001。

部门牵头,① 当前大多数企业史研究不具备相应条件，路风及其著作《光变》可以为企业史研究选题带来一般意义上的启发。《光变》是近年来国内最具影响力的企业史学术著作。《光变》在选题上有两个"重要"。首先，该书所探讨的"后发国家工业发展"是一个重要问题；其次，该书的研究对象京东方是国内外液晶面板领域的重要企业。重要问题加重要企业，《光变》选题兼顾学术意义和现实意义。《光变》一书的写作得到了京东方的协助，作者能够大量查阅资料、进行访谈。路风虽然不是历史学者，但是长期关注企业史、国有企业改革、工业发展和技术进步等问题，以大企业、大产业作为主要研究对象，这一独特的学术路径和学术积淀，更容易得到企业方面的认同。② 换言之，学术研究同样具有路径依赖特征，如果学者坚持从问题出发的研究选题，进而形成相应学术风格、学术"品牌"，就更有可能接触到重要企业和重要材料，从而完成高质量的学术成果。短期来看，材料是研究的客观约束条件，长期来看，撬动材料的依然是学者和研究本身。

（二）忽视企业经营

企业发展存在多个侧面，其中最重要的是经营问题。赚取利润、获取经济收益，是企业的根本目标，经营是实现这一目标的途径。部分企业不以营利为主要目标，不过作为独立核算单位，收支平衡仍是其存续的基本约束条件。简言之，经营是企业生存、发展的核心。

无论是历史学范式，还是社会科学范式，都存在忽视企业经营的情况。历史学范式企业史研究大多沿袭了经济史"分门别类"的实证、叙述方式，经营问题多作为研究的一个部分。《招商局史（近代部分）》内容全面丰富，包括招商局的创办、募资、投资、争夺控制权、管理等各方面内容，经营问题仅是研究的一个方面。书中涉及的经营活动，也多是添置海轮、扩大经营范围、签订合同、清理局产等特定行为，并未系统研究招商局的经营方式。从成立伊始到1949年，招商局身处时局旋涡，腐败问题、安全生产问题层出不穷，却仍保持连续经营，屹立七十余年而不倒，书中

---

① 参见相关著作前言、后记。
② 路风相关研究众多，可参见路风《国有企业转变的三个命题》，《中国社会科学》2000年第5期；路风《从结构到组织能力：钱德勒的历史性贡献》，《世界经济》2001年第7期；路风《走向自主创新：寻求中国力量的源泉》，广西师范大学出版社，2006。

没有对背后原因做出深入说明，没能呈现出招商局生存、发展的核心逻辑。社会科学范式企业史研究同样存在忽视企业经营的情况。《制度变迁的逻辑》从多角度研究了国民政府国营企业，但基本没有探讨其供产销环节，相关企业的确引入了新型技术人才、会计制度，同时却又普遍保留了传统官僚组织结构，"现代国营企业"似乎只是对抗战时期快速扩张的兵器工业、重工业国营企业的笼统称谓。该书认为现代国营企业制度的形成既有路径依赖特征，又有路径独立特征，但供产销情况的缺失使其没能说明上述特征究竟是根本性的，还是表面上的。企业经营细致、复杂，如果篇幅浩大的专著都不能充分探讨相关企业的经营问题，企业史论文更难以系统呈现研究对象的经营状况。

忽视企业经营，就无法把握企业生存和发展的核心逻辑，这导致企业史研究成果无异于盲人摸象。企业史研究可以从多种角度展开，关注企业内部不同职能，但是各个角度、各种职能的研究都不应当忽视关乎企业生存的经营问题。近年来随着新档案、新材料的搜集，学者容易被特定类别的档案材料吸引，导致部分研究更加忽视了企业经营。值得注意的是，学术研究之外，由记者、财经作家完成的企业史通俗读物往往能够更好地关注、记叙相关企业的经营问题。[1] 林立强和陈守明认为，"企业史研究长期以来停滞不前的原因之一，在于它是学术界的企业史，而不是企业或企业家的企业史"[2]。如果研究不能充分探讨企业经营这一根本问题，无论是学者、企业家还是其他读者，都无法获得对特定企业、特定问题的充分认识，企业史研究也无法取得进一步发展。

提高对经营问题的重视，更多是一种对症下药。研究之中，企业史学者需要围绕企业经营展开企业史研究。研究之外，企业史学者需要熟悉经济管理理论，了解企业的主流经营方式和理念，夯实知识基础。经营问题应当成为企业史研究的立足点。

---

[1] 相关著作参见凌志军《联想风云》，中信出版社，2005；王伟群《艰难的辉煌：中信30年之路》，中信出版社，2010；吴晓波《腾讯传：1998—2016：中国互联网公司进化论》，浙江大学出版社，2017；王伟群《艰难的辉煌2：中信：2009—2019》，中信出版社，2020。

[2] 林立强、陈守明：《中西比较视域下的中国企业史管理学范式研究》，《东南学术》2020年第1期。

（三）缺乏成熟的理论建构方法

社会科学范式企业史研究中存在一个特殊问题——缺乏成熟的理论建构方法。解释导向社会科学范式研究的方法问题与经济史研究的方法问题基本一致，即"选精、集粹"。① 这一方法问题在经济史研究中已有充分探讨，在此不做赘述。

解释导向社会科学范式之外，规律导向社会科学范式的企业史研究在方法上也面临着"从个别到一般"的挑战。《光变》一书是国内规律导向社会科学范式为数不多的代表，在方法问题上，《光变》同样颇为典型。规律应当是普遍的，在限定条件下能够推导出可靠结果。《光变》对京东方进行了深入研究，但是能否通过京东方一家企业得到"国有企业可以成为后发国家工业发展核心力量"这一理论创新成果，尚存商榷空间。即便不考虑理论成果本身的问题，《光变》得到这一理论成果的过程至少也是不完备的。从一家老牌国企转型为一家科技创新企业，京东方的研究价值很大程度上源自它的特殊性；而中国国有企业的发展历程极不平凡，在中国经济高速增长之时，相当一部分国有企业已经退出历史舞台，遑论承担起后发国家工业发展的责任。对于理论成果如何从京东方个案跨越到国有企业发展的一般情况，《光变》没有做出回答。

借鉴社会科学研究方法，是解决企业史研究理论建构方法缺失问题的途径之一。历史学研究推崇"史无定法"，史无定法不应是摒弃方法，而应是驾驭方法，令不同研究方法为我所用。传统史学缺乏对研究成果"理论化"的系统探讨，借鉴社会科学相关研究方法不失为解决理论建构方法问题的思路。可资企业史研究借鉴的社会科学研究方法至少应满足两个条件：符合企业史研究的特点；以建构理论成果为目标。

扎根理论和过程追踪法可以成为企业史研究理论建构的备选方法。扎根理论是美国学者在 20 世纪 60 年代提出的一种质性研究方法，通过全过程的资料搜集、整理和分析，逐步形成理论构想，并与既有理论进行对话，最终完成理论建构。扎根理论的突出特点是强调从资料出发，在资料的基础上建构理论；反对先进行理论对话，再根据理论指引搜集资料的研

---

① 李伯重：《"选精"、"集粹"与"宋代江南农业革命"——对传统经济史研究方法的检讨》，《中国社会科学》2000 年第 1 期。

究路径。过程追踪法是近年来在政治学领域中逐步发展的一种研究方法，这一方法通常从个案出发，重点关注因果机制问题。一定程度上，过程追踪法是对社会科学研究中日趋主流的定量研究方法的多方面回应：例如从个案出发的研究视角；通过对特定事件变化过程的探究，将因果问题从"相关"层面深化到"机制"层面。两种方法均包括理论建构的研究目标，同时两种方法也较为符合企业史研究的特点。扎根理论强调"从材料到理论"，避免以论代史的情况。过程追踪法关注过程、关注个案，符合企业史研究的历史色彩和微观主体特点。如何将上述方法运用于解释导向、规律导向的社会科学范式企业史研究，有待国内学者进一步思考。①

三　余论：当代中国的企业史研究

从时间角度而言，当代中国企业已经足以纳入企业史研究范畴。钱德勒"企业史三部曲"第一部《战略与结构》1962 年出版，书中杜邦和通用汽车在一战后开始重组，新泽西标准石油和西尔斯则于 20 世纪 20 年代中后期开始重组，它们 40 余年的时间跨度与中国改革开放至今的时间跨度相仿，小于新中国 70 余年的时间跨度，相当于美国的当代企业史著作。②目前国内企业史研究以近代为主，对当代关注有限，加强当代企业史研究可以弥补领域内的短板。

当代企业史研究的最大特点在于材料丰富多元。新中国成立后，大型国有企业档案管理规范完整；改革开放后，财经媒体对知名企业的经营状态持续关注，资本市场对上市公司财务业绩及各类信息披露提出了严格、

---

① 由于方法论问题的复杂性，在此不对上述两种方法具体展开讨论，仅做简要介绍。扎根理论已成为社会科学研究的重要方法之一，以"扎根理论"为关键词，在国内各大图书网站可检索到若干方法论专著，在中国知网可检索到大量论文。目前已出现应用扎根理论并具有历史色彩的企业研究成果，参见胡国栋、王天娇：《"义利并重"：中国古典企业的共同体式身股激励——基于晋商乔家字号的案例研究》，《管理世界》2022 年第 2 期。过程追踪法出现时间相对较晚，近年来国内学者逐步关注到这一方法，相关论文参见曲博《因果机制与过程追踪法》，《世界经济与政治》2010 年第 4 期；张长东《社会科学中的因果机制：微观基础和过程追踪》，《公共管理评论》2018 年第 1 期。目前国内已出版介绍过程追踪法的方法论专著，参见〔丹麦〕德里克·比奇、拉斯穆斯·布伦·佩德森《过程追踪法：基本原理与指导方针》，汪卫华译，格致出版社、上海人民出版社，2020。
② 参见〔美〕艾尔弗雷德·D. 钱德勒《战略与结构——美国工商企业成长的若干篇章》，孟昕译，云南人民出版社，2002。

可比的要求；研究者还可以与企业人员取得联系，进行访谈或口述。钱德勒在《战略与结构》的写作中即应用了多种材料，包括内部记录、公共出版物、传记、年报、与高级经理的面谈等。[①]

在材料丰富的情况下，当代中国企业史研究能够有效契合前述三种改进方式。选题上，新中国成立 70 余年、改革开放 40 余年的历史是不平凡的，当代中国企业的发展历程同样是不平凡的。无论是新中国成立后接收的、"156 项"组建的国有企业，还是改革开放后的民营企业，相关企业逐步对国民经济乃至世界经济发挥重要影响。当代中国企业如何克服困难，实现发展，可以为企业管理、经济转型升级等一系列问题提供镜鉴。经营上，丰富的材料能够帮助研究者深入企业经营过程之中，使研究成果呈现出企业运行的内在逻辑。方法上，理论建构通常需要大量材料支撑。在扎根理论中，停止数据搜集的标准在于类属达到"饱和"，"更长一些的回答是，当搜集新鲜数据不再能产生新的理论见解时，也不再能揭示核心理论类属的新属性时，类属就'饱和'了"[②]。这种对材料的"饱和式"需求，几乎只有在当代企业中、借助多种形式的材料来源，才能得到满足。已有学者从不同学科、不同角度对当代中国企业展开历史研究。[③] 历史学者更应在当代中国企业史研究中发挥重要作用。

---

① 〔美〕艾尔弗雷德·D. 钱德勒：《战略与结构——美国工商企业成长的若干篇章》，孟昕译，云南人民出版社，2002，第 4~8 页。

② 〔英〕凯西·卡麦兹：《建构扎根理论：质性研究实践指南》，边国英译，重庆大学出版社，2009，第 144 页。

③ 参见常江潇、周晓虹《新中国工人阶级劳动传统的形成——以洛阳矿山机器厂为例》，《社会学研究》2021 年第 4 期；欧阳桃花、曾德麟：《拨云见日——揭示中国盾构机技术赶超的艰辛与辉煌》，《管理世界》2021 年第 8 期。

The Paradigms and Reconsideration of Business History Researches after Reform and Opening-up in China

Qu Guanqing   Wu Li

Abstract: Considering Chinese current development, the prospect of business history researches in China is promising. Business history researches in China could be divided into two paradigms: historical paradigm and social-scientific paradigm. The historical paradigm researches are weighted on the proof and narration of developing process of enterprises. The social-scientific paradigm researches further make theoretical innovations by interdisciplinarity on the basis of historical paradigm researches. In view of the paradigms, there are three problems in researches now: the topics often coming from reference materials; neglecting the business operations; and lacking methods of theoretical construction. There are three ways to solve the problems. The contemporary business history is a weakness in researches, and aligns with the three ways, which is worth exploring.

Keywords: Business History; Reform and Opening-up; Paradigm; Reconsideration

百余年来中国经济史研究中"资本"概念的借用及话语方式探析

——以山西票号为例[*]

李善靖 郝 平[**]

摘 要：尽管"资本"一词已成为百余年来中国经济史学界惯用的概念，但这个概念有诸多含义，学者们在不同论域中也存在大量模糊混用现象，这给学术研究尤其是传统时期的经济史研究带来了诸多困惑。因此，从概念史和学术史视角对"资本"概念的缘起、流变及其在中国经济史学中的运用进行梳理和分析十分必要。本文以百余年来山西票号研究中"资本"概念的渊源和借用现象为例，探讨不同时期的票号研究之路径差异，并试图从近年来大量涌现的票号原始文献中归纳与"资本"问题相关的原始词汇，在比对和界定中检视山西票号乃至中国经济史研究的话语方式问题。

关键词：资本 概念借用 话语方式 山西票号 中国经济史研究

一 问题的提出

"资本"作为高度概念化的外来基础词语，不仅蕴含着西方经济学的发展脉络和时代特征，在现代经济学和经济史的研究中亦扮演着重要角

---

* 本文系国家社科基金重大项目"山西票号原始文献整理研究与遗产保护数据库建设"（项目批准号20&ZD065）、国家社科基金冷门"绝学"和国别史等研究专项"票号民间文献整理、释读与研究"（项目批准号19VJX028）及山西省研究生创新项目"山西票号资本问题研究——以新见票号书信、账簿为中心"（项目批准号2021Y015）的阶段性成果。

** 李善靖，山西孝义人，山西大学历史文化学院博士研究生，主要研究方向为中国经济史、民间文献学。郝平，山西大学历史文化学院教授，博士生导师，主要研究方向为社会史。

色。我国现代意义上的经济史学起源于 20 世纪初，是西方社会科学传入后近代史学革新的产物。① 自梁启超于 1903 年发表《新史学》倡导"史界革命"以来，援用西方社会科学理论方法研究历史成为"新史学"的主要特征。② 此后，翻译欧美史籍、引介欧美史家、传播欧美史学理念及采用欧美范式书写历史逐渐蔚然成风，晚清及民国时期的著名史家如梁启超、胡适、傅斯年、陈寅恪、蒋廷黻、雷海宗、张荫麟、顾颉刚、吕思勉等无一不深受欧美及日本史学的熏染。③ 由于 20 世纪上半叶西方经济史学主要采用政治经济学的话语体系，当时的中国经济史学也接受了这个话语体系。④ 一些欧美史学界习用的概念亦随之在中国广泛传播与运用，"资本"一词即是其中的典型代表。其实，早在 19 世纪末 20 世纪初西方传教士和日本学者的译著中已有对学术意义上的"资本"概念进行介绍和运用的现象。如 1886 年英国传教士艾约瑟翻译的《富国养民策》中写道："无论世间何工作，除极费力者不计外，十之八九不能无资本，以备供养工人之米粮，固工匠工作时恃乎？财是以谓之为资本耳，亦可呼之为工本。"⑤ 1903 年日本学者福井准造所著《近世社会主义》和幸德秋水所著《社会主义神髓》分别在中国翻译出版，两书均对马克思所著《资本论》及其"资本"概念进行了定义和介绍。⑥ 此后，随着西方经济学和马克思主义的先后传入，中国经济史研究取得长足进展，除财政史、田赋史、田制史、商业史等方面的著作陆续涌现外，五四以后一批接受马克思主义的学者如郭沫若、李达、吕振羽等还运用社会经济形态理论研究中国历史发展阶段、剖析当代社会发展性质及演变，在中国社会性质论战和中国社会史论战中大放异彩，推动了中国经济史学科的形成和发展，直接导致 20 世纪 30 年代

---

① 依照李伯重先生的观点：经济史学不仅包括经济史，还包括社会经济史乃至社会史，它是研究过去的社会经济状况及其变化的学科。参见李伯重《回顾与展望：中国社会经济史学百年沧桑》，《文史哲》2008 年第 1 期。叶坦先生则认为经济史学主要包括经济史与经济思想史，并认为经济思想史在经济史上有着无可替代的作用。参见叶坦《经济史学及其学理关联——基于史实与逻辑的视域》，《经济学动态》2013 年第 10 期。

② 李伯重：《回顾与展望：中国社会经济史学百年沧桑》，《文史哲》2008 年第 1 期。

③ 李剑鸣：《欧美史学的引入与中国史家的话语权焦虑——一个当代学术史的考察》，《清华大学学报》（哲学社会科学版）2022 年第 1 期。

④ 李伯重：《中国经济史学的话语体系》，《南京大学学报》（哲学·人文科学·社会科学版）2011 年第 2 期。

⑤ 〔英〕艾约瑟：《富国养民策》，《万国公报》21 册，台湾华文书局影印本，1968，第 13332 页。

⑥ 曹龙虎：《近代"Capital/资本"译名问题考略》，《江苏社会科学》2016 年第 4 期。

中国经济史研究热潮的出现。[1] 在"中国社会性质论战"中，"亚细亚生产方式问题""中国历史上是否存在奴隶制""中国春秋战国之后是否为商业资本主义社会"等是探讨的主要话题，[2] 参与讨论的学者大量运用马克思定义的"资本"概念进行了相关分析。据统计，20世纪前五十年中，中国近代经济史研究的论著出版了524种，这些论著在研究方法和范式上多呈现掌握丰富史料基础上大量运用现代学科方法分析史料得出结论的特点。[3] 新中国成立后，"五朵金花"中的古史分期、封建土地所有制形式、资本主义萌芽等均是经济史研究的热点话题，相关学者利用马克思主义基本概念和方法对这些问题的探讨加深了人们对中国历代经济发展状况的了解，推动了中国经济史学科的发展。[4] 改革开放后，随着国际学术交往日益频繁，西方学界新理论、新方法、新观点的不断引入，中国经济史研究呈现多元化发展趋向。有学者提倡用经济学理论和定量分析方法来研究经济史，强调计量研究和经济分析的重要作用，并逐步形成了从经济学出发的经济史研究路径；[5] 而有些学者则强调传统的史料和考据学方法在经济史研究中的基础作用，认为"不治史料而径谈历史者，非史学家"，并结合社会学、人类学、考古学、民族学等学科的研究方法，形成社会史和经济史结合的研究路径。[6] 这使得学者们的研究视野越来越广阔，研究深度和精度大大提高，新时期的经济史研究呈现百花齐放的发展态势。

以上对近代以来中国经济史学的发展概述过去已有许多学者加以总结和思考。[7] 可以看出，百年来中国经济史研究每一次话语体系转变背后都

① 李根蟠：《中国经济史学百年历程与走向》，《经济学动态》2001年第5期。

② 李根蟠：《二十世纪的中国古代经济史研究》，《历史研究》1999年第3期。

③ 吴敏超：《筚路蓝缕启山林：20世纪上半期的中国近代经济史研究》，《兰州学刊》2014年第11期。

④ 李根蟠：《二十世纪的中国古代经济史研究》，《历史研究》1999年第3期。

⑤ 孙圣民：《历史计量学五十年：经济学和史学范式的冲突、融合与发展》，《中国社会科学》2009年第4期。

⑥ 吴承明：《中国经济史研究的方法论问题》，《中国经济史研究》1992年第1期。

⑦ 如李根蟠认为百年来的经济史学经历了三次高潮；李伯重认为百年来的中国经济史学经历了萌芽、形成、转型和发展四个阶段，并形成了1949年前居于主流地位的历史主义史学传统、1949年后确立的马克思主义史学传统以及1978年以后形成的多元化史学传统；李剑鸣则从不同时期欧美史学的传入和对中国史学的影响入手，将19世纪末以来中国史学（包括经济史学）的发展概括为三种"新史学"话语体系的革新。

伴随着西方社会科学概念、理论和方法的引进，并且，其主导了不同时期的关注议题和发展方向。这些概念和理论在历史研究中的适应性问题早已引发学者的思考，著名史学家王毓铨先生在《研究历史必须实事求是》一文中即指出："明代典籍中的'市民'，不是所谓西方资产阶级的布尔乔亚'市民'。这是中国在讨论资本主义萌芽问题、翻译布尔乔亚的'市民'时借用了古籍中的用语，其实是不同脉络的，因而造成似是而非的混淆，引起许多不必要的纷争。"[1] 因此他主张要老老实实地解读史料，不要随便把外来名词和理论拿来就用。黄宗智则认为："中国社会、经济史的研究正处在一场规范认识的危机当中。他认为数十年来国内外的学术研究虽然在模式和理论体系上存在种种差异，但这些主要理论体系背后实际上具有共同的基本信念。而数十年的实证研究实际上已经揭示出一系列与这些规范信念相悖的现象，从而导致了规范认识的危机，而这些危机中我们实际上面临着许多概念上的困境。"[2] 瞿林东亦撰文指出："马克思主义的社会经济形态学说是唯物史观指导历史研究的最基本理论，与其相关的范畴和概念乃是中国史学当代话语体系的核心。应该在重视唯物史观和史学遗产的前提下，以更加开阔的视野、更加开放的心胸和气度借鉴和吸收外国史学的一切积极成果所提供的思想、理论和方法用以充实、丰富以至于融入中国史学的当代话语体系。"[3] 以上思考都表明了学术概念在史学研究范式及话语体系中的重要作用，如何看待西方学术概念的引入和运用也就成为当代中国经济史研究中极为重要的命题。

以山西票号的研究为例，作为清至民国时期中国金融业发展的重要阶段和组成部分，山西票号无论对商业制度、伦理还是对实体社会经济都做出了巨大的贡献，产生了深远影响，故而早在清末便有人开始研究山西票号，直至今日已逾百年。百余年来，从票号资料的搜集整理到票号遗老的回忆录，从现实层面的票号消逝到学术层面的票号研究，无数前贤都试图探寻票号经营与发展的历程，并试图从票号兴衰中找到对后

---

[1] 王毓铨：《研究历史必须实事求是》，《王毓铨史论集》（下），中华书局，2005，第 695～707 页；另参徐泓《中国资本主义萌芽问题研究范式与明清社会经济史研究》，《中国经济史研究》2018 年第 1 期。

[2] 黄宗智：《中国经济史中的悖论现象与当前的规范认识危机》，《史学理论研究》1993 年第 1 期。

[3] 瞿林东：《关于当代中国史学话语体系建构的几个问题》，《中国社会科学》2011 年第 2 期。

世有益的借鉴。从学术史视角看，百余年来的山西票号研究与中国经济史学的发展历程趋于一致，其对西方社会科学概念、理论和方法的引入和借用也经历了如上所述多个阶段，并具有相当的代表性。由于票号是以经营白银异地汇兑为主业的商业实体，对其本体的研究自然成为重中之重，其中"资本"问题尤为重要，票号的起源与衰落、组织结构、经营方式、营利模式、权责界定、收益分配等无不与之相关。[①] 此处"资本"之所以加引号，是因为该词虽然在清末以来的票号研究中已被广泛使用，但近年来整理研究大量新见的票号遗存合同、账簿、书信、票据等原始文献时，却发现票号原始文献中并不直接使用该词，而更多以"股、俸、本、两"等出现，可见其是一个外来概念。与之形成鲜明对比的现象是，百余年来的前贤学者在研究时纷纷采用"资本"一词来指代原始文献中的上述词汇，这说明票号经营中的某些要素符合学者对西方传入的"资本"概念的认知，两者之间存在某种共通之处。但值得思考的问题是：学术意义上的"资本"概念在西方经历了怎样的流变后传入我国？不同时期的学者在具体研究中借用了"资本"一词的何种内涵和外延，这对票号研究产生了何种影响？在具体研究中，基于不同研究路径的学者在"资本"概念使用上有何异同之处？是否可以不加检视地直接使用这些概念？等等。

有鉴于此，本文拟从概念史和学术史的视角出发，以百余年来山西票号研究中"资本"概念的借用和话语书写来探讨中国经济史研究中概念运用和话语方式变迁的阶段性特征。并试图从近年来大量涌现的山西票号原始文献中的基础词汇出发，在比对和界定中反思山西票号乃至中国经济史研究的实践路径和话语书写问题。

二 西方经济学视域下"资本"概念的发轫与流变

"资本"一词是西方经济学的核心概念，也是经济学界公认最为混乱

[①] "资本"问题存续于票号诞生、发展和消亡的各个阶段，如票号开业需要原始"资本"、票号发展需要运营"资本"、票号获利需要分红"资本"，票号到账需要责任"资本"等，因而有学者将"资本有机构成"（合伙制）称为票号研究的六要素之一。见廖声丰、孟伟《中国近代城市关联：基于山西票号专门化金融经营的考察——以光绪二十八年〈通年银流水账〉为例》，《地方文化研究》2021年第5期。

和容易引起纷争的词语之一。① 当前关于"资本"概念已有部分研究,②
但这些成果大多只是对资本概念的派别、性质及维度进行了探讨,少部分
兼及"资本"概念的历史生成和使用,均未能完整呈现随着时代变迁西方
经济学界对这一概念进行扩充和重新解释的过程。由于这一过程对清末以
降中国经济史研究中"资本"概念的引入和借用产生直接影响,因而有必
要对不同时期西方经济学界"资本"概念的扩充和流变展开分析。

(一) 商业资本主义时期的"资本"内涵

西方语境下的"资本"一词"capital"的词源为"caput",最初表示
贷款本金,该用法由来已久,从古希腊语到拉丁语,"资本"均代表"可
供生息的本金"。③ 这种定义下"资本"很容易被理解为"货币"。随着商
品流通和商业发展,贷款的含义得以延伸,学者们逐渐认识到真正产生利
息的本钱不只是货币,而是财货。因此,18 世纪后半叶法国古典经济学家
杜阁即在其著作中写道"无论是谁,在一年中拥有较他需用为多的财货,
他可以把多余的部分积蓄起来。这些储存的财货就是人们所谓的资本"④。
他认为资本除了货币形式外还有货物形式,两者没有本质区别。

随后,英国经济学家亚当·斯密对杜阁的观点进行了改进,他指出存
储的财货应该被分成两部分,"可以提供收入的部分称作资本,别的部分
就供目前消费,不产生任何收入"。这就将资本具有"增殖"能力的特征

---

① 中国古典文献中"资本"是一个汉代即已有之的合成词语,但直至宋代才开始出现经济
意义上用于表示"金钱""财物"等含义的"资本"一词。很多考察现代汉语新词词源
的文献都认为我们现在使用的"资本"一词来源于西方及日本,因而中文语境下"资
本"一词的流变并不在本文的讨论范畴中,见曹龙虎《近代"Capital/资本"译名问题考
略》,《江苏社会科学》2016 年第 4 期。

② 吴亚生、吴亚明:《资本概念的发展及人力资本》,《改革与战略》1996 年第 4 期;贾后
明:《资本概念理解上的分歧及派别划分》,《理论月刊》2003 年第 12 期;汪丁丁:《资
本概念的三个基本维度及资本人格的个性化演变路径》,《哲学研究》2006 年第 10 期;
徐可:《资本概念的纷争、演变及其当代发展——对马克思资本理论的总体性解读》,《天
府新论》2011 年第 1 期;周可:《马克思早期思想中的资本概念》,《哲学研究》2011 年
第 4 期;鲍金:《资本与"历史形成的需要"——对马克思一个重要概念的当代解读》,
《天津社会科学》2012 年第 1 期;曹龙虎:《近代"Capital/资本"译名问题考略》,《江
苏社会科学》2016 年第 4 期;邱海平、孟捷、周建波、杨虎涛、张旭:《经济思想史视阈
下的资本》,《经济思想史学刊》2022 年第 2 期。

③ 〔奥〕庞巴维克:《资本实证论》,陈端译,商务印书馆,2009,第 51 页。

④ 〔法〕杜阁:《关于财富的形成和分配的考察》,南开大学经济系经济学说教研组译,商
务印书馆,1978,第 54 页。

从财货中分离了出来。在此基础上斯密对能为投资家提供收入或利润的资本进行了区分，他将"在持续交换和流通过程中可以提供利润的资本称之为'流动资本'，用来设置无待交换无待流通就可以提供利润的资本称之为'固定资本'，并进一步指出商人资本全然是流动资本"①，这为他的重商主义提供了思想来源。可以看出，处在商业资本主义时期的杜阁和亚当·斯密等人对"资本"的定义主要是基于流通和交换获得的。

亚当·斯密最早将私人资本的这种属性类比到国家层面，认为国家也存在这样除供国民消费以外进行增殖的财货，这样就衍生出更为重要的两个概念："国家资本"与"个人资本"。他认为两者的区别在于个人资本出借可以生息，而国家资本并不因流通而产生更丰富的社会资料。这导致后来者在谈论"资本"概念时，尤其是不能完全区分国家资本和个人资本时，会出现概念混用现象。此后，杜阁等人所提的"资本"原始概念以"私人资本"的形式保留了下来，而在"国家资本"的范畴内资本很快延伸成社会财富的三大支柱之一，"资本作为国家资本，成为生产中许多最重要问题的中心；作为私人资本，则成为一个根本不同的利息问题的中心"②。

以此为分界，"资本"概念在此后逐渐出现歧义，继亚当·斯密后最伟大的古典经济学家大卫·李嘉图便将资本定义为纯粹的物。在他眼里"资本和生产资料没什么区别，原始人所使用的工具也是资本，因而资本是一个永恒的概念关系"，此外，他还指出："劳动者所消费的食物和衣着、其工作所在的厂房以及用以进行劳动的用具等，都是可被消耗的。资本有些消耗得快，必须经常进行再生产，有些则消耗得慢。"③ 在此基础上其重新定义了"固定资本"和"流动资本"概念。

其后，以李嘉图、穆勒及萨伊等为代表的政治经济学家对"资本"概念的界定一度在西方学界占据主流。法国经济学家萨伊在斯密基础上对"社会资本"进行了大规模的内涵延伸，他指出"劳力、资本、自然力是创造产品必不可少的因素，这三者都可出借，他们的使用是有价值的，对借用劳动力所付的代价叫工资，对借用资本所付的代价叫利息，对借用土

---

① 〔英〕亚当·斯密：《国富论》，郭大力、王亚南译，三联书店，2009，第209页。

② 〔奥〕庞巴维克：《资本实证论》，陈端译，商务印书馆，2009，第54页。

③ 〔英〕彼罗·斯拉法主编《李嘉图著作和通信集》卷一《政治经济学及赋税原理》，郭大力、王亚南译，商务印书馆，2009，第22页。

地所付的代价叫地租。"① 主张将资本分为"生产资本"和"非生产资本"。需要注意的是，萨伊论述的都是生产领域的资本，并不包含杜阁等人在原始"资本"定义中的"私人资本"，虽然对利息问题也进行了阐释，但可以明显看出政治经济学对"私人资本"问题的轻视。他还认为"非生产资本"是指无形产品如服务、信用等，这就为后续"人力资本"和"信用资本"概念的延伸奠定了基础。

（二）工业资本主义时期的"资本"内涵

两次工业革命后，随着资本主义逐步过渡到工业资本主义，货币和劳力作为生产领域中资本的两大表现形式越来越凸显出其价值，原有政治经济学理论中的"资本"概念已经难以完整反映这种趋势，推动了学界对其内涵的进一步思考。德国经济学家赫尔曼抛弃了萨伊等人对社会资本和私人资本的划分，指出"资本是一个具有交换价值效用的持久基础"②，将所有可以用来在交换和消费过程中产生价值的物品均称为资本。德国历史学派的威廉·罗雪尔则顺着李嘉图"资本会随着动态过程逐渐消失"的思路，认为"资本是指为维持享乐或为扩大生产的目的而准备的产品的贮藏"，并指出"一切资本都要消失，其很快消失的叫做流动资本，缓慢消失的叫固定资本"③。进入工业资本主义时期后，社会资本的重要性越发凸显，推动了生产领域"资本"内涵的进一步扩展。英国经济学家乔治·拉姆赛指出"资本是财富诸来源中唯一不是原始的而是派生的源泉，它是已经用来或旨在用来进行再生产的一部分国民财富，并以资本再生产过程中是否有用为划分标准将资本划分为固定资本和流动资本"④，这一标准将凡是能在这一过程中获得增殖的事物如货币、劳力等都包含到资本中，因而使其内涵进一步延伸。可以看出，这一时期的西方经济学家已经意识到人力资本也可以增殖的问题。由于相较于货币投资生息来讲，人力在生产过程中产生的价值比较隐晦，上述经济学家普遍认为工人在为资本家工作后获得的工资是等价交换的合理存在。

---

① 〔法〕萨伊：《政治经济学概论：财富的生产、分配和消费》，陈福生、陈振骅译，商务印书馆，2009，第 79 页。

② 〔德〕赫尔曼：《政治经济学研究》，1874，第 111 页；转引自〔奥〕庞巴维克《资本实证论》，陈端译，商务印书馆，2009，第 58 页。

③ 〔德〕威廉·罗雪尔：《历史方法的国民经济学讲义大纲》，朱邵文译，商务印书馆，2009，第 16～17 页。

④ 〔英〕乔治·拉姆赛：《论财富的分配》，李任初译，商务印书馆，2009，第 12～13 页。

卡尔·马克思最早认识到这种不平等，并在《资本论》中将生产领域的"资本"内涵进行了极为重要的概念界定。他首次将"资本"分为逻辑概念和历史概念两个范畴，认为"资本是一种运动，它不是固定的货币，不是固定的生产资料，也不是某种特定的商品，而是所有这些物质形态的循环运动。这种动态循环才是资本的常态，无论是从商品转换成货币还是从货币转换成商品，惟其流动构成资本的增殖；此外，资本是一种社会生产关系，是一种历史的生产关系。"① 这种对"资本"概念的抽象概括体现了马克思对资本主义社会的深刻思考，在此基础上他进一步指出："资本是掌握在资本家手中用来剥削和奴役工人的生产手段，所以利息是资本家牺牲劳动者而得到的利润，资本是对他人劳动产品的私有权。"② 马克思所处的时代已经完全进入工业资本主义时期，他重点考察的剩余价值问题将货币资本和人力资本的增殖属性进行了区分，揭示了资本增殖过程的不平等性，因此对资本主义冲击极大。

俄国经济学家杜冈对"资本"的界定是建立在马克思基础上的，他指出："如果把资本理解为逻辑范畴，资本指的就是用劳动创造的并用于继续生产的物品，这些物品有一部分在一次生产过程中全部消费掉，构成所谓流动资本，另一部分则在生产过程中经过一次次生产活动，一部分一部分的损耗掉，构成所谓固定资本；如果把资本理解成历史范畴，资本指的就是产品的价值由于某些社会关系而获得自身增殖的能力，也就是马克思讲的剩余价值，产生剩余价值的基本价值就是资本。"③ 并认为这种剩余价值最明显地体现在借贷关系上。

美国经济学家保罗·斯威齐对"资本"概念的阐述也可以看出马克思的影响，他依照马克思"有了商品流通和货币流通绝不是就具备了资本存在的历史条件，只有当生产资料和生活资料的所有者在市场上找到出卖自己劳动力的自由工人的时候资本才产生"的说法，得出"劳动力的买卖是资本主义的特征"这一结论。④ 在其定义中，人力作为一种单独的增殖流

---

① 〔德〕卡尔·马克思：《资本论》（第1卷），中央编译局译，人民出版社，2004，第878页。
② 〔德〕卡尔·马克思：《资本论》（第1卷），中央编译局译，人民出版社，2004，第100页。
③ 〔俄〕M. H. 杜冈－巴拉诺夫斯基：《政治经济学原理》，赵维良、桂力生、王湧泉译，商务印书馆，2009，第94～96页。
④ 〔美〕保罗·斯威齐：《资本主义发展论——马克思主义政治经济学原理》，陈观烈、秦亚男译，商务印书馆，2009，第86页。

通物品进入资本范畴，这与资本主义的发展阶段息息相关。

马克思对资本概念的阐述对资本主义是一种极大的冲击，自然有许多为之辩护的经济学家提出反对观点，其中以奥地利学派庞巴维克的著述最为出名，一方面他指出"资本只是在迂回过程中的各个阶段里出现的中间产物的集合体"①，即生产资料而已，他将这种资本称作"生产资本"，另一方面他又认为资本是可以生产利息的物品，他把这种能够带来利息的资本叫作"获利资本"。他还指出可以把生产资本称为"社会资本"，把获利资本称为"私人资本"，并认为生产资本和获利资本在属性上是不完全一致的两种资本。

英国经济学家马歇尔也是对马克思资本概念进行反驳和折中的代表人物。他指出："通常把一个人的资本看作是他的财富中用于获得货币形态的收入的一部分，也就是以营业的方法获得收入的那一部分，他把这个称为营业资本。"同时指出："对于具有一定货币价值的货物支配权而能用于任何目的者被称为流动资本。"② 可以看出他对个人资本的定义主要基于流通产生的增殖，对社会资本的定义主要基于生产领域三要素土地、劳动和资本如何产生国民收入以及国民收入如何分配于这三者，指出："对土地以外的一切东西凡能够产生在平常谈话中算作收入的那种收入以及属于共有的类似的东西都算作社会资本的一部分。"③ 总的来讲马歇尔以收入为线索串联了个人资本和社会资本，对"资本"获利的必然性和资本生产及分配问题进行了折中解释。

（三）金融资本主义时期的"资本"内涵

19 世纪末 20 世纪初，随着生产发展和资本增殖的扩大，所有的资本最终都以货币形式呈现出来，并取得支配其他一切资本的权力，资本主义开始逐步过渡到金融资本主义，西方学界对资本内涵又进行了新的延伸。奥地利学派的鲁道夫·希法亭在《金融资本》中指出"当价值被用来生产剩余价值时它就变成了资本"。"任何资本在最初都表现为货币资本，货币要当做资本来使用，就必须转换为一定种类的商品、生产资料和劳动力。资本的循环过程包括货币到商品和商品到货币的两个流通阶段，所以它表

---

① 〔奥〕庞巴维克：《资本实证论》，陈端译，商务印书馆，2009，第 49 页。
② 〔英〕马歇尔：《经济学原理》（上卷），朱志泰译，商务印书馆，2009，第 86~89 页。
③ 〔英〕马歇尔：《经济学原理》（上卷），朱志泰译，商务印书馆，2009，第 94 页。

现为货币资本和生产资本。"① 希法亭认为资本与货币联系紧密，资本的货币属性是其区别于一般商品的根本属性，在此基础上他提出了"金融资本"概念。

马克思学说的践行者列宁则指出："资本主义的一般特征，就是资本的占有同资本在生产中的运用相分离，货币资本同工业资本或者说生产资本相分离，全靠货币资本的收入为生的食利者同企业家及一切直接参与运用资本的人相分离。帝国主义或者说金融资本的统治，是资本主义的最高阶段，这时候，这种分离达到了极大的程度。"② 他主要是从货币资本集聚所带来的金融垄断角度定义"资本"的。

宏观经济学奠基人凯恩斯将货币经济和实体经济分离开来，着重考察了货币资本的相关问题，他认为："资本在其寿命中会产生一个收益，超过其原来成本。而资产在其寿命中所以会产生劳役，且此劳役之总价值大于其原来供给价格者，唯一理由只是因为资本稀少。资本之所以稀少，因为有货币利率与之竞争。"③ 在此基础上他考察了货币供给量、利息与资本边际效率的关系等问题。

奥地利学派的又一代表人物熊彼特提出"创新理论"，他指出："资本，无非是一种杠杆，凭借着它，企业家可以使他所需要的具体商品受他的控制，无非是把生产要素转用于新用途，或引向新的生产方向的一种手段。"④ 在此基础上，他认为自然力、人力、机器、原材料乃至货币等要素都属于资本。

英国经济学家希克斯也基于价值和利率反过来推论资本，他指出："决定利率的是资本的需求与供给，但是对资本的概念和界定是指具体财物以及对它们中的特定数量进行处理的权力的意义上的真实资本还是指可放贷基金这种处理特定数量货币的权力这种意义上的货币资本有所疑惑。"⑤

---

① 〔奥〕鲁道夫·希法亭：《金融资本》，李琼译，华夏出版社，2013，第52~53页。

② 列宁：《帝国主义是资本主义的最高阶段》，中共中央马克思恩格斯列宁斯大林著作编译局译，人民出版社，2001，第56页。

③ 〔英〕约翰·梅纳德·凯恩斯：《就业利息和货币通论》，徐毓丹译，商务印书馆，1963，第179页。

④ 〔美〕约瑟夫·熊彼特：《经济发展理论》，何畏、易家详等译，商务印书馆，2020，第133页。

⑤ 〔英〕希克斯：《价值与资本：对经济理论某些基本原理的探讨》，薛蕃康译，商务印书馆，2009，第170页。

可以看出，到凯恩斯、熊彼特和希克斯等人所处的时代，他们不仅将资本的内涵继续扩大，而且更注重从价值和利率等深层次事物中反过来推导资本。

以上挂一漏万的简要梳理虽不足以完全涵盖西方经济学中"资本"概念的所有定义，但已经足以说明这一问题的复杂性。将上文中的"资本"概念做简要梳理，可得到如下几组关键词："固定资本"和"流动资本"、"个人资本"和"国家资本"、"生产资本"和"非生产资本"、"货币资本"和"人力资本"、"生产资本"和"获利资本"、"金融资本"。这些对"资本"进行区分和解释的词组在不同时期与"流通"和"交换"、"增殖"和"获利"、"借贷利息"、"生产资料"、"商品货币"、"金融垄断"等词语相互关联，构成了西方学界对"资本"问题的基本认知。可以看出，随着资本主义发展到不同阶段，"资本"一词也被西方经济学者赋予了不同的内涵和外延，并成为一系列重大学术问题的出发点。而拥有如此复杂定义"资本"概念的先后传入，对不同时期我国学术研究的概念借用及研究路径均产生了深远影响。

三　百余年来山西票号研究中"资本"
概念的借用及相关问题

虽然"资本"一词在我国古籍中早已有之，但其在中文语境中的含义与西方经济学中的概念有较大差异。[①] 许多考察现代汉语新词词源的文献都认为我们现在使用的"资本"一词来自日本，是近代日本在接受西方"资本"概念的基础上传入我国的。[②] 从山西票号的研究历程看，最早对其进行关注和调查者为清末的西方传教士和日本学者，因此这一说法有一定道理。此后，随着西方经济学中"资本"概念的演化和不断传入，百余年来山西票号研究中"资本"概念的运用亦经历了相应更迭，不同时期的学者们关注的问题和研究路径受此影响，呈现出鲜明的时代特色，在中国经济史研究中具有一定的普遍性和代表性。

---

① 中文语境中的"资本"是一个合成词，它有三重含义：一是指代谋取利益的凭借，二是可以借助的对象，三是经营工商业的本钱。三者都认为其是一种可供凭借的事物，这与西方经济学意义上可用来流通增殖的"资本"一词有明显的语义差异。

② 曹龙虎：《近代"Capital/资本"译名问题考略》，《江苏社会科学》2016 年第 4 期。

（一）晚清民国时期的票号"资本"问题研究

在清至民初金融版图中占有重要地位的山西票号在光绪年间达到顶峰，于各地广设分号，深刻影响着国内外金融局势。但这一庞然大物后来一蹶不振，在1919、1920年出现歇业高潮，十数年间从繁荣鼎盛到衰落关张，不能不引起时人的关注和思考。因而早在光绪年间就有西方人注意到山西票号。较早将西方"资本"概念引入中国的英国传教士艾约瑟于1905年出版的《中国的银行与物价》中设置《山西票号》一节，认为山西票号源于唐代，其"资本"是从工商业积累的原始资金发展而来，[①] 此为山西票号研究之滥觞。国内最早关注票号者为时任冀宁道尹的丁宝铨，他观察到票号受外国银行挤兑业务受损的情形，向山西商会会长刘敬笃提出在晋省设立银行的提议：

> 若就西商二十余家联一总号，轮流值年，每号提存本十分之二储于总号，今年总号掣在某家，则总号银行即设在某号，统归某号承办一切官款，均由总号汇兑一年，期满所得余利，除开销净尽外，以五成归承办之号，五成归各号均分。次年拈□，再换值年，即将官款存本账交值年总号存管，是此不另开张，不另立码头，不另有人工花费，而银行基础已立，将来逐渐推行，自无不通行各省。刻下他省绅富欲创银行，先须各省立码头，各属设分号，所费资本较多，且仍种种窒碍，不能得手。唯我晋省一切便利。[②]

这是国人对山西票号"资本"联合、组建银行的最早思考，结合语境可知此处的"资本"是指经营工商业的本钱。同时期日本学者的著述中也陆续出现有关山西票号的记载，其中最著名者为根岸佶编著《清国商业综览》和柏原文太郎编著《支那经济全书》，[③] 虽然两书均非研究性著作，但其调

---

① 此书是艾约瑟编写的《中国金融财政丛书》第三册，艾氏去世时此书尚未完成，残稿由其友人替他于光绪三十一年发表。

② 丁宝铨：《山西冀宁道丁致刘小渠观察创办银行函》，《北京日报》1906年5月9日；转引自山西财经大学晋商研究院编《晋商研究早期论集》（一），经济管理出版社，2008，第246~247页。

③ 根岸佶编著《清国商业综览》，东亚同文会出版，1906；柏原文太郎编著《支那经济全书》，东亚同文会出版，1907。

查亦成为珍贵的历史文献。他们对票号"资本"问题的关注主要集中于各票号的资本额和资本构成上,如《清国商业综览》记载:

> 上海的票号有个人开办、合办两种,以合办的占多数,合办通常是五六人合资,实行股份之法,投资者即合办成员多是素封之家、官吏,投资额从五六万两到二三十万两不等,将负无限责任的合办成员的投资额叠加起来,当在二三百万两以上。按中国人的习惯,股份制下的经营都是无限责任制,其信用与其说取决于资本数额,不如说取决于投资者的资产及掌柜的本事。股东对于经营的根本性问题有权建策,但却没有像日本和其他国家那样在法律上明确规定其权利义务,从而只是重视习惯和情义,财东一旦选定了掌柜的,就委以实际经营的权力,而尽可能避免涉足。①

从这段描述看,日本学者在阐述票号合伙开业时将其描述为"投资额",认为这些投资额是负有无限责任的合办成员权利和责任的保障。此外,还指出票号投资者为实行"股份之法"的股东,但经营中却遵循着所有权和经营权分离的情形。又如《支那经济全书》记载:

> 据观察,现在山西票号的出资形式分为个人与组合组织两种,而其中组合组织较多。在中国,物品的信用、声望是由人的信用及他们商贾资本的大小而决定的。凭借他们资本家的信用经理,大掌柜、二掌柜等其他人的本事大小来决定如何扩大资本。对于他们来说,人信用的消失也会导致过去的资本随风而去。②

此处日本学者认为票号的出资形式有个人和合伙两种,并强调了财东和掌柜的信用在票号经营中的作用,认为这种个体的信用是票号无限责任制经营的重要凭借和前提。

票号衰落之际,不少内部人士也有一定的反思和认识,最著名的是

---

① 冯天瑜、刘柏林、李少军选编《东亚同文书院中国调查资料选译》(上),社会科学文献出版社,2012,第343~344页。
② 日本东亚同文书院编《中国经济全书》,线装书局,2016,第315页。

李宏龄。他在蔚丰厚从业的五十年正好处于票号从极盛走向衰落的时期，作为亲历者他曾倡议各票号合组银行，是票号史上的一位大改革家。他将自己在主持北京、上海、汉口商务期间（1890～1912年）写给总号经理的76封信件汇总，定名为《同舟忠告》；将光绪三十四年到宣统元年（1908～1909年）在京联合祁县、太谷、平遥各票号掌柜，倡议各票号积极改组银行的信件汇总成《山西票商成败记》。① 这些原始信件，为我们窥探清末民初之际票商的经营实态和自我认知提供了珍贵材料。《山西票商成败记》中写道：

> 盖开办银行，如押款、担保等事票号所不便为者，银行皆照例为之，倒账可无虑也；况既为银行，如保护等事票号所不能享之权利，银行独能享之，生意可发达也；兼之资本雄厚，人位众多，自可多设分庄，即外洋各埠皆可逐渐分设，挽回利权，难以数计……或虑出资后设有亏折将何以处？不知银行可定为有限公司，即使折阅殆尽，不过其已出之资，不能再认赔累也。平时多积公积，即防亏折。又虑无人可用？不知银行为票号公开，每家不过酌拨数人，已自敷用，无庸再事搜罗也。又虑界限不清，生意难做？不知公开银行，正如我晋之开小号，字号做东，另立账簿，另占地方，获利之后，按股匀分，绝不虑其混淆也。②

李宏龄基于时势分析，认为将山西票号改组为银行是摆脱困境的有效出路。他指出相比票号的无限责任制而言，银行"资本"雄厚且实行有限责任，可以有效规避倒账风险。在资本构成方面，改组银行后仍可以似票号一样订立合同"按股匀分"，不致混淆。

辛亥革命后数年内，票号汇通天下的盛景一去不返。山西票号研究也开始从应用层面转向学术领域，作为学术概念的"票号"在20世纪二三十年代迎来了第一次研究热潮。这一时期除票号经理人陆续发表回忆性文论外，亦开始有学者将票号当作学术问题展开研究。1917年，东海与君实

---

① 两书于民国六年（1917）石印出版。
② （清）李燧、李宏龄著，黄鉴晖校注《晋游日记·同舟忠告·山西票商成败记》，山西人民出版社，1989，第171～172页。

二人先后发表《记山西票号》同名文章，这是对票号进行经济史研究的开端。关于票号"资本"问题，东海写道：

> 大概票号资本，其最初投资总在廿万两以上，其号称百万两或数百万两者，则似难征信，亦我国商业上之习惯语，盖我国营金融业者，对于资本界限，殊不清晰，往往将运用金与资本金，混为一谈。所谓百万两、数百万两，则系包括运用金而言，非实收资本也。至于票号资本金之性质，类似无限公司，东家所负责任，不仅限于投入之资本，实际上则东家所有制财产，即系票号之资本、东家之财产，对于票号之全体，有连带相互的关系，故东家财产时有消长，而票号资本亦随之而有变迁，殊不可一概而论也。[①]

文章运用了"资本金"与"运用金"概念，这是对票号初始"资本"和运营"资本"进行明确区分的第一篇学术论文，对后续研究影响深远。君实亦持此观点，并进一步指出：

> 盖中国凡以合资契约营商业者，一切营业上之事悉委之担任其业务之经理人，出资者不能干预。然出资者与经理人之关系法律上并无规定，全然依商习惯。其定经理人以下店员之报酬，全不以俸给制。除薪水外，无一定之支付。故大抵先于纯益金中先定资本主应得之利。然后将其所余者以一定之比例分配于资本主、经理人及店员间，以为勤勉之报酬。[②]

该文首次探讨了票号的利润分配问题，指出资本主之初始资金、经理人和店员的劳动均享有按比例分配的权益。此后，票号的回忆性文论和研究逐年增多。[③] 其中，曾任大德通分号经理的颉尊三将票号概况分列二十项加

---

① 东海：《记山西票号》，《银行周报》第 1 卷第 7、8 号连载，1917 年 7 月 10 日、17 日。

② 君实：《记山西票号》，《东方杂志》第 14 卷第 6 号，1917。

③ 主要有韩业芳《山西票庄皮行商务记》，1921 年煤油印单行册；严慎修：《晋商盛衰记》，1923 年铅印印行；马寅初：《吾国的银行业历史上之色彩》，《银行杂志》第一卷第一号，1923 年出版；范椿年：《山西票号之组织及沿革》，《中央银行月报》第四卷第一号，1935 年；陆国香：《山西票庄之今昔》，《民族》第四卷第三期，1936 年；（转下页注）

以论述，在票号经理人的回忆录中颇具代表性。其在述及"财东经理合作"一项时指出"故财东以资力独占一面，经理以指导下全体同人独占一面，即财力人力合作而成一具体之商号也"①。在论及"股本统事之性质与身股性质及增降"一项时指出："财东与经理成立协定，便将资本一次拨足，计每股一万两或二万两，规定二十股或三十股。同人身股亦云身力，每一俸身力等于财股一股，大抵经理全属一俸，间有顶一、二俸三厘者，协理九厘或一俸以下身股，职员按功绩次第增长。"② 而著名马克思主义史学家侯外庐跳出了以往对票号内部结构的探讨，将票号发展历程与近代中国的社会结构变迁联系起来，他提出："票号是资本主义初期殖民地制度的特种产品——鸦片——输入中国后，引起中国货币储藏的动员，而利用信用通货形式的现银运转的金融基尔特。"并将票号视为清政府手下特殊的金融贵族阶层："票号的经济基础与新兴的民族资本形成对立之势。其之所以随着满清贵族没落，因为它在阶级关系上蜕化不成买办阶级！"③

这一时期票号研究还诞生了两本开拓性文论。一部是燕京大学教授陈其田的《山西票庄考略》，这是中国学者关于山西票号最早的专著。陈氏非票号中人，但他实地走访平祁太多地，发放调查表，对票号遗老进行访问，这种路径对今日仍有重要借鉴意义。其对票号资本问题的讨论主要集中于资本量的估计及利润分配两方面，他指出《支那经济全书》中记载票号资本四五十万两的情形不可靠，因为实际数量难以知晓。但他又指出："票号资本虽然复杂，但每家创办时都有固定的数额，除了固定的资本外，股东的金融财产无论巨细都在票庄存储，或做东家存款，或做统事，这种存款无形中与附本无异。票号资本号称百万大概是将统事也算在内，这样看来票号年份愈久，若营业获利，资本则愈丰厚。"④ 陈氏大概是将开业资

（接上页注③）颉尊三：《山西票号之构造》，1936 年作成；李渭清：《山西太古银钱业之今昔》，《中央银行月报》第六卷第二号，1937 年 2 月；侯兆麟：《近代中国社会结构与山西票号——山西票号历史的正确认识》，《中山文化教育馆季刊》1936 年冬季号；等等。

① 颉尊三：《山西票号之构造》，载山西财经大学晋商研究院编《晋商研究早期论集》（一），经济管理出版社，2008，第 16 页。

② 颉尊三：《山西票号之构造》，载山西财经大学晋商研究院编《晋商研究早期论集》（一），经济管理出版社，2008，第 20 页。

③ 侯兆麟：《近代中国社会结构与山西票号——山西票号历史的正确认识》，《中山文化教育馆季刊》1936 年冬季号。

④ 陈其田：《山西票庄考略》，商务印书馆，1937，第 82 页。

本和运营资本一起算作票号资本的,在谈及票号分红时他指出:"票庄的利润分配有三种办法:大账、小账和东家存款。大账包括财神股、银股、人力股,其中财神股类似于公积金只存在一次。"① 此外,他还提出了划分票号资本性质的标准:"票号发展到光绪年间完全走到官场里去,失却原来商业金融性质,利用公款,资本扩大,垫款于先,把持税收于后,自此卷入腐败的政治漩涡。"② 可见,其标准不是以资本所起作用来划分,而是以其勾结官府的程度来说明的。

另外一本是国民政府中央银行研究员卫聚贤撰写的《山西票号史》。本书从体例看与前者大同小异,但在资本和人员待遇的论述方面更为详细。卫聚贤是山西人,他奉孔祥熙之命到票号故里遍访遗老,搜集资料,带有官方调查的色彩,因此收集了许多票号账簿和票据等遗物,准备开展进一步研究,可惜后来日军侵占上海,这批资料和实物被盗运日本。由于他收集到的原始文献比陈其田多,因此描述票号具体业务时引用的合同、账簿等也多一些,在研究路径上以原始文献佐证为主。他指出:"票号的资本原来都是很少的,这是因为:第一,票号大多数由别的商号改设,别的商号资本已厚,而且开设有年,在社会上信用大著。或系初设,而东家尚有其他的若干商号在设立着,票号如遇周转不灵时,可向连号借款。第二,票号信用既著,多吸收存户存款,存户多不提取现款,取其汇票。第三,票号有护本倍本之事。"③ 相比陈其田,卫氏对票号资本量的描述更为精细,他指出了票号实际可用资本比开业资本多的三大原因,并直接采用"资本"一词,从原文看是指"可供周转的本钱"之意。在提及票号分红时他指出:"若经理等顶人力股的,如到大账期,有红利则分红,无红利分时,则有应支。如票号赔账,经理不负赔偿责任。又经理顶人力股的有公积金,积年累月,所余甚丰。死后又有协账。这是山西票号待遇甚厚,经理人等视票号如己事,莫不尽力经营。"④ 提及了应支、公积金、协账等人力股分红之外的待遇。

从清末民初山西票号研究的整体概貌来看,这一时期主要是从"事实"层面对山西票号的"现状"予以调查和总结,既有时人的调查报告,

---

① 陈其田:《山西票庄考略》,商务印书馆,1937,第 85 页。
② 陈其田:《山西票庄考略》,商务印书馆,1937,第 156 页。
③ 卫聚贤:《山西票号史》,说文社,1944,第 55~56 页。
④ 卫聚贤:《山西票号史》,说文社,1944,第 58 页。

也有票号经理人保存的原始文献整理，成为今日学术研究不可或缺的重要史料，弥足珍贵。此时"资本"一词使用的频率并非很高，即使有使用，也大多指的是开业或经营业务的本钱。及至票号整体衰落后，其研究开始从"现实"走向"学术"，票号经理人的回忆性文论和学者的学术研究均呈喷涌之势。关于"资本"问题的探讨也逐步走向深入，除分析票号资本来源外，还涉及资本性质、构成、运营和分配等问题。由于缺乏原始文献佐证，这一时期对票号经营业务的深入研究较少，对运营资本和利润分配等方面的分析有待加强。总体而言，这一时期的票号研究还多以事实性描述为主，运用经济学、管理学相关概念对票号进行解构相对不足。

（二）新中国成立以来的票号"资本"问题研究

20 世纪五六十年代的山西票号研究，不再是新中国成立前个人的零敲碎打，开始以组织形式展开。1959 年《山西文史资料》创刊，先后发表票号文论多篇，主要有《祁县乔家在包头的复字号》《介休侯家和蔚字号》《晋中第一家票号——平遥日升昌》《太谷曹家商业资本兴衰记》等，这些文章集中探讨了票号财东家族的发展，将其定性为剥削压迫的"封建商业资本家"，如《太谷曹家商业资本兴衰记》写道："曹家商业资本之经营，以磨豆腐、养猪之小手工业起家，后来积聚利润，开设典当业，进行高利贷盘剥与囤积居奇。""总之，曹家在经营商业上，什么有利即干什么，什么利大即经营什么，利益所在，绝不让步。"① 此外，这一时期的重要文论还有杨荣晖的《"山西票号"的性质与作用》，该文同样认为票号资本是高利贷资本，并从资本来源、业务的非生产性、业务经营方针和剥削形式、组织和用人制度四个方面论述了票号的高利贷性质。② 这显然是运用了马克思"高利贷资本"概念进行的研究。60 年代初，中国人民银行牵头对新中国成立前的金融史料开展文献搜集工作，上海钱庄和山西票号是其中两大重点工程。其中，山西票号的文献搜集整理由山西分行与山西财经学院联合承担，同年山西财经学院成立专门机构。③ 这一工作

---

① 聂昌麟：《太谷曹家商业资本兴衰记》，载中国人民政治协商会议山西省委员会文史资料研究委员会编《山西文史资料》第 12 辑，政协山西省委员会文史资料研究会，1965，第 157～176 页。
② 杨荣晖：《"山西票号"的性质与作用》，《光明日报》1961 年 5 月 22 日，第 4 版。
③ 1960 年"山西票号史料整理研究组"成立，成为山西财经大学晋商研究院的前身。

前后历时三十年，其突出成果为 1990 年出版的《山西票号史料》。[①] 史料搜集外，受政治因素影响，此后国内的山西票号研究陷入停滞，成果较少。[②] 而国外尤其是日本学者的相关研究则相继出版。佐伯富发表了《清朝的兴起与山西商人》《清代塞外的山西商人》《清代山西商人和内蒙古》等论文，[③] 寺田隆信亦先后发表《山西商人研究——明代的商人和商业资本》《山西票号觉书：〈山西商人研究〉补遗之二》《清代北京的山西商人：附天津估衣街的山西会馆》等著述。[④] 这些论著对山西商人的起源、发展及其社会经济、政治背景进行了系统研究，并探讨了山西商人的营业范围、活动区域及资本获利等情况。大量引用明清方志、文集中的商人传记资料及注重家系谱牒的整理与研究是这一时期日本学者关于山西商人研究的主要特点。

改革开放后，与中国经济史学的复兴态势一致，山西票号研究也逐渐吸收新理论、新方法、新视角，走上了多元化发展道路。具体来讲，除史料搜集、整理工作逐步推进外，从历史学出发的票号研究与从经济学出发的票号研究路径开始分化，并在部分问题上产生激烈交锋。如 "怎样对票号资本性质进行评价" 成为 80 年代初期票号研究的一大焦点。1982 年，首届山西票号学术研讨会在太原举办，会议议题为 "山西票号的资本属性"。是时与会学者分成两派，以孔祥毅为代表的经济学者将山西票号资本定性为 "高利贷资本"，[⑤] 而以张国辉、黄鉴晖为代表的历史学者将其定

---

① 中国人民银行山西省分行、山西财经学院《山西票号史料》编写组、黄鉴晖等编《山西票号史料》，山西经济出版社，1990。

② 史料方面有石生泉搜集整理的《平遥票号史》（未刊稿）、王夷典搜集整理的《日升昌票号》（1970 年初稿）等；研究方面有郝树侯《谈山西票号》，载山西师范学院中国古代史教研组编《山西地方史研究》（第一辑），山西人民出版社，1960；王守义《明代会（汇）票制度和山西票号的关系》，载山西大学中国古代史教研组编《山西地方史研究》（第二辑），山西人民出版社，1962；等等。

③ 〔日〕佐伯富：《清朝的兴起与山西商人》，《社会文化史学》1966 年第 1 期；《清代塞外的山西商人》，《东方学会创立 25 周年纪念东方学论集》，1972 年 12 月刊行；《清代山西商人和内蒙古》，《藤原弘道先生古稀纪念史学佛教学论集》，1973 年 11 月刊行。

④ 〔日〕寺田隆信：《山西商人研究——明代的商人和商业资本》，东洋史研究会，1972；《山西票号觉书：〈山西商人研究〉补遗之二》，《集刊东洋学》（仙台）1985 年第 54 期；《清代北京的山西商人：附天津估衣街的山西会馆》，《东北大学东洋史论集》第 3 辑，东北大学东洋史研究室，1988。

⑤ 孔祥毅：《山西票号产生的背景与高利贷性质》，载山西财经大学晋商研究院编《山西票号研究集》，经济管理出版社，2008，第 15~20 页。

性为"近代借贷资本"。① 从研究路径看，从经济学出发的学者大多采用逻辑演绎的研究路径，从马克思的"资本"概念出发，结合票号与清政府的业务活动、票号经营业务的非生产性展开讨论；从历史学出发的学者则从史料出发，采用考据归纳的研究路径，以票号生存发展的历史背景、业务结构的发展变迁等为线索，对票号的利润结构、资本性质等展开讨论。关于这一问题的争论不断，参会各方及后续学者都有专文探讨。以这次会议为分界，票号研究迎来了又一黄金阶段。此后，孔祥毅、黄鉴晖、史若民、张国辉、张巩德等学者均出版了专门的票号研究著述，对票号相关问题展开了全方位研究。

孔祥毅毕生致力于山西票号研究，著述颇丰，除发表大量论文外，其成果主要集中于《山西票号研究》和《金融票号史论》两书中。② 他对票号"资本"的研究集中于资本性质、资本有机构成与动态变化、资本的利润导向等三个方面。关于票号资本性质孔祥毅持"高利贷资本"主张，指出"票号是为封建生产关系服务并存在的，与雇佣资本和剩余价值的分割没有联系，票号是封建高利贷的金融机构"③。"票号早期服务于以异地贩运贸易为主的商业资本，即商业金融，后期主要服务于政府金融，没有与工业资本结合，随着时间的发展票号资本的性质也发生了变化。"④ 由于他对票号资本性质的判断以其与清政府勾结程度作为标准，引起了黄鉴晖等学者的诟病；在票号资本构成与动态变化上，孔祥毅将票号身股与银股的变动称为"信用博弈"，认为"在票号初创期，与银股相比，票号股权结构中身股不论是规模还是话语权都还非常小，但到了票号经营的后期，票号内部身股的比例已经发生了极大变化，大多数票号的股权结构中身股比重已普遍超过了银股，这对票号原本清晰的产权结构形成了重要冲击，身

---

① 张国辉：《从社会经济发展中考察票号的性质》，载山西财经大学晋商研究院编《山西票号研究集》，经济管理出版社，2008，第26~35页；黄鉴晖：《论山西票号的起源与性质》，载山西财经大学晋商研究院编《山西票号研究集》，经济管理出版社，2008，第38~79页。

② 孔祥毅、王森主编《山西票号研究》，中国财政经济出版社，2002；孔祥毅：《金融票号史论》，中国金融出版社，2003。

③ 孔祥毅：《山西票号产生的背景与高利贷性质》，载山西财经大学晋商研究院编《山西票号研究集》，经济管理出版社，2008，第15~20页。

④ 孔祥毅：《山西商人与中国金融革命》，载张正明、孙丽萍、白雷主编《中国晋商研究》，人民出版社，2006，第13~15页。

股参与分红却不承担亏损责任，而银股却是无限责任，这种情况下身股拥有者的经理阶层必然极力追逐资本的利润而无视财东等银股拥有者对资本安全的考虑，委托人和代理人的信义关系面临严重挑战"①。他引入的这些经济学概念却不一定能完全涵盖票号股俸制的全部内容；在票号资本的利润导向上，他曾专门撰文呼吁将资本和资金一词统一起来，② 认为"山西票号的利润来源有汇费收入、存放利差、吃空期、平色余利、代办捐纳和印结、金融创新等"③。总之，作为经济学出身的票号史学家，孔祥毅运用西方经济学中的相关概念推动了学界对票号的认知，但也使得完全借用西方学术概念和话语体系下的票号研究缺乏本土韵味。21 世纪以来，孔祥毅以山西财经大学晋商研究院为基地，先后培养金融学硕博士数十人，其中不乏以山西票号为选题者，为票号研究做出了突出贡献。④

史若民是历史学出身的票号史家，代表作有《票商兴衰史》《平、祁、太经济社会史料与研究》《票商与近代中国》等。⑤ 其对票号资本性质问题的讨论详见于《从票号资本性质的研究看理论和史实的使用问题》《从钱市、利息行市看票号资本的性质》等文，他反对将票号资本定性为"高利贷资本"的论断，指出"能决定票号资本性质的只能是票号将其所赚来的钱投向何方，也就是说它将赚来的钱贷出作为货币来消费，还是贷出作为资本发挥作用"⑥。在此基础上他利用日昇昌账簿进一步指出："光绪年间

---

① 王书华、孔祥毅：《信誉博弈与山西票号身股制度变迁分析》，《生产力研究》2010 年第 2 期。

② 孔祥毅、李怡农：《把资金和资本统一起来》，《经济问题》1987 年第 9 期。

③ 孔祥毅：《山西票号的利润导向》，《河南金融管理干部学院学报》2004 年第 6 期。

④ 王杨：《山西票号协调发展的历史启示》，山西财经大学硕士论文，2007；甄珍：《山西票号风险管理研究与借鉴》，山西财经大学硕士论文，2007；丰宝丽：《山西票号激励约束机制研究及启示》，山西财经大学硕士论文，2008；杨青楠：《山西票号金融稽核创新与研究》，山西财经大学硕士论文，2008；崔亚妮：《从历史足迹看外资银行对票号的影响及启示》，山西财经大学硕士论文，2009；王渊：《基于人本文化视角的山西票号经营管理研究》，山西财经大学博士论文，2012；苏艳霞：《山西票号内部控制制度对我国商业银行内控机制建设的启示》，山西财经大学硕士论文，2013；张娟：《山西票号的金融文化研究》，山西财经大学硕士论文，2013；王君：《近代中国金融机构制度创新研究》，山西财经大学博士论文，2016；等等。

⑤ 史若民：《票商兴衰史》，中国经济出版社，1992；史若民、牛白琳编著《平、祁、太经济社会史料与研究》，山西古籍出版社，2002；史若民：《票商与近代中国》，中国言实出版社，2014。

⑥ 史若民：《从票号资本性质的研究看理论和史实的使用问题》，载《票商与近代中国》，中国言实出版社，2014，第 63～78 页。

即使在它的后期小额汇兑在全国各地之各票号仍然十分普遍，所谓咸丰以后票号业务重心转向政府金融，性质发生了异化的观点是没有依据的。"① 并认为"山西票号是中国封建社会末期随着商品经济的发展，在资本主义生产关系萌芽成长过程中出现的一种为商品经济服务的金融机构"②。其研究大多运用合约、信稿和账簿等原始文献进行考据分析，是从历史学出发的票号研究之典范，具有相当的见地。

黄鉴晖在收集、整理《山西票号史料》过程中形成了对票号的认知，③著有《山西票号史》《明清山西商人研究》等书。④ 关于票号资本性质，他从资本来源、服务对象和利息率出发，说明"山西票号是处于从属于产业资本或商业资本的地位，是借贷资本和资本主义银行业"⑤。在此基础上他认为："票号通过开展存款，把工商业中闲置的货币资本和其他阶层的货币集中在自己手里，另一方面票号通过开展放款业务，把集中的货币资本转借给整个工商业界，从而也就把借入者集中起来，与所有贷出者相对立。也就是说，票号是贷出者与借入者的中介人、总代表。"⑥ 黄鉴晖的治学路径也是以史学考据为主，其主编的《山西票号史料》成为学界运用最广泛的票号史料集。

张国辉的《晚清钱庄和票号研究》一书对晚清的钱庄和票号进行了对比分析。他对票号性质的研究较为深入，指出："鸦片战争前，与封建生产方式相适应的中国旧式金融业票号，具有鲜明的商业高利贷性质。鸦片战争后，到19世纪70年代，经济活动的实际表明，票号资本已经是职能资本的运动中独立出来的货币资本，具备了借贷资本的性能。票号资本经历了从商业高利贷资本逐步向以资本主义生产关系为依据的借贷资本转化。"⑦

---

① 史若民：《从光绪廿二年到光绪廿三年日昇昌长沙分号流水账看票号资本的性质》，见张正明、孙丽萍、白雷主编《中国晋商研究》，人民出版社，2006，第189~209页。

② 史若民：《试论辛亥革命与山西票号的衰亡》，见史若民、牛白琳编著《平、祁、太经济社会史料与研究》，山西古籍出版社，2002，第15~30页。

③ 中国人民银行山西省分行、山西财经学院《山西票号史料》编写组、黄鉴晖等编《山西票号史料》（增订本），山西经济出版社，2002。

④ 黄鉴晖：《山西票号史》，山西经济出版社，2002；《明清山西商人研究》，山西经济出版社，2002。

⑤ 黄鉴晖：《论山西票号的起源与性质》，载山西财经大学晋商研究院编《山西票号研究集》，经济管理出版社，2008，第38~79页。

⑥ 黄鉴晖：《山西票号史》，山西经济出版社，2002，第145页。

⑦ 张国辉：《晚清钱庄和票号研究》，中华书局，1989，第192~196页。

此外，他还对票号的运营资本做了系列探讨，①提出："到了十九世纪六、七十年代之交，经济活动的实际表明，钱庄资本和票号资本已经成为从职能资本的运动中独立出来的货币资本，具备了借贷资本的性能。二十世纪初叶，钱庄、票号的活动已经从为商品的流通过程服务，发展到与商品的生产过程的运动相联系了。从实质上说，也就是钱庄、票号本身在不同程度上资本主义化的体现。"②总之，张国辉先生从史学考证出发，从不同时段票号的资本流向和用途来判断其资本性质，具有一定的借鉴意义。

曾任晋中地委政策研究室主任的张巩德是票号故里民间学者的代表人物，其主编的《山西票号综览》是一部通史性质的票号著作。该书共分四编，第一编概述山西票号发展概况，第二编对四十三家票号分别进行了介绍，第三编分述票号十大财东家族，第四编为山西票号大事记。③由于张氏借助地利之便，搜集了大量一手史料，因而该书具有相当的可信度。其缺点是注释不够规范，没有将使用的原始文献一一标明，但该书仍为日后票号研究不可或缺的参考文献之一。

进入21世纪后，票号研究的成果主要以论文为主，这就需要遵循一定的研究范式。④将这一时期涌现的成果分类可知，从经济学出发进行的票号研究发展迅速，而从历史学出发的票号研究由于原始文献缺乏和解读能力限制，相对处于弱势。⑤年轻一代的学者频繁使用新传入的西方经济学概念和理论对票号进行解构，一定程度上推动了票号研究的深入，但同时也带来重逻辑演绎轻史料考据的问题，在具体研究中甚至出现了部分与票号经营事实不符的情况。总体而言，新时期对票号"资本"问题的讨论，主要集中于票号资本运作、合伙制和股俸制等方面。

票号资本运作的研究主要集中于业务结构和业务总量两方面。李永福指

---

① 张国辉：《清代前期的钱庄和票号》，《中国经济史研究》1987年第4期；《十九世纪后半期中国票号业的发展》，《历史研究》1985年第2期；《二十世纪初期的中国钱庄和票号》，《中国经济史研究》1986年第1期；等等。

② 张国辉：《二十世纪初期的中国钱庄和票号》，《中国经济史研究》1986年第1期。

③ 张巩德主编《山西票号综览》，新华出版社，1996。

④ 除上文统计外，2000年以后出版的票号专著仅寥寥数部，如刘建生、刘鹏生等《晋商研究》，山西人民出版社，2005；董继武、景占魁主编《晋商与中国近代金融》，山西经济出版社，2002；张桂萍《山西票号经营管理体制研究》，中国经济出版社，2005；李永福《山西票号研究》，中国工商联合出版社，2007；高贯成主编《江苏票号史》，中国金融出版社，2007；王永亮《票号仿生论》，经济管理出版社，2008；等等。

⑤ 参见李善靖、周亚《百年来山西票号研究的回顾与反思》，《经济问题》2019年增刊。

出："汇兑、存款、放款构成了票号的基本业务，票号曾长期经营官款，有关其资本属性的界定与此密切相关。广义上讲票号的服务对象亦是其业务结构的重要组成部分，通过详尽的量化分析可知：异地汇兑为票号的主营业务；官款业务在其总业务中仅处于从属地位，而为广大工商客户提供信用支持才是票号业的主要职责。"① 这在一定程度上驳斥了孔祥毅等人清亡票号亦亡的观点。张桂萍指出："山西票号的创建揭开了以汇兑进行结算的新时代，山西票号全部都是由总号和分号组成的中小型金融机构，此即山西票号的经营模式，它的基本特点是本小、利厚，快速高效，由于这种经营模式特别能够适应金融市场复杂多变的需要，所以奇迹般的创造了山西票号的辉煌业绩。"② 刘建生和燕红忠对票号业务量进行了大量统计工作，刘建生通过统计得出结论："山西票号的数量和业务量与其兴衰过程是完全一致的，山西票号从19世纪50年代开始发展，到清末达到极盛，辛亥革命后急剧衰落，少数几家票号一直维持到20世纪30年代。"③ 燕红忠在此基础上进一步指出："包括汇票、存款、资本与银钱票、'小票'的发行量，票号在清末最盛时期的总资力高达十亿两左右。即使剔除汇票发行量，其资力也在四亿两上下，约合5.6亿元，在清末时期的各种机构中，实力最强。"④

票号合伙制和股俸制的研究主要集中于资本构成和两权分离两方面。周建波通过对票号的三个重要思想——道德与业务并重的培训方式、"花红制"的应用、权责构成形式进行分析，阐明其对现代企业员工管理机制和赏罚机制的重要借鉴意义。⑤ 孔祥毅和张亚兰考察了山西票号高效执行力的动力和训育机制，认为其动力机制是两权分离制、人身股制、薪酬福利社保制、宗法与担保制，其训育机制是学徒制。⑥ 刘鹏生、崔鸿雁、刘建生对票号两权分离产生的制度环境、作用、历史局限、历史启示等进行了研究。⑦ 李勇指出"山西票号的激励制度不仅仅是身股制这种单一的股

① 李永福：《山西票号业务结构》，《晋阳学刊》2005年第5期。
② 张桂萍：《试论山西票号的经营模式》，《晋阳学刊》2005年第4期。
③ 刘建生：《山西票号业务总量之估计》，《山西大学学报》（哲学社会科学版）2007年第3期。
④ 燕红忠：《山西票号资本与利润总量之估计》，《山西大学学报》（哲学社会科学版）2007年第6期。
⑤ 周建波、叶淏尹：《晋商票号管理思想及其启示》，《云南财经大学学报》2009年第6期。
⑥ 孔祥毅、张亚兰：《山西票号高效执行力的动力机制》，《广东社会科学》2005年第2期。
⑦ 刘鹏生、崔鸿雁、刘建生：《山西票号错失变迁机遇的新制度经济学分析》，《税收与企业》2003年第8期。

权激励方式,而是一个以身股制为核心,采用多种有效激励方式的全面激励制度。山西票号具有身股和银股并重,共同分红,且身股增长的特点;又介绍了山西票号基本工资形式的薪金制、全面的员工福利制度、严格的约束制度、一举多得的花红制等。"① 朱琳运用劳动力资本理论指出顶身股作为票号经营管理体制的核心已具备了劳动力资本的基本属性。② 乔增光运用经济学激励机制原理,将身股制与其他几种激励机制进行比较,指出票号身股制是信息不对称下的一种激励机制,从数量上看票号身股具有广泛性和层次性的特点。③ 张桂萍运用人力资本理论对山西票号的人力顶股制度进行了分析。④ 王书华、孔祥毅在对山西票号银股和身股股权结构、财东和经理之间的委托代理关系及其信誉博弈分析的基础上,分析了票号身股制度变迁的路径依赖,并对人力股在现代企业中的探索进行了分析。⑤ 潘一萍认为"晋商票号是所有权和经营权高度分离的家族企业,其一百多年辉煌的历史中,成功地运用了激励约束机制解决了委托代理问题。主要有股东与伙友合作,实现委托人和代理人的效用函数一致;制度与文化结合,降低管理成本;诚信与业务并重,加强员工培训。"⑥ 成瑾、郑仪指出:"山西票号属于家族企业,但票号的股东非常理性,能够充分认识到不同人的能力不同,分工不同,自己的特长在于眼光远大,把握事业发展方向并找到合适的经理人,而票号生意需要专业人士来打理。故而山西票号的股东能够大度放权,信义待人,并通过有效的管理行为和精妙的制度设计激励经理尽心尽责,服务于企业。"⑦ 兰日旭认为票号顶身股虽然起到了激励职员努力工作的作用,但同时也在财东和以大掌柜为核心的经营管理层上隐含了双重的风险放大机制。"一方面双方存在利益博弈,会促使一个财东宁愿投资多家票号而不愿形成一家资本雄厚的票号;另一方面,

---

① 李勇:《山西票号激励制度解读》,《会计研究》2002 年第 3 期。

② 朱琳:《劳动力资本理论视阈下的山西票号顶身股制度及启示》,《商业时代》2013 年第 16 期。

③ 乔增光:《票号身股的数量分析》,《山西大学学报》(哲学社会科学版) 2006 年第 1 期。

④ 张桂萍:《山西票号经营管理体制研究》,中国经济出版社,2005。

⑤ 王书华、孔祥毅:《信誉博弈与山西票号身股制度变迁分析》,《生产力研究》2010 年第 2 期。

⑥ 潘一萍:《家族企业委托代理关系中激励约束机制分析——以山西票号为例》,《中国社会经济史研究》2013 年第 3 期。

⑦ 成瑾、郑仪:《"尊贤型"高绩效人力资源系统研究——以山西票号为例》,《管理案例研究与评论》2013 年第 5 期。

财东与掌柜之间的委托缺乏必要的监督，可能导致以大掌柜为核心的经营管理层不断扩大放贷业务以谋取更大的收益。"[①]

以上绝大多数都属经济学者的研究。从文献利用情况看，这些研究鲜有利用票号原始文献进行考据分析之作，而更多采用上述百余年来的前人著述作为参考文献；从概念借用情况看，新时期的学者已经很少有人探讨票号的"资本"性质或概念，他们不仅频繁使用"人力资本""信用博弈""产权结构"等西方经济学概念术语进行研究，而且也不注重对票号不同发展阶段的"资本"定义作具体梳理，一贯以现代经济学中的"资本"概念所指代；从研究路径看，这些研究多采用逻辑演绎法，借用西方经济学的相关理论对标山西票号的某些具体事物。这一过程中既有历史学者缺位的因素，更体现了21世纪以来经济学研究路径在票号史领域的强势地位。

不过近年来，随着文化市场的活跃和一批国家重大项目的立项，大量原始文献涌现出来，山西票号研究迎来"史料之春"。[②]如何将"史料之春"转换为"研究之春"，成为许多学者关注的热点话题。在此背景下，学界开始对山西票号展开新一轮的考据研究。如郝平从日昇昌光绪十六年的一封残信中解读出山西票号金融经营的丰富内涵，指出："山西票号相关业务的展开凭借的就是'编号书信'的往来，票号业务的动态流量关系着金融经营的信用和利润最大化追求，其书信往来构架了一个世纪的金融经营的垄断时代。"[③]孟伟以光绪三十二年日昇昌票号上海分号年总结账为例探讨了山西票号在上海的业务和收益实态。[④]张亚兰通过分

---

① 兰日旭、兰如清：《山西票号顶身股机制再探析》，《福建师范大学学报》（哲学社会科学版）2014年第5期。

② 如高春平主编《国外珍藏晋商资料汇编》（第1辑），商务印书馆，2013；山西省晋商文化基金会编《商人要录 贸易须知》，中华书局、三晋出版社，2014；山西省晋商文化基金会编《合盛元信稿》（国内），中华书局、三晋出版社，2014；山西省晋商文化基金会编《合盛元信稿》（国外），中华书局、三晋出版社，2014；山西省晋商文化基金会编《日昇昌上海总结银账》，中华书局、三晋出版社，2015；山西省晋商文化基金会编《协和信上海三原账簿》，中华书局、三晋出版社，2016；刘建民主编《晋商史料集成》，商务印书馆，2018；等等。

③ 郝平：《山西票号的书信经营——对光绪十六年日昇昌京师分号一封残信的解读》，《山西大学学报》（哲学社会科学版）2017年第2期。

④ 孟伟、杨波：《山西票号在上海的业务和收益研究——以光绪三十二年日升昌票号上海分号〈年总结账〉为例》，《上海对外经贸大学学报》2017年第6期。

析光绪年间协同庆票号福州分号信稿反映的内容，对清末福州市场的商贸兴衰、用银平色习惯、资金松紧规律、城际关联、官款汇兑等进行了研究。① 周亚从近年来涌现的票号书信和账簿的归户性、文本形式和内容入手，对其专业性、规范性、民间性、私密性等特征进行了研究，指明了票号书信和账簿在中国经济史研究中的重要价值。② 何庄结合部分票号原始合约、信稿及账簿，对票号的文书档案及其管理制度进行了研究，认为这些文书涵盖了票号管理活动的各个方面。③ 李锦彰利用新见及自身收藏的部分票号账簿文献，对龙门账问题进行新的探索。④ 但整体来讲，新一轮的山西票号资料搜集、整理与研究工作尚处于起步阶段，有待更多学者的参与。

四 票号原始文献中的"资本"问题与基础词汇

以上已表明百余年来不同时期的山西票号研究中均存在着"资本"概念混用的情形，学者循着不同研究路径和话语体系对票号经营事实的探索固然推动了学界对票号的认识，但也由此带来诸多悖论现象。对此，黄宗智指出："我们需要做的是从实际的悖论现象出发，寻求能够解释这些现象的概念，而不是凭借悖事实逻辑来否认历史现象。学术探讨应由史实到理论，而不是从理论出发，再把历史削足适履。"⑤ 而从史实出发的前提，是对研究对象的基本史料进行充分考据和认识，并结合材料所处的时代背景和原文运用的基础词汇进行实证研究，本文认为今后的山西票号研究亦应遵循这样的路径。就研究票号本体组织及其运营而言，"有三种文献尤其需要注意，一是能直接反映票号产生和存续过程，彰显其资本来源和变迁的合同；二是能直接反映票号经营发展过程和业务往来的书信和会票；三是能

① 张亚兰：《清末福州市场情形——清末协同庆票号福州分号信稿研究》，《闽商文化研究》2018年第2期。

② 周亚：《山西票号书信发微》，《中国社会经济史研究》2018年第4期；周亚、李善靖：《论票号账簿的归户、特征与价值——以恒隆光票号账簿身份考证为例》，《中国经济史研究》2022年第4期。

③ 何庄：《晋商票号文书档案及其管理初探》，《档案学通讯》2019年第6期。

④ 李锦彰：《重新认识"龙门账"》，《会计之友》2022年第2期。

⑤ 黄宗智：《中国经济史中的悖论现象与当前的规范认识危机》，《史学理论研究》1993年第1期。

直接反映票号经营项目和业务信息的账簿，三者相互关联，互为补充"①。由于这三种文献分别与票号"资本"的产生、运作和红利分配直接对应，因而在该问题上属于核心史料，下面本文将结合几份原始文献加以说明。

（一）合约中的"资本"问题与基础词汇——以乾盛亨票号为例

合约作为直接反映票号资本来源和资本构成的核心文献，在票号资本问题研究中具有基础性地位。以往学界在探讨票号合伙制时虽然也重视合约的作用，但由于票号遗存合约极少，讨论并不怎么充分。近年来涌现的"乾盛亨记"汇票生理合约则可以为我们提供一定的参照。

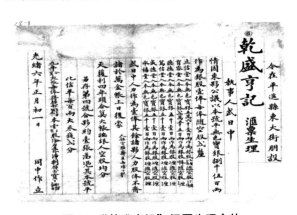

图1 "乾盛亨记"汇票生理合约

资料来源：原图见刘建民主编《晋商史料集成》第85册。

此合约系刘建民先生收藏，收录于其主编《晋商史料集成》，背景呈土黄色单页单面，整体由楷书书写，主要记录了光绪六年（1880）正月初一日平遥县东大街朋设"乾盛亨记汇票生理"的概况。②原文整理如下：

---

① 周亚、李善靖：《论票号账簿的归户、特征与价值——以恒隆光票号账簿身份考证为例》，《中国经济史研究》2022年第4期。

② 据载："乾盛亨为同治三年（1864）由介休县北辛武村冀家的乾盛亨布庄改组而成，总号设在平遥城内，有资本10万两白银，财东冀以和，经理最初是平遥城内人武开升，武开升去世后，由其儿子武日中接任。"从本合约提及"四年头合算大账"看，此时该票号已经历了四个账期，光绪六年（1880）为第五个账期之始，此时"执事人"为武日中。又据"光绪九年（1883）左右，乾盛亨票号被牵连到云南行贿案和元丰玖倒账案，几至倒闭，财东冀以和通知平遥总号经理武日中进行收束"，两者对应，可证明这份史料的真实性。参见张巩德主编《山西票号综览》，新华出版社，1996，第108～110页。

今在平遥县东大街朋设

（移）乾盛亨记汇票生理

执事人　武日中

情因东伙公议以本号平无色宝银八千五百两作为银股一俸，每俸随空股二厘。

立信堂入本无色宝银五万六千一百两作为银股六俸六厘，随空股一俸三厘；

有容堂入本无色宝银二万五千五百两作为银股三俸，随空股七厘；

听德堂入本无色宝银五千一百两作为银股六厘，随空股一厘；

笃信堂入本无色宝银五千一百两作为银股六厘，随空股一厘；

成德堂入本无色宝银五千一百两作为银股六厘，随空股一厘；

承禧堂入本无色宝银五千一百两作为银股六厘，随空股一厘；

武日中人力作为一俸，其余诸伙人力股俸不齐，人银股齐支每俸以二百五十（两）

诸于万金账上；

日后蒙天获利，四年头合算大账，按银、人、空股均分；

另存第四号合伙约一张为凭，其本号平比信平每百两大三钱二分；

九年合算大账，每俸得余利一千四百八十两；

本堂银股、空股除应支外净剩余利宝银五百三十二两；

光绪六年正月初一日　同中作立①

以往虽然保留下来的票号合约非常少，但学界公认其是最能反映票号合伙及股俸制的核心史料。最早运用合约对票号进行研究者为卫聚贤所著《山西票号史》，该书收录了"同治十二年志成信记""光绪九年天成亨记"两份合约用以说明票号"成立"问题。② 将这三份合约的内容对比可知，票号在开业或改组时使用的文本格式和基础词汇基本一致。从"乾盛亨记"看，该合约论述"汇票生理朋设"时运用的主要词汇有"银股"

---

① 刘建民主编《晋商史料集成》第85册《其他相关资料》，商务印书馆，2018，第733页。

② 卫聚贤：《山西票号史》，说文社，1944，第50~55页。

"空股""人力"，三者的基本单位均为"本号平无色宝银＋具体银两数"，① 对应份额则分别使用了"一俸""几厘"等字样，这便是前贤学者用"股俸制"指代票号合伙开业概况的由来；从"四年头合算大账，按银、人、空股均分"的规定看，该票号在经营过程中将三者以银两形式进行了等值衡量；此外，合约还规定了"人银股齐支每俸以二百五十（两）诸于万金账上"，说明票号分红时也是按每股收益按比例支取的；最后，该合约还提及"本堂银股、空股除应支外净剩余利宝银五百三十二两"，说明"应支"是票号在经营过程中以银两形式体现的必要花费。本文无意探讨合约中的具体业务，而是想说明该原始文献中不存在"资本"一词，但与之形成对比的是，不同时期的前贤学者们在研究中均使用了"资本"一词对上述概念进行指代。如卫聚贤指出：

> 山西票庄有由旧日的商号已兼做汇兑业，后因其业务发达，将票庄划出的，有用资本从新创立的，在创立时，由东家出资聘请经理，在开设时，由东伙商议，大体规定后，邀请中正人三五位，书立合同，合同上写明资本若干两，每若干两作一俸，几年合算大账一次，经理人等顶"人力股"若干，并议定号规，书写万金账（资本账）等，内部组织完成，向户部领取部贴。在先由票庄同业联保，后由京师商会总会转请户部，认为合格，即为批准。②

卫氏的研究在晚清民国时期颇具代表性。文中三处提及"资本"相关词汇，结合其后列举两份合约作为佐证的语境看，此处"合同上写明资本若干两，每若干两作一俸"中"资本"是指具体的"本号平—白银种类—若干两"组合，也即西方话语中的初始含义"可供生息的本金"之意。值得注意的是，他虽未将"人力股"和"资本"一词直接联系到一起，但却将"万金账"称为"资本账"，由于"万金账"实际包含"银股"和"人力股"，因此也可以认为卫氏已经认识到票号"资本"是由"本金"和"人力"组成的。

---

① 必须强调票号白银问题的特殊性，"本号平无色宝银"本身即是一种计量单位，蕴含了色平兑的关系。
② 卫聚贤：《山西票号史》，说文社，1944，第49页。

改革开放以来，孔祥毅对票号"资本"问题的研究颇具代表性。在《把资金和资本统一起来》一文中，他运用马克思的基本概念，认为"资本"是能够在运动中带来剩余价值的价值，而"资金"是社会再生产过程中不断运动并能够产生增殖的价值形态。① 因此他主张将这两个词语统一起来使用。在此基础上他对票号的"资本股"和"人身股"作了如下定义："资本股是以货币资本和实物资本为形式的物化劳动投入企业的资本，它是创造新价值必不可少的要素，是形成生产力的能动者；人身股是根据劳动者的品质、能力和绩效决定的，将劳动数量和质量当作衡量与考核标准的资本形式。"②

以上两个例子说明不同时期的学者在票号"股俸制"研究中虽均运用了"资本"一词，但实际表达的内涵并不一致。本文认为，对山西票号开业"资本"的研究应该回归到具体票号合约中使用的基础词汇上来，即便要使用"资本"一词，也应该结合时代背景和其他史料进行切合实际的概念界定。

（二）信稿中的"资本"问题与基础词汇——以日昇昌票号为例

信稿是反映票号经营发展和业务往来、考察其"资本"运作及增殖过程的核心史料之一。学界利用信稿开展的研究主要集中于"业务类型"和"利润结构"两方面，取得了丰硕的成果，但亦存在着大量概念与原始文献不匹配的现象，下文将以光绪十六年（1890）日昇昌票号京师分号信件的部分内容为例加以说明：

> 四月初二日收到第四十四次信庚寅三月二十三日由京申
> 成信后，收会汉交李同林估宝银五百两，原交大成号足银五百两，汴交□□□足纹银一百三十四两，杭交吴□蕺杭饷银五十两，湘交□□章足纹银一千两，京均现收足银，满得费银二十四两五钱五分。交会扬收胡廷干周行宝银三百两，重收张清泉票色银三百两，京均现交宝银，费归扬、重结算。周会来京收公源义银三百两，汉会来

---

① 孔祥毅、李怡农：《把资金和资本统一起来》，《经济问题》1987 年第 9 期。
② 孔祥毅：《孔祥毅文集 6（金融史 1）》，经济管理出版社，2016，第 224～226 页。

京交怡庆庄足银，又会来京交王锦屏等银一千一百八十两。长会来京交欧阳宾丕足银一百两，四月半交陈庆记足银二千两，五月半交孔大兴足银二千两。①

将上文中的基础词汇整理可知，此时日昇昌票号的白银汇兑业务可分为四种类型：（1）"成信后，收会汉交李同林估宝银五百两，原交大成号足银五百两，汴交□□□足纹银一百三十四两，杭交吴□蔵杭饷银五十两，湘交□□章足纹银一千两，京均现收足银，满得费银二十四两五钱五分。"这五笔业务的发起方均为"京"号，表现为京师分号主动发起"收银"，"汉""原""汴""杭""湘"等分号配合性"交银"，业务呈现"先收后交"形态，这类业务通常称为京师分号的"收会去"业务；②（2）"交会扬收胡廷干周行宝银三百两，重收张清泉票色银三百两，京均现交宝银，费归扬、重结算。"此处业务发起方仍为"京"号，表现为京师分号主动发起"交银"，"扬""重"两地分号配合性"收银"，业务呈现"先交后收"形态，这类业务通常称为京师分号的"交会去"业务；③（3）"周会来京收公源义银三百两。"这笔业务的发起方为周口分号，表现为周口分号主动发起"交银"，京师分号配合性予以"收银"，业务呈现"先交后收"形态，但京号处于被动承接一方，这类业务通常称为京师分号的"交会来"业务；（4）"汉会来京交怡庆庄足银，又会来京交王锦屏等银一千一百八十两。长会来京交欧阳宾丕足银一百两，四月半交陈庆记足银二千两，五月半交孔大兴足银二千两。"这几笔业务的发起方为"汉""长"两号，表现为两分号主动发起"收银"，京师分号于不同时间分别予以配合性"交银"，业务呈现"先收后交"形态，但京师分号处于被动承接一方，这类业务通常被称为京师分号的"收会来"业务。④ 以上四种业务中，

---

① 原稿现存山西平遥日昇昌票号博物馆，收录于中国人民银行山西省分行、山西财经学院《山西票号史料》编写组、黄鉴晖等编《山西票号史料》（增订本），山西经济出版社，2002，第902页；郝平曾利用这份资料对山西票号的书信经营问题进行了相关研究，见郝平《山西票号的书信经营——对光绪十六年日昇昌京师分号一封残信的解读》，《山西大学学报》（哲学社会科学版）2017年第2期。

② 依照票号分号命名的一般原则，以上几处简称分别代指京师、汉口、三原、开封、杭州、湘潭。

③ 依照票号分号命名的一般原则，以上几处简称分别代指京师、扬州、重庆。

④ 依照票号分号命名的一般原则，以上几处简称分别代指京师、汉口、长沙。

"收和交"分别指分号主体白银的流入与支出,"来和去"分别指分号主体承揽业务的主动与被动,票号正是通过各分号间这四种基础业务不同时段的排列组合,完成其汇兑业务。值得注意的是,以上业务中的"白银"种类有"估宝银""足纹银""杭饷银""足银""周行宝银""票色银""宝银""银"等称谓,这些称谓反映了清代我国各地市场上白银货币的紊乱现象,并成为票号利润的重要来源之一。① 对其收益类型的基本词汇进行归纳,既有如"满得费银"即"得费"的情形,也有如其他信件中记载的"成信后济现收会去京,见票三五天无利交刘淮生足纹银三百两,与伊立去会票一张,无砝,其平照京市平,比咱合砝每百两小二两二钱兑,得期外共得伊费银三两"即"无利(对应得利)""得期"的情形。② 以上术语反映了票号中人对其汇兑业务和收益类型的基本认知,但以往却未完全使用这些词汇进行研究。如君实在1917年《记山西票号》中写道:

> 盖中国现时尚无一定之货币制度,各省各府县间所用之平每不相同,各以其习惯上所常用者为标准,甚至同一地方其货币秤两所用之权衡,有至数十种者,通全国殆不下数千。至于通用之银质,各地皆非一样,此实缘中国各地官私铸造不归一律。故其纯分乃紊乱至是。中国货币之现状,既如此错难之故,欲由甲地送银于乙地,不可不先考两地间通行之平与通用之银质,此为汇兑市面由起之原因。殆与货币制度互异之国际间所行者同一事律,故中国内地汇兑市面直与外国汇兑市面无异。
>
> 汇兑之最盛者为普通汇兑,电汇次之,倒汇最少。普通汇兑为中国固有之汇兑中最重要者,且极盛行。倒汇:中国此种汇兑向所未有,至近年与外国通商关系密接,内地市场间之贸易随之而盛,汇兑之种类,不得不因之变化。而倒汇之方法,以起行此方法之地方,仅在一部之重要市场,用之者亦唯一小部分确实大商人而已。③

---

① 如陈其田即认为"平色余利"是票号最重要的利润来源之一,各票号用本号"平色"折算全国各地不同平色银两以获取收益,有时利润甚至在汇水之上。参见陈其田《山西票庄考略》,商务印书馆,1937,第115页。
② 《光绪十三年济南蔚泰厚信稿》,载刘建民主编《晋商史料集成》第2册《信函信稿1》,商务印书馆,2018,第592页。
③ 君实:《记山西票号》,《东方杂志》第14卷第6号,1917。

君实对票号汇兑业务的起源进行了分析，认为当时国内货币的紊乱兑换和国际间的货币兑换原理相同，因而走向了以西方概念套用实际情况的谬误，"倒汇"一词的提出就是如此。在与国际汇兑贸易类比的前提下，他认为票号汇兑有"普通汇兑"和"倒汇"两种相反的业务类型。① 并认为"倒汇"并非票号创造的汇兑方式，而是随着与外国通商关系密切而学习西方的产物。② 事实上，这两个词远不如票号本身使用的"收、交、来、去"组合更切合实际。从原始文献看，所谓"倒汇"对应的业务类型"交会去""交会来"都只是对应某一分号的业务，而在具体操作中业务发起方与承接方对同一业务的书写必然体现为完全相反的一组词汇。从这一点看，"倒汇"概念的提出对此后的票号研究危害极大。如黄鉴晖在《山西票号史》中认为"顺汇是信汇的主要方式，逆汇是与顺汇相对而言的一组概念，并认为逆汇把存款和放款与汇兑业务结合进行，在银钱汇划当中含着融通资本的内容。"③ 他实际上将君实的"普通汇兑""倒汇"概念发展成了"顺汇""逆汇"概念，这样与原始文献的记载就相距更远了。张桂萍亦写道："信汇的最大创新在于逆汇业务的开通，这种逆汇，就是将放款与汇兑相结合或者将存款与汇兑相结合的一种汇兑。"④ 此类概念在新时期的普遍使用，已成为票号研究的一大问题。

（三）账簿中的"资本"问题与基础词汇——以协同信票号为例

账簿是反映票号资本经营和红利分配的基础史料之一，可分为流水账、往来账、总结账、万金账等类型。以往学界利用账簿进行的研究集中于"记账方式""业务统计""利润分配"等方面，但也存在着概念运用不匹配的现象，下文将以光绪二十五年（1899）协同信票号三原总结账的部分内容为例说明：

---

① 电汇与这两者并非相同的划分标准，而是与信汇、票汇、条汇等同层次的另一种划分方式。
② 从原始文献看，即便使用"倒汇"一词作指代，票号相关业务在嘉道时期也早已开展，这一说法并不符合历史事实。
③ 黄鉴晖：《山西票号史》，山西经济出版社，2002，第128～129页。
④ 张桂萍：《山西票号经营管理体制研究》，中国经济出版社，2005，第88～90页。

光绪二十四年冬月底至二十五年冬月底总结清账

上年冬月底净结存平号本平足银一万一千九百三十二两二钱三分；

一宗共收平号会票本平足银九千七百一十七两零八分；

一宗共收京号会票本平足银四千三百七十四两零六分；

……

以上九宗共收各处会票本平足银五十万零三千二百二十三两九钱；

一宗共交平号会票本平足银一万一千零六十二两四钱九分；

一宗共交京号会票本平足银四千零一十五两二钱；

……

以上十宗共交各处会票本平足银五十二万四千一百五十六两一钱；

以上收交两抵连上年结存除净长交会票本平足银八千九百九十九两九钱七分；

一宗共收得会费本平足银一万零九十六两八钱五分；

一宗共收得期利本平足银六百零四两二钱六分；

一宗共收得房租本平足银一百七十二两四钱八分；

以上三宗共收得本平足银一万零八百七十三两五钱九分；

……

一宗共出期利本平足银一千三百三十二两零六分；

一宗共出贴费本平足银四百零五两一钱五分；

一宗共出通年电费本平足银三十两零六钱八分；

一宗共出通年房租本平足银一百二十两零四钱六分；

……

以上十宗共出本平足银三千七百零一两九钱四分；

除讫净蒙天获利本平足银七千一百七十一两六钱五分；

以上一应提清

统共连利合实净长交平号本平足银一千八百二十八两三钱二分；

存一宗该外借项本平足银六千二百九十三两八钱三分；

除一宗流水账结存本平足银四千四百六十五两五钱一分；

统共除讫净长交平号本平足银一千八百二十八两三钱二分①

---

① 刘建民主编《晋商史料集成》第 19 册《簿记 3》，商务印书馆，2018，第 3～8 页。

将上文的业务整理可知，此时协和信票号使用的术语可分为如下几类：（1）账目基本术语类：如"上年冬月底净结存"、"共收"各处会票银、"共交"各处会票银、"收交两抵连上年结存除净"、"共收得"银、"共出"银、"连利合实净长交"、"除讫净长交"等；（2）汇兑业务类：如"收"某号"会票本平足银"、"交"某号"会票本平足银"、"会费"、"出贴费""出期利"等；（3）借贷业务类："该外借项"（对应"外该借项"）、"结存"等；（4）日常支出类："出通年电费""出通年房租"等。从记账方式看，票号采用分类后将具体的收入和支出一一列出，仅使用"收""交"或"收""出"等字区分业务类型，待算出总"收"和总"出"后才进行结算的方式。账簿中的这些基础词汇反映了票号中人对其业务结算的基本认知，但以往却未完全使用这些术语进行研究，甚至出现部分理解错误现象，如前人使用"复式簿记"一词来指代票号的"收付式"记账方式即是一例。[①] 最早对票号账册体系进行描述的范椿年指出"票号账簿原属一种旧式记账，但其组织之完备，登记之详密，亦可称为旧复式簿记。总号除本号应有之营业各账外，尚有各分号之营业报告，亦须分别记账。每月有月清册，迨决算账期，以月清而统造年清，绝无丝毫错误"[②]。范氏基于票号账簿体系的复杂和精细程度称其是一种"旧复式簿记"，大体上是没有差错的。但后人以此为据，认为票号的"复式簿记"和西方"复式簿记"原理相同，并进一步将其与"龙门账"的"进—缴""存—该"双轨制结算联系起来，认为单一票号账簿中亦存在"合龙门"的会计算法，则走向了从西方术语推理演绎的倾向。如李孝林认为："龙门账是进缴差额（盈利）与存除差额（盈利）合龙门。其特点是双规计算盈亏、合龙门，用公式表示为：进－缴＝盈亏；存－欠＝盈亏；两式分别体现成果计算体系和余额计算体系，其结果（盈亏）必须相等。"[③] 孔祥毅也指出："用龙门账进行财物稽核是票号对我国会计发展的重要贡献。它不仅促进了单式记账向复式记账发展，进、缴、存、该全面连续的核算解

---

① 郭兆斌及周亚、李善靖等在近期研究中已对这一问题有所认识，认为这种记账方式不是在一本账簿当中体现出来，而是体现于票号的整个会计体系。见郭兆斌《龙门账性质及起源新探》，《邯郸学院学报》2022年第1期；周亚、李善靖《论票号账簿的归户、特征与价值——以恒隆光票号账簿身份考证为例》，《中国经济史研究》2022年第4期。
② 范椿年：《山西票号之组织及沿革》，《中央银行月报》第四卷第一号，1935。
③ 李孝林、商学军：《对龙门账的再认识》，《会计之友》2000年第4期。

决了过去单式记账法难以解决的问题，而且初步明确了会计的基本职能，通过进、缴、存、该四大类的记账、算账、报账等环节，对商业经营过程进行控制和观察，已具备了财物稽查的属性。"① 此类现象普遍存在于其他词汇的运用中，需要进一步思考。

对于山西票号的原始文献体系而言，本文选取的三份文献只能反映某一具体票号在特殊时点上的"个案"，事实上票号"资本"的构成、运作和分红过程极为复杂，且随着社会变迁呈现出鲜明的时代特色，其所使用的基础词汇和术语也远较本文的概括更为繁杂；此外，票号原始文献中能反映"资本"问题者远不止这三种文献，如清单、号规、日记、会票等材料中均存在着大量基本术语，亦存在类似的研究窘境。在百余年来的研究过程中受西方学术话语体系不断传入和研究路径的转换影响，概念的混用和滥用现象已是一个极为棘手的问题。本文认为，欲正本清源，首先要大力加强原始文献的搜集和整理工作，以期能够还原更多的历史细节和面貌；其次，应该对票号使用的基础词汇进行总结归纳，在具体研究中亦尽量使用原始文献中的术语，在辨析和比对中找寻最适合解释这些术语的概念加以借用和解析。

余 论

"资本"这一西方经济学的重要词语，自现实中被提炼出来后便成为经济学中诸多问题的论证基础，且伴随着资本主义的不同发展阶段，西方学者们不断赋予其新的内涵和外延，使之呈现越发复杂的面貌。当这一概念自 19 世纪末被引入中国后，迅速被国内学者所接受并用于解释当时及历史时期的各种经济现象，山西票号研究即是其中的典型代表。较早将"资本"一词翻译并引入中国的传教士艾约瑟在其著作中首次用"资本"概念论述了票号的来源问题。此后，国内官员丁宝铨、日本学者根岸佶、柏原文太郎等先后对票号的"资本额""资本构成"等进行了论述。待民国初年山西票号走向衰败后，其内部人员李宏龄、颉尊三、范椿年等将自身在票号多年存留的原始信稿及经验进行总结，用"资本"概念讨论了票号改组银行及股俸变动等问题。与此同时票号亦开始由现实走向学术，进入学

---

① 孔祥毅：《晋商在会计发展史上的贡献》，《山西财经大学学报》2005 年第 1 期。

者的视野。从君实和东海的《记山西票号》起，民国时期的票号著述中使用"资本"一词的频率逐渐增多，此时的大部分研究中该词都是指"可供周转的本钱"之意。从话语表达看，这一时期主要以事实性描述为主，较少掺杂西方经济学中的其他概念对"资本"问题进行解构。20世纪80年代初，以孔祥毅等为代表的经济学者将票号"资本"定性为"高利贷资本"，而以张国辉、黄鉴晖等为代表的历史学者将其定性为"近代借贷资本"。从这一时期的话语表达看，从经济学出发的学者采用逻辑演绎的路径，结合票号与清政府的业务活动、经营业务的非生产性等展开讨论，而从历史学出发的学者则从史料出发，采用归纳考据的路径对票号的具体业务和利润结构等展开研究。这一争鸣推动了学界对票号的认识。此后，票号史研究的经济学和历史学路径开始分化，并迎来了又一黄金时期，孔祥毅、黄鉴晖、史若民、张国辉、张巩德等学者的论著极大地推动了票号研究的进展。进入21世纪后的票号研究对"资本"问题的讨论主要集中于合伙制和股俸制、资本运作等方面。这一时期受原始文献缺乏及解读能力限制，从历史学出发的研究相对处于劣势，而从经济学出发的研究则发展迅速，学者们大量借用西方经济学的"人力资本""产权结构""信用博弈"等词汇对票号进行解构和演绎，在推动票号研究进展的同时也带来部分与历史事实不符的判断。综上可见，百余年来山西票号研究中对"资本"概念的运用和话语方式的变迁总体滞后于西方经济史学界，主要与西方"资本"概念的流变及传入后的我国学术生态环境息息相关，丰硕成果背后实际上亦隐含着严重的概念和学术话语危机。

概念界定和话语表达是学术研究的核心问题，"资本"这一西方经济学的核心概念在中国经济史研究中面临的不匹配现象其实是整个人文社会科学领域其他类似概念的共同缩影。由于近代以来我国学术体系的基本概念、研究路径等均来自西方，其研究也不可避免地出现套用西方模式或类比西方经验解构中国历史的现象，这就容易走到与事实相去甚远的谬误中去。对此，早在20世纪末著名汉学家柯文即指出："历史学家的目标应该是尽可能真实的记录历史，但另一方面为了使历史便于理解并富有意义，我们又不可避免地要使用一些分门别类的概念，而这些概念的使用又往往会造成对历史的扭曲。有鉴于此，我认为我们使用的概念构架应该既能最大程度的解释历史，又尽可能少的扭曲历史。"① 柯文和黄宗智等学者认为这是"西方中心论"的重要体现，因而提出"在中国发现历史"和"经验实证主义"等富有洞见性的学术探索，② 这无疑推动了学界对这一问题的深入思考。但不同于黄宗智在"总结中国实际的研究方法形成扎根于中国实际的理论概念和社会科学"的中层思考，本文探索的其实是研究中更为基础的核心词汇使用和适配问题。正如李伯重先生所言："中国经济史学要在国际主流学界获得更大的话语权，绝不意味着拒绝源自西方的现代学术体系。中国经济史学从创立伊始就是国际学术的一个组成部分，与国际主流学术的关系密不可分。因此如果要另起炉灶，依靠中国传统文化资源去创造一套'中国自己的话语'并以此去'为自身赢得国际话语权'，肯定既无可能，也无必要。"③ 研究当代学术不可能跳过人类业已形成的丰富文明而另辟蹊径，因而"资本"等基础词汇还应得到充分利用。

那么，如何在实际研究中解决这一适配难题呢？本文认为可以借鉴刘志伟教授近期对中国古代经典中"食货"概念和西方实质主义经济学中"经济"概念的比对关联研究，并像其指出的那样，"需要把传统经典文献的阐释与现代学术理论方法勾连起来，既不离旧学之奥义，又可嵌入现代学术的理论架构，通过实证性的研究实践，构建解释中国王朝时期经济的理论体系和概念方法。"④ 同理，在中国经济史研究的其他领域欲要解决这一问题，也必须对原始文献中基础词汇在我国古典文献中的内涵有充分了解，同时还应对西方经济学中对应基本概念的含义和流变有深刻认识，如此才能在两者间搭建一个桥梁，进行相应的转换和应用。在话语方式方面，正如吴承明先生所言："在经济史研究中，一切经济学理论都应视为方法论；任何伟大的经济学说都在历史的长河中会演变成经济分析的一种方法。没有一个古今中外都通用的经济学，史无定法，要根据时空条件、所研究问题的性质和史料的可能，选用适当的理论作为分析方法。"⑤ 史无定法应该是当代学术研究的基本共识，而无论历史学还是经济学的研究路

① 〔美〕柯文：《〈在中国发现历史〉新序》，《历史研究》1996 年第 6 期。
② 黄宗智：《探寻扎根于〔中国〕实际的社会科学》，《开放时代》2018 年第 6 期。
③ 李伯重：《中国经济史学的话语体系》，《南京大学学报》（哲学·人文科学·社会科学版）2011 年第 2 期。
④ 刘志伟：《作为经济史方法的"食货"》，《开放时代》2021 年第 1 期。
⑤ 吴承明：《经济史：历史观与方法论》，商务印书馆，2014，第 370 页。

径，未来都需要加强对原始文献的辨别、归户和整理工作，其次才是利用各自方法对史料进行释读和研究，如此才能推动中国经济史研究进一步走向深化。

The Borrowing and Discourse Analysis of the Concept of "Capital" in the Study of Chinese Economic History

—Taking Shanxi Piaohao as an Example

Li Shanjing   Hao Ping

Abstract：Although the term 'capital' has become a common concept in the field of Chinese economic history in recent years, this concept has many meanings. Scholars also have a lot of vague confusion in different fields, which brings many confusions to academic research, especially in the study of economic history in the traditional period. Therefore, it is necessary to sort out and analyze the origin, evolution and application of the concept of 'capital' in Chinese economic history from the perspective of conceptual history and academic history. This paper takes the origin and borrowing of the concept of 'capital' in the study of Shanxi Piaohao as an example to explore the path differences of Piaohao research in different periods, and tries to summarize the original vocabulary related to the problem of 'capital' from the original literature of Piaohao in recent years, and examine the discourse mode of Shanxi Piaohao and even China's economic history research in comparison and definition.

Keywords：Capital; Concept borrowing; Mode of Discourse; Shanxi Piaohao; China's Economic History Studies

近年来清代民国土地典交易
研究述评[*]

赵牟云[**]

摘　要： 土地问题是史学研究的重点，也是理解中国历史的一个关键。典地交易作为其中一个子话题，相关学术研究在 21 世纪呈活跃之态。本文通过回顾 21 世纪以来有关清至民国时期土地典交易的海内外学术成果，展现该领域研究的主要进展，以及相关研究的若干不足。最后一部分讨论了研究走向深化须注意的几个方面：在充分重视区域多样性与差异的基础上形成整体史的关怀；在重视市场逻辑的同时，突破形式经济学的束缚，从经验事实出发，不可忽视国家制度等非经济因素对土地交易的影响。

关键词： 土地典交易　地权交易体系　整体史关怀　国家制度

作为传统乡村社会较为常见的一种经济行为与融资方式，土地典交易历史悠久，行用区域广阔。萌发于南北朝，形成于唐，定型于宋，迨清至民国时期，历届政府又对典地交易做了较大法律调整。典地的本意主要指乡民出于借贷融资的需要，将其土地交给承典人使用、处分，承典人则借钱给出典人，在约定期限内双方互不相欠，至约定期满，由出典人备价将地赎回的这样一种整合资金借贷与土地租佃的交易行为。一方面，各地乡民在长期的交易实践中，为了更加便利地配置土地资本与资金，在结合地方土地资本市场与金融借贷市场的过程中极大丰富了典的具体交易形式；另一方面，出于规避国家相关土地制度、赋税政策等目的，不同地域的乡

---

　*　本文为浙江省教育厅一般项目"清代畿辅旗地经济关系与乡村社会变迁研究"（Y202353406）的阶段性成果。

　**　赵牟云，浙江师范大学人文学院讲师，主要研究方向为中国近现代乡村社会经济史。

民也利用典交易构筑了许多灵活的策略性方式；再者，就乡民所处的地方社会关系网络而言，宗族伦理、熟人之间的道义经济、面子观念等也时刻直接影响着土地交易的走向。简而言之，多种因素的交融使清代民国的典地在形式与内涵上都大大突破了其诞生之初仅围绕土地使用权的租息相抵的交易安排，而是具有多重面相与各具特色的地方性表达。

土地问题因其重要性，自20世纪以来一直是学术研究的一个重点。在20世纪二三十年代，围绕着乡村改造、中国社会性质以及中国革命向何处去等重大问题，不少仁人志士对历史上的土地问题做了极具启发性的探讨。中华人民共和国成立之后的前三十年，在革命史观的指导下，中国封建土地所有制问题被列作史学领域"五朵金花"之一，为研究中的显学。改革开放以来，随着社会史研究的复兴，传统乡村社会成为学界重点关注的对象，由此又引发了新一轮对历史上地权秩序等话题的探讨，时至今日仍较为热门，研究成果可谓是汗牛充栋。作为其中的一个子课题，土地典交易问题自然也为学界所关注，相关论著并不少见。21世纪以来，随着各区域契约文书、司法档案等史料的井喷式涌现，相关研究更呈活跃之态。在研究时段上，因目前留存下来的契约文书、司法档案等核心史料多分布在清代以后，因而学界研究主要集中在清代和民国。在视角与方法上，区别于20世纪相关研究多将典放在"地主制经济形态"下进行探讨，从而将其视为高利贷的一种特殊形式的研究理路，21世纪以来对于典地交易的研究有了较为明显的学术转向，主要涵盖了经济学、历史学以及法学三大学科。当然，在目前学科交叉与多元视角广泛运用到专题研究的学术大环境下，很难将某一具体研究进行特别精准的定位，只能以其研究的主要路径作大致的分类。在关注的重点上，当前研究大致有四：其一是围绕典地交易的特征及其多种形式的具体探讨，如出典自佃、地租典当等各种交易形式，租息相抵、找价、回赎等交易安排；其二是辨析典与他种交易方式之间的异同，如典与活卖、抵押、押租的关联与差异，并在此基础上探讨传统中国地权交易结构与体系；其三是对典地制度演变的分析，以此为基础讨论官方典地制度在基层运行的实态；其四是围绕基层典地交易实际运行效率问题的讨论。下文主要将21世纪以来针对清代民国土地典交易问题的相关研究成果做一梳理、回顾，以期有助于该领域研究的进一步深化。当然，为了尽可能展现本领域研究的一般趋势，本文的学术史回顾也将适当述及若干20世纪的学术成果。

当前，我国社会主义现代化建设成果举世瞩目，但"三农"问题仍是影响和制约我国全面建成社会主义现代化强国的关键所在。"民族要复兴，乡村必振兴"，以农村土地经营流转权利转让等为代表的热点、难点问题既需要运用当代理论进行阐释与剖析，也需要借鉴必要的历史经验与启示。因此，从历史研究中厘清相关土地交易过程中的利益分配与安排，把握我国传统地权制度的特征，进而深刻剖析国家制度安排及其预期治理与民众日常生活、社会经济效率之间的张力，解释宏观、微观地权秩序与资源配置、社会经济发展的辩证关系等将为国家三农问题决策提供有价值的学理参考。譬如，在《物权法》颁布前后，就有学者认为历时千年的土地典当制度仍有当代应用的价值，从而主张予以恢复。[①] 近年来也不乏带有强烈现实关怀和参照的对于传统中国地权问题的学术探讨。因此，对土地典交易相关学术研究的述评工作也当能为目前正在进行的农村土地所有、承包、经营"三权分置"改革提供一些必要的历史借鉴与启示。

一 国外研究

国外研究方面，日本学者侧重于将源于西方的物权等司法观念与中国乡村社会的"典""一田两主"等概念相联系，从而探寻基层社会的私法秩序，整体上带有较为明显的法史研究传统。寺田浩明在其论著中虽曾提到典与卖的特征区别，指出典是土地所有者接受约为卖价之半的金额而允许他人使用自己的土地获得收益，经过预定的期间后他随时可返还最初领取的价额，重新取回土地。[②] 但这一描述稍显笼统，他更多的是对清代官方典地制度的变迁做了细致考察，较早指出了清中叶官方逐步取缔活卖及对土地典、卖严格区分的法律调整。[③] 岸本美绪指出，早期日本学界对典的性质问题没有统一的见解，既有将典置于担保物权与用益物权之间进行讨论的，也有视典为附有回赎等条件的买卖的，她自己则认为以西方近代

---

① 吴向红：《典之风俗与典之法律》，法律出版社，2009，第 360~402 页；张振国等：《中国传统契约意识研究》，中国检查出版社，2007，第 367~372 页。

② 〔日〕寺田浩明：《权利与冤抑：寺田浩明中国法制史论集》，王亚新等译，清华大学出版社，2012，第 216 页。

③ 〔日〕寺田浩明：《论清代中期土地典卖规制中的期限》，魏敏译，载朱诚如、徐凯主编《明清论丛》第十八辑，故宫出版社，2018，第 300~316 页。

法的概念和生产关系发展阶段论的框架来把握中国契约是非常困难的，因此将注意力集中在以找价回赎等问题为出发点来思考小农经济的生存、伦理等特征及与此密切相关的民事审判的若干原则。①

欧美学者则似乎更侧重从经济学的角度来探讨典地交易对中国经济发展的影响。张泰苏与埃里克森都强调典权制度对清至民国经济的潜在负面影响，如允许出典者无限期原价回赎的交易规则会打击承典者保养与改善承典土地的热情，从而不利于土地肥力的保存及改良；典地的许多不确定性与复杂性大大增加了交易成本，且易引发纠纷，尤其是在1600年以后，典的种种弊端妨碍了中国的经济增长，这是中国落后于英国的重要原因。②马若孟（拉蒙·迈耶斯）的结论则与之相反，他认为典、租佃等交易形式在习惯法的规范下为近世中国许多家庭调整其内部的资源稀缺提供了便利，即优化了各项资源要素的配置，这不仅大大减少了交易费用，同时也是促进地区与全国市场增长的要素之一。③

在研究方法与视角上与前述学者有明显区别的是黄宗智，他可视为法律社会史研究的典范。在论述近代土地典当时，黄宗智开宗明义，认为典实际上等同于活卖："典习俗，亦即土地的有保留的出售，既包含继承过去的前商业逻辑，也包含帝国晚期不断增长的商业化了的小农经济的市场逻辑。"该结论一方面源于作者对官方典地法律变迁的梳理，同时也是在考察全国多地，譬如顺天府、巴县、淡水—新竹以及吴江等地关于典地纠纷的司法档案基础上得出的认识。在对相关诉讼案件分析的过程中，黄宗智指出民间习俗与国家成文法之间存在着较大差异，这从有关《田面权》《债》的章节中也能充分体现；同时他也指出交易者在具体交易以及参与司法纠纷的过程中，对不同交易方式存在模糊或曰

① 〔日〕岸本美绪：《明清契约文书》，载滋贺秀三等著，王亚新、梁治平编《明清时期的民事审判与民间契约》，法律出版社，1998，第280～326页；《明清时代的"找价回赎"问题》，载杨一凡、〔日〕寺田浩明主编《日本学者中国法制史论著选·明清卷》，中华书局，2016，第350～380页；《礼教、契约、生存——试析明清民事审判中的衡平原则》，载邱澎生、何志辉编《明清法律与社会变迁》，法律出版社，2019，第81～120页。

② Taisu Zhang, "Property Rights in Land, Agricultural Capitalism, and the Relative Decline of Pre-Industrial China," *San Diego International Law Journal*, Vol. 13, No. 195 – 196 （2011）；〔美〕罗伯特·C. 埃里克森：《复杂地权的代价：以中国的两个制度为例》，《清华法学》2012年第1期。

③ 〔美〕拉蒙·迈耶斯：《晚期中华帝国的习惯法、市场和资源交易》，载盛洪主编《现代制度经济学》（上卷），中国发展出版社，2009，第355～362页。

"错误"表达的现象。①

总的来说，黄宗智对于典的论述是极具启发意义的，他不仅揭示了国家法律表达、民间习俗与地方司法实践这三方在围绕典地交易时的张力，同时也展现了典本身的复杂面相。同样不能忽视的是，他敏锐地意识到近代围绕典地制度的法律调整受制于近代个体小农的程度越来越薄弱，社会发展越发商业化及法律近代化、西方化的多重社会背景，从而在借鉴马克斯·韦伯关于"身份合同"（与前现代经济有关）和"目的合同"（与现代西方经济有关）这两个类型区别的命题上提出了适用于近代中国的"前商业逻辑"与"市场化逻辑"等相关概念，并将其总体趋势和纠葛娓娓道来。当然，该文在事实判断与价值判断两方面也不乏值得商榷的地方。譬如在有关土地出典年限的论述中，黄宗智认为清中叶官方将典地的回赎年限限定在三十年，在另一处又提到"北洋政府把清代的无限回赎期限降低到六十年"，其中关于清代典地制度的认识是有偏差的。实际上，清政府于乾隆三十五年规定将土地典期限定在十年之内，既不是三十年，更不认可无限回赎，"嗣后旗民人等典当房地，契载年份统以三、五年以至十年为率，仍遵旧例概不税契，年份满后，听原业收赎、如原业无力回赎，听典主执业或行转典，悉从自便。倘立定年份以后，仍有不遵定例于典契内多载年份者，一经发觉，追交税银，并照例治罪。"② 且这一规定直到清代灭亡都未曾更改。关于北洋政府将回赎期限降低到六十年的说法也有偏差。民国政府于1915年颁行了专门针对典地交易的单行条例——《清理不动产典当办法》，对于典地期限仍沿用清代规定，"设定典当期间，以不过十年为限"，针对该办法实施以前基层存在典、卖不明及找价回赎等情况，该办法前三条规定如若此前交易双方签订的是典契，则以六十年为界，超过六十年则视同绝卖，不许告找告赎；如若未满六十年且未另立绝卖契，则原主在一般情况下可以于该办法施行三年内（到1918年10月）回赎，否则只许找价，不许回赎；如若不能明确此前订立的是典约还是卖契，则以三十年为界，未满三十年的则视为典，允许原主回赎；已过三十年且并未有回赎信息的，即以绝卖论，不准回赎。也就是说，《清理不动

① 〔美〕黄宗智：《法典、习俗与司法实践：清代与民国的比较》，法律出版社，2013，第59~79页。

② 《钦定总管内务府现行则例·会计司》卷四，海南出版社，2000，第350~351页。

产典当办法》中规定的典地六十年内可回赎是专门针对该办法实施以前民间典地回赎时限问题的过渡办法。而在该办法生效之后，典地回赎被限制在十年之内。有鉴于此，黄宗智得出的北洋政府"是对市场逻辑作了让步"的关键结论恐怕就有待进一步论证了。至于将典视为活卖的观点，学界也有很多不同看法，此处不赘。

二　国内研究

（一）偏向法律史路径的相关研究

国内方面，偏向法律史路径着手考察土地典交易的学者主要有吴向红、郭建、邹亚莎等。吴向红将传统中国地权秩序理解为一种"非权利的二元产权制度"，在国家出于征税目的建立的以户籍为核心的"大产权"之下，民间以习惯法为基础，形成了以契约为中心的无所有权的"小产权"。在所有权完全为国家垄断的情况下，小产权的所有交易都无力转移所有权，所交易的都是一种"业"，因而一切交易都是佃业的交易，典自然也是其中的一种形式，从本质上说，典是一种"以业质钱"的信贷活动。[①]

郭建对历代官方典地制度的变迁轨迹做了较为细致的考证和梳理。[②]吕鹏军指出清代田宅典当经历了从契税到不契税再到契税的变化过程。[③]邹亚莎既对清末民国时期的典权学说做了梳理和阐释，同时对近代典权制度的法律变迁做了系统分析和评价，她指出在典制度的近代变革中，典制由一种习惯上的业权逐渐法典化，并最终确定为大陆法系的用益物权。在形式上，典习惯得到更多尊重；在实质上，典制却被西方法理完整地改造，从一种松散、实用的、扩张性的权利塑造为大陆法系下受到所有权限制的用益物权。[④]笔者基本认同她关于民国部分的结论，不过当我们把视角延伸到更长的时间段，不论是清代还是民国，官方实际上都将典地交易视作一种实现资金借贷的方式。譬如乾隆帝在即位后不久即发布上谕：

---

① 吴向红：《典之风俗与典之法律》，法律出版社，2009，第 212～224、252～259 页。
② 郭建：《典权制度源流考》，社会科学文献出版社，2009。
③ 吕鹏军：《从有关律例看清代田房典当契税的变化》，《清史研究》1999 年第 4 期。
④ 邹亚莎：《清末民国时期典权制度研究》，法律出版社，2013，第 275～279 页。

"至于活契典业者，乃民间一时借贷银钱，原不在买卖纳税之例"，将典、卖进行了明确区分，此后清政府又取消了典地交易的契税。① 在清末民国的历次法律变革中，典也被置于他物权之下的担保物权与用益物权讨论中，② 且对典后回赎、找贴等主要环节也都做了与清代一样的严格规定。也就是说，清政府与民国历届政府都倾向于把典地交易限定在"债"的理解范围之内，即便它们在立法原则与理念上相去甚远。与此同时，民间基层和各地域在典地交易的处理上又往往自成一种地方规范，从而与官方规制形成抵触，这不是近代才面临的问题，而是明清以降，甚至宋代典地制度成熟以降就已显露的现象，譬如宋代法律规定典田必须离业，但是民间仍不乏出典自佃的现象，即为一例。

此外，刘高勇对清代土地交易中的典与活卖性质问题做了辨析，他认为典与活卖之间存在较大区别，活卖应与绝卖归为一类。在赋税过割上，典不需过割赋税，活卖则需要；典的回赎权能强于活卖；在初始价格方面，典价总体上要低于活卖价。③

（二）偏向经济史路径的相关研究

在社会经济史领域考察典地交易的主要有龙登高等学者。龙登高认为典地交易有四种形态：第一类是典田离业且承典人耕种土地；第二类是典田离业但承典人将土地出租给第三方；第三类是出典人继续耕种典出的土地，并向钱主付租抵息；第四类是出典人用货币向贷款方支付利息。此外，龙登高从土地权利分层的角度，以所有权、他物权、使用权等概念辨析典与他种交易方式的区别，认为典不是所有权的交易，而是土地收益与资本利息之间的交易，是物权在约定期限内的让渡，卖、活卖则是所有权的交割，典与活卖、押租、抵押等地权交易方式有着显著区别，同时也体现出内在的逻辑联系和互通性。在上述认识的基础上，他构建了囊括"所有权层次的买卖、物权层面的典、使用权层面的租佃、地租层面的胎借"

---

① 中国第一历史档案馆编《雍正朝汉文谕旨汇编》，广西师范大学出版社，1999，第 2 册，第 387 页；（清）席裕福、深师徐辑《皇朝政典类纂》卷三百八十《刑十二·户律田宅》，文海出版社，1982，第 8293 页。

② 邹亚莎：《清末民国时期典权制度研究》，第 279 页。

③ 刘高勇：《清代买卖契约研究——基于法制史角度的解读》，中国社会科学出版社，2016，第 221～237 页。

的"胎借—租佃—押租—典—抵当—活卖—绝卖"这一多层次地权交易体系，各种交易之间界限分明，各得其位。这种多样化、多类型的地权交易形式可以从不同层面满足交易各方的多种需求与不同的风险偏好，有助于实现当期收益与远期收益之间跨期调剂的融通需求。①

笔者以为，龙登高归纳的多层次地权交易体系是对近代土地交易市场的一次深刻、系统分析，对典地交易性质、功能等问题的探讨也颇有见地，是我们进一步探索的必要参考。当然，龙登高建构的地权交易体系也有需进一步探讨的地方。

首先，在龙登高归纳的四种典地形态中，前两类可归为典田离业的交易安排，后两类则可归为出典自佃，四种形态实则为两大类，这主要是从对土地使用的交易安排上划分的。实际上，在田底、田面高度分化且分别形成独立交易市场的情况下，出典人可将其占有的田底、田面单独交易，二者都可不涉及土地的使用权，而是过渡为以资本收益为核心的借贷，这种形式可称为地租典当。民国时期即有学者提及此点。② 傅衣凌在有关永安赔田的研究中亦曾列举了一些田面小租单独出典的实例。③ 其后，杨国桢进而指出此时的交易对象可分为大小全租、大租、小租三种。④ 在此基础上，新近研究进一步认识到出典者转让的仅仅是土地的收益权，而非使用权，也不一定转让土地的处置权。⑤ 地租典当作为一种从传统的土地使用层面剥离出的典地交易形式，仍值得进一步深入探讨。

其次，在典的特征及与他种交易方式之间的关联方面，虽然龙登高参考现代物权概念，并运用土地权利分层等视角——辨析了典与活卖、抵押、押租的本质区别，并最终统一于他总结的多层次地权交易体系之中。但值得审思的是，在实际交易领域，基层民众真的有如此清晰的对各交易方式所关涉的土地权利与界限的认知吗？近代民事习惯调查有不少诸如"但乡人多目不识丁，所订契约，于权利关系极不明了，年月稍久，易生

---

① 龙登高：《中国传统地权制度及其变迁》，中国社会科学出版社，2018，第52～107页；龙登高、温方方：《传统地权交易形式辨析——以典为中心》，《浙江学刊》2018年第4期；龙登高：《地权市场与资源配置》，福建人民出版社，2012，第7～10、194～195页。

② 韩德章：《浙西农村之借贷制度》，《社会科学杂志》1932年第2期。

③ 傅衣凌：《明清农村社会经济》，生活·读书·新知三联书店，1961，第50～59页。

④ 杨国桢：《明清土地契约文书研究》（修订版），中国人民大学出版社，2009，第280页。

⑤ 谢开键：《明清中国土地典交易新论——概念的梳理与交易方式的辨析》，《中国经济史研究》2019年第4期。

争执""相沿既久，一般愚民典、卖不能分清……是不惟典、卖二字不能分清，且并不知有典、卖二字"等相关报告。① 岸本美绪曾指出，"想象当时的人们对自己社会的契约关系整体持有全面的知识或明确的观念恐怕不很现实"②。在实际情形中我们常能看到契约文本内容对于不同交易的混合性表达，从当事人在司法审判中的具体表达中，也常能看到双方对于交易性质的各执一词。再者，不同的地域社会环境有着不同的土地类型与利用模式，加上由习惯累积的交易惯习和文契书写模式，典与他种交易方式之间在一些地域社会曾发生实质上的混淆。如清代京畿地区，出于逃避契税和规避政府对于旗民交产的制度限制等意图，立契双方通过老典等方式使典带有买卖的性质，在面对国家法令严禁旗民交产的情况下，民间又以指地借钱、长租等名目，"显避交易之名，阴行典卖之实"，从而使得典与租佃、抵押等交易方式混融，并影响到民地交易领域。③ 同样，南方地区土地活卖习俗广泛流行，土地典契多与卖契混同，既存在活卖后仍由卖主承担赋税完纳的情况，也不乏在典交易文契中约定推收、过割的情况。简言之，因龙登高研究的重心是参考物权等概念给典等主要交易方式进行清晰定位，从而给读者一种自律性市场主导的印象，似乎未充分将国家、制度等非经济因素纳入考察范围，也较少将典地交易放在地域社会的脉络中进行诠释，从而未论述其在各地域社会的差异与复杂性。

青年学者谢开键、刘志也对明清以来的典地交易问题做了较多探讨。在傅衣凌、杨国桢等前辈学者的基础上，谢开键着重阐释了"一田二主"形态下的土地典交易：

"一田二主"实态下的土地典交易，标的物为田面（田面主为实际耕种者）时，与田面、田底合一的情况相同，转让的是土地的使用权益、收获权益及部分处置权益；标的物为田面（田面主佃与他人耕种）或田底时，转让的则是收小租或大租的权益，不涉及土地使用权益。

同时，他认为典与当有本质区别，典交易的标的物需要由承典人耕

① 前南京国民政府司法行政部编《民事习惯调查报告录》，中国政法大学出版社，2005，第150、338页。
② 〔日〕岸本美绪：《明清契约文书》，载《民事审判与民间契约》，第304页。
③ 赵牟云：《清代京畿地区的土地典交易》，《安徽史学》2020年第4期。

管，而当交易的标的物依旧为出当人耕管并向承当人交纳一定的利息，在出当人无法偿还本金时交付承当人耕管为业，当实际上是抵押借贷。典与活卖为不同的交易方式，但在交易标的物为田面时，活卖和典几无区别。在对典交易的评价方面，谢开键主要持肯定态度，认为典交易是一种高效率的制度安排，有助于优化土地资源配置，稳定农村社会秩序。①

应当指出，谢开键对地租典当问题的阐释有助于学界对土地典交易的进一步深化认识，他对典与其他交易方式之间的辨析也颇有见地，值得参考。笔者认为其不足之处主要有以下几点。第一，关于地租典当的考察，未分析将租额分拆、分股的现象，从而认为地租典当转让的是全部大租或小租，并不完全符合该交易的实际状况。第二，关于典、当的性质问题，主要以钱主是否耕种土地作为区分标志。他认为所引天柱县的当契实际为典契，锦屏县的当契为抵押契，但是在关于锦屏县出典自佃式交易的论述中，却未将这种土地仍由出典人耕管并向钱主付息的方式理解为当，以致互相抵牾。实际上，另几位同样对清水江流域土地典当做过探讨的学者均不认为二者存在区别。张强指出，该地区民间典当大体可以分成两类，即承典人亲自经营典当物和承典人将典当物出租给他人，而典约与当约本身在交易内容上没有差异，即使从文书学上看，也找不到"典约"与"当契"的差异。② 姜明在对搜集的有关岑巩的37件典契、81件当契进行考察后也认为，"在贵州岑巩地区，典契与当契是相互通用、混同为一的，当契在这里其实就是典契的不同写法"③。第三，关于典地交易作用的结论可能过于乐观，譬如将出典自佃阐释为交易双方理性思考下的双赢信贷方式，却未注意到其较易引发司法纠纷乃至刑事案件的实际结果。

刘志主张以"地权－地价或地租"这一框架来分析绝卖、活卖、典、一田二主、押租等几种主要交易形态下的地权分割与转移，并将典与活卖等同视之，二者都为地权的非永久性分割。④ 在有关押租、典及一田二主

---

① 谢开键：《明清中国土地典交易新论——概念的梳理与交易方式的辨析》，《中国经济史研究》2019年第4期；谢开键：《流动和渐变：清水江下游农村土地典交易研究：1644—1949》，中国社会科学出版社，2023，第43、49、210～217页。
② 张强：《清代民国清水江流域民间"典当"——基于"清水江文书"的考察》，《原生态民族文化学刊》2019年第2期。
③ 姜明：《贵州岑巩契约文书研究》，贵州人民出版社，2018，第341页。
④ 刘志：《地权的分割、转移及其阐释——基于传统中国民间土地市场》，《中国经济史研究》2017年第3期。

等关系的认识上，刘志一方面批驳了曹树基将典融入田面、田底的一田二主概念的做法，又借鉴了曹树基的相关概念，提出"押租相当于佃户典入了田面权"[①]。

应当指出，刘志在史料运用上主要参考的是近代民事习惯、乡村调查资料及民国时期的相关论著，对民间契约文书、基层司法档案等史料利用较少，这可能造成了刘文偏重于逻辑建构而略疏于史实基奠的倾向，同时在相关表达上也存在概念繁复和不太贴合地方社会情境的问题。譬如，将押租视为佃户典入了田面权的这一提法，实际上田面权这一概念认知主要存在于田面、田底高度分化的一田二主流行的地域范围内，而在华北、西北、西南等广大区域，除旗地、蒙地外，一田二主只是零星分布。可以想象，以一个流行在其他地域而在本地民众观念世界中几乎不存在的概念去阐释押租这一现象，可能会造成解释上的无力和失真。此外，更需在逻辑上辨明的是，如果将押租视为"典入了田面权"，当出现如下的情形，即佃户向田面主付押租后耕种土地的时候，这时的押租岂不就成了"典入了田面的田面权"？很明显，这将会带来概念上的繁复和解释该类现象更大的难度。

以经济学方法和视野考察近代典地交易的代表性学者当属方慧容。在《民国时期的土地典当：理论与实践》一书中，她在利用民国三四十年代几套调查资料的基础上，结合自己田野调查形成的经验认识，考察了民国时期的乡村典地市场，并对有关典地信贷的两种对立观点做了分析检验和一定修正。她指出，典地信贷整合了信贷与土地租佃这两种交易，其中最根本的特征是以地租抵付利息。具体到乡村典地信贷市场，中农、贫农典入的土地往往超过了社区内地主、富农典入的土地，而富农在很多情况下占到了土地典出数量的最重要部分。典地信贷的名义利息率维持在一个略低于区域其他信贷利率的水平，在一定程度上发挥了有益的金融功能，租息相抵的制度和欠租制度则起到了降低小农家计风险的作用。[②]

总的来说，方慧容较为鲜明地指出了土地典交易的根本特征：整合信贷与租佃这两种土地交易形式，即以地租抵付利息，从而达到租息相抵的

---

① 刘志：《地权有关问题再讨论——兼答曹树基先生》，《中国农史》2020 年第 1 期。
② 方慧容：《民国时期的土地典当：理论与实践》，上海人民出版社，2016，第 33～40、66～67、161～162、224 页。

制度安排。她关于乡村基层参与典地交易的农户数量、土地规模、利率等结论也有较为扎实的数据分析作支撑，有助于我们进一步加深对典地交易实际和客观经济效用的理解。值得注意的是，在行文中她主要以典地信贷来指称土地典交易，并对其做了限定：第一，整合信贷和土地租佃这两种交易；第二，典地信贷是一种无限期贷款，即不必限定必须归还贷款本金的时间。① 这实则是在交易方式上只对典田离业与出典自佃两种典地形式做了考察，且在交易时间的维度上只讨论那种不限时间回赎的部分交易。因此，这种限定要素的视角有其独到的地方，但也有局限之处，即舍弃了其他类型的典地形式，未能将其丰富面相全景式地展现出来。

（三）有关土地典交易的区域史研究

有关清代民国时期典地交易的区域史研究亦复不少，下面即对相关研究做一介绍。

在关于南方地区的研究中，因徽州文书较早被发现并为学界所利用，对徽州地区土地交易的研究成果较为丰硕，同时结论之间也呈现出较大的分歧。郑力民较早利用安徽省博物馆及徽州地区博物馆所藏的一批明清土地典当契约进行了考察。他指出不论官方还是民间，典与当之间都存在着较大的区别："典不行息，当则偿利，或典后不佃，当后承佃，这是典、当的主要区别之处。"此外，就取赎而言，典立年限，当则不究。虽然有部分契种名不副实的情况，但他认为都是错典为当，而绝不错当为典。此外，他以价格、立契名目等方面为例，认为当地土地典当与活卖、绝卖区别明显。② 吴秉坤对此进行了商榷，他认为徽州土地典当契的各种类型可以用"当契包租式"、"当契包利式"和"当契交业式"来加以区分，但"典"与"当"之间并无本质区别，二者可以交互使用。同时，他通过列举相关"当契执照"，指出在官方的税契政策中并没有严格的区分"典契"与"当契"。③ 在对"活卖"与"典"的认识上，吴秉坤认为二者分属两种不同性质的可回赎性田宅交易方式，针对以往学界多以过割赋税作为区分二者的主要证据，他以徽州文书为例，列举了典地交易双方围绕钱粮赋

---

① 方慧容：《民国时期的土地典当：理论与实践》，第44页。

② 郑力民：《明清徽州土地典当蠡测》，《中国史研究》1991年第3期。

③ 吴秉坤：《清至民国徽州田宅典当契约探析——兼与郑力民商榷》，《中国经济史研究》2009年第1期。

税问题的四种协定，其中既有税粮从出典人户内推入受典人户内的，也有不需推割的，可见税粮是否过割并非二者的区别特征。①

杨国桢较早对明清福建地区的土地典当做了考察，并将二者视为一种借贷形式，不过他也同时指出了清代典卖合一盛行，典与活卖混同的现象。② 赖骏楠通过对浙闽两省典地习俗及司法审判的考察，认为清代的典习俗是发达的土地金融市场的产物，理解该时期的典习俗实践，应主要从市场—产权逻辑出发。③ 对长江中下游地区的研究首推李金铮与徐畅。李金铮在论述民国长江中下游地区乡村借贷问题的过程中对该地区土地典当做了精要的介绍。④ 徐畅进一步分析了该地区 20 世纪二三十年代土地抵押、典当的大致规模、变动趋势及从土地借贷到丧失地权的过程。⑤ 常建华利用乾嘉刑科题本对清中叶江西省的土地典交易做了分析，展现了基层民众财产关系的日常化。⑥ 周翔鹤对清代台湾的典地交易做了一定探讨，认为该地抵押、买卖、租赁等本来在产权交易上意义明确的形式在交易实际中逐渐模糊，向典这个本来就意义模糊的形式转化，他同时认为典交易兼顾了人情，但牺牲了效率。⑦ 在西南地区的研究方面，刘昕杰在利用新繁档案考察民国成都平原的典地问题时揭示了法典与习俗之间的张力，许多案例表明该地民间典地交易较之于法典中的典地概念更为复杂和多样，在同样的法律事实下，不仅诉讼双方的表达不一致，就连司法官也对相关概念存在模糊理解，不同的司法官针对同一案件常有截然不同的认定和判决。加之存在是以伦理性还是以商业性作为价值取向来确定典物的归属等问题，基层典治理存在着诸多困境与两难。⑧ 王有粮、刘子璇对四川荣县

---

① 吴秉坤：《再论"活卖"与"典"的关系》，《黄山学院学报》2012 年第 1 期。

② 杨国桢：《明清土地契约文书研究》（修订版），第 27 ~ 28、331 页。

③ 赖骏楠：《清代的典习俗、法律应对与裁判实践：以浙闽两省为考察中心》，《中外法学》2021 年第 3 期。

④ 李金铮：《民国乡村借贷关系研究——以长江中下游地区为中心》，人民出版社，2003，第 125 ~ 129 页。

⑤ 徐畅：《二十世纪二三十年代华中地区农村金融研究》，齐鲁书社，2005，第 502 ~ 529 页。

⑥ 常建华：《清中叶江西的土地债务与日常生活——以乾嘉时期刑科题本为中心》，《江西社会科学》2019 年第 2 期。

⑦ 周翔鹤：《清代台湾的地权交易——以典契为中心的一个研究》，《中国社会经济史研究》2001 年第 2 期。

⑧ 刘昕杰：《民法典如何实现：民国新繁县司法实践中的权利与习惯（1935—1949）》，中国政法大学出版社，2011，第 31 ~ 49 页。

的考察也指出，"与物权法中法定的、排他的、类型化的权利种类不同，民间的不同种类的地权交易呈现出模糊、连贯的样态"①。此外，关于清水江流域的相关研究前文已述及，在此不赘。

北方地区，史建云较早对近代华北土地交易问题做了考察。他将土地典当视为一种土地转移方式，分析了土地典当与动产典当的差异，并对该地区的典价、典期、回赎、转典及有关土地使用的具体安排等问题都进行了精要介绍，同时指出了该地存在以典当名义进行买卖的情况。② 唐致卿对民国山东的土地典当做了简要介绍，其中列举了不少革命、赋税、物价波动等因素对典地带来直接影响的实例。③ 何石军等学者主要以经济学视角分析了清华大学图书馆收集的 312 份清代山西土地典契，并将典契定义为需转交资产并"以租代息"的抵押借贷合约，"找价"、"转典"及长期投资机会都表明典契属于不完全契约。传统社会通过习俗约束与中人治理，大大降低了契约的不完全性导致的投资效率低下，提升了地权的交易效率。④ 冯剑在论述近代天津典当业的过程中对房产典当交易做了一定探讨。⑤ 研究清代蒙地、旗地交易的学者多描述了蒙地地主私下将土地出典给民人的细节。⑥ 赵牟云对清代京畿地区的旗地、民地典交易做了探讨，指出该地典的内涵跨越了从租佃到买卖这一地权交易体系的各个阶段，具有多样性表现，这是民间日常与国家制度、成文法之间相互博弈时不断进行调试的结果。⑦ 赵牟云同时对各区域土地典、当的异同问题进行了考察，指出除局部地域外，绝大多数区域社会的典地、当地没有实质区别，官方也将二者视同一类。⑧

---

① 王有粮、刘子璇：《民国川省押租习惯的制度化及其地方实践：以荣县档案为侧重》，《西南民族大学学报》（人文社会科学版）2020 年第 9 期。

② 史建云：《近代华北土地买卖的几个问题》，载王先明、郭卫民编《乡村社会文化与权力结构的变迁》，人民出版社，2002，第 82~93 页。

③ 唐致卿：《近代山东农村社会经济研究》，人民出版社，2004，第 300~308 页。

④ 何石军、温方方：《习俗与契约治理：清代山西土地典契定价的量化分析》，《北京大学学报》（哲学社会科学版）2018 年第 4 期。

⑤ 冯剑：《近代天津典当研究》，社会科学文献出版社，2017。

⑥ 黄时鉴：《清代包头地区土地问题上的租与典——包头契约的研究之一》，《内蒙古大学学报》（哲学社会科学版）1978 年第 1 期；王玉海：《清代喀喇沁地区的土地租典问题》，《蒙古史研究》第 3 辑；张楚、聂红萍：《国家管控与旗地出典——康雍乾三朝旗地的典卖》，《通化师范学院学报》（人文社会科学版）2019 年第 5 期。

⑦ 赵牟云：《清代京畿地区的土地典交易》，《安徽史学》2020 年第 4 期。

⑧ 赵牟云：《清至民国时期土地典、当交易辨析》，《中国经济史评论》2022 年第 4 期。

三 对当前研究的几点认识

从以上学术史梳理可以看到，目前学界对清代民国土地典交易的探讨十分热烈，其分歧亦较明显。总体而言，学界对清以降官方典地制度变迁及典的经济功能等问题的见解逐渐趋近一致，但在关于典地交易的属性问题上，相关结论呈现出较大的分歧，既有将典归为借贷交易的，也有不少研究将典与活卖等同视之；既有认为典地与当地没有本质区别的，也有将二者视为不同的交易类型；对典与押租、抵押等交易形式及典与永佃、田面等产权形态之间的关联也是见解不一。简言之，学界对土地典交易的认识可谓是仁者见仁，智者见智。应当指出，之所以存在上述认识差异，既与不同学者各自的治学路径、所运用的史料以及研究的时空范围存在的差异密切相关，也与各地域社会典地交易万花筒般的"区域特征"密不可分。这也表明在许多细节与关键点上，当前研究仍存在些许不足，因此仍需进一步深入研究。就进一步深入该领域研究而言，或有如下几点值得注意。

首先，要在充分重视区域多样性与差异的基础上形成整体史的关怀。

中国地大物博，各区域独特的社会生态环境影响下的农耕传统与民间惯习，不同政治举措造就的多种土地制度差异，都会形塑出一种与其他地域有显著区别的典地交易模式。如在永佃、田面形态较为常见的东南地区及北部边疆地带，在永佃发育过程中，典较多地与押租（俗称押地钱、顶首等）混融，并在租权债权化的过渡中扮演了重要角色。在永佃、田面形成之后，上述地域又逐渐衍生出了地租典当这一交易形态，其交易标的物仅围绕租额分配展开。很明显，以地租典当为主要特征之一的上述区域明显区别于永佃形态几乎不曾发育的地域社会，即便是在押租同样盛行的川渝地区，押租虽与典地交易发生内在的联系，但该区域却未发育出永佃形态，而是呈现出另一番景象。这提示我们在探讨典地相关问题的过程中既要从地域社会的脉络出发，形成一种"在地化理解"，与此同时，也应具备整体史的视野和关怀，将研究建立在对多个区域比较研究的基础之上。

其次，突破形式经济学研究范式的束缚，从经验事实出发，不可忽视非经济因素对土地交易的影响。

当前，研究者越来越自觉地将经济学、法学等学科的相关概念引入土地典交易的研究之中，这些尝试极大地开阔了研究视野和提升了研究层次，同时也对相关研究的继续开展奠定了深厚的学理基础。回顾起来，研究者愈益趋向于尝试建构一套囊括各种交易形式的地权交易体系与框架，如龙登高从土地权利分层的角度，构建了"胎借—租佃—押租—典—抵当—活卖—绝卖"这一多层次地权交易体系，刘志主张以"地权—地价或地租"这一框架来分析绝卖、活卖、典、一田二主、押租等几种主要交易形态下的地权分割与转移。这些研究成果的一个鲜明特征是在一种解释架构的支配下区分各类地权交易方式，进而在此基础上将其体系化、结构化，各地权交易方式特征明晰，性质独特，各得其所，且该体系超越时空，具有普遍性和一般性，从而在总体上给读者一种自律性市场占主导地位的印象。这类带有形式经济学倾向的研究实际上隐含了一个前提，即交易者是作为理性人参与到以市场原则为主导的土地市场之中的，交易者可以做出最符合自身需求的经济抉择，并且通常对其选择的交易方式有清晰、一致的认知。真实历史情况往往与此有一定距离，前文已述及黄宗智、刘昕杰等学者的研究中反映的基层民众甚至司法审判者对相关交易的模糊理解就是一例明证。市场机制运作固然是影响土地交易的重要因素，但同样不能忽视的是，土地交易不仅仅是经济的过程，它同时嵌入在具体的政治机制、社会网络及社会文化之中。除市场因素之外，影响土地交易进行的因素还有很多，尤其不能忽视国家的在场。

在传统中国，国家制定的土地制度以及建构的宏观地权秩序对民间土地交易的影响绝非是边缘性的，而且制度本身也绝非一成不变。从清代到民国的整体趋势是，国家倾向于以一种清晰、统一化的土地产权制度来规范民间交易，以期减少由土地交易引发的日益频繁的冲突与纠纷。雍、乾时期中央政府在取缔活卖、明确典与卖的边界之后，又将典的交易时限限定在十年以内的一系列法律调整都是为此。到民国时期，政府在编纂成文法时主要参考的是一物一权的大陆法系，则更倾向于将典置于他物权之下进行设定。这种官方视域下统一、明晰的土地权属思维（或曰概念）与各地域民间基层长期形成的土地交易惯习及实用主义取向之间存在很大的张力。与此同时，国家相关政策的制定与调整也有其财政动机，政府需要以田赋、契税等收入维持其政权运作，尤其是在财政紧张的时候。在对典地交易是否征收契税的问题上，清初承袭的是明代典需征收契税的政策，到雍、乾时代则将其取消，到清末国家财政吃紧之时，又恢复了典地契税，并延续至民国。很明显，在雍、乾时代国家财力充沛之时，统治者考虑更多的是惠施仁政而非与民争利，因此将土地典当定性为"民间一时借贷银钱"，进而取消了典需契税，这与该时期零星田土不必升科等一系列惠民政策具有一脉相承之处。迨到清末以后，国家"在在需款"，其对典地交易性质的表达上也就出现了一些变化，如四川省于宣统元年恢复典地契税时，其税契章程首条中就鲜明指出："典当田宅收租管业，与买业无异。"①此后一直到民国时期，典地税率有不断攀升的趋势。典地契税政策的调整对民间交易产生了直接影响，在清政府取消典地契税后，民间很快就出现了名典实卖、捏买作典等现象，意图以此规避土地买卖契税。而清末民国恢复典地契税之后，民间对典地的热情有明显下降趋势，"富户因惮于手续烦琐不愿典当"②，为规避典税，民间又衍生出了避典用借、名佃暗当等现象，上述变相交易使典与其他交易方式的联系更为紧密，也更难以区分。正如欧中坦所言："为了避免缴税或是立刻抓住一个经济机遇，人们仍然常常愿意放弃产权的清晰和确定性。而且有时会将他们边缘性的'法律'所有权诉求置于掠夺和勒索之下。"③简言之，国家的在场及其在某些特定时空场合的政策调整直接影响了基层民众在土地交易时的路径选择，后者始终受到国家宏观地权秩序的约束，但又一定程度上游离于制度之外。当然，民间交易行为也在冲击、形塑着制度本身，二者是一种交互影响的关系。这在旗地、蒙地、军田等制度约束明显的土地类型中表现得尤为突出。因此，研究土地交易问题，应充分注意国家的在场，将政府土地政策、赋税制度等因素纳入考虑范围，重视"自上而下"的官方政令活动给地方基层微观地权秩序带来的实际影响。

此外，也不能忽视社会网络及社会文化等要素对土地交易的影响。岸

---

① 《附编 丛录门：新章：四川新订田房典当大佃税契章程十二条》，《广益丛报》1909 年第208 期。川省官方的这一表达遭到了四川绅民的抵制，是年十月，四川省咨议局决议第十九案呈请文提议修改当税章程，相关理由如下："然考当产与买业实不相同，当产之价值，恒较买业为轻，其异一；当产系于抵当权上兼涉占有权，而买业则为所有权之转移，其异二。原章谓其无异，殊觉不合。"参见鲁子健《清代四川财政史料》下，四川省社会科学院出版社，1988，第439 页。

② 《直隶财政说明书》，载陈锋主编《晚清财政说明书》第 2 册，湖北人民出版社，2015，第 68 ~ 69 页。

③ 〔美〕欧中坦：《消失的隐喻——对运用西方法学学术知识研究早期近代中国契约与产权的分析》，载〔美〕曾小萍等编《早期近代中国的契约与产权》，浙江大学出版社，2011，第 190 页。

本美绪指出："中国的契约无法脱离当事者周边的社会关系网络，这些关系网在支撑契约关系的同时，有时也阻碍契约的顺利实行。"[①] 诸如亲邻先买观念等宗族伦理、熟人社会之间的道义经济、中人磋商制度及与之相关的面子观念，都会直接影响相关交易的走向。

发展至今，学界对清代民国土地典交易问题的研究已到达相当深入的阶段。作为一个中国式问题，研究典地交易已不仅仅是探讨该交易本身及包含这一交易形式的地权交易秩序，更是要透过典地行为审视国家与地域社会、基层社会之间的复杂关系，各交易主体之间在生产生活中的社会经济关系及其日常观念世界，从而展现历史的多维面相，尽量接近真实的历史。

Review and Reflections of the Land Dian Sale from the Qing Dynasty to the Republic of China Since 21st Century

Zhao Mouyun

Abstract：The issue of land is a focus of historical research and a key factor in understanding Chinese history. As one of the sub-topics, the academic research on land dian sale has been active in this century. This article reviews the domestic and overseas academic achievements since this century, showing the main progress of research in this field as well as several deficiencies. The last part discusses several main aspects to be noticed in the deepening of research in this area：form the perspective of holistic history care on the basis of full attention to regional diversity and differences, while paying attention to market logic, we should break through the shackles of formal economics and start from empirical facts, the impact of non economic factors such as national systems on land transactions cannot be ignored.

Keywords：Land Dian Sale；Land Transaction System；The Perspective of Holistic History Care；State System

---

[①] 〔日〕岸本美绪：《礼教、契约、生存——试析明清民事审判中的衡平原则》，载邱澎生、何志辉编《明清法律与社会变迁》，第91页。

近代日本在华租界研究综述[*]

张仕佳[**]

摘　要： 随着档案史料和海外史料的发掘，中国学界对近代租界的研究不断深入。关于日本在华租界，学界在 1949 年前就有关注，1949 年后对上海、天津、汉口的日租界一直都有关注。2000 年前后，相关的课题立项及研究成果明显增加。从研究内容上看，可以分为三大脉络：一是政治和外交史视野下的研究，包括日租界的形成与扩张研究、日租界收回、日租界与日本侵华战争等；二是城市史视野下的研究，侧重于日租界的经济变迁、文化教育、市政及公用事业、社会管理及控制等议题；三是日侨社会视野下的日租界社区、日侨观念及侨民生活等相关主题研究。以国别论，中国与日本学界的关注立场、问题及史料来源都存在明显差异。

关键词： 日本　日租界　中日关系

　　自 1896 年中日签订《杭州塞德耳门原议日本租界章程》起，至 1902 年签订《厦门鼓浪屿公共地界章程》止，日本通过不平等条约，先后获得了在杭州、苏州、汉口、沙市、天津、福州、厦门、重庆 8 个城市开辟专管租界的权力，以及在上海、鼓浪屿两地加入公共租界的权力。此外，日本还在奉天、安东、营口有三个强占租界。日本是唯一在近代中国开辟租界的亚洲国家，其租界虽然开辟较迟，但是数量较多，其开辟的专管租界数量在列强中仅次于英国。日本在华租界的开辟、扩张、收回，既是一部日本侵华史、中日关系史，也是一部日本在华侨民活动史，日本通过租界扩张其在华政治、经济及军事势力。同时，租界在空间上又是近代城市和

---

　　[*]　本文为国家社科基金重大项目"日本在长江中下游地区调查资料整理与研究（1895—1945）"（22&ZD237）阶段性成果。

[**]　张仕佳，华中师范大学中国近代史研究所博士生，研究方向：社会经济史。

区域社会的一部分，客观上与中国近代的城市及社会变迁紧密相连。目前，学界对日本在华租界的研究较为丰富，日本学界也有相关研究。以新中国成立为界，研究的重点议题和分析视野也在发生变化。本文将学界对日本在华租界的研究成果加以梳理，以期为相关研究提供文献支撑。

一 日本在华租界研究的发展阶段

近代中国对日本在华租界的研究，大体上围绕日本租界设立、扩张及中国收回租界的脉络展开，又与日本对华侵略的步伐紧密相关。从形式上看，舆论、外交及中国抵制日本侵略相关的租界政治法律制度、侵华事件、社会问题都受到关注。晚清民国时期的报刊中关于日租界的讨论与研究，主要涉及日租界的开辟与相关条约、日租界的危害、市政建设、军事设施、民众冲突、租界收回等内容。大多是评论，有些是研究报告。如《日本研究》刊载的《天津日本租界局之调查》，作者根据实地调查，叙述了天津日租界的沿革，重点介绍了日租界董事会（即居留民会）的组成、行政机关的结构、警察消防义勇队的构成以及学校教育、市政公用设备、财政收支等情况。① 《进步英华周刊》刊载的《收回汉口日本租界》一文，涉及政治、经济、外交、商业等方面的利益关系，从历史和现实两个维度，论述中国收回汉口日租界是合情合理的行动。② 发表在《国民》上的《天津的日本租界："毒的渊薮"》，从"烈性"毒品、鸦片、花柳三个方面，考察了日租界的整个"毒化"情形，认为天津日租界是"海洛英的首都"。③

关于租界的研究著作，不少都涉及日本在华租界。1912 年，楼桐孙著《租界问题》一书，该著在第三章"租界之类别"中划分了日租界的种类，统计了日租界的数量，对日本在中国开设租界之行为进行了评价。④ 1926 年，南开大学政治学会编的《天津租界及特区》，收集了天津各国租界的管理制度资料，其中涉及天津日租界设立的董事会，警察、教育、慈善、

① 《天津日本租界局之调查》，《日本研究》（上海）1931 年第 1 卷第 9 期。
② 《收回汉口日本租界》，《进步英华周刊》1930 年第 11 期，第 1 页。
③ 欣晓：《天津的日本租界："毒的渊薮"》，《国民》1937 年第 1 卷第 7 期。
④ 楼桐孙：《租界问题》，商务印书馆，1912。

公有设备及财政的管理机构等。① 1928 年，顾器重出版《租界与中国》，该著在第四章中讨论了日租界的组织结构，在第五章中对已开辟的日租界进行了分类与统计。②

在新中国成立初期至改革开放前的近 30 年中，关于租界史的研究成果亦有不少，研究对象主要仍是英、美等租界，以日租界为主题的专题研究较少。对上海租界的研究，专著仅有《上海租界略史》③、《清末上海租界社会》④ 两书，重点讨论的是上海租界的社会结构和社会生活。相关论文只有 10 余篇，讨论的对象主要为英租界、俄租界和上海公共租界，其共同指向是：租界是"国中之国"，是帝国主义列强对中国进行军事威胁、政治控制、经济掠夺、文化渗透的侵略阵地。⑤ 这一时期值得一提的是对日租界相关资料的整理和出版。如天津市历史研究所编《天津历史资料》（第 4 期），收录了天津日租界的开辟、扩张与日本原定租界内进行的部分改进工作的相关资料⑥；四川大学历史系编《四川人民反帝斗争档案资料》中有重庆日租界的相关资料⑦。在中外关系、中日关系的相关研究中，涉及租界的内容亦有不少。从研究视野看，较多是从帝国主义与民族主义的角度展开，这与西方列强以租界为基地实施其侵华战略的基本定位是直接相关的。

改革开放后，租界史研究为国内学界所关注，研究议题也在扩展。一是举办学术研究会，最有代表性的是在 1988 年至 2021 年举办了四次以租界史为主题的学术研讨会，即 1988 年 7 月的"租界与近代中国社会"学术研讨会（上海）、2001 年 12 月的"租界与近代上海"国际学术研讨会（上海）、2019 年 4 月在武汉大学历史学院召开的"多元视野下的租界史研究"学术研讨会、2021 年 11 月的"跨界与跨国：租界内外与中国革命"

---

① 南开大学政治学会编《天津租界及特区》，商务印书馆，1926。
② 顾器重：《租界与中国》，卿云图书公司，1928。
③ 岑德彰编《上海租界略史》，文海出版社，1971。
④ 吴圳义：《清末上海租界社会》，文史哲出版社，1978。
⑤ 参见高朗《1861 年英帝国主义在汉口、九江强设"租界"及其他》，《历史教学》1965 年第 12 期；骆宝善《帝国主义在旧中国强占"租界"和"租借地"的概况如何？》，《历史教学》1962 年第 11 期。
⑥ 《租界的扩张、天津都统衙门、铁路》，载天津市历史研究所编《天津历史资料》第 4 期，1965，第 84~100 页。
⑦ 《四川人民收回重庆王家沱日租界斗争档案资料选辑》，载四川大学历史系编《四川人民反帝斗争档案资料》，四川人民出版社，1962，第 145~178 页。

学术研讨会。二是相关研究课题得到立项，如张洪祥（1991 年）立项了国家社科基金一般项目"近代日本租界与侵华研究"（91BZS037），李少军（2009 年）立项了教育部人文社会科学重点研究基地重大项目"从晚清到抗战前夕长江流域与日本关系研究"（2009JJD770031），王立民（2014年）立项了国家社会科学基金一般项目"租界法制与中国法制近代化研究"（14BFX019），于学蕴（2016 年）立项了国家社科基金一般项目"天津近代租界档案史料汇编"（16BZS063），石嘉（2022 年）立项了国家社科基金重大项目"日本在长江中下游地区调查资料整理与研究（1895—1945）"（22&ZD237）等。

关于租界史研究的综论或专题史研究中，对日租界多有论述。袁继成的《近代中国租界史稿》论及了各地租界的开辟、租界的性质、租界的收回，对租界的本质及作用进行了定性。其中第二章"其他各地租界的建立"中简单介绍了杭州、苏州、汉口、沙市、天津、福州日租界的建立过程，还注意到了划定厦门日租界的中日交涉。第五章中论及了日租界的收回。① 费成康的《中国租界史》对租界的开辟、收回做了相关论述，值得注意的是，作者从租界的土地、法律、行政制度层面对租界进行了研究。其中在第七章中对已开辟的 5 个日租界进行了简单的叙述，并比较了日租界与英法租界之间的异同。② 张洪祥的《近代中国通商口岸与租界》对近代中国通商口岸和外国租界形成、发展的历史过程及其客观影响进行了较为全面的研究，着重考察了列强进行经济掠夺的手段，客观地评述了中国通商口岸资本主义经济发展的情况，并介绍了中国人民开展反帝爱国斗争和收回租界、租借地的历史过程。其中在第八章"《马关条约》与日租界的建立"中，较为详细地讨论了杭州、苏州、汉口、沙市、重庆、天津、厦门、福州等处日租界的建立，其中对天津日租界的论述最为详细，除了其开辟与扩张外，对租界内的行政机构、经济侵略活动也有所探讨。③

研究日租界专题论文也取得了较大的进展。如上海市政协文史资料委员会等编辑的《列强在中国的租界》论文集，收录研究租界的论文 60 余篇，其中有 5 篇关于天津、杭州、苏州、沙市、重庆日租界的论文。④ 其

① 袁继成：《近代中国租界史稿》，中国财政经济出版社，1988。
② 费成康：《中国租界史》，上海社会科学院出版社，1991。
③ 张洪祥：《近代中国通商口岸与租界》，天津人民出版社，1993。
④ 上海市政协文史资料委员会等编《列强在中国的租界》，中国文史出版社，1992。

他相关论文在后文予以介绍。

总之，改革开放后，国内对日租界的研究呈现出以下几个特点。

一是研究对象的扩大。以前重点关注的是天津日租界，其次是汉口日租界，改革开放后，重庆、杭州、苏州的日租界也受到学界关注。但其研究具有不平衡性，仅在量的方面，有关天津日租界的论文有 40 余篇，关于汉口日租界只有 10 余篇，有关重庆、杭州、苏州日租界的论文数量极少。

二是研究主题的延伸。研究主题从军事、政治向经济、社会扩展。如孔芙蓉、李云科对天津日租界内的报刊进行分析，研究天津日租界报刊的本质与特点①；吴艳等对天津、汉口日租界内的教育情况进行研究，探讨了日租界的教育文化的本质②；桂川光正等通过研究天津日租界内侨民的生活状况及其中国观，探讨了日侨的生活与观念③；黄欣等通过考察天津、汉口、苏州日租界的经济活动，分析了日租界对当地社会经济的影响④；邓婧蓉、张东、田畑光永等通过对天津、汉口、重庆日租界的街道考察，探讨了租界与城市现代化的关联性⑤。

三是有关资料的整理出版取得了新进展。如《天津租界》是天津市政协文史资料研究委员会收录了一百多位熟悉租界情况的老年人士的所见所闻，再参考有关文献资料编写而成的。其中该书的第一部分"各国租界篇"中介绍了英、美、法、德、日、俄、意、比、奥九国租界的综合概

---

① 孔芙蓉：《天津日租界报刊文化侵略本质研究》，天津师范大学新闻与传媒专业硕士学位论文，2013；李云科：《天津日租界报刊研究》，天津师范大学新闻与传媒专业硕士学位论文，2016。

② 吴艳：《清末民初天津日本租界的初等教育一考——以日出学馆为例》，《河北大学学报》（哲学社会科学版）2013 年第 6 期；李雪：《天津日租界的中国人教育考察：以日出学馆为中心》（天津の日本租界における中国人教育に関する考察—日出学馆を中心として—），《早稲田大学大学院教育学研究科纪要别册》2014 年 3 月第 21 号 –2。

③ 〔日〕桂川光正著，史丽华译《天津租界日本侨民社会及其意识》，《城市史研究》2002 年第 1 期；〔日〕桂川光正著，周俊旗、郑玉林译《租界日本侨民的中国观——以天津为例》，《城市史研究》2000 年第 2 期；张利民：《20 世纪 30 年代前天津日侨社会与特征》，《历史档案》2009 年第 4 期。

④ 黄欣：《汉口日本租界研究》，湖北大学中国近现代史专业硕士学位论文，2012；万鲁建：《近代天津日本侨民研究》，南开大学世界史专业博士学位论文，2010；徐云：《苏州日租界述略》，《苏州大学学报》（哲学社会科学版）1995 年第 3 期。

⑤ 邓婧蓉：《天津原日租界区街廓形态研究》，《建筑与文化》2016 年第 2 期；张东：《汉口原日租界区的城市形态研究》，《华中建筑》2011 年第 5 期；田畑光永「长江上流の影薄き梦の跡：重慶租界」大里浩秋、孙安石编『中国における日本租界—重慶・漢口・杭州・上海』、御茶の水书房、2006。

况，共 156 页，其中日租界相关资料有近 40 页，占四分之一多。[1] 另有天津市档案馆等编《旧天津的日租界》、天津市政协文史资料研究委员会编《天津文史资料选辑》（第十八辑）等，均载有天津日租界的相关资料，《四川文史资料选辑》（第三十二辑）有关于收回重庆王家沱日租界的资料。[2] 值得注意的是日租界居留民团专题资料得到一定程度的整理，最具代表性的是《天津日本租界居留民团资料》，它汇总了 1907 年至 1945 年居留民团的年度事务报告书、居留民会议记录和居留民临时会议记录等（中间略有缺失），是研究天津日本租界和日侨等问题难得的基础性资料。[3]《天津租界档案选编》[4]、《广州文史》（第五十五辑）[5]、《汉口租界志》[6] 中都有日本居留民团的相关资料，其中《汉口租界志》中还收录了日租界的财政税务、学校、报刊、烟馆、妓院、收回等相关资料。此外，日方资料也受到学者们的关注，相关档案史料、报刊史料得到利用，较多研究注重从双边及多边关系维度展开。

二 政治和外交视野下的日租界研究

日租界是日本侵华的特殊产物，也是日本对中国实施政治、经济、军事、文化侵略的重要基地和手段，因此关于日租界的研究必然会涉及中日关系。对此，目前学界主要围绕以下几大专题开展研究。

（一）关于租界的定义和日租界数量的探讨

"租界"一词最早出现在 1876 年中英《烟台条约》中，对"租界"的定义学者持有多种看法。楼桐孙将租界定义为："中国政府租与外国商

---

[1] 孙立民、杨大辛：《日租界》，载天津市政协文史资料研究委员会编《天津租界》，天津人民出版社，1986，第 80～119 页。

[2] 天津市档案馆等编《旧天津的日租界》，天津人民出版社，2012；《天津日租界概况》《旧日租界路名对照表》，载中国人民政治协商会议天津市委员会文史资料研究委员会编《天津文史资料选辑》（第十八辑），天津人民出版社，1982，第 111～152 页；王化云：《收回重庆王家沱日租界运动的回忆》，载中国人民政治协商会议四川省委员会文史资料研究委员会编《四川文史资料选辑》（第三十二辑），四川人民出版社，1984，第 202～206 页。

[3] 天津图书馆《天津日本租界居留民团资料》，广西师范大学出版社，2006。

[4] 天津档案馆、南开大学分校档案系编《天津租界档案选编》，天津人民出版社，1992。

[5] 广州市政协学习和文史资料委员会编《广州文史》（第五十五辑），广东人民出版社，1999。

[6] 《汉口租界志》编辑委员会编《汉口租界志》，武汉出版社，2003。

民居住贸易之地界"，即"凡依据条约或依中国法令，于国境内划定某一地段，为外人居留之区域，允许外人在此地段内，有租地建屋及居住之权，则此地段即谓之租界，故亦曰居留地"，他认为当时的租界实际上有Concession与Settlement之分，"后者指土地权保留于地主，外人另需向地主个人租地。而前者则由外国政府向中国政府租得该地之全部，再由外国领事转租于外侨也"。据此，他将租界分为自管租界与他管租界，他管租界中又分为专管租界与公共租界。① 顾器重虽未对租界进行定义，但他阐明租界有如下性质。第一，租界是商埠的一种，与租借地不同；第二，租界是"租"给外国的，有"属人的根据"，但"属地的根据"不充分，"租界的属地主权，或以条约，或以其他规定"，可以"向对手国抛弃"；第三，"租界国行使地方的事务权以外，中国于租界内可以行使地方权以外之行政司法权"；第四，随着"租界之国"的设定，"所谓的租界者，就成为变相的割地了"。故他将租界分为"专有租界"、"公共租界"和"公共居留地"。② 楼氏和顾氏在一定程度上将租界和居留地等同，并且认为中国在租界内可以行使司法权和部分行政权。费成康认为："租界是鸦片战争后中国等国的通商口岸出现的供外人居住、贸易的区域，其特点是外人篡夺了当地行政、司法等主权，并主要由外国领事及外人选举的工部局或居留民团行使各种权力。"③

关于日租界的数量，目前主要有 11 处、10 处、7 处和 5 处之说。如楼桐孙认为日本在中国共有 11 处租界，其中有条约的租界为 8 个（杭州、苏州、汉口、沙市、天津、福州、厦门、重庆），无条约的租界有 3 个（奉天、安东、营口）。④ 顾器重认为有 10 处（厦门、天津、福州、营口、汉口、苏州、杭州、沙市、重庆、安东），且均为专有租界。⑤ 刘敬坤认为日租界有 10 个（杭州、苏州、汉口、沙市、天津、福州、厦门、重庆、上海公共租界、鼓浪屿公共租界）。⑥ 陈明远认为真正开辟的日租界只有杭州、苏州、汉口、天津、重庆 5 处，所谓上海日租界并不存在，因为"上

---

① 楼桐孙：《租界问题》，商务印书馆，1912。
② 顾器重：《租界与中国》，卿云图书公司，1928。
③ 费成康：《有关旧中国租界数量等问题的一些研究》，《社会科学》1988 年第 9 期。
④ 楼桐孙：《租界问题》，商务印书馆，1912。
⑤ 顾器重：《租界与中国》，卿云图书公司，1928。
⑥ 刘敬坤：《我国旧时到底有多少租界》，《民国春秋》1998 年第 3 期。

海从来没有正式签约规定的日租界，原先日本也没有参与公共租界"①。费成康也认为在华日租界有 5 个（杭州、苏州、汉口、天津、重庆)②。植田捷雄认为日本在中国的专管租界为：苏州、杭州、天津、汉口、厦门、沙市、福州 7 处。③ 大里浩秋等持 10 处说，认为"当时成立了日本租界并不同程度地发挥了租界功能的为重庆、苏州、杭州、天津和汉口 5 个城市，而可以说成立了租界也可以说没有正式成立租界的也有 5 个地方"，即沙市、厦门、上海、福州、广州。④

由上可知，学者们提到的日租界共有 14 处，主要分布在沿海和长江流域。之所以对日租界的数量存在争议，其原因是判断标准不同。相对而言 11 处日租界的说法比较全面。笔者认为，考究租界的数量，应同时关注两个条件：一是条约认可的，即法律上的租界；二是无条约但被强占的，即事实上的租界。故日本通过不平等条约在杭州、苏州、汉口、沙市、天津、福州、厦门、重庆 8 处开辟了专管租界，通过强占手段在奉天、安东、营口 3 处开辟了租界，虽然后 3 处属于无条约租界，但不能否认其存在的事实。

（二）关于日租界的形成与扩张的研究

关于日租界的形成，戴一峰认为，日租界的形成是日本政府强迫清政府签订不平等条约，采用欺诈和武力威胁等不正当手段开辟的，是"侵略中国的产物"，"充分暴露了这个新兴的军事封建帝国扩张侵略的疯狂性"。⑤ 戴氏的观点也为其他学者接受和引申。如张利民认为，日本能够成功在天津开辟日租界，一方面是因为日本提前做好了详尽的划界计划及其咄咄逼人的行径和强硬的态度，另一方面则是因为中国政府在交涉中的被动地位和妥协退让的政策，特别是中国官员态度暧昧，主动让步和欺上瞒下的恶劣举动，让日本有机可乘。即便如此，天津日租界的开辟历时两年、经过两次谈判才最终确定。⑥ 关于汉口日租界的开辟，黄欣认为，由

---

① 陈明远：《百年租界的数目、面积和起讫日期》，《社会科学论坛》2013 年第 6 期。

② 费成康：《有关旧中国租界数量等问题的一些研究》，《社会科学》1988 年第 9 期。

③ 〔日〕植田捷雄：《支那租界论》，严松堂，1934。

④ 大里浩秋、孙安石编『中国における日本租界—重慶・漢口・杭州・上海』、御茶の水書房、2006。

⑤ 戴一峰：《简述近代中国租界的形成和扩展》，《中国社会经济史研究》1982 年第 2 期。

⑥ 张利民：《划定天津日租界的中日交涉》，《历史档案》2004 年第 1 期。

于汉口在地理、政治、经济和贸易上的重要性，日本在被清政府拒绝后也没有放弃设立汉口日租界的企图，而是以增加贸易税种为交换条件，经过谈判后得以开辟。① 在苏州日租界的开辟上，徐云认为日本在苏州开辟日租界虽然受到了江苏官府的抵制，但其并不罢休，日本当局以"同意日商向中国交纳内地制造税"，来换取清政府的让步，有计划地实现其开辟目的。②

由上可见，日本在中国开辟租界并不是一帆风顺的，基本上都经历了与中国政府的交涉与谈判。对于日租界开辟后的影响，学者们认为主要有三方面。一是中国主权受损。如金普森等指出在杭州日租界内中国丢失了土地权、司法权等，主权受到侵蚀。③ 二是侵犯了中国的经济利益。正因为如此，日本在华每开辟一个租界都会引起当地民众的强烈反抗。如天津日租界的开辟与扩张，引起当地商民的反抗。④ 三是日本与列强的矛盾加深。如厦门日租界的开辟即引起了日本与美、英等国的矛盾冲突。⑤

关于在华日租界的扩张，戴一峰认为1896～1902年其扩张大致可分为4次。首先是1896年10月，日本强迫清政府订立了"公立文凭"，获得在中国8个城市（苏州、杭州、沙市、重庆、上海、天津、厦门、汉口）开辟租界的权利。在甲午战后短短几年内，日本在华共设立了11处专管租界。其次是1897年，日本以"公立文凭"为借口，在厦门、鼓浪屿两地划出22万坪的土地，要求设立租界。再次是1899年，日本企图在厦门、鼓浪屿两处划定租界，但受美、英等国的反对和厦门道台的拒绝，最终只获得在厦门虎头山脚一带设立租界的特权。最后是1900年，日本领事趁义和团运动期间厦门局势动荡之时，以保护侨民为借口，企图武力强占鼓浪屿，但受英、美干预而未得逞。1902年日本及英美等国领事与清朝地方官员签订了《厦门鼓浪屿公共地界章程》，开辟了鼓浪屿公共租界。⑥

黄欣对汉口日租界的扩张做了考察，认为汉口日租界的扩张分为两个阶段。第一个阶段是1898～1907年的扩界阶段。1898年日本开辟汉口日

---

① 黄欣：《汉口日本租界研究》，湖北大学中国近现代史专业硕士学位论文，2012。

② 徐云：《苏州日租界述略》，《苏州大学学报》（哲学社会科学版）1995年第3期。

③ 金普森、何扬鸣：《杭州拱宸桥日租界的几个问题》，《杭州大学学报》（哲学社会科学版）1989年第4期。

④ 张利民：《划定天津日租界的中日交涉》，《历史档案》2004年第1期。

⑤ 戴一峰：《简述近代中国租界的形成和扩展》，《中国社会经济史研究》1982年第2期。

⑥ 戴一峰：《简述近代中国租界的形成和扩展》，《中国社会经济史研究》1982年第2期。

租界，1906 年京汉铁路通车后，汉口日领事馆领事要求扩展日租界。1907 年 2 月 9 日中日双方签订了《日本添拓汉口租界条约》，规定了汉口日租界的扩界区域，至此汉口日租界的面积由原来的 246.5 亩扩展到了 662.75 亩。第二个阶段是 1907～1921 年的越界阶段。在条约允许范围以外，日本还通过购买地基、越界建房、私自移动界碑等手段扩大租界范围。黄氏认为扩界与越界虽然都是对中国主权的严重侵害，但从当时的历史背景来看，扩界是合法行为，而越界则是非法行为。[①]

万鲁建对天津日租界的扩张做了叙述，1900 年日、法两国私相授受，法国将法租界内的一块 89 亩的沼泽地让与日本。1902 年日本租借了德国租界下游的 100 亩地，作为船舶停靠的码头。1903 年中日签订《天津日本租界推广条约》，天津日租界再次扩充，总面积达到 2150 亩。[②]

关于重庆租界的扩张，田畑光永认为日本在 1896 年根据《马关条约》在王家沱开设了"通商城"，并非租界，经过漫长的交涉后于 1901 年 9 月 24 日签订了《重庆日本商民专界约书》，确定了租界范围、租金、可行使的权利、需遵守的内容、城内及王家沱侨民居住的规定等。除了政治扩张，日本还利用租界进行了经济扩张，如 1908 年 4 月成立"川江轮船公司"，新开重庆航线并增添了当时最高级别的汽船 3～5 艘与其他国家竞争，不久便成为长江航线的重要力量。[③]

（三）关于收回日租界问题的研究

民国时期有大量舆论及学者观点呼吁收回日租界，认为租界对中国的政治、经济、民族德行的危害极大，如"要保全国家的主权，挽救民族的生命，必须要收回全国租界"，并呼吁尽快收回汉口日租界，"进而收回全国各租界"。[④] 关于日本拒绝返还汉口租界的行为，有学者认为是十分不合情理的。首先，"我国收回领土权在独立国家之立场，亦系正当合理之行为"；其次，"各国在汉口之租界业已抛弃，日本岂能独异"；再次，日本曾经也被他国开辟租界，对于中国收回租界应"表以热烈之同情"；最后，

---

① 黄欣：《汉口日本租界研究》，湖北大学中国近现代史专业硕士学位论文，2012。
② 万鲁建：《近代天津日本侨民研究》，南开大学世界史专业博士学位论文，2010。
③ 田畑光永「長江上流の影薄き夢の跡：重慶租界」大里浩秋、孙安石编『中国における日本租界—重慶・漢口・杭州・上海』御茶の水書房、2006。
④ 彦：《收回汉口日租界问题》，《中央周报》1930 年 12 月 22 日，第 2～3 页。

日本不交还汉口日租界，将不利于自身的外交、贸易和经济。据此，日本应当将汉口日租界归还。①

关于收回五处日租界的时间，天津、杭州、苏州三处日租界于 1945 年收回的时间无明显争议，而对汉口和重庆日租界的收回时间却有不同观点。汉口日租界的收回时间有 1937 年与 1945 年之说。袁玉认为"日租界虽有反复，仍应以 1937 年 8 月 13 日为收回时间"②。而牛渭涛认为 1943 年汪伪政权仅仅只在形式上收回了各地日租界，"直到 1945 年抗战胜利后，国民政府才正式收回各地日租界"③，刘敬坤与牛渭涛看法基本相同，认为虽然汪伪国民政府于 1940 年 11 月 30 日同日本签订了《汪日基本关系条约》，规定"交还其租界"，但日本政府既不愿实行，英、法、美各国也不承认汪伪政权。所以，1940 年的《汪日基本关系条约》中所说的"交还其租界"，并没有成为事实，1945 年 8 月 26 日，重庆国民政府宣布接收汪伪政权，对汪伪所接收的原租界，均以接收伪政府机构的方式接收，因此汉口日租界收回时间应以 1945 年为准。④

重庆日租界的收回时间有 1931 年和 1937 年之说。有人认为，重庆日租界经历了两次收回，第一次是 1931 年 10 月 24 日，刘湘派军警接管了王家沱租界，在 1932 年时国民政府与日本签订了《淞沪协定》后，日本派领事重返重庆日租界。第二次是 1937 年抗战爆发后，重庆警察局再次接收重庆日租界。⑤ 民国时期的《时事月报》对重庆日租界的收回经过及具体时间进行了报道，报道中称日领事于 1931 年 10 月 28 日交还重庆日租界，"现一切均于 30 日由我方接收"。⑥ 黄淑君等认为收回日为 1931 年 10 月 22 日，即日领事"率领日侨乘日本军舰离渝回国"的日子。⑦ 邓沛和王德昱给出了重庆日租界的具体收回时间，邓沛认为是"（1937 年）8 月 1 日凌晨"，王德昱老先生根据自己亲身经历和记忆也给出了日侨及领事撤离的

① 《收回汉口日本租界》，《进步英华周刊》1930 年第 11 期，第 1 页。
② 袁玉：《也谈汉口外国租界之设立、扩界及收回的时间》，《武汉文史资料》1994 年第 2 期。
③ 牛渭涛：《抗战时期汉口日租界收回始末》，《档案记忆》2017 年第 8 期。
④ 刘敬坤、邓春阳：《关于我国近代租界的几个问题》，《南京大学学报》（哲学·人文科学·社会科学版）2000 年第 2 期。
⑤ 上海市政协文史资料委员会等编《列强在中国的租界》，中国文史出版社，1992。
⑥ 《一月来之外交：收回重庆日本租界》，《时事月报》1931 年第 6 期，第 248 页。
⑦ 黄淑君、王世祥：《重庆王家沱日本租界始末》，《西南师范大学学报》（哲学社会科学版）1989 年第 3 期。

具体时间是"8月1日晨"，中国政府接管的时间是"7月31日"①，该说法与邓沛之文基本一致，二者可相互参证。

由此可见，汉口和重庆日租界都经历了两次收回。汉口日租界分别是1937年名义上的收回和1945年的事实收回。重庆日租界分别是1931年名义上的收回和1937年实际上的收回。

（四）关于日租界政治、经济、军事侵略行为的研究

日本借助于租界进行了大量的政治、经济及军事侵略行为。

一是经济侵略行为的研究。艾新全通过对重庆日租界工厂的考察，认为这些工厂基本都"直接利用四川土产和廉价劳动力获取巨额利润"②。刘霁岚等认为第一次世界大战后，日本利用天津日租界的便利，加紧对中国大量倾销棉布、面纱等商品，从中获取利润。③ 徐云分析苏州日租界内的瑞丰丝厂廉价收购原材料茧、界内设蚕种场以谋取厚利、将大批原料茧运往日本、运茧不纳税等嚣张行为，认为苏州日租界是日本帝国主义大肆掠夺和破坏苏州经济资源的罪恶的庇护所。④ 陈晖认为日商瑞丰、绪纶在苏州日租界开设茧行后，大规模出口蚕茧，协助日本当局掠夺中国的战略物资。⑤ 万鲁建通过考察天津日租界内的经济活动，认为日本在日租界内设置洋行是进行经济侵略的一个重要手段。⑥ 黄攀为也持相同观点，认为重庆日租界内的主干核心新利洋行是一个集谍报、航运、商业势力于一体的代表近代日本在川实施经济侵略的重要工具。⑦ 有学者对日租界制毒、贩毒的行为进行了探讨。如袁继成通过对汉口日租界制毒、贩毒情况的考察，认为日本人通过各种方法将毒品从汉口日租界运往各销售点，汉口日

---

① 邓沛：《重庆日租界的收回》，《民国春秋》1998年第5期；王德昱：《不能忘却的记忆——1901—1937年重庆日本租界剖析》，《文史杂志》2001年第4期。

② 艾新全：《重庆日本租界》，载上海市政协文史资料委员会等编《列强在中国的租界》，中国文史出版社，1992，第392页。

③ 刘霁岚、马惠卿、胡君素：《天津日租界内幕》，载上海市政协文史资料委员会编《列强在中国的租界》，中国文史出版社，1992，第141页。

④ 徐云：《苏州日租界述略》，《苏州大学学报》（哲学社会科学版）1995年第3期。

⑤ 陈晖主编《苏州市志》第2册，江苏人民出版社，1995，第46页。

⑥ 万鲁建：《近代天津日本侨民研究》，南开大学世界史专业博士学位论文，2010。

⑦ 黄攀为：《近代日本对四川经济侵略的代表——新利洋行初探》，《文史杂志》2022年第4期。

租界是"华中地区制造毒品的大本营"。① 黄欣也持同样观点，并认为汉口日本领事不仅包庇了制毒、贩毒行为，还创造了将毒品贩售合法化的条件，是制毒、贩毒活动的保护伞。② 刘一曙认为汉口日租界内的洋行利用不平等条约规定的特权，在日租界当局的庇护下，走私鸦片，牟取暴利，对中国进行着经济侵略。③ 欣晓分析天津日租界的毒品种类、销路、吸食人群、吸食情况，认为天津日本租界是"毒的渊薮""海洛因的首都"。④

二是对日租界军事侵略行为的研究。日本假借保护侨民、维护日租界治安之名在租界周围驻兵，其军事演习等活动并不在日租界内，但与日租界有着极大的关系。如黄欣认为汉口日租界内的某些普通店铺，实际上是在汉口进行谍报工作的据点，为其军事侵略提供情报。日本在居留地外建设日本军营、派陆军派遣队驻扎汉口、进行军事演习、军事示威，以此造成军事威胁，侵害中国主权。⑤ 李少军认为日军假借保护帝国领事馆、侨民之名，让派遣队驻汉是为了维护日本在湖北的既得利益，保障其扩张并使汉口成为长江中上游的谍报中心，是侵略中国，破坏中国之独立，侵害中国主权的表现。⑥ 罗澎伟认为，天津日租界内建有自己的警察总署，其重要职能就是在进行特务活动时，配合日本驻军搜集情报，检查抗日排日书刊读物，镇压中国人民的抗日力量。⑦

三是对中国立法、行政、司法的破坏。江立云从立法的角度，通过对租界的立法形式和立法主体的分析，认为日租界跟其他列强租界一样，通过不平等条约获得开辟租界的"约章"，然后独自制定了管理"发达"的天津和汉口日租界的《居留民团法》和管理"不发达"的苏州、杭州、重庆日租界的《居留民会规则》，从而获得独立于中国政府之外的行政权；与其他列强租界不同的是，日租界的管理法规，不仅在日租界内，也在日租界周边区域实施；日本驻华领事掌握着租界行政的立法权，从而更直接地体现其国家意志。⑧ 徐云认为在苏州日租界内，中国的司法制度完全行

① 袁继成主编《汉口租界志》，武汉出版社，2019，第394页。
② 黄欣：《汉口日本租界研究》，湖北大学中国近现代史专业硕士学位论文，2012。
③ 刘一曙：《汉口日租界内的罪恶活动》，《武汉文史资料》2004年第8期。
④ 欣晓：《天津的日本租界："毒的渊薮"》，《国民》1937年第1卷第7期。
⑤ 黄欣：《汉口日本租界研究》，湖北大学中国近现代史专业硕士学位论文，2012。
⑥ 李少军：《民国初期在汉口之日本陆军派遣队述略》，《近代史研究》2013年第2期。
⑦ 罗澎伟主编《天津通志·附志·租界》，天津社会科学院出版社，1996，第110页。
⑧ 江立云：《中国租界立法制度初探》，《天津市工会管理干部学院学报》2004年第3期。

不通，丧失了司法实施之权。① 王立民通过"租界区域法制"的视角，指出日本先后在杭州、苏州、汉口、沙市、天津、重庆建立了日租界的区域法制，并率先在其租界内建立日本化的权力机关、日本化的法制内容、日本化的行政执法，并认为这种日本化的"租界区域法制"使"中国法制的统一性进一步遭到破坏"。②

日本学者对于日租界的侵略性有两种不同的看法。植田捷雄站在日本政府的立场上，认为租界对于来华的外国人来说具有"获得政治权益""保护通商贸易""保护生命财产"的价值，他还无视日本的侵略事实，认为租界是中国公开允许设定的，并没有侵害中国主权。③ 虽然植田讨论的是租界，但其目的是美化日本政府通过日租界对中国进行侵略的行为。同时他在另一本著作的序言中写道："中国租界的百年历史可以反映出欧美列强对中国的侵略。换言之欧美势力的消长即租界的盛衰。"作者在论述过程中将日本租界及其侵略行径排除在欧美列强之外。④ 这实际上是有意掩盖日本侵略中国的行为。大里浩秋认为植田可能基于"当时的实际情况，选择了这种自私的说法，但实际上日本紧随欧美列强的脚步，进行了更进一步的侵略。日本不能假装看不见这个事实，应该正视历史"⑤。

三　城市史视野下的日租界研究

日租界在治外法权及不平等条约的保护之下，在社会动荡时期吸引了不少人口和财富的流入。日本为将租界建设成为其侵华扩张的基地，也重视租界的市政及经济功能。同时，日侨大量向租界移居，使日租界呈现出与其他租界有差异性的社会面貌。从城市史的角度出发，可以观察到日本如何改造强权控制下的城市空间。

（一）　日租界与城市经济变迁

关于日租界对城市经济的影响方面，有"发展说""侵略说"等不同

---

① 徐云：《苏州日租界述略》，《苏州大学学报》（哲学社会科学版）1995年第3期。
② 王立民：《甲午战争后中国区域法制的变化》，《中外法学》2016年第1期。
③ 〔日〕植田捷雄：《支那租界论》，严松堂，1934。
④ 〔日〕植田捷雄：《中国に於ける租界の研究》（《中国租界研究》），严松堂，1934。
⑤ 〔日〕大里浩秋：《租界研究の現状と展望》（《租界研究的现状和展望》），《年报非文字资料研究》2011年第7期。

看法。如不论经济性质及其用途，日租界区的经济是有所成长的。赵津在讨论租界对天津城市近代化影响时，认为租界创造了一个适宜的投资环境，不仅激起民族资本的踊跃投资，还吸引了很多外国资本，其中就包含了日本的投资，特别是抗战开始后日本的投资跃居首位，成为促进天津城市的近代经济发展的一个因素。① 李云科认为天津日租界报刊早期刊载的贸易和商业信息，客观上促进了天津的对外贸易及工商业经济的发展。② 谭刚毅等认为日本等列强在汉口开辟租界的同时，带入了大量的资本，如商行、工厂、住宅、旅店等各种建设在租界内开始大规模进行，间接地带动了城市的发展。各国在汉口的租界沿江设置港口码头，也推动了城市沿长江岸线扩张。③

黄欣认为日本在汉口日租界的经济活动，一方面"是一种经济侵略"，但另一方面促进了中日贸易的繁盛，"对汉口经济发展客观上有着推动作用"。④ 张海林分析苏州日租界开辟、经营、商业活动、组织及与之邻近的通商场，认为苏州日租界和商埠内广泛建立的银行、保险、百货、运输、工厂、学校、医院等经济文化机构在客观上带来了城市的更新与繁荣，刺激了地方近代工商业和文化的诞生与成长。苏州城市的转型、各个领域资本主义新因素的萌发或多或少都与租界有某种联系。⑤

但也有学者对这种"客观推动作用"持否定的意见，认为杭州的日租界对当地城市的推动作用很小，甚至没有。如金普森等指出租界对城市的现代化虽有正作用，但必须分地区来看待，不能一概而论，日本人打开了杭州的大门，却无助于杭州经济的发展，拱宸桥日租界给近代杭州带来的仅是灾难和罪恶，而不是繁荣和进步⑥；汤洪庆认为日本无法像欧美国家那样用雄厚的经济实力来繁荣租界，日租界本身不发达，对杭州的发展自然起不了什么作用，根本无法与租界对于上海的作用相提并论⑦。

---

① 赵津：《租界与天津城市近代化》，《天津社会科学》1987 年第 5 期。
② 李云科：《天津日租界报刊研究》，天津师范大学新闻与传媒专业硕士学位论文，2016。
③ 谭刚毅、刘剀：《租界之"界"——汉口租界的边界与边界效应》，《中华建筑》2009 年第 7 期。
④ 黄欣：《汉口日本租界研究》，湖北大学中国近现代史专业硕士学位论文，2012。
⑤ 张海林：《苏州早期城市现代化研究》，南京大学出版社，1999，第 79~98 页。
⑥ 金普森、何扬鸣：《杭州拱宸桥日租界对杭州的影响》，《杭州大学学报》（哲学社会科学版）1992 年第 1 期。
⑦ 汤洪庆：《杭州城市早期现代化研究（1898—1927）》，《浙江学刊》2009 年第 6 期。

（二）日租界与文化、教育的研究

日租界文化侵略行为研究的成果主要体现在揭露日租界通过开设学校、创办报刊、建立图书馆和公园等方式实施文化侵略的行为。如吴艳、李雪对天津日租界内日出学馆的办校背景、沿革、教育内容等进行了考察，认为由日本天津驻屯军创办的日出学馆对尚未启智的中国孩童实施亲日奴化教育，其目的在于培养亲日人才，以维持日本在天津日租界的殖民统治，从而进一步推进殖民政策，具有极强的政治目的和殖民性。① 孔芙蓉分析天津日租界创办报刊的情况，认为日本在天津日租界内创办报刊是为了控制宣传工具，通过报纸制造反动的、有利于侵华的舆论，且其报刊渗透面广，还具有组织性、欺骗性、隐蔽性、野蛮性、疯狂性等特点②。李云科认为九一八事变后，随着中日关系的紧张，日租界报刊的文化侵略越来越明显，表现在日本通过各种手段控制日伪报刊、紧密配合日军的侵略战争、进行欺骗性宣传等行为。③ 关于日租界内图书馆的作用，万鲁建认为天津日本图书馆在"其存在的四十余年间主要体现的是日本的文化渗透，对日本在华政治、经济和文化等方面的侵略起到辅助作用"。④ 万鲁建分析天津日租界内的大和公园的作用，认为大和公园是殖民的象征，具有浓厚的政治色彩，带有"日本殖民主义的政治特性"。⑤

在物质层面，日租界的文化教育设施具有一定的优势。其主要观点是天津日租界与其他日租界相比是发展得最好的一个租界，其租界内的文化教育设施也相对比较齐全，部分学校和图书馆对当今具有现实意义。如万鲁建通过天津日租界内的 7 所日本人学校的历史，分析了当时天津日本居留民团及其日本侨民是如何开展学校教育的，认为学校的设立一要有充分的准备，二需要当局与民众的支持，这样学校的硬件设施和师资力量才能

---

① 吴艳：《清末民初天津日本租界的初等教育一考——以日出学馆为例》，《河北大学学报》（哲学社会科学版）2013 年第 6 期；李雪：《天津の日本租界における中国人教育に関する考察—日出学馆を中心として—》（《天津日租界的中国人教育考察：以日出学馆为中心》），《早稻田大学大学院教育学研究科纪要别册》2014 年 3 月第 21 号 -2。
② 孔芙蓉：《天津日租界报刊文化侵略本质研究》，天津师范大学新闻与传媒专业硕士学位论文，2013。
③ 李云科：《天津日租界报刊研究》，天津师范大学新闻与传媒专业硕士学位论文，2016。
④ 万鲁建：《天津日本图书馆述略》，《图书馆工作与研究》2006 年第 5 期。
⑤ 万鲁建：《近代天津日本侨民研究》，南开大学世界史专业博士学位论文，2010。

比较完备。① 万鲁建还分析了天津日本图书馆的历史沿革、特点，认为该图书馆虽然在为普通日本居留民提供服务和为侵华日军提供情报信息方面发挥了作用，但也为当时的同类图书馆的建立提供借鉴，同时其图书馆所藏资料在战后保存完整，可为日后中日两国的研究者提供大量历史文献资料。② 李云科认为"日租界报刊传播的西方文明对启迪国人心智、开启蒙昧有直接影响，关于报刊的一些先进理念和技术的宣传有利于中国近代报刊的发展"。③

（三） 日租界与城市市政公用事业

日租界重视市政建设。这首先表现在租界的道路建设方面，有学者从城市形态学的视角出发，考察了天津和汉口原日租界区的道路设计理念及其长久性。邓婧蓉通过对天津原日租界地理状况的考察，认为其道路规划具有一定的规律性，如"道路网近似方格网格局，街廓形态大多为规则四边形"，其中横向道路多，其规划意图是为了取得与其他国家的居留地、天津老城之间便捷的联系。④ 宋静认为天津原日租界与天津其他各国租界一样，1900 年开辟之初进行路网规划。1937～1945 年日军占领天津，成立伪华北建设总署，统筹区域内城市建设事务。⑤ 张东考察汉口原日租界的地理状况，认为汉口原日租界的街道呈方格网结构，街道宽度为 15 米，与沿街建筑高度比例适宜，细密路网格局适应了商贸及生活需求。⑥

其次，是日租界当局对租界内的医疗、公共卫生的重视。对于日租界当局实施的各项公共卫生措施，大多数学者给予肯定。如罗芙云认为，"从卫生的角度来看，日租界或许是整个天津最全面受到监控的地区"，日本"之所以得到这种世界级的帝国主义列强的地位，部分要归功于它表现出自己分享了卫生、卫生警察和细菌学的语言——包含在日文词语 eisei

---

① 万鲁建：《近代日本在天津设立的学校》，《消费导刊》2009 年第 16 期。
② 万鲁建：《天津日本图书馆述略》，《图书馆工作与研究》2006 年第 5 期。
③ 李云科：《天津日租界报刊研究》，天津师范大学新闻与传媒专业硕士学位论文，2016。
④ 邓婧蓉：《天津原日租界区街廓形态研究》，《建筑与文化》2016 年第 2 期。
⑤ 宋静：《天津原日租界区的形态演变与空间解析》，天津大学城市规划与设计专业硕士论文，2010。
⑥ 张东：《汉口原日租界区的城市形态研究》，《华中建筑》2011 年第 5 期。

（卫生）中的现代技术"。① 万鲁建认为天津日租界当局在公共环境卫生、饮水卫生、食品卫生、传染病防治上的措施对当时中国政府的公共卫生治理具有一定的借鉴作用。②

再次，是日租界内公共空间的建设。有学者从建筑史的角度对日租界内的公共建设进行了探讨。如孙媛认为，公园是新兴的现代化设施，天津日租界大和公园的规划布局结合了西洋与日本元素，园内设置音乐堂、公会堂、图书馆和运动场等公共娱乐空间。③ 高福美认为天津日租界主要沿袭其本国传统的井字街区布局方式，建筑整齐，尺度较小。一般是室内"东洋"装扮，室外则崇尚"西洋"的装饰。④

最后，是日租界管理制度的借鉴意义，如王立民分析日租界的地租规定，认为其规定中的部分内容为租界带来了现代法制，如天津日租界的租界续立条款肯定并规定了现代警政制度，它要求设立会缉捕局、巡捕房，进行现代治安管理，并提出了一些具体办法；汉口日租界的日本专管租界条款对居住制度的规定，是现代法制的内容。⑤

四　日侨社会视野下的日本侨民及侨民生活研究

日租界是日本在华侨民的聚居之地。在日本的侵华计划里，租界是其扩张的重要基地。大量日本侨民在租界谋生及工作，甚至形成了日本人社区。关于这一问题，在较早的研究中多未关注，现在随着日方史料的收集与利用，相关研究也在不断丰富。

天津日租界是五处专管租界中发展最繁荣的，因此对天津日租界经济的研究相对较多。有学者认为天津日租界内的经济情况与政治、战争具有关联性，特别是与租界内中国人口的数量关联极大。如桂川光正指出辛亥

---

① 〔美〕罗芙云：《卫生的现代性——中国通商口岸卫生与疾病的含义》，向磊译，江苏人民出版社，2007，第284页，第183页。
② 万鲁建：《天津日租界的公共卫生治理》，《消费导刊》2009年第15期；万鲁建：《近代天津日本侨民研究》，南开大学世界史专业博士学位论文，2010。
③ 孙媛：《近代天津日租界大和公园区域空间规划及景观元素研究》，《中国园林》2019年第5期。
④ 高福美：《租界与天津城市现代化进程关系探析》，《城市》2008年第12期。
⑤ 王立民：《中国的租界与法制现代化——以上海、天津和汉口的租界为例》，《中国法学》2008年第3期。

革命、第一次世界大战给日租界经济带来了影响。辛亥革命前，以日本人为对象的市场已呈饱和状态，以商业为生活基础的日籍商人过剩，日租界和日本人很快陷于困境。辛亥革命爆发后，一部分中国人避难于租界内，受此影响，天津日租界的困境得到了缓解。接着第一次世界大战给日本对华贸易带来经济效益，租界内的日本人可以享受家庭生活。① 万鲁建认为虽然第一次世界大战给日本商人带来新的商机，但随着一战的结束，日本国内陷入经济不景气的状况，天津的日本商人也深受影响，例如1925年天津贸易所的经营状况是"只能经营，而无法分红"。② 小林元裕认为1931年九一八事变后，中国人的外迁对日租界经济产生了很大影响。其一，依赖中国人为商业伙伴的天津日本侨民失去了商业伙伴，商业难以进行；其二，居留民团财政多依赖租界内的中国人税金，中国人从日租界外迁使得财政极为窘困，给居留民团财政带来很大影响。面对经济困难，居留民团一是对避难的中国商人进行劝归，二是放贷年末救济资金，以此来寻求日租界和侨民的重生。③ 可见战争和日租界内中国人的数量是影响日租界经济的两个要素。

对于日本侨民来说，拥有治外法权的租界是一片乐土，但随着各种事件与中日冲突的爆发，他们的观念发生了一些变化。桂川光正认为辛亥革命后，天津租界里的日侨产生了"有钱的中国人"与"贫穷的日本人"的观念，并为此感到不安，担心失去在租界的实权。④ 张利民通过在华日侨的社会生活行为，分析了在华日侨的意识特征，认为在华日侨对日租界具有强烈的本土意识；在社会交往上，具有戒备心理，日侨经常自己组织活动，有意识地与他国人保持距离，进行自我封闭。随着时局的变化（抵制日货运动、侵华战争等），自我戒备与自我封闭的心态，逐渐转化成自大和蔑视意识。⑤ 万鲁建认为在持续的排日、抵制日货运动中，日侨的内心

---

① 〔日〕桂川光正：《天津租界日本侨民社会及其意识》，史丽华译，《城市史研究》2002年第1期。

② 万鲁建：《近代天津日本侨民研究》，南开大学世界史专业博士学位论文，2010。

③ 〔日〕小林元裕：《天津事件再考——以天津总领事馆、中国驻屯军、日本侨民为视角》，万鲁建译，《城市史研究》2012年第1期。

④ 〔日〕桂川光正：《天津租界日本侨民社会及其意识》，史丽华译，《城市史研究》2002年第1期；〔日〕桂川光正：《租界日本侨民的中国观——以天津为例》，周俊旗、郑玉林译，《城市史研究》2000年第2期。

⑤ 张利民：《20世纪30年代前天津日侨社会与特征》，《历史档案》2009年第4期。

开始充满不安，并开始敌视中国。[①]

还有学者通过对日租界内的文化教育设施考察其对日侨观念的影响。如李雪考察了天津日本图书馆后认为，这种文化教育机构对日侨具有认同"母国"及其社会的作用，具体表现：一是提供日本方面的报刊，让居留民能很好地了解"母国"的事情；二是为天津的日本青年提供持续学习的场所；三是为日本居留民提供开展演讲会、展览会的场所，增加彼此间交流；四是新设儿童图书馆，辅助学校教育。[②]

关于日侨社会的特征，中日学者有着不同的观点。中国学者多从"日侨"单方面出发，关注其"封闭性"，日本学者多从"日侨—中国人"两个方面出发，关注其"竞存"关系。如万鲁建认为日租界是一个相对独立的社会系统，日本民族自身具有"内""外"感，使日本侨民的社会生活和社交网络具有一定的封闭性和集团性。[③] 张利民认为中日关系日趋交恶加上日侨自身营造的自我独立的空间环境导致日侨社会具有封闭性。[④]

"封闭性"是日侨带来的主观结果，客观上日侨社会的构造与租界内的居住人群是分不开的。日本学者在考察日侨社会特征时，讨论了与日租界内中国居民的关系。如松村光庸认为在日租界社会中，有实力（有钱或有社会地位）的中国人在日本租界的纳税、参政权、政治参与、"天津共益会"等政治活动上，一直保持着特别重要的存在感。因此，天津居留民中的租界上层人，不仅要处理环境、生活等日常问题，有时还要与中国人争夺租界行政权，经济贸易上，日商、华商有着紧密的联系，故日侨社会的构造特征为，天津的日本居留民和中国人紧密地联系在一起。[⑤] 渡边千寻在考察天津日租界的政策时提到，一方面日租界的建设资金来自居留民缴纳的课税，租界内日侨少，为增加税收，不得不吸引中国人前来居住；另一方面"居留民团法"又无法完全控制中国人，且中国人可以在天津日租界进行商业买卖。由此，他认为在租界社会里中国人和日本人之间存在

① 万鲁建：《近代天津日本侨民研究》，南开大学世界史专业博士学位论文，2010。
② 李雪：《戦前・戦中期の天津における日本人の社会教育に関する一考察：天津日本図書館の教育活动を中心に》（《二战前期和战时的天津日本人的社会教育考察：以天津日本图书馆的教育活动为中心》），《早稲田教育评论》2016 年第 30 卷第 1 号。
③ 万鲁建：《近代天津日本侨民研究》，南开大学世界史专业博士学位论文，2010。
④ 张利民：《20 世纪 30 年代前天津日侨社会与特征》，《历史档案》2009 年第 4 期。
⑤ 〔日〕松村光庸：《1930 年代における天津日本租界居留民社会の构造的特质》（《20 世纪 30 年代的天津日本租界居留民社会的构造特征》），《海港都市研究》2011 年第 3 期。

着一种"竞存"关系。①

小　结

综上所述，至今日本在华租界的研究已取得了较为丰富的成果。从近代的外交与政治、法权争议，到1949年后的史学视野的讨论，日本在华租界的即时形态及历时状态都得到呈现。中、日两国学界对于日租界研究的立场有较大差别，中国研究呈现出民族主义的反侵略立场，在日本则仍有不少学者持帝国主义的立场来为日本租界的存在寻找合理化的解释。在研究视角方面，由政治、外交而扩展到经济社会，在华日侨社会的问题也得到关注，整体观在不断增强。但是通过对相关研究成果的梳理，关于日租界的研究还存在一些问题。

首先，从研究涉及的地域上看，天津、重庆、汉口、杭州、苏州五个租界均受到关注，但分布不均，研究大多聚焦于天津和汉口日租界，对重庆、苏州、杭州日租界的研究相对较少。这或许与租界的发展程度和史料的丰富程度相关。天津日租界是已开辟的五个日租界中经济、文化、卫生、教育等方面发展最好的租界之一，加之天津居留民团所作的年度报告保存较为完好，因此以往的研究聚焦于天津日租界有其客观因素。虽不及天津日租界繁华，汉口、重庆、苏州、杭州四处日租界地处于长江流域，日人的流动和经济贸易往来对所在区域社会经济、文化变迁的影响也不容忽视。另外，"未开辟成功"的日租界也应受到关注。

其次，从以往研究涉及的对象来看，日租界的形成、扩张、发展，日租界的军事、司法、内部活动及其经济发展、文化教育、市政建设、公共事业、日侨与侨民社会等诸多领域都有涉及，但其中还有一些问题有待拓展与深化，如日租界对当地经济发展的影响，对医疗卫生建设、市政建设的影响，日本侨民与中国人的多方交流，日租界与其他外国租界的关系等。

再次，从研究的理论与研究方法上看，大多数学者都采用传统的历史学研究方法，一般性地对某个问题进行分析研究。在租界的相关研究中可

---

① 〔日〕渡辺千寻：《日清戦後の居留地政策——天津日本専管居留地を中心に一》（《日清战争后的居留地政策：以天津日本专管居留地为中心》），第4回国際日本学コンソーシアム，2009年12月。

以历史学为主干，融合社会学、人类学、建筑学等学科而形成综合性课题，也可以从城市史、人口史、风俗史等方面进行研究。还可用比较研究法将租界与租界之间进行对比，如在华日租界与其他外国租界的对比，或是在华日租界与在朝日租界的比较研究。运用全球史视野，不仅把日租界放在各地进行研究，还应置于其对周围地区政治、经济、文化的影响中，甚至将其与日本国内政治、经济相联系起来。

最后，是新史料的发掘与运用。天津日租界是日本五个专管租界中发展最好的，因此留下的资料和记录相对于其他四处来说较全，2006年出版的《天津日本租界居留民团资料》里还有大量内容可以深入挖掘。尽管天津日租界的相关研究成果较多，但这些研究成果对日本史料的运用相对薄弱。其次发展较好的是汉口日租界，目前汉口日租界的资料大多收录于《武汉文史资料》，汉口日租界的相关史料还有待整理出版，重庆、苏州和杭州日租界的相关史料相比于天津和汉口日租界要少，因此相关研究也难以深入。目前亚洲历史资料中心等日本网站的资料已经大量公开，相信在今后的研究中通过对新史料、新档案的挖掘，在华日租界的相关研究将会取得更多新成果。

A Review of Research on the Japanese Concession in Modern China

Zhang Shijia

Abstract: With the excavation of archival and overseas historical materials, the research on modern concessions in the Chinese academic community continues to deepen. Regarding Japan's concessions in China, there was attention before 1949, and after 1949, there has been attention to Shanghai, Tianjin, and Hankou. Around 2000, there was a significant increase in project proposals and research achievements related to this topic. From the perspective of research content, it can be divided into three main threads: first, research from the perspective of political and diplomatic history, including research on the formation and expansion of the Japanese Concession, the recovery of the Japanese Concession, the Japanese Concession and the Japanese invasion of China, etc; The second is research from the perspective of urban history, focusing on issues such as economic changes, cultural education, municipal and public utilities, social management and control in the Japanese Concession; The third is the research on topics related to the Japanese concession community, the concept of Japanese immigrants, and the lives of overseas Chinese from the perspective of Japanese immigrant society. On a national level, there are significant differences in the academic perspectives, issues, and sources of historical materials between China and Japan.

Keywords: Japan; Japanese Concession; Sino Japanese Relations

人勤地利，农史新作

——评《人勤地利：明清太湖地区农业史》

胡文亮[*]

摘　要：21 世纪以来，太湖地区农业史研究相对沉寂，学术论著明显减少，惠富平等所著《人勤地利：明清太湖地区农业史》一书的出版对于接续前辈学者的研究成果，推进新时代的区域农业史研究具有重要价值。该书以明清太湖地区的农业生产与生态技术体系为主要研究对象，对很多问题的探索值得重视和肯定。书中指出"地利"是农民面临沉重的生存压力而辛勤劳作的结果，深入分析了"人勤"背后的技术经济逻辑与社会效益，有助于人们理解农民选择如何造就了当地独特的农业生产与生态模式。书中还采用大量图片资料和新技术手段（GIS），显示出太湖地区作物生产的技术场景及地理分布等历史信息，以便读者对当地农业变迁的时空过程形成直观认识。

关键词：人勤地利　太湖农业史　明清农业经济

惠富平教授等人的国家社科基金后期资助项目成果《人勤地利：明清太湖地区农业史》已由江苏人民出版社 2023 年 3 月出版。阅读该书，不由得让人想起"国以农为本，民以食为天"的古训，感觉研究农业与衣食的历史是天底下最值得赞美的学问之一。而研究明清时期太湖地区的农业与衣食史则有更为独特的学术价值和现实意义。

已故著名农史学家王思明教授在 2014 年发表的《如何看待明清时期的中国农业》一文中写道：明清是中国历史上经济发展最为迅速的时期，

---

* 胡文亮（1985—　），南京农业大学科学技术史博士，《中国农史》编辑部副编审。研究方向为近代农业史、林业史。

其主要支撑体系就是中国的农业，所以将中国近代被动挨打的原因归结为中国农业文明的落后是不合适的。① 鉴于公众对于明清时期农业历史的了解与认知存在着一定的误区，学界急需一部时空特色鲜明而又体系完整、考证精详、能够鉴古知今的农业史著作，《人勤地利：明清太湖地区农业史》的出版可以说是恰逢其时。另外，太湖地区作为"江南"这一人文地理单元的主体以及最具代表性的区域，自唐宋以来一直是产粮大区以及重要的财赋之地，对中国社会历史发展产生了重大作用与影响。然而，21 世纪以来，太湖地区农业史研究相对沉寂，学术论著明显减少，该书的出版对于接续前辈学者的《太湖地区农业史稿》（农业出版社，1989），推进新时代的区域农业史研究有重要价值。

《人勤地利：明清太湖地区农业史》一书总计九章三十七节，涵盖了构成当地农业生产基本结构的方方面面，提出"农林牧副渔"五业并举的农业盛况构成了明清时期太湖地区经济文化发展的基础这一旗帜鲜明的观点。但同时，该书与彭慕兰、弗兰克等高估古代中国农业经济发展水平的论点有所不同，指出"地利"是农民面临沉重的生存压力而辛苦劳作的结果，并且深入分析了"人勤"背后的经济逻辑，有助于人们理解农户选择如何塑造了当地的农业经济模式。

一

《人勤地利：明清太湖地区农业史》的第三至第八章通过大量的农书、方志、笔记及档案资料的利用，并结合实地考察调研，分别阐述了明清太湖流域稻作技术及习俗、春花作物种植、栽桑养蚕、棉花生产、畜禽饲养等农业生产的重要方面，而且采用大量图片资料和新技术手段（GIS），显示出明清太湖地区作物生产的技术场景及地理分布等历史信息，以便读者对当地农业生产变迁的时空过程形成直观认识。

首先，书中详细阐述了太湖地区各种重要农业遗产的历史源流与技术体系，从品种构成与沿革、品种培育与命名、品种的类型特点等角度介绍了驯化和筛选出来的诸多优良品种，这些优良品种至今都是当地非常重要的种质资源、农业产品和农业文化遗产。书中详细阐述了这些优良品种的

---

① 　王思明：《如何看待明清时期的中国农业》，《中国农史》2014 年第 1 期。

历史源流与技术体系，并运用 Arc Map 对重要品种的地域分布情况进行了可视化呈现。从品种构成与沿革、品种培育与命名、品种的类型特点等角度梳理并总结出粳、籼水稻品种 395 个；糯稻品种 242 个；麦类名称 60 多个；桑树品种 20 个；畜禽类主要有太湖猪、湖羊、浦东鸡等；各种果树、林木、茶叶品种，诸如上海水蜜桃、洞庭山枇杷、塘栖枇杷、桐乡槜李、杭州金婆杨梅，以及西湖龙井、洞庭碧螺春、虎丘花茶等。这些重要的农业遗产无不凝聚着太湖地区农民生产和生活的智慧传承至今，部分内容与 2012 年以来公布的中国重要农业文化遗产名目高度重叠，比如吴中碧螺春茶果复合系统、无锡阳山水蜜桃栽培系统、吴江蚕桑文化系统等。如今，太湖地区依靠着祖辈遗留下来的农业文化遗产走出了富民增收的路子。该书通过梳理和补充水稻、桑蚕、棉花等农业品种资源内容，不仅提出了当代保种与利用的思路，而且对于今天的地理标志产品的认定和保护工作也具有重要的借鉴意义。该书作者在序言中也提及本书撰写的初衷之一就是要突破原有的研究成果，重点对当地的农业遗产的保护与利用予以重新思考和总结。

其次，该书从明清太湖地区传统稻作农业的育种、耕作、灌溉、排涝、施肥、病虫害防治、稻麦两熟、农牧结合等方面，论证了明清时期太湖地区的农业生产是在尊重自然的基础上，巧用自然，从而实现了对农业生态的保护以及对自然资源的可持续利用，这显然不同于以往欧美国家借科技之力过度干预自然，大量使用农药、化肥、除草剂、催熟剂等来增加农产品产量，付出高昂生态成本的生产方式。20 世纪八九十年代以来，传沿已久的稻作生活习俗逐渐被人们所淡忘，人们开始关注与思考工业化、城镇化以及现代社会给太湖地区带来的各种问题。从明清时期的农业生产与生态体系中去挖掘区域开发与治理的智慧，能为现代区域农业发展提供很多有益的借鉴。

二

《人勤地利：明清太湖地区农业史》的第一章"农业环境条件与历史文化背景"和第二章"圩田建设与水利兴修"、第九章"农业生产结构变迁与生态适应"主要阐述了"地利"背后的"人勤"因素以及"人勤"背后的经济逻辑。

　　追溯起来，太湖地区的自然条件并非得天独厚，其先天有两大缺陷。其一，太湖流域地势周高中低，向外溢流排水较困难，易于积水或发生涝灾；其二，地少人多，再加上后天赋税苛重、粮食短缺等问题，当地农业只能采取精耕细作、综合经营、扩大水土资源利用范围和发展商品生产的因应之策，最终取得了突出的历史成就。这主要表现在当地农民祖祖辈辈致力于改水治土，发展圩田水利，将田地、水面、山坡、丘陵高地利用到了极致，提高当地土地资源利用水平，因地因物制宜，开展水稻、春花、棉花、蚕桑、畜牧生产多种综合经营，技术措施更加精细完善，农业资源开发范围的扩大、商品经济的刺激以及桑棉争田占地等因素，使得当地种植业布局与结构发生了一定改变，农业商品生产空前繁荣。所谓："高者麦，低者稻，平衍者则木棉桑枲，借得随宜树艺，庶乎人无遗力，地无遗利，遍野皆农食之资矣。""人无遗力，地无遗利"这八个字将当地民众的勤劳与智慧刻画得入木三分。低湿易涝的水土环境、长期繁忙而辛苦的农业劳作和沉重的生存压力，养成了江南农民特别勤劳和特别能吃苦的品质，以及务实肯干的精神，各种农业技艺和经营智慧也贯穿在其艰辛的劳作过程之中。正因为人勤地利，明清太湖地区的农业技术成就和生产效益才达到了传统时代的最高水平，并成为令人称道的鱼米之乡、甲富之地和文化之邦。

　　然而，我们也应该看到，因赋税过重，太湖地区农民生活并不富裕，且抗争事件不断。明崇祯《松江府志》卷七引华亭人顾清（1460—1528）云："农家最勤，习以为常。至有终岁之劳，无一朝之余。"作者在选择与解读史料的过程中，对乡土生活的感受以及来自经验性的观察能力，以及通过大量的史料分析，让读者重回历史现场，重新解读以及思考为何明清太湖地区的农民养活了国家，养活了社会，却难以养活他自己，为什么即便从事农业经营很不合算，绝大多数农民依然会努力劳作，设法维持生活。如何看待太湖地区人勤地利和水旱制宜背后的发展逻辑是《人勤地利：明清太湖地区农业史》留给人们深入思考的问题。

　　书中认为，农民的经济理性往往是其在特定主客观条件下综合考虑的结果，基本上是出于维持生计的需要，明清农业社会谋生途径很少，机会成本极低，所以经济理性下的传统农民依然会选择地里刨食，辛勤劳作。所以，现代意义上的投入、产出与利润概念却并不完全适合于传统时代的农业生产。这与我国历史上"悯农""终岁勤动"的表述与恰亚诺夫提出的"农民劳动者受家庭需求的驱使而从事劳作"的论述颇有共通之处。

在农业发展的基础上，太湖流域得以长期保持经济文化的领先地位。近现代以来，太湖地区又凭借其良好的经济文化基础，较早地开始了从农业社会向工业社会的转型之路。《人勤地利：明清太湖地区农业史》一书以明清太湖地区的农业生产及农业生态为主要研究对象，系统阐述农业生产内容及其技术体系、社会经济影响，非常有助于读者全面了解明清时期太湖地区农业发展的特点及其社会效益。不做这样的努力，我们便无力解释太湖地区多元的过去，也可能无法去开创理想的未来。

New Works of Agricultural History with Diligence and Land Utilization

—Comments on Human Diligence and Land Utilization: Agricultural History of Taihu Lake Area in Ming and Qing Dynasties

Hu Wenliang

Abstract: Since the 21st century, the study of agricultural history in Taihu Lake area has been relatively silent, and the number of academic works has obviously decreased. The publication of Hui Fuping and others' book "Human Diligence and Land Utilization: Agricultural History in Taihu Lake Area in Ming and Qing Dynasties" is of great value for continuing the previous scholars' draft of agricultural history in Taihu Lake area and promoting the study of regional agricultural history in the new era. This book takes the agricultural production and ecological technology system in Taihu Lake area in Ming and Qing Dynasties as the main research object, and the exploration of many problems deserves attention and affirmation. For example, the book points out that "geographical location" is the result of farmers' hard work in the face of heavy survival pressure, and deeply analyzes the economic logic behind "human diligence", which helps people understand how farmers choose to shape the local agricultural economic model. Moreover, the book uses a large number of pictures and new technical means (GIS) to show the historical information such as the technical scene and geographical distribution of crop production in Taihu Lake area, so that readers can form an intuitive understanding of the temporal and spatial process of local agricultural production changes.

Keywords: People Were Diligent and Made Good Use of Geographical Advantages; Agricultural History of Taihu Lake; Agricultural Economy in Ming and Qing Dynasties

稿　约

　　中国经济史学会会刊《中国经济史评论》由中国经济史学会、河北师范大学历史文化学院、《河北师范大学学报》编辑部共同主办。主编为魏明孔、戴建兵，执行主编为隋福民。刊物为南京大学中文社会科学引文索引（CSSCI）来源集刊、中国社会科学院中国人文社会科学期刊综合评价（AMI）核心集刊和创新工程资助集刊。刊物以马克思历史唯物主义为指导，坚持正确的政治方向和学术导向，目标在于推动中国经济史学科的发展，培养人才，为中国特色经济史学科体系、学术体系、话语体系的构建贡献力量。本刊遵守学术规范以及编辑出版规范，主要刊登中国古代经济史、中国近代经济史、中国现代经济史以及世界经济史等方面的研究文章，同时欢迎书评、综述、学术反思、名家访谈等方面的佳作！本刊聚焦经济史学前沿问题，提倡新问题、新方法、新材料和新观点。

　　具体事项告知如下。

　　一、本刊主要发表经济史研究方面的学术论文。同时兼顾学术综述、述评等。注重学术性、理论性、专业性和知识性。

　　二、来稿篇幅尽量控制在2万字以内。来稿须提供中英文摘要200～300字，关键词3～5个。

　　三、作者简介务必简洁，主要包括姓名、学历学位、工作学习单位、职务职称、主要研究方向等，并在文末附以联系电话与电子邮件地址。

　　四、注释格式如下：

中文文献

（1）专著

标注格式：×××（作者）：《×××》（书名）××（卷册），××××（出版社），×××（年份），第×页。

示例：

侯欣一：《从司法为民到人民司法——陕甘宁边区大众化司法制度研究》，中国政法大学出版社，2007，第 24～27 页。

（2）析出文献

①集刊、论文集、作品集及其他编辑作品

标注格式：×××（作者）：《××××》（篇名），载×××（作者）《×××》（书名），×××（出版社），×××（年份），第×页。

示例：

黄源盛：《民初大理院民事审判法源问题再探》，载李贵连主编《近代法研究》第 1 辑，北京大学出版社，2007，第 5 页。

②期刊

标注格式：×××（作者）：《××××》（文章名），《×××》（期刊名）×××年第×期。

示例：

林建成：《试论陕甘宁边区的历史地位及其作用》，《民国档案》1997年第 3 期。

③报纸

标注格式：×××（作者）：《×××》（文章名），《×××》（报纸名）×××年×月×日，第×版。

示例：

鲁佛民：《对边区司法工作的几点意见》，《解放日报》1941 年 11 月15 日，第 3 版。

＊同名期刊、报纸应注明出版地。

（3）转引文献

无法直接引用的文献，转引自他人著作时，须标明。

标注格式：×××（作者）：《×××》（书名或文章名），转引自××（作者）《×××》（书名或文章名）××（卷册），×××（出版社），×××（年份），第×页。

示例：

章太炎：《在长沙晨光学校演说》（1925 年 10 月），转引自汤志钧《章太炎年谱长编》下册，中华书局，1979，第 823 页。

（4）未刊文献

①学位论文

标注格式：×××（作者）：《×××》（论文名），××（博士或硕士学位论文），××××（作者单位），×××（年份），第×页。

示例：

陈默：《抗战时期国军的战区——集团军体系研究》，博士学位论文，北京大学历史学系，2012，第134页。

②会议论文

标注格式：×××（作者）：《×××》（论文名），××（会议名称），××××（会议地点），××年×月（召开时间），第×页。

示例：

马勇：《王爷纷争：观察义和团战争起源的一个视角》，政治精英与近代中国国际学术研讨会会议论文，杭州，2012，第9页。

③档案文献

标注格式：《×××》（档案名称）（×××）（档案形成时间），×××（藏所），卷宗号或编号：×××。

示例：

雷经天：《关于边区司法工作检查情形》（1943年9月3日），陕西省档案馆藏陕甘宁边区高等法院档案，档案号：15/149。

④网上文章

转载网上文章应注明出处，需要标示责任者、文章名称、原刊载网址。

（5）古籍

①刻本

标注格式：×××（作者）编等《×××》（书名）××（卷册），×××（版本），第×页。

示例：

张金吾编《金文最》卷一一，光绪十七年江苏书局刻本，第18页b。

②点校本、整理本

标注格式：×××（作者）编（辑，等）《×××》（书名）××（卷册）《×××》（卷册名），×××（点校、整理者）点校、整理，×××（出版社），×××（出版时间），第×页。

示例：

苏天爵辑《元朝名臣事略》卷一三《廉访使杨文宪公》，姚景安点校，中华书局，1996，第 257～258 页。

③影印本

标注格式：×××（作者）：《×××》（书名）××（卷册）《×××》（卷册名），×××（出版社），×××（出版时间），第 × 页。

示例：

杨钟羲：《雪桥诗话续集》卷五上册，辽沈书社，1991 年影印本，第 461 页下栏。

④地方志

唐宋时期的地方志多系私人著作，可标注作者；明清以后的地方志一般不标注作者，书名前冠以修纂成书时的年代（年号）。

示例：

民国《上海县续志》卷一《疆域》，第 10 页 b。

同治《酃县志》卷四《炎陵》，收入《中国地方志集成·湖南府县志辑》第 18 册，江苏古籍出版社，2002 年影印本，第 405 页。

⑤常用基本典籍、官修大型典籍以及书名中含有作者姓名的文集可不标注作者，如有现代整理版的，也可标现代整理版的出版时间、页码。如《论语》、二十四史、《资治通鉴》、《全唐文》、《册府元龟》、《清实录》、《四库全书总目提要》、《陶渊明集》等。

⑥编年体典籍，可注出文字所属之年月甲子（日）。

示例：

《清太祖高皇帝实录》卷一，天命十一年正月己酉，中华书局，1986 年影印本。

＊卷次可用阿拉伯数字标示。

译著

标准格式：〔国籍〕×××（作者）著/编等《×××》（书名），×××（译者），×××（出版社），×××（年份），第 × 页。

示例：

〔德〕迪特·海因茨希：《中苏走向联盟的艰难历程》，张文武等译，新华出版社，2001，第 76 页。

英文文献

征引外文文献，原则上使用该语种通行的征引标注方式。

兹列举英文文献标注方式如下。

（1）专著

标注项目：作者,书名（斜体）,出版地点:出版社,出版时间,页码.

示例：

Stewart Banner, *How the Indians Lost Their Land: Law and Power on the Frontier*, Cambridge: Harvard University Press, 2005, p. 89.

引用三位以上作者合著作品时，通常只列出第一作者的姓名，其后以"et al."省略其他著者姓名。

示例：

Randolph Quirk et al. , *A Comprehensive Grammar of the English Language*, New York: Longman Inc. , 1985, p. 1143.

＊注意标点为半角符号。

（2）译著

标注项目：作者,书名,译者,出版地点:出版者,出版时间,页码.

示例：

M. Polo, *The Travels of Marco Polo*, trans. by William Marsden, Hertford-shire: Cumberland House, 1997, pp. 55, 88.

（3）析出文献

①论文集、作品集

标注项目：作者,文章名,编者,文集题名,出版地点:出版者,出版时间,页码.

示例：

R. S. Schfield, "The Impact of Scarcity and Plenty on Population Change in England,"in R. I. Rotberg and T. K. Rabb, eds. , *Hunger and History: The Impact of Changing Food Production and Consumption Pattern on Society*, Cambridge, Mass: Cambridge University Press, 1983, p. 79.

同一页两个相邻引文出处一致时，第二个引文的注释可用"Ibid."代替。

②期刊

标注项目：作者,文章名,期刊名（斜体）卷册（出版时间）:页码.

示例：

Douglas D. Heckathorn, "Collective Sanctions and Compliance Norms: A Formal Theory of Group Mediate Social Control, "*American Sociological Review* 55 (1990) : 370.

＊文章名加引号。

（4）未刊文献

①学位论文

标注项目：责任者,论文标题,Ph. D. diss. /master's thesis,提交论文的学校,提交时间,页码.

示例：

Adelaide Heyde, The Relationship between Self-esteem and the Oral Production of a Second Language, Ph. D. diss. , University of Michigan, 1979, pp. 32 – 37.

②会议论文

标注项目：作者,论文标题,会议名称,地点,时间,页码.

示例：

C. R. Graham, Beyond Integrative Motivation: The Development and Inflfluence of Assimilative Motivation, paper represented at the TESOL Convention, Houston, TX, March 1984, pp. 17 – 19.

③档案资料

标注项目：文献标题,文献形成时间,卷宗号或其他编号,藏所.

示例：

Borough of Worthing: Plan Showing Consecration of Burial Ground for a Cemetery, 1906 – 1919, H045/10473/B35137, National Archives.

日文文献

日文文献

日文文献标注方式如下。

天皇纪年的年月日，明治 6 年以前使用中文数字，如庆应二年五月；明治 6 年以后可使用阿拉伯数字。

注释中的资料出处部分和参考文献，具体信息无需翻译成中文（包括作者名、书名等），标点符号统一使用以下格式（参照东京大学出版会体例）。

（1）专著

a. 单作者：××××（編）『日文书名』出版社、出版时间、页码。

b. 多作者：××××・××××『日文书名』出版社、出版时间、页码。

c. 翻译书：××××（外文原名）著、××××訳『日文书名』出版社、出版时间、页码。

示例：氣賀澤保規『則天武后』講談社、2016、36 頁。

（2）论文

a 出自书：××××「日文文章名」××××編『日文书名』出版社、出版时间、页码。

b 出自刊：××××「日文文章名」『刊物名』第×卷第×号、×年×月。

示例：遠山茂樹「日清戦争と福沢諭吉」『福沢研究』第 6 号、1951年 11 月。

（3）若有以上未涉及的要素，请按原书注释格式处理。

（4）当原文出现"前揭"时，如"前揭「中国問題檢討会」"，应将其补充完整，改为"××××「中国問題檢討会」"。

五、本刊采用电子投稿，投稿信箱为：zgjjspl@ 126. com。

《中国经济史评论》 编辑部

图书在版编目（CIP）数据

中国经济史评论. 2024 年. 第 1 辑：总第 23 辑 / 魏
明孔，戴建兵主编；隋福民执行主编. -- 北京：社会
科学文献出版社，2024.4
（中国经济史学会会刊）
ISBN 978 - 7 - 5228 - 3518 - 1

Ⅰ.①中… Ⅱ.①魏… ②戴… ③隋… Ⅲ.①中国经
济史 - 文集 Ⅳ.①F129 - 53

中国国家版本馆 CIP 数据核字（2024）第 080156 号

中国经济史学会会刊

中国经济史评论 2024 年第 1 辑（总第 23 辑）

主　　编／魏明孔　戴建兵
执行主编／隋福民

出 版 人／冀祥德
组稿编辑／周　丽
责任编辑／李　淼
责任印制／王京美

出　　版／社会科学文献出版社·生态文明分社（010）59367143
　　　　　地址：北京市北三环中路甲 29 号院华龙大厦　邮编：100029
　　　　　网址：www.ssap.com.cn
发　　行／社会科学文献出版社（010）59367028
印　　装／三河市龙林印务有限公司

规　　格／开　本：787mm × 1092mm　1/16
　　　　　印　张：20.75　字　数：349 千字
版　　次／2024 年 4 月第 1 版　2024 年 4 月第 1 次印刷
书　　号／ISBN 978 - 7 - 5228 - 3518 - 1
定　　价／98.00 元

读者服务电话：4008918866